1권

KB215895

2024 ~ 2023년 피듈형 NCS

기출복원 모의고사

www.sdedu.co.kr

〈문항 및 시험시간〉

평가영역	문항 수	시험시간	모바일 OMR 답안채점 / 성적분석 서비스
의사소통능력 / 수리능력 / 문제해결능력 / 자원관리능력 / 정보능력 / 기술능력 / 조직이해능력 / 직업윤리 / 대인관계능력 / 자기개발능력	70문항	70분	

2024 ~ 2023년
피둘형 NCS 기출복원 모의고사

문항 수 : 70문항
시험시간 : 70분

01 모듈형

┃ 코레일 한국철도공사(2024) / 의사소통능력

01 다음 중 한자성어의 뜻이 바르게 연결되지 않은 것은?

① 水魚之交 : 아주 친밀하여 떨어질 수 없는 사이
② 結草報恩 : 죽은 뒤에라도 은혜를 잊지 않고 갚음
③ 靑出於藍 : 제자나 후배가 스승이나 선배보다 나음
④ 指鹿爲馬 : 윗사람을 농락하여 권세를 마음대로 함
⑤ 刻舟求劍 : 말로는 친한 듯 하나 속으로는 해칠 생각이 있음

┃ 코레일 한국철도공사(2024) / 의사소통능력

02 다음 중 단어와 그 발음법이 바르게 연결되지 않은 것은?

① 결단력 – [결딴녁]　　　　　② 옷맵시 – [온맵씨]
③ 몰상식 – [몰상씩]　　　　　④ 물난리 – [물랄리]
⑤ 땀받이 – [땀바지]

┃ 코레일 한국철도공사(2024) / 수리능력

03 다음과 같이 일정한 규칙으로 수를 나열할 때 빈칸에 들어갈 수는?

| • 7 | 13 | 4 | 63 |
| • 9 | 16 | 9 | ( ) |

① 45　　　　　　　　　　② 51
③ 57　　　　　　　　　　④ 63
⑤ 69

04 다음 글에 나타난 논리적 사고의 구성요소로 가장 적절한 것은?

> A는 동업자 B와 함께 신규 사업을 시작하기 위해 기획안을 작성하여 논의하였다. 그러나 B는 신규 기획안을 읽고 시기나 적절성에 대해 부정적인 입장을 보였다. A가 B를 설득하기 위해 B의 의견들을 정리하여 생각해 보니 B는 신규 사업을 시작하는 데 있어 다른 경쟁사보다 늦게 출발하여 경쟁력이 부족하다는 점 때문에 신규 사업에 부정적이라는 것을 알게 되었다. 이에 A는 경쟁력을 높이기 위한 다양한 아이디어를 추가로 제시하여 B를 다시 설득하였다.

① 설득
② 구체적인 생각
③ 생각하는 습관
④ 타인에 대한 이해
⑤ 상대 논리의 구조화

05 다음 중 갈등의 과정 단계를 순서대로 바르게 나열한 것은?

> ㄱ. 이성과 이해의 상태로 돌아가며 협상과정을 통해 쟁점이 되는 주제를 논의하고, 새로운 제안을 하고, 대안을 모색한다.
> ㄴ. 설득보다는 강압적, 위협적인 방법 등 극단적인 모습을 보이며 상대방의 생각이나 의견, 제안을 부정하고, 상대방은 그에 대한 반격으로 대응함으로써 자신들의 반격을 정당하게 생각한다.
> ㄷ. 의견 불일치가 해소되지 않아 감정이 개입되어 상대방의 주장에 대한 문제점을 찾기 시작하고, 상대방의 입장은 부정하면서 자기주장만 하려고 한다.
> ㄹ. 서로 간의 생각이나 신념, 가치관 차이로 인해 의견의 불일치가 생겨난다.
> ㅁ. 회피, 경쟁, 수용, 타협, 통합의 방법으로 서로 간의 견해를 일치하려 한다.

① ㄹ - ㄱ - ㄴ - ㄷ - ㅁ
② ㄹ - ㄴ - ㄷ - ㄱ - ㅁ
③ ㄹ - ㄷ - ㄴ - ㄱ - ㅁ
④ ㅁ - ㄱ - ㄴ - ㄷ - ㄹ
⑤ ㅁ - ㄹ - ㄴ - ㄷ - ㄱ

06 다음 중 실무형 팔로워십을 가진 사람의 자아상으로 적절한 것을 〈보기〉에서 모두 고르면?

─〈보기〉─

ㄱ. 기쁜 마음으로 과업을 수행   ㄴ. 판단, 사고를 리더에 의존
ㄷ. 조직의 운영방침에 민감   ㄹ. 일부러 반대의견을 제시
ㅁ. 규정과 규칙에 따라 행동   ㅂ. 지시가 있어야 행동

① ㄱ, ㄴ   ② ㄴ, ㄷ
③ ㄷ, ㅁ   ④ ㄹ, ㅁ
⑤ ㅁ, ㅂ

07 다음과 같은 특성을 가진 대인관계 유형으로 가장 적절한 것은?

• 단순하고 솔직하며 대인관계에서 너그럽고 겸손한 경향을 의미한다.
• 타인에게 잘 설득당해 주관 없이 타인에게 너무 끌려 다닐 수 있으며 잘 속거나 이용당할 가능성 높다.
• 원치 않는 타인의 의견에 반대하지 못하고 화가 나도 타인에게 알리기 어렵다.

① 복종형   ② 순박형
③ 친화형   ④ 사교형
⑤ 실리형

08 다음 중 B에 대한 A의 행동이 직장 내 괴롭힘에 해당하지 않는 것은?

① A대표는 B사원에게 본래 업무에 더해 개인적인 용무를 자주 지시하였고, B사원은 과중한 업무로 인해 근무환경이 악화되었다.

② A팀장은 업무처리 속도가 늦은 B사원만 업무에서 배제시키고 청소나 잡일만을 지시하였다. 이에 B사원은 고의적인 업무배제에 정신적 고통을 호소하였다.

③ A팀장은 기획의도와 맞지 않는다는 이유로 부하 B사원에게 수차례 보완을 요구하였다. 계속해서 보완을 명령받은 B사원은 늘어난 업무량으로 인해 스트레스를 받아 휴직을 신청하였다.

④ A대리는 육아휴직 후 복직한 동기인 B대리를 다른 직원과 함께 조롱하고 무시하며 따돌렸다. 이에 B대리는 우울증을 앓았고 결국 퇴사하였다.

⑤ A대표는 실적이 부진하다는 이유로 B과장을 다른 직원이 보는 앞에서 욕설 등 모욕감을 주었고 이에 B과장은 정신적 고통을 호소하였다.

09 다음 중 A의 사례에서 볼 수 있는 직업윤리 의식으로 가장 적절한 것은?

> 어릴 적부터 각종 기계를 분해하고 다시 조립하는 취미가 있던 A는 공대를 졸업한 뒤 로봇 엔지니어로 활동하고 있다. A는 자신의 직업이 적성에 꼭 맞는다고 생각하여 더 높은 성취를 위해 성실히 노력하고 있다.

① 소명의식   ② 봉사의식
③ 책임의식   ④ 직분의식
⑤ 천직의식

10 다음 중 경력개발의 단계별 이해로 적절하지 않은 것은?

① 직업 선택 : 외부 교육 등 필요한 교육 이수
② 조직 입사 : 조직의 규칙과 규범에 대해 배움
③ 경력 초기 : 역량을 증대시키고 꿈을 추구해 나감
④ 경력 중기 : 이전 단계를 재평가하고 좀 더 업그레이드 된 꿈으로 수정함
⑤ 경력 말기 : 지속적으로 열심히 일함

11 다음 중 성급한 일반화의 오류를 범한 사례로 적절한 것을 〈보기〉에서 모두 고르면?

〈보기〉

ㄱ. 진호는 성철이보다 크고, 성철이는 상현이보다 크므로 진호는 상현이보다 클 것이다.

ㄴ. C동굴에 박쥐가 있으므로 모든 박쥐는 C동굴에서만 살 것이다.

ㄷ. 그 갈색 음료수가 커피이므로, 모든 갈색 음료수는 커피일 것이다.

ㄹ. 수연이는 점심에 햄버거를 먹었으므로 주말에 늦잠을 잘 것이다.

① ㄱ, ㄴ
② ㄱ, ㄹ
③ ㄴ, ㄷ
④ ㄴ, ㄹ
⑤ ㄷ, ㄹ

12 다음 명제에서 나타난 논리적 오류로 옳은 것은?

• 밤에만 볼 수 있는 동물은 야행성 동물이다.

• 고양이는 야행성 동물이다.

• 따라서 고양이는 밤에만 볼 수 있는 동물이다.

① 후건긍정의 오류

② 전건부정의 오류

③ 논점 일탈의 오류

④ 허수아비 공격의 오류

⑤ 무지에 호소하는 오류

13 다음 글과 같이 한자어 및 외래어를 순화한 내용으로 적절하지 않은 것은?

> 열차를 타다 보면 한 번쯤은 다음과 같은 안내방송을 들어 봤을 것이다.
> "○○역 인근 '공중사상사고' 발생으로 KTX 열차가 지연되고 있습니다."
> 이때 들리는 안내방송 중 한자어인 '공중사상사고'를 한 번에 알아듣기란 일반적으로 쉽지 않다. 실제로 S교통공사 관계자는 승객들로부터 안내방송 문구가 적절하지 않다는 지적을 받아 왔다고 밝혔으며, 이에 S교통공사는 국토교통부와 협의를 거쳐 보다 이해하기 쉬운 안내방송을 전달하기 위해 문구를 바꾸는 작업에 착수하기로 결정하였다고 전했다.
> 우선 가장 먼저 수정하기로 한 것은 한자어 및 외래어로 표기된 철도 용어이다. 그중 대표적인 것이 '공중사상사고'이다. S교통공사 관계자는 이를 '일반인의 사상사고'나 '열차 운행 중 인명사고' 등과 같이 이해하기 쉬운 말로 바꿀 예정이라고 밝혔다. 이 외에도 열차 지연 예상 시간, 사고복구 현황 등 열차 내 안내방송을 승객에게 좀 더 알기 쉽고 상세하게 전달할 것이라고 전했다.

① 열차시격 → 배차간격
② 전차선 단전 → 선로 전기 공급 중단
③ 우회수송 → 우측 선로로의 변경
④ 핸드레일(Handrail) → 안전손잡이
⑤ 키스 앤 라이드(Kiss and Ride) → 환승정차구역

14 다음 〈보기〉의 맥킨지 7S 모델을 소프트웨어적 요소와 하드웨어적 요소로 바르게 구분한 것은?

> ─────〈보기〉─────
> ㉠ 스타일(Style)   ㉡ 구성원(Staff)
> ㉢ 전략(Strategy)   ㉣ 스킬(Skills)
> ㉤ 구조(Structure)   ㉥ 공유가치(Shared Values)
> ㉦ 시스템(Systems)

	소프트웨어	하드웨어
①	㉠, ㉡, ㉢, ㉥	㉣, ㉤, ㉦
②	㉠, ㉡, ㉣, ㉥	㉢, ㉤, ㉦
③	㉡, ㉢, ㉥, ㉦	㉠, ㉣, ㉤
④	㉡, ㉣, ㉤, ㉦	㉠, ㉢, ㉥
⑤	㉢, ㉤, ㉥, ㉦	㉠, ㉡, ㉣

15 다음 중 빈칸 ㉠ ~ ㉢에 들어갈 용어를 순서대로 바르게 나열한 것은?

> - _㉠_ : 인간관계를 지향하게 하고 사회적 행동을 유발하는 욕구
> - _㉡_ : 개인이 인간과 인간관계에 대해 가지고 있는 지적인 이해, 믿음
> - _㉢_ : 인간관계를 성공적으로 이끌어 갈 수 있는 사교적 능력

	㉠	㉡	㉢
①	대인신념	대인기술	대인동기
②	대인신념	대인동기	대인기술
③	대인동기	대인신념	대인기술
④	대인동기	대인기술	대인신념
⑤	대인기술	대인동기	대인신념

16 다음 중 도덕적 해이(Moral Hazard)의 특징으로 적절하지 않은 것은?

① 결정을 내리고 책임지기보다 상급기관에 결정을 미루는 행동방식을 취한다.
② 법률 위반과 차이가 있어 적발과 입증이 어렵다.
③ 사익을 추구하지 않는 방만한 경영 행태는 도덕적 해이에 포함되지 않는다.
④ 조직의 틀에 어긋나는 개인의 이익실현 행위이다.
⑤ 신규업무에 관심을 갖지 않는 등 소극적인 모습을 보인다.

17 다음 중 S사원에게 필요한 능력으로 가장 적절한 것은?

> 신입사원인 S는 최근 고민이 생겼다. 익숙하지 않은 업무조건으로 인해 충분히 해낼 수 있을 것으로 예상한 업무를 제시간에 완료하지 못했고, A과장으로부터 문책을 당했기 때문이다. 이 사건 이후 S사원은 크게 위축되어 자신의 능력에 회의감을 가지게 되었고, 주어진 업무를 완수할 수 없을 것 같다는 불안감에 업무효율은 더욱 떨어지게 되었다.

① 자기관리
② 자아존중감
③ 경력개발
④ 강인성
⑤ 낙관주의

18 다음 중 목표 달성을 위한 SMART 기법으로 옳지 않은 것은?

① 목표는 구체적으로 정의되어야 한다.
② 목표는 능력, 시간, 자원 등을 고려하여 현실적으로 달성 가능한 수준이어야 한다.
③ 목표는 측정할 수 있는 객관적 지표로 평가할 수 있어야 한다.
④ 목표는 예기치 못한 사태를 대비해 시간 제약을 두어서는 안 된다.

19 성부장은 올해 연말에 B해수욕장에서 개최할 신년맞이 불꽃놀이 행사에 대한 기획 초안을 검토하고 있다. 다음 중 기획안의 예상 비용에서 직접비용과 간접비용을 바르게 분류한 것은?

〈2020년 신년맞이 불꽃놀이 기획 초안〉

- 개최일 : 2020년 12월 31일
- 개최시각 : 22시 00분 ~ 01시 00분
- 개최지 : ○○시 B해수욕장
- 목적 : 연말 및 신년맞이 행사와 연계한 지역 관광 상품 홍보 및 ○○시 지역 경제 활성화 도모
       추후 국제 행사 개최지 유치 위한 ○○시 이미지 개선 및 홍보
- 초대가수 : ○○○, ○○○, ○○○ 등
- 행사 순서

시각	내용
22:00 ~ 22:30	개회식 및 ○○시 시장 축사
22:30 ~ 23:50	초대가수 축하공연
23:50 ~ 00:10	신년맞이 불꽃놀이 및 새해 소원 기원
00:10 ~ 00:50	초대가수 축하공연
00:50 ~ 01:00	폐회식

- 예상 비용

항목	비용
㉠ 무대 설치비	1억 원
㉡ 무대 설치 인건비	5천만 원
㉢ 초대 가수 섭외비	4천 5백만 원
㉣ 행사 광고비	2억 5천만 원
㉤ 외부 발전차 임대료	1천 2백만 원
㉥ 행사용 폭죽	2천 5백만 원

제출일 : 2020년 ○○월 ○○일

보고자 : 최○○

	직접비용	간접비용
①	㉠, ㉣, ㉥	㉡, ㉢, ㉤
②	㉠, ㉡, ㉣, ㉤, ㉥	㉢
③	㉠, ㉡, ㉤, ㉥	㉢, ㉣
④	㉠, ㉡, ㉢, ㉤, ㉥	㉣

20 다음은 A중학교 B반 학생 9명을 대상으로 50m 달리기 기록을 정리한 표이다. 이 반에 새로 전학 온 학생의 기록이 10초일 때, 전학생이 오기 전 50m 달리기 기록의 중앙값과 전학생이 온 후 50m 달리기 기록의 중앙값은?

7.8	9.6	7.2	8.3	10.2	8.8	7.5	11.2	8.9

	전학생이 오기 전	전학생이 온 후
①	8.8초	8.85초
②	8.8초	8.9초
③	10.2초	9.25초
④	10.2초	9.5초

21 다음 중 기계적 조직의 특징으로 적절한 것을 〈보기〉에서 모두 고르면?

─────〈보기〉─────
㉠ 변화에 맞춰 쉽게 변할 수 있다.
㉡ 상하 간 의사소통이 공식적인 경로를 통해 이루어진다.
㉢ 대표적으로 사내벤처팀, 프로젝트팀이 있다.
㉣ 구성원의 업무가 분명하게 규정되어 있다.
㉤ 많은 규칙과 규제가 있다.

① ㉠, ㉡, ㉢　　　　　② ㉠, ㉣, ㉤

③ ㉡, ㉢, ㉣　　　　　④ ㉡, ㉣, ㉤

⑤ ㉢, ㉣, ㉤

22 다음 중 글로벌화에 대한 설명으로 적절하지 않은 것은?

① 범지구적 시스템과 네트워크 안에서 기업 활동이 이루어지는 국제경영이 중요시된다.

② 글로벌화가 이루어지면 시장이 확대되어 기업 경쟁이 상대적으로 완화된다.

③ 경제나 산업에서 벗어나 문화, 정치 등 다른 영역까지 확대되고 있다.

④ 조직의 활동 범위가 세계로 확대되는 것을 의미한다.

⑤ 글로벌화에 따른 다국적 기업의 증가에 따라 국가 간 경제통합이 강화되었다.

23 다음 중 팀워크에 대한 설명으로 적절하지 않은 것은?

① 조직에 대한 이해 부족은 팀워크를 저해하는 요소이다.

② 팀워크를 유지하기 위해 구성원은 공동의 목표의식과 강한 도전의식을 가져야 한다.

③ 공동의 목적을 달성하기 위해 상호관계성을 가지고 협력하여 업무를 수행하는 것이다.

④ 사람들이 집단에 머물도록 만들고, 집단의 멤버로서 계속 남아 있기를 원하게 만드는 힘이다.

⑤ 효과적인 팀은 갈등을 인정하고 상호신뢰를 바탕으로 건설적으로 문제를 해결한다.

24 다음 중 Win – Win 전략에 의거한 갈등 해결 단계에 포함되지 않는 것은?

① 비판적인 패러다임을 전환하는 등 사전 준비를 충실히 한다.

② 갈등 당사자의 입장을 명확히 한다.

③ 서로가 받아들일 수 있도록 중간지점에서 타협적으로 입장을 주고받아 해결점을 찾는다.

④ 서로의 입장을 명확히 한다.

⑤ 상호 간에 중요한 기준을 명확히 말한다.

25 다음 중 직업이 갖추어야 할 속성과 그 의미가 옳지 않은 것은?

① 자발성 : 속박된 상태에서의 제반 활동은 직업으로 볼 수 없다.

② 경제성 : 직업은 경제적 거래 관계가 성립되는 활동이어야 한다.

③ 윤리성 : 노력이 전제되지 않는 자연발생적인 이득 활동은 직업으로 볼 수 없다.

④ 사회성 : 모든 직업 활동이 사회 공동체적 맥락에서 의미 있는 활동이어야 한다.

⑤ 계속성 : 주기적으로 일을 하거나 계절 또는 명확한 주기가 없어도 계속 행해지며, 현재 하고 있는 일을 계속할 의지와 가능성이 있어야 한다.

26 다음 중 직장에서의 예절로 적절한 것을 〈보기〉에서 모두 고르면?

─────〈보기〉─────

㉠ 악수는 상급자가 먼저 청한다.

㉡ 명함을 받았을 때는 곧바로 집어넣는다.

㉢ 상급자가 운전하는 차량에 단 둘이 탑승한다면 조수석에 탑승해야 한다.

㉣ 엘리베이터에서 상사나 손님이 탑승하고 내릴 때는 문열림 버튼을 누르고 있어야 한다.

① ㉠, ㉡　　　　　　　　　　　　　② ㉠, ㉣

③ ㉠, ㉢, ㉣　　　　　　　　　　　④ ㉡, ㉢, ㉣

⑤ ㉠, ㉡, ㉢, ㉣

27 다음 중 담화의 구성요소에 대한 설명으로 적절하지 않은 것은?

① 담화의 의미는 고정되어 있다.

② 담화 내 발화는 통일된 주제로 모여 있어야 한다.

③ 맥락은 담화가 이루어지는 시간, 장소 등의 배경이다.

④ 담화에는 화자, 청자, 내용, 맥락이 있어야 한다.

⑤ 독백은 화자와 청자가 같은 담화의 일종으로 볼 수 있다.

28 개발팀 사원 4명의 평균나이는 32세이다. 올해 신입사원 1명이 들어와서 다시 평균나이를 계산해보니 31세가 되었다. 신입사원의 나이를 구하면?

① 23세   ② 24세

③ 25세   ④ 26세

⑤ 27세

29 다음 중 맥킨지 매트릭스의 특징에 대한 설명으로 옳은 것을 〈보기〉에서 모두 고르면?

─〈보기〉─

ⓐ 기업의 현재 포트폴리오를 분석하고, 사업부문에 따라 취해야 할 전략적 투자 혹은 철수 등의 전략을 제시하는 것을 목적으로 한다.
ⓑ 맥킨지 매트릭스에 따르면 기업의 특정 사업부문이 시장에서의 지위는 낮고 시장매력도가 중간 수준인 경우 취해야 할 적절한 전략은 위험이 적은 영역만을 대상으로 제한적으로 사업을 확장하고, 수익을 실현하는 것이다.
ⓒ 시장 지위와 시장 매력도를 기준으로 전략을 제시한다.
ⓓ 사업 단위 간의 상호작용이 반영되어 있다는 점에서 강점이 있다.

① ⓓ   ② ⓐ, ⓑ

③ ⓑ, ⓓ   ④ ⓐ, ⓑ, ⓒ

⑤ ⓑ, ⓒ, ⓓ

30 다음 중 제시된 상황에 대한 설명으로 옳은 것을 〈보기〉에서 모두 고르면?

지윤 : 이번 상품의 마케팅은 외주를 주는 것이 합리적일 것 같습니다.

희재 : 우리 팀이 그동안 미리 준비해 왔습니다. 외주를 주는 것은 적절하지 않아 보이네요.

지윤 : 미리 마케팅을 준비하면서 여러 안을 검토하느라 고생했지만, 말씀하시는 대로 외주를 줘도 괜찮을 것 같습니다.

정아 : 검토 중인 외주 업체들 모두 이번 상품에 대한 이해도도 높고, 마케팅 역량도 뛰어난 곳들입니다. 우리가 직접 하는 것보다 품질 측면에서 나을 수 있어요. 우리도 외주 업체를 검토하느라 고생했습니다.

영환 : 아니면 미리 준비한 이번 상품은 우리가 직접 하고, 이번과 유사한 다음 상품의 마케팅을 외주를 주는 것은 어떨까요?

세휘 : 아직 다음 달까지 시간이 있으니 그때 결정할까요? 급한 일도 아닌데 지금 논의할 필요는 없을 것 같습니다.

〈보기〉

㉠ 목표에 대한 불일치로 인한 갈등상황에 해당된다.
㉡ 불필요하고 해결 불가능한 갈등에 해당된다.
㉢ 세휘는 회피형 갈등해결 방식을 보이고 있다.
㉣ 지윤은 수용형 갈등해결 방식을 보이고 있다.

---

① ㉠, ㉡
② ㉠, ㉢
③ ㉡, ㉢
④ ㉡, ㉣
⑤ ㉢, ㉣

02 PSAT형

31 다음 글에 대한 설명으로 적절하지 않은 것은?

중국 연경(燕京)의 아홉 개 성문 안팎으로 뻗은 수십 리 거리에는 관청과 아주 작은 골목을 제외하고는 대체로 길 양옆으로 모두 상점이 늘어서 휘황찬란하게 빛난다.

우리나라 사람들은 중국 시장의 번성한 모습을 처음 보고서는 "오로지 말단의 이익만을 숭상하고 있군."이라고 말하였다. 이것은 하나만 알고 둘은 모르는 소리이다. 대저 상인은 사농공상(士農工商) 사민(四民)의 하나에 속하지만, 이 하나가 나머지 세 부류의 백성을 소통시키기 때문에 열에 셋의 비중을 차지하지 않으면 안 된다.

사람들은 쌀밥을 먹고 비단옷을 입고 있으면 그 나머지 물건은 모두 쓸모없는 줄 안다. 그러나 무용지물을 사용하여 유용한 물건을 유통하고 거래하지 않는다면, 이른바 유용하다는 물건은 거의 대부분이 한 곳에 묶여서 유통되지 않거나 그것만이 홀로 돌아다니다 쉽게 고갈될 것이다. 따라서 옛날의 성인과 제왕께서는 이를 위하여 주옥(珠玉)과 화폐 등의 물건을 조성하여 가벼운 물건으로 무거운 물건을 교환할 수 있도록 하셨고, 무용한 물건으로 유용한 물건을 살 수 있도록 하셨다.

지금 우리나라는 지방이 수천 리이므로 백성들이 적지 않고, 토산품이 구비되어 있다. 그럼에도 산이나 물에서 생산되는 이로운 물건이 전부 세상에 나오지 않고, 경제를 윤택하게 하는 방법도 잘 모르며, 날마다 쓰는 것을 팽개친 채 그것에 대해 연구하지 않고 있다. 그러면서 중국의 거마, 주택, 단청, 비단이 화려한 것을 보고서는 대뜸 "사치가 너무 심하다."라고 말해 버린다.

그렇지만 중국이 사치로 망한다고 할 것 같으면, 우리나라는 반드시 검소함으로 인해 쇠퇴할 것이다. 왜 그러한가? 검소함이란 물건이 있음에도 불구하고 쓰지 않는 것이지, 자기에게 없는 물건을 스스로 끊어 버리는 것을 일컫지는 않는다. 현재 우리나라에는 진주를 캐는 집이 없고 시장에는 산호 같은 물건의 값이 정해져 있지 않다. 금이나 은을 가지고 점포에 들어가서는 떡과 엿을 사 먹을 수가 없다. 이런 현실이 정말 우리의 검소한 풍속 때문이겠는가? 이것은 그 재물을 사용할 줄 모르기 때문이다. 재물을 사용할 방법을 알지 못하므로 재물을 만들어 낼 방법을 알지 못하고, 재물을 만들어 낼 방법을 알지 못하므로 백성들의 생활은 날이 갈수록 궁핍해진다.

재물이란 우물에 비유할 수가 있다. 물을 퍼내면 우물에는 늘 물이 가득하지만, 물을 길어내지 않으면 우물은 말라 버린다. 이와 같은 이치로 화려한 비단옷을 입지 않으므로 나라에는 비단을 짜는 사람이 없고, 그로 인해 여인이 베를 짜는 모습을 볼 수 없게 되었다. 그릇이 찌그러져도 이를 개의치 않으며, 기교를 부려 물건을 만들려고 하지도 않아 나라에는 공장(工匠)과 목축과 도공이 없어져 기술이 전해지지 않는다. 더 나아가 농업도 황폐해져 농사짓는 방법이 형편없고, 상업을 박대하므로 상업 자체가 실종되었다. 사농공상 네 부류의 백성이 누구나 할 것 없이 다 가난하게 살기 때문에 서로를 구제할 길이 없다.

지금 종각이 있는 종로 네거리에는 시장 점포가 연이어 있다고 하지만 그것은 1리도 채 안 된다. 중국에서 내가 지나갔던 시골 마을은 거의 몇 리에 걸쳐 점포로 뒤덮여 있었다. 그곳으로 운반되는 물건의 양이 우리나라 곳곳에서 유통되는 것보다 많았는데, 이는 그곳 가게가 우리나라보다 더 부유해서 그러한 것이 아니고 재물이 유통되느냐 유통되지 못하느냐에 따른 결과인 것이다.

– 박제가, 『시장과 우물』

① 재물이 적절하게 유통되지 않는 현실을 비판하고 있다.

② 재물을 유통하기 위한 성현들의 노력을 근거로 제시하고 있다.

③ 경제의 규모를 늘리기 위한 소비의 중요성을 강조하고 있다.

④ 조선의 경제가 윤택하지 못한 이유를 부족한 생산량으로 보고 있다.

⑤ 산업의 발전을 위해 적당한 사치가 있어야 함을 제시하고 있다.

▌코레일 한국철도공사(2024) / 수리능력

32 다음은 2023년 K톨게이트를 통과한 차량에 대한 자료이다. 이에 대한 설명으로 옳지 않은 것은?

〈2023년 K톨게이트 통과 차량〉

(단위 : 천 대)

구분	승용차			승합차			대형차		
	영업용	비영업용	합계	영업용	비영업용	합계	영업용	비영업용	합계
1월	152	3,655	3,807	244	2,881	3,125	95	574	669
2월	174	3,381	3,555	222	2,486	2,708	101	657	758
3월	154	3,909	4,063	229	2,744	2,973	139	837	976
4월	165	3,852	4,017	265	3,043	3,308	113	705	818
5월	135	4,093	4,228	211	2,459	2,670	113	709	822
6월	142	3,911	4,053	231	2,662	2,893	107	731	838
7월	164	3,744	3,908	237	2,721	2,958	117	745	862
8월	218	3,975	4,193	256	2,867	3,123	115	741	856
9월	140	4,105	4,245	257	2,913	3,170	106	703	809
10월	135	3,842	3,977	261	2,812	3,073	107	695	802
11월	170	3,783	3,953	227	2,766	2,993	117	761	878
12월	147	3,730	3,877	243	2,797	3,040	114	697	811

① 전체 승용차 수와 전체 승합차 수의 합이 가장 많은 달은 9월이고, 가장 적은 달은 2월이었다.

② 4월을 제외하고 K톨게이트를 통과한 비영업용 승합차 수는 월별 300만 대 미만이었다.

③ 전체 대형차 수 중 영업용 대형차 수의 비율은 모든 달에서 10% 이상이었다.

④ 영업용 승합차 수는 모든 달에서 영업용 대형차 수의 2배 이상이었다.

⑤ 승용차가 가장 많이 통과한 달의 전체 승용차 수에 대한 영업용 승용차 수의 비율은 3% 이상이었다.

33 다음은 연령대별로 도시와 농촌에서의 여가생활 만족도 평가 점수를 조사한 자료이다. 〈조건〉에 따라 빈칸 ㄱ ~ ㄹ에 들어갈 수를 순서대로 바르게 나열한 것은?

〈연령대별 도시·농촌 여가생활 만족도 평가〉

(단위 : 점)

구분	10대 미만	10대	20대	30대	40대	50대	60대	70대 이상
도시	1.6	ㄱ	3.5	ㄴ	3.9	3.8	3.3	1.7
농촌	1.3	1.8	2.2	2.1	2.1	ㄷ	2.1	ㄹ

※ 매우 만족 : 5점, 만족 : 4점, 보통 : 3점, 불만 : 2점, 매우 불만 : 1점

〈조건〉
- 도시에서 여가생활 만족도는 모든 연령대에서 같은 연령대의 농촌보다 높았다.
- 도시에서 10대의 여가생활 만족도는 농촌에서 10대의 2배보다 높았다.
- 도시에서 여가생활 만족도가 가장 높은 연령대는 40대였다.
- 농촌에서 여가생활 만족도가 가장 높은 연령대는 50대지만, 3점을 넘기지 못했다.

	ㄱ	ㄴ	ㄷ	ㄹ
①	3.8	3.3	2.8	3.5
②	3.5	3.3	3.2	3.5
③	3.8	3.3	2.8	1.5
④	3.5	4.0	3.2	1.5
⑤	3.8	4.0	2.8	1.5

34 K중학교 2학년 A ~ F 6개의 학급이 체육대회에서 줄다리기 경기를 다음과 같은 토너먼트로 진행하려고 한다. 이때, A반과 B반이 모두 두 번의 경기를 거쳐 결승에서 만나게 되는 경우의 수는?

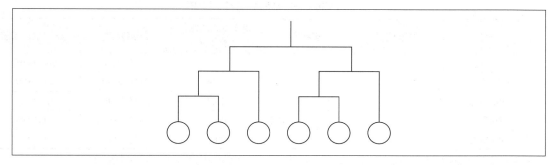

① 6가지

② 24가지

③ 120가지

④ 180가지

⑤ 720가지

35 면접 참가자 A ~ E 5명은 〈조건〉과 같이 면접장에 도착했다. 동시에 도착한 사람은 없다고 할 때, 다음 중 항상 참인 것은?

〈조건〉

- B는 A 바로 다음에 도착했다.
- D는 E보다 늦게 도착했다.
- C보다 먼저 도착한 사람이 1명 있다.

① E는 가장 먼저 도착했다.

② B는 가장 늦게 도착했다.

③ A는 네 번째로 도착했다.

④ D는 가장 먼저 도착했다.

⑤ D는 A보다 먼저 도착했다.

※ 서울역 근처 K공사에 근무하는 A과장은 1월 10일에 팀원 4명과 함께 부산에 있는 출장지에 열차를 타고 가려고 한다. 다음 자료를 보고 이어지는 질문에 답하시오. **[36~37]**

〈서울역 → 부산역 열차 시간표〉

구분	출발시각	정차역	다음 정차역까지 소요 시간	총주행시간	성인 1인당 요금
KTX	8 : 00	–	–	2시간 30분	59,800원
ITX-청춘	7 : 20	대전	40분	3시간 30분	48,800원
ITX-마음	6 : 40	대전, 울산	40분	3시간 50분	42,600원
새마을호	6 : 30	대전, 울산, 동대구	60분	4시간 30분	40,600원
무궁화호	5 : 30	대전, 울산, 동대구	80분	5시간 40분	28,600원

※ 위의 열차 시간표는 1월 10일 운행하는 열차 종류별로 승차권 구입이 가능한 가장 빠른 시간표이다.
※ 총주행시간은 정차·대기시간을 제외한 열차가 실제로 달리는 시간이다.

〈운행 조건〉

• 정차역에 도착할 때마다 대기시간 15분을 소요한다.
• 정차역에 먼저 도착한 열차가 출발하기 전까지 뒤에 도착한 열차는 정차역에 들어오지 않고 대기한다.
• 정차역에 먼저 도착한 열차가 정차역을 출발한 후, 5분 뒤에 대기 중인 열차가 정차역에 들어온다.
• 정차역에 2종류 이상의 열차가 동시에 도착하였다면, ITX-청춘 → ITX-마음 → 새마을호 → 무궁화호 순으로 정차역에 들어온다.
• 목적지인 부산역은 먼저 도착한 열차로 인한 대기 없이 바로 역에 들어온다.

┃ 코레일 한국철도공사(2024) / 문제해결능력

36 다음 〈조건〉에 따라 승차권을 구입할 때, A과장과 팀원 4명의 총요금은?

─〈조건〉─
• A과장과 팀원 1명은 7시 30분까지 K공사에서 사전 회의를 가진 후 출발하며, 출장 인원 모두 같이 이동할 필요는 없다.
• 목적지인 부산역에는 11시 30분까지 도착해야 한다.
• 열차 요금은 가능한 한 저렴하게 한다.

① 247,400원
② 281,800원
③ 312,800원
④ 326,400원
⑤ 347,200원

37 다음 중 자료에 대한 설명으로 옳지 않은 것은?

① ITX-청춘보다 ITX-마음이 목적지에 더 빨리 도착한다.
② 부산역에 가장 늦게 도착하는 열차는 12시에 도착한다.
③ ITX-마음은 먼저 도착한 열차로 인한 대기시간이 없다.
④ 부산역에 가장 빨리 도착하는 열차는 10시 30분에 도착한다.
⑤ 무궁화호는 울산역, 동대구역에서 다른 열차로 인해 대기한다.

38 다음 글의 주제로 가장 적절한 것은?

한국인의 주요 사망 원인 중 하나인 뇌경색은 뇌혈관이 갑자기 폐쇄됨으로써 뇌가 손상되어 신경학적 이상이 발생하는 질병이다.

뇌경색의 발생 원인은 크게 분류하면 2가지가 있는데, 그중 첫 번째는 동맥경화증이다. 동맥경화증은 혈관의 중간층에 퇴행성 변화가 일어나서 섬유화가 진행 되고 혈관의 탄성이 줄어드는 노화 현상의 일종으로, 뇌로 혈류를 공급하는 큰 혈관이 폐쇄되거나 뇌 안의 작은 혈관이 폐쇄되어 발생하는 것이다. 두 번째는 심인성 색전으로, 심장에서 형성된 혈전이 혈관을 타고 흐르다 갑자기 뇌혈관을 폐쇄시켜 발생하는 것이다.

뇌경색이 발생하여 환자가 응급실에 내원한 경우, 폐쇄된 뇌혈관을 확인하기 위한 뇌혈관 조영 CT를 촬영하거나 손상된 뇌경색 부위를 좀 더 정확하게 확인해야 하는 경우에는 뇌 자기공명 영상(Brain MRI) 검사를 한다. 이렇게 시행한 검사에서 큰 혈관의 폐쇄가 확인되면 정맥 내에 혈전용해제를 투여하거나 동맥 내부의 혈전제거술을 시행하게 된다. 시술이 필요하지 않은 경우라면, 뇌경색의 악화를 방지하기 위하여 뇌경색 기전에 따라 항혈소판제나 항응고제 약물 치료를 하게 된다.

뇌경색의 원인 중 동맥경화증의 경우 여러 가지 위험 요인에 의하여 장시간 동안 서서히 진행된다. 고혈압, 당뇨, 이상지질혈증, 흡연, 과도한 음주, 비만 등이 위험 요인이며, 평소 이러한 원인이 있는 사람은 약물 치료 및 생활 습관 개선으로 위험 요인을 줄여야 한다. 특히 뇌경색이 한번 발병했던 사람은 재발 방지를 위한 약물을 지속적으로 복용하는 것이 필요하다.

① 뇌경색의 주요 증상
② 뇌경색 환자의 약물 치료 방법
③ 뇌경색의 발병 원인과 치료 방법
④ 뇌경색이 발생했을 때의 조치 사항

39 다음 문단 뒤에 이어질 내용을 논리적 순서대로 바르게 나열한 것은?

> 아토피 피부염은 만성적으로 재발하는 양상을 보이며 심한 가려움증을 동반하는 염증성 피부 질환으로, 연령에 따라 특징적인 병변의 분포와 양상을 보인다.
>
> (가) 이와 같이 아토피 피부염은 원인을 정확히 파악할 수 없기 때문에 아토피 피부염의 진단을 위한 특이한 검사소견은 없으며, 임상 증상을 종합하여 진단한다. 기존에 몇 가지 국외의 진단기준이 있었으며, 2005년 대한아토피피부염학회에서는 한국인 아토피 피부염에서 특징적으로 관찰되는 세 가지 주진단 기준과 14가지 보조진단 기준으로 구성된 한국인 아토피 피부염 진단 기준을 정하였다.
>
> (나) 아토피 피부염 환자는 정상 피부에 비해 민감한 피부를 가지고 있으며 다양한 자극원에 의해 악화될 수 있으므로 앞의 약물치료와 더불어 일상생활에서도 이를 피할 수 있도록 노력해야 한다. 비누와 세제, 화학약품, 모직과 나일론 의류, 비정상적인 기온이나 습도에 대한 노출 등이 대표적인 피부 자극 요인들이다. 면제품 속옷을 입도록 하고, 세탁 후 세제가 남지 않도록 물로 여러 번 헹구도록 한다. 또한 평소 실내 온도, 습도를 쾌적하게 유지하는 것도 중요하다. 땀이나 자극성 물질을 제거하는 목적으로 미지근한 물에 샤워를 하는 것이 좋으며, 샤워 후에는 3분 이내에 보습제를 바르는 것이 좋다.
>
> (다) 아토피 피부염을 진단받아 치료하기 위해서는 보습이 가장 중요하고, 피부 증상을 악화시킬 수 있는 자극원, 알레르겐 등을 피하는 것이 필요하다. 국소 치료제로는 국소 스테로이드제가 가장 기본적이다. 국소 칼시뉴린 억제제도 효과적으로 사용되는 약제이며, 국소 스테로이드제 사용으로 발생 가능한 피부 위축 등의 부작용이 없다. 아직 국내에 들어오지는 않았으나 국소 포스포디에스테라제 억제제도 있다. 이 외에는 전신치료로 가려움증 완화를 위해 사용할 수 있는 항히스타민제가 있고, 필요시 경구 스테로이드제를 사용할 수 있다. 심한 아토피 피부염 환자에서는 면역 억제제가 사용된다. 광선치료(자외선치료)도 아토피 피부염 치료로 이용된다. 최근에는 아토피 피부염을 유발하는 특정한 사이토카인 신호 전달을 차단할 수 있는 생물학적제제인 두필루맙(Dupilumab)이 만성 중증 아토피 피부염 환자를 대상으로 사용되고 있으며, 치료 효과가 뛰어나다고 알려져 있다.
>
> (라) 많은 연구에도 불구하고 아토피 피부염의 정확한 원인은 아직 밝혀지지 않았다. 현재까지는 피부 보호막 역할을 하는 피부장벽 기능의 이상, 면역체계의 이상, 유전적 및 환경적 요인 등이 복합적으로 상호작용한 결과 발생하는 것으로 보고 있다.

① (다) – (가) – (라) – (나)
② (다) – (나) – (라) – (가)
③ (라) – (가) – (나) – (다)
④ (라) – (가) – (다) – (나)

40 다음 글의 내용으로 적절하지 않은 것은?

K공단은 의사와 약사가 협력하여 지역주민의 안전한 약물 사용을 돕는 의·약사 협업 다제약물 관리사업을 6월 26일부터 서울 도봉구에서 시작했다고 밝혔다.

지난 2018년부터 K공단이 진행 중인 다제약물 관리사업은 10종 이상의 약을 복용하는 만성질환자를 대상으로 약물의 중복 복용과 부작용 등을 예방하기 위해 의약전문가가 약물관리 서비스를 제공하는 사업이다. 지역사회에서는 K공단에서 위촉한 자문 약사가 가정을 방문하여 대상자가 먹고 있는 일반 약을 포함한 전체 약을 대상으로 약물의 복용상태, 부작용, 중복 등을 종합적으로 검토하고 그 결과를 바탕으로 상담, 교육 및 처방조정 안내를 실시함으로써 약물관리가 이루어지고, 병원에서는 입원 및 외래환자를 대상으로 의사, 약사 등으로 구성된 다학제팀(전인적인 돌봄을 위해 의사, 간호사, 약사, 사회복지사 등 다양한 전문가들로 이루어진 팀)이 약물관리 서비스를 제공한다.

다제약물 관리사업 효과를 평가한 결과 약물관리를 받은 사람의 복약순응도가 56.3% 개선되었고, 효능이 유사한 약물을 중복해서 복용하는 환자가 40.2% 감소되었다. 또한 병원에서 제공된 다제약물 관리사업으로 응급실 방문 위험이 47%, 재입원 위험이 18% 감소되는 등의 효과를 확인하였다.

다만, 지역사회에서는 약사의 약물 상담결과가 의사의 처방조정에까지 반영되는 다학제 협업 시스템이 미흡하다는 의견이 제기되었다. 이러한 문제점의 개선을 위해 K공단은 도봉구 의사회와 약사회, 전문가로 구성된 지역협의체를 구성하고, 지난 4월부터 3회에 걸친 논의를 통해 의·약사 협업 모형을 개발하고, 사업 참여 의·약사 선정, 서비스 제공 대상자 모집 및 정보공유 방법 등의 현장 적용방안을 마련했다. 의사나 K공단이 선정한 약물관리 대상자는 자문 약사의 약물점검(필요시 의사 동행)을 받게 되며, 그 결과가 K공단의 정보 시스템을 통해 대상자의 단골 병원 의사에게 전달되어 처방 시 반영될 수 있도록 하는 것이 주요 골자이다.

지역 의·약사 협업 모형은 2023년 12월까지 도봉구지역의 일차의료 만성질환관리 시범사업에 참여하는 의원과 자문약사를 중심으로 우선 실시한다. 이후 사업의 효과성을 평가하고 부족한 점은 보완하여 다른 지역에도 확대 적용할 예정이다.

① K공단에서 위촉한 자문 약사는 환자가 먹는 약물을 조사하여 직접 처방할 수 있다.
② 다제약물 관리사업으로 인해 환자는 복용하는 약물의 수를 줄일 수 있다.
③ 다제약물 관리사업의 주요 대상자는 10종 이상의 약을 복용하는 만성질환자이다.
④ 다제약물 관리사업은 지역사회보다 병원에서 보다 활발히 이루어지고 있다.

41 다음은 2019 ~ 2023년 건강보험료 부과 금액 및 1인당 건강보험 급여비에 대한 자료이다. 이에 대한 설명으로 옳지 않은 것은?

<건강보험료 부과 금액 및 1인당 건강보험 급여비>

구분	2019년	2020년	2021년	2022년	2023년
건강보험료 부과 금액(십억 원)	59,130	63,120	69,480	76,775	82,840
1인당 건강보험 급여비(원)	1,300,000	1,400,000	1,550,000	1,700,000	1,900,000

① 건강보험료 부과 금액과 1인당 건강보험 급여비는 모두 매년 증가하였다.
② 2020 ~ 2023년 동안 전년 대비 1인당 건강보험 급여비가 가장 크게 증가한 해는 2023년이다.
③ 2020 ~ 2023년 동안 전년 대비 건강보험료 부과 금액의 증가율은 항상 10% 미만이었다.
④ 2019년 대비 2023년의 1인당 건강보험 급여비는 40% 이상 증가하였다.

42 다음은 대한민국 입국 목적별 비자 종류의 일부이다. 외국인 A ~ D씨가 피초청자로서 입국할 때, 발급받아야 하는 비자의 종류를 바르게 짝지은 것은?(단, 비자면제 협정은 없는 것으로 가정한다)

〈대한민국 입국 목적별 비자 종류〉

- 외교·공무
  - 외교(A-1) : 대한민국 정부가 접수한 외국 정부의 외교사절단이나 영사기관의 구성원, 조약 또는 국제 관행에 따라 외교사절과 동등한 특권과 면제를 받는 사람과 그 가족
  - 공무(A-2) : 대한민국 정부가 승인한 외국 정부 또는 국제기구의 공무를 수행하는 사람과 그 가족
- 유학·어학연수
  - 학사유학(D-2-2) : (전문)대학, 대학원 또는 특별법의 규정에 의하여 설립된 전문대학 이상의 학술기관에서 정규과정(학사)의 교육을 받고자 하는 자
  - 교환학생(D-2-6) : 대학 간 학사교류 협정에 의해 정규과정 중 일정 기간 동안 교육을 받고자 하는 교환학생
- 비전문직 취업
  - 제조업(E-9-1) : 외국인근로자의 고용에 관한 법률의 규정에 의한 국내 취업요건을 갖추어 제조업체에 취업하고자 하는 자
  - 농업(E-9-3) : 외국인근로자의 고용에 관한 법률의 규정에 의한 국내 취업요건을 갖추어 농업, 축산업 등에 취업하고자 하는 자
- 결혼이민
  - 결혼이민(F-6-1) : 한국에서 혼인이 유효하게 성립되어 있고, 우리 국민과 결혼생활을 지속하기 위해 국내 체류를 하고자 하는 외국인
  - 자녀양육(F-6-2) : 국민의 배우자(F-6-1) 자격에 해당하지 않으나 출생한 미성년 자녀(사실혼 관계 포함)를 국내에서 양육하거나 양육하려는 부 또는 모
- 치료요양
  - 의료관광(C-3-3) : 국내 의료기관에서 진료 또는 요양할 목적으로 입국하는 외국인 환자와 간병 등을 위해 동반입국이 필요한 동반가족 및 간병인(90일 이내)
  - 치료요양(G-1-10) : 국내 의료기관에서 진료 또는 요양할 목적으로 입국하는 외국인 환자와 간병 등을 위해 동반입국이 필요한 동반가족 및 간병인(1년 이내)

〈피초청자 초청 목적〉

피초청자	국적	초청 목적
A	말레이시아	부산에서 6개월가량 입원 치료가 필요한 아들의 간병(아들의 국적 또한 같음)
B	베트남	경기도 소재 O제조공장 취업(국내 취업 요건을 모두 갖춤)
C	사우디아라비아	서울 소재 K대학교 교환학생
D	인도네시아	대한민국 개최 APEC 국제기구 정상회의 참석

	A	B	C	D
①	C-3-3	D-2-2	F-6-1	A-2
②	G-1-10	E-9-1	D-2-6	A-2
③	G-1-10	D-2-2	F-6-1	A-1
④	C-3-3	E-9-1	D-2-6	A-1

※ 다음 명제가 모두 참일 때, 빈칸에 들어갈 명제로 가장 적절한 것을 고르시오. [43~45]

| 국민건강보험공단(2024) / 문제해결능력

43

> • 모든 1과 사원은 가장 실적이 많은 2과 사원보다 실적이 많다.
> • 가장 실적이 많은 4과 사원은 모든 3과 사원보다 실적이 적다.
> • 3과 사원 중 일부는 가장 실적이 많은 2과 사원보다 실적이 적다.
> • 따라서 _____

① 모든 2과 사원은 4과 사원 중 일부보다 실적이 적다.
② 어떤 1과 사원은 가장 실적이 많은 3과 사원보다 실적이 적다.
③ 어떤 3과 사원은 가장 실적이 적은 1과 사원보다 실적이 적다.
④ 1과 사원 중 가장 적은 실적을 올린 사원과 같은 실적을 올린 사원이 4과에 있다

| 국민건강보험공단(2024) / 문제해결능력

44

> • 풀을 먹는 동물은 몸집이 크다.
> • 사막에서 사는 동물은 물속에서 살지 않는다.
> • _____
> • 따라서 물속에서 사는 동물은 몸집이 크다.

① 몸집이 큰 동물은 물속에서 산다.
② 물이 있으면 사막이 아니다.
③ 사막에 사는 동물은 몸집이 크다.
④ 풀을 먹지 않는 동물은 사막에 산다

| 국민건강보험공단(2024) / 문제해결능력

45

> • 잎이 넓은 나무는 키가 크다.
> • 잎이 넓지 않은 나무는 덥지 않은 지방에서 자란다.
> • _____
> • 따라서 더운 지방에서 자라는 나무는 열매가 많이 맺힌다.

① 잎이 넓지 않은 나무는 열매가 많이 맺힌다.
② 열매가 많이 맺히지 않는 나무는 키가 작다.
③ 벌레가 많은 지역은 열매가 많이 맺히지 않는다.
④ 키가 작은 나무는 덥지 않은 지방에서 자란다.

※ 다음 글을 읽고 이어지는 질문에 답하시오. [46~47]

헤겔의 정반합 이론은 변증법이라고도 하며, '정', '반', '합'의 3단계 과정으로 이루어진다. 먼저 '정'이라는 하나의 명제가 존재하고 여기에 반대되는 주장인 '반'이 등장해 둘 사이는 갈등을 통해 통합된 하나의 주장인 '합'을 도출해 낸다. 이 이론의 각 단계를 살펴보면 다음과 같다.

먼저 '정'이라는 하나의 추상적인 또는 객관적인 명제로부터 이 이론은 시작된다. '정' 단계에서는 그 명제 자체만으로도 독립적인 의미를 가지고 있는 상태로, 어떠한 갈등이나 대립도 없어 다음 단계로 발전하지 못하는 잠재적인 무의식의 단계이다.

그 다음 단계인 '반'은 앞선 단계인 '정'의 명제에 대해 반대되거나 모순되어 갈등 상황을 일으키는 명제이다. 비록 부정적이지만 이성에 근거한 이 명제는 '정'으로 하여금 이미 자신이 내포하고 있었던 내재적 모순을 표면적으로 드러나게 하여 스스로를 객관적으로 바라보고 이를 반성할 수 있도록 이끈다. 따라서 이 단계는 직접적인 갈등 과정이 표면으로 드러나면서 이를 자각하고 이전보다 한걸음 발전했기 때문에 의식적 단계라고 볼 수 있다.

마지막 단계인 '합'은 '정'과 '반' 두 명제를 통합하는 과정으로, 두 명제 사이의 갈등을 해결해 마침내 이성적이고 긍정적인 판단을 이끌어내는 것이다. 이로써 '합'은 두 명제의 모순을 해결해 하나로 합쳐 스스로를 인식하는 진정한 의식적 단계에 다다른 것이다.

하지만 헤겔의 변증법적인 발전은 '합' 단계에서 그치는 것이 아니다. '합'은 다시 '정'이 되어 스스로가 내재적으로 가지고 있는 모순을 다시금 꺼내어 정반합의 단계를 되풀이하면서 계속하여 발전해 간다. 즉, 이 이론의 핵심 내용은 _____이다.

▌건강보험심사평가원(2024) / 의사소통능력

46 다음 중 윗글의 빈칸에 들어갈 내용으로 가장 적절한 것은?

① 개인과 사회는 정반합의 과정처럼 계속하여 갈등상황에 놓이게 된다는 것
② 개인과 사회는 정반합의 과정을 계속하면서 이전보다 더 발전하게 된다는 것
③ 개인과 사회는 발전하기 위해 끊임없이 '반'에 해당하는 명제를 제시해야 한다는 것
④ 개인과 사회는 발전하기 위해 서로 상반된 주장도 통합할 수 있는 판단을 이끌어내야 한다는 것

▌건강보험심사평가원(2024) / 의사소통능력

47 다음 중 윗글에 대한 설명으로 적절하지 않은 것을 〈보기〉에서 모두 고르면?

─────〈보기〉─────
ㄱ. '정'과 '반'의 명제가 무조건적으로 대립되는 관계는 아니다.
ㄴ. 헤겔의 정반합 이론에서 '합'은 '정'과 '반'보다 더 발전된 명제이다.
ㄷ. '정'과 '반'의 명제의 우위를 가려 더 발전적 결과인 '합'을 도출하여야 한다.
ㄹ. '정'과 '반'이 하나의 의견으로 도출해 내지 못한다면, 이는 헤겔의 정반합 이론이 적용되었다고 보기 어렵다.

① ㄱ, ㄴ   ② ㄱ, ㄷ
③ ㄴ, ㄷ   ④ ㄷ, ㄹ

※ 다음 글을 읽고 이어지는 질문에 답하시오. [48~49]

통계청이 발표한 출생·사망통계에 따르면 국내 합계출산율(가임여성 1명이 평생 낳을 것으로 기대되는 평균 출생아 수)은 2015년 1.24명에서 2023년 0.72명으로 급격하게 감소했다. 이 수치는 OECD 38개국 중 꼴찌일 뿐 아니라 바로 앞 순위인 스페인의 1.19명과도 상당한 차이를 보인다.

실제로 2020년부터 사망자 수가 출생아 수를 넘어서면서 이른 바 데드크로스 현상이 나타나고 있으며, 이 사태가 지속된다면 머지않아 경제, 사회, 안보 등 모든 분야가 순차적으로 직격탄을 맞게 될 것이다. 이에 정부는 현 상황을 해결하고자 3대 핵심부분인 일가정 양립, 양육, 주거를 중심으로 지원하겠다고 밝혔다. 특히 소득 차이를 줄이기 위한 방안으로 현행 월 150만 원인 육아휴직 월 급여 상한을 최초 3개월 동안 250만 원으로 증액시키고, 연 1회 2주 단위의 단기휴직을 도입하겠다고 밝혔다.

이 외에도 경력단절 문제를 해결하기 위한 방안으로 육아기 단축근로제도를 수정하였는데, 이는 기존 제도에서 _____ 또 육아휴직과 출산휴가를 통합신청을 가능하게 하고 이에 대해 14일 이내 사업주가 서면으로 허용하지 않으면 자동 승인되도록 하여 눈치 보지 않고 육아휴직 및 출산휴가를 사용할 수 있도록 개선하였다.

다만 제도가 변경되어도 현실적으로 육아휴직 사용이 어려운 소규모 사업장에서의 사용률을 높일 수 있는 법적 강제화 방안은 제외되었으며, 배달라이더 등 특수고용노동자나 자영업자는 전과 같이 적용대상에서 제외되었다.

┃ 건강보험심사평가원(2024) / 의사소통능력

48 다음 중 윗글의 빈칸에 들어갈 내용으로 가장 적절한 것은?

① 자녀의 대상연령은 축소하고, 제도의 이용기간은 줄였다.
② 자녀의 대상연령은 축소하고, 제도의 이용기간은 늘렸다.
③ 자녀의 대상연령은 확대하고, 제도의 이용기간은 줄였다.
④ 자녀의 대상연령은 확대하고, 제도의 이용기간은 늘렸다.

┃ 건강보험심사평가원(2024) / 의사소통능력

49 다음 중 윗글에 대한 설명으로 적절하지 않은 것은?

① 2020년 이후 우리나라 전체 인구수는 감소하고 있다.
② 2023년 OECD 38개국 중 유일하게 우리나라만 인구감소 현상이 나타났다.
③ 정부는 저출생의 가장 큰 원인을 일가정 양립, 양육, 주거로 보고 있다.
④ 육아 휴직 및 출산 휴가 제도가 개선되었더라도 수혜 대상은 이전과 유사하다.

50 다음과 같이 둘레의 길이가 2,000m인 원형 산책로에서 오후 5시 정각에 A씨가 3km/h의 속력으로 산책로를 따라 걷기 시작했다. 30분 후 B씨는 A씨가 걸어간 반대 방향으로 7km/h의 속력으로 같은 산책로를 따라 달리기 시작했을 때, A씨와 B씨가 두 번째로 만나게 되는 시각은?

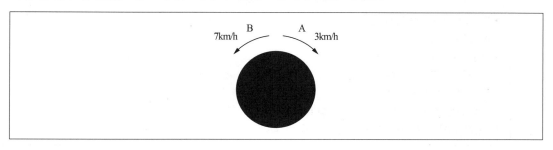

① 오후 6시 30분   ② 오후 6시 15분

③ 오후 6시   ④ 오후 5시 45분

51 다음 제시된 명제가 모두 참일 때, 빈칸에 들어갈 명제로 가장 적절한 것은?

> • 전제 1 : 아파트에 사는 어떤 사람은 강아지를 키운다.
> • 전제 2 : _____
> • 전제 3 : 아파트에 사는 강아지를 키우거나 식물을 키우는 사람은 빨간색 옷을 입는다.
> • 결론 : 그러므로 아파트에 사는 모든 사람은 빨간색 옷을 입는다.

① 아파트에 사는 모든 사람은 식물을 키우지 않는다.

② 아파트에 사는 어떤 사람은 식물을 키운다.

③ 아파트에 사는 강아지를 키우지 않는 모든 사람은 식물을 키운다.

④ 아파트에 사는 어떤 사람은 강아지를 키우지 않는다.

52 신입사원 A ~ G 7명이 다음 〈조건〉에 따라 5층까지 있는 사택에서 살 때, 각 층에 사는 사원을 바르게 연결한 것은?

─────〈조건〉─────

• 한 층에 최대 2명까지 들어갈 수 있다.
• A, B는 같은 층에 산다.
• C는 A보다 아래에 산다.
• D, E는 서로 다른 층에 산다.
• F는 E의 바로 위에 산다.
• G와 같은 층에 사는 신입사원은 없다.
• 3층은 사택 복지 공간이므로 사람이 살 수 없다.

① 1층 – G   ② 2층 – D, F

③ 4층 – E   ④ 5층 – B, C

※ 다음은 중학생 15명을 대상으로 한 달 용돈 금액을 조사한 자료이다. 이어지는 질문에 답하시오. [53~54]

	A	B
1	이름	금액(원)
2	강○○	30,000
3	권○○	50,000
4	고○○	100,000
5	김○○	30,000
6	김△△	25,000
7	류○○	75,000
8	오○○	40,000
9	윤○○	100,000
10	이○○	150,000
11	임○○	75,000
12	장○○	50,000
13	전○○	60,000
14	정○○	45,000
15	황○○	50,000
16	황△△	100,000

▎건강보험심사평가원(2024) / 정보능력

53 다음 중 학생들이 받는 한 달 평균 용돈을 백 원 미만은 버림하여 구하고자 할 때, 입력해야 할 함수식으로 옳은 것은?

① =LEFT((AVERAGE(B2:B16)), 2)

② =RIGHT((AVERAGE(B2:B16)), 2)

③ =ROUNDUP((AVERAGE(B2:B16)), -2)

④ =ROUNDDOWN((AVERAGE(B2:B16)), -2)

▎건강보험심사평가원(2024) / 정보능력

54 다음 중 한 달 용돈이 50,000원 이상인 학생 수를 구하고자 할 때, 입력해야 할 함수식으로 옳은 것은?

① =MODE(B2:B16)

② =COUNTIF(B2:B16, ">=50000")

③ =MATCH(50000, B2:B16, 0)

④ =VLOOKUP(50000, $B$1:$B$16, 1, 0)

※ 다음은 국제표준도서번호(ISBN-13)와 부가기호의 기본 구조에 대한 자료이다. 이어지는 질문에 답하시오.
[55~57]

〈국제표준도서번호 기본 구조〉

제1군		제2군		제3군		제4군		제5군
접두부		국별번호		발행자번호		서명식별번호		체크기호
978	–	89	–	671876	–	6	–	8

- 접두부 : 국제상품코드관리협회에서 부여하는 3자리 수이며, 도서의 경우 '978', '979'를 부여한다. 단, '978'은 배정이 완료되어 2013년 3월 6일 이후로 '979'를 부여한다.
- 국별번호 : 국가, 지역별 또는 언어별 군을 나타내는 수이다. 대한민국의 경우 제1군(접두부)의 숫자가 '978'일 때 '89'를 부여하고 '979'일 때 '11'을 부여한다.
- 발행자번호 : 출판사, 개인, 기관 등의 발행처를 나타내는 수이며, 대한민국은 국립중앙도서관 한국서지표준센터에서 배정한다.
- 서명식별번호 : 발행처가 간행한 출판물의 특정 서명이나 판을 나타내는 수이며, 제3군(발행자번호)의 자릿수와 제4군의 자릿수의 합은 항상 7이다.
- 체크기호 : ISBN의 정확성 여부를 자동으로 점검할 수 있는 기호로 다음과 같은 규칙을 따른다.
  1. ISBN번호의 1번째 자리부터 12번째 자리까리 1, 3, 1, 3, … 의 가중치를 부여한다.
  2. 각 자릿수와 가중치를 곱하여 더한다.
  3. 2.의 값에 10을 나눈 나머지를 구한다.
  4. 10에서 3.에서 구한 나머지를 뺀 값이 체크기호 수이다.

예 어떤 도서의 ISBN-13기호가 978-89-671876-6-8일 때

ISBN	9	7	8	8	9	6	7	1	8	7	6	6
가중치	1	3	1	3	1	3	1	3	1	3	1	3

$9×1+7×3+8×1+8×3+9×1+6×3+7×1+1×3+8×1+7×3+6×1+6×3=152$

$152÷10=15 \cdots 2 → 10-2=8$

따라서 978-89-671876-6-8 도서의 체크기호는 정확하다.

〈부가기호 기본 구조〉

제1행	제2행	제3행
독자대상기호	발행형태기호	내용분류기호
1	3	320

- 독자대상기호

기호	0	1	2	3	4
내용	교양	실용	(예비)	(예비)	청소년(비교육)
기호	5	6	7	8	9
내용	중등·고등 교육	초등교육	아동(비교육)	(예비)	학술·전문

단, 기호가 2개 이상 중복될 경우, 발행처가 선택할 수 있다.

- 발행형태기호

기호	0	1	2	3	4
내용	문고본	사전	신서판	단행본	전집
기호	5	6	7	8	9
내용	전자출판물	도감	만화 및 그림책	혼합 자료	(예비)

1. 발행형태기호로 '9'는 임의사용이 불가능하다.
2. 발행형태기호를 2개 이상 적용할 수 있다면 가장 큰 수를 적용하되, 전자출판물은 항상 '5'를 적용한다.

- 내용분류기호

주제 – 세부분야 – 0으로 이루어져 있으며, 다섯 번째 자리 숫자는 '0' 이외의 숫자는 예외 없이 사용이 불가능하다.

기호	000 ~ 099	100 ~ 199	200 ~ 299	300 ~ 399	400 ~ 499
내용	수필, 간행물 등	철학, 심리학 등	종교	사회과학	자연과학
기호	500 ~ 599	600 ~ 699	700 ~ 799	800 ~ 899	900 ~ 999
내용	기술과학	예술	언어	문학	역사

┃ 한국전력공사(2024) / 정보능력

55 도서의 주제와 부가기호의 내용분류기호의 범위가 바르게 연결되지 않은 것은?

① 동아시아사 – 900 ~ 999
② 행정학 – 800 ~ 899
③ 일본어 – 700 ~ 799
④ 천문학 – 400 ~ 499
⑤ 불교 – 200 ~ 299

┃ 한국전력공사(2024) / 정보능력

56 어떤 도서의 국제표준도서번호가 '9791125483360'일 때, 이 도서의 체크기호(○)는?

① 6
② 7
③ 8
④ 9
⑤ 0

┃ 한국전력공사(2024) / 정보능력

57 다음 중 자료에 대한 설명으로 옳지 않은 것은?

① 부가기호 '53415'는 존재하지 않는다.
② 아동 대상의 학습용 만화 단행본의 부가기호 앞 두 자리 숫자는 '77'이다.
③ 고등학교 교육용 도서와 중학교 교육용 도서의 부가기호 앞자리 숫자는 다르다.
④ 국제표준도서번호의 앞 다섯 자리 숫자가 '97889'인 도서는 2013년 3월 6일 이전에 번호가 부여됐다.
⑤ 2024년 초 신규 발행처에서 발행한 국내도서의 국제표준도서번호의 앞 다섯 자리 숫자는 '97911'이다.

〈2023년 7 ~ 12월 경상수지〉

(단위 : 백만 달러)

구분		2023년 7월	2023년 8월	2023년 9월	2023년 10월	2023년 11월	2023년 12월
경상수지(계)		4,113.9	5,412.7	6,072.7	7,437.8	3,890.7	7,414.6
상품수지		4,427.5	5,201.4	7,486.3	5,433.3	6,878.2	8,037.4
	수출	50,247.2	53,668.9	56,102.5	57,779.9	56,398.4	ㄴ
	수입	45,819.7	ㄱ	48,616.2	52,346.6	49,520.2	50,966.5
서비스수지		-2,572.1	-1,549.5	-3,209.9	-1,279.8	-2,210.9	-2,535.4
본원소득수지		3,356.3	1,879	2,180.4	3,358.5	-116.6	2,459.5
이전소득수지		-1,097.8	-118.2	-384.1	-74.2	-660	-546.9

※ (경상수지)=(상품수지)+(서비스수지)+(본원소득수지)+(이전소득수지)
※ (상품수지)=(수출)-(수입)
※ 수지가 양수일 경우 흑자, 음수일 경우 적자이다.

58 다음 중 빈칸에 들어갈 수로 옳은 것은?

          ㄱ   ㄴ

① 48,256.2   59,003.9
② 48,256.2   58,381.1
③ 48,467.5   59,003.9
④ 48,467.5   58,381.1
⑤ 47,685.7   59,003.9

59 다음 중 자료에 대한 설명으로 옳은 것은?

① 본원소득수지는 항상 흑자를 기록하였다.
② 경상수지는 2023년 11월에 적자를 기록하였다.
③ 상품수지가 가장 높은 달의 경상수지가 가장 높았다.
④ 2023년 8월 이후 서비스수지가 가장 큰 적자를 기록한 달의 상품수지 증가폭이 가장 크다.
⑤ 2023년 8월 이후 전월 대비 경상수지 증가폭이 가장 작은 달의 상품수지 증가폭이 가장 낮다.

60 S편의점을 운영하는 P씨는 개인사정으로 이번 주 토요일 하루만 오전 10시부터 오후 8시까지 직원들을 대타로 고용할 예정이다. 직원 A ~ D의 시급과 근무 가능 시간이 다음과 같을 때, 가장 적은 인건비는 얼마인가?

〈S편의점 직원 시급 및 근무 가능 시간〉

직원	시급	근무 가능 시간
A	10,000원	오후 12 : 00 ~ 오후 5 : 00
B	10,500원	오전 10 : 00 ~ 오후 3 : 00
C	10,500원	오후 12 : 00 ~ 오후 6 : 00
D	11,000원	오후 12 : 00 ~ 오후 8 : 00

※ 추가 수당으로 시급의 1.5배를 지급한다.
※ 직원 1명당 근무시간은 최소 2시간 이상이어야 한다.

① 153,750원
② 155,250원
③ 156,000원
④ 157,500원
⑤ 159,000원

61 다음은 S마트에 진열된 과일 7종의 판매량에 대한 자료이다. 30개 이상 팔린 과일의 개수를 구하기 위해 [C9] 셀에 입력해야 할 함수식으로 옳은 것은?

〈S마트 진열 과일 판매량〉

	A	B	C
1	번호	과일	판매량(개)
2	1	바나나	50
3	2	사과	25
4	3	참외	15
5	4	배	23
6	5	수박	14
7	6	포도	27
8	7	키위	32
9			

① =MID(C2:C8)
② =COUNTIF(C2:C8, "> =30")
③ =MEDIAN(C2:C8)
④ =AVERAGEIF(C2:C8, "> =30")
⑤ =MIN(C2:C8)

62 다음 그림과 같은 길의 A지점에서부터 최단거리로 이동하여 B지점에 도착하는 경우의 수는?

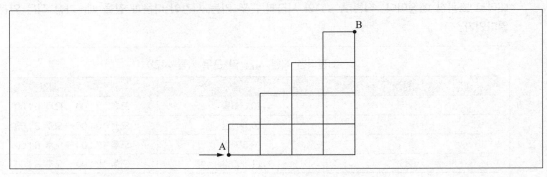

① 36가지   ② 42가지
③ 48가지   ④ 54가지

63 다음은 2019 ~ 2023년 발전설비별 발전량에 대한 자료이다. 이에 대한 설명으로 옳은 것은?

〈발전설비별 발전량〉

(단위 : GWh)

구분	수력	기력	원자력	신재생	기타	합계
2019년	7,270	248,584	133,505	28,070	153,218	570,647
2020년	6,247	232,128	145,910	33,500	145,255	563,040
2021년	7,148	200,895	160,184	38,224	145,711	552,162
2022년	6,737	202,657	158,015	41,886	167,515	576,810
2023년	7,256	199,031	176,054	49,285	162,774	594,400

① 2020 ~ 2023년 동안 기력 설비 발전량과 전체 설비 발전량의 전년 대비 증감 추이는 같다.
② 2019 ~ 2023년 동안 수력 설비 발전량은 항상 전체 설비 발전량의 1% 미만이다.
③ 2019 ~ 2023년 동안 신재생 설비 발전량은 항상 전체 설비 발전량의 5% 이상이다.
④ 2019 ~ 2023년 동안 원자력 설비 발전량과 신재생 설비의 발전량은 전년 대비 꾸준히 증가하였다.
⑤ 2020 ~ 2023년 동안 전년 대비 전체 설비 발전량의 증가량이 가장 많은 해와 신재생 설비 발전량의 증가량
이 가장 적은 해는 같다.

64 다음 글을 읽고 보인 반응으로 적절하지 않은 것은?

> 열차 내에서의 범죄가 급격하게 증가함에 따라 한국철도공사는 열차 내에서의 범죄 예방과 안전 확보를 위해 2023년까지 현재 운행하고 있는 열차의 모든 객실에 CCTV를 설치하고, 모든 열차 승무원에게 바디 캠을 지급하겠다고 밝혔다.
>
> CCTV는 열차 종류에 따라 운전실에서 비상시 실시간으로 상황을 파악할 수 있는 '네트워크 방식'과 각 객실에서의 영상을 저장하는 '개별 독립 방식'이라는 2가지 방식으로 사용 및 설치가 진행될 예정이며, 객실에는 사각지대를 없애기 위해 4대가량의 CCTV가 설치된다. 이 중 2대는 휴대 물품 도난 방지 등을 위해 휴대 물품 보관대 주변에 위치하게 된다.
>
> 이에 따라 한국철도공사는 CCTV 제품 품평회를 가져 제품의 형태와 색상, 재질 등에 대한 의견을 나누고 각 제품이 실제로 열차 운행 시 진동과 충격 등에 적합한지 시험을 거친 후 도입할 예정이다.

① 현재는 모든 열차에 CCTV가 설치되어 있진 않을 것이다.

② 과거에 비해 승무원에 대한 승객의 범죄행위 증거 취득이 유리해질 것이다.

③ CCTV의 설치를 통해 인적 피해와 물적 피해 모두 예방할 수 있을 것이다.

④ CCTV의 설치를 통해 실시간으로 모든 객실을 모니터링할 수 있을 것이다.

⑤ CCTV의 내구성뿐만 아니라 외적인 디자인도 제품 선택에 영향을 줄 수 있을 것이다.

65 다음은 노인맞춤돌봄서비스 홍보를 위한 안내문과 K동 독거노인의 방문조사 결과이다. 조사한 인원 중 노인맞춤돌봄서비스 신청이 불가능한 사람은 모두 몇 명인가?

〈노인맞춤돌봄서비스 지금 신청하세요!〉

- 노인맞춤돌봄서비스 소개
  일상생활 영위가 어려운 취약노인에게 적절한 돌봄서비스를 제공하여 안정적인 노후생활 보장 및 노인의 기능, 건강 유지를 통해 기능 약화를 예방하는 서비스

- 서비스 내용
  – 안전지원서비스 : 이용자의 전반적인 삶의 안전 여부를 전화, ICT 기기를 통해 확인하는 서비스
  – 사회참여서비스 : 집단프로그램 등을 통해 사회적 참여의 기회를 지원하는 서비스
  – 생활교육서비스 : 다양한 프로그램으로 신체적, 정신적 기능을 유지·강화하는 서비스
  – 일상생활지원서비스 : 이동 동행, 식사준비, 청소 등 일상생활을 지원하는 서비스
  – 연계서비스 : 민간 후원, 자원봉사 등을 이용자에게 연계하는 서비스
  – 특화서비스 : 은둔형·우울형 집단을 분리하여 상담 및 진료를 지원하는 서비스

- 선정 기준
  만 65세 이상 국민기초생활수급자, 차상위계층, 또는 기초연금수급자로서 유사 중복사업 자격에 해당하지 않는 자
  ※ 유사 중복사업
    1. 노인장기요양보험 등급자
    2. 가사 간병방문 지원 사업 대상자
    3. 국가보훈처 보훈재가복지서비스 이용자
    4. 장애인 활동지원 사업 이용자
    5. 기타 지방자치단체에서 시행하는 서비스 중 노인맞춤돌봄서비스와 유사한 재가서비스

- 특화서비스 선정 기준
  – 은둔형 집단 : 가족, 이웃 등과 관계가 단절된 노인으로서 민·관의 복지지원 및 사회안전망과 연결되지 않은 노인
  – 우울형 집단 : 정신건강 문제로 인해 일상생활 수행의 어려움을 겪거나 가족·이웃 등과의 관계 축소 등으로 자살, 고독사 위험이 높은 노인
    ※ 고독사 및 자살 위험이 높다고 판단되는 경우 만 60세 이상으로 하향 조정 가능

이름	성별	나이	소득수준	행정서비스 현황	특이사항
A	여	만 62세	차상위계층	–	우울형 집단
B	남	만 78세	기초생활수급자	국가유공자	–
C	남	만 81세	차상위계층	–	–
D	여	만 76세	기초연금수급자	–	–
E	여	만 68세	기초연금수급자	장애인 활동지원	–
F	여	만 69세	–	–	–
G	남	만 75세	기초연금수급자	가사 간병방문	–
H	여	만 84세	–	–	–
I	여	만 63세	차상위계층	–	우울형 집단
J	남	만 64세	차상위계층	–	–
K	여	만 84세	기초연금수급자	보훈재가복지	–

〈K동 독거노인 방문조사 결과〉

① 4명
② 5명
③ 6명
④ 7명

66 다음은 포화 수증기량에 대한 설명과 날짜별 기온 및 수증기량에 대한 자료이다. 이에 대한 설명으로 옳은 것을 〈보기〉에서 모두 고르면?(단, 모두 맑은 날이고, 해발 0m에서 수증기량을 측정하였다)

수증기는 온도에 따라 공기에 섞여 있을 수 있는 양이 다르다. 온도에 따라 공기 1m³ 중에 섞여 있는 수증기량의 최댓값을 포화 수증기량이라고 하며 기온에 따른 포화 수증기량의 변화를 그린 그래프를 포화 수증기량 곡선이라 한다. 공기에 섞여 있는 수증기량이 포화 수증기량보다 적으면 건조공기, 포화 수증기량에 도달하면 습윤공기이다.

아래 그래프에서 수증기가 1m³당 X만큼 섞여 있고 온도가 T인 어떤 공기 P가 있다고 하자. 이 공기가 냉각되면 기온이 하강하더라도 섞여 있는 수증기량은 변하지 않으므로 점 P는 왼쪽으로 이동한다. 이동한 점이 포화 수증기량 곡선과 만나면 수증기는 응결되어 물이 된다. 이때 온도를 이슬점(T_D)이라고 한다.

〈포화 수증기량 곡선〉

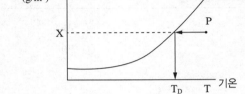

공기가 상승하면 단열팽창되어 건조한 공기는 100m 상승할 때마다 온도는 약 1℃ 하강하고 습윤한 공기는 100m 상승할 때마다 온도는 약 0.5℃ 하강한다. 반대로 건조한 공기가 100m 하강할 때는 단열압축되어 온도는 약 1℃ 상승하고 습윤한 공기는 100m 하강할 때마다 온도는 약 0.5℃씩 상승하게 된다.

기온이 하강하여 이슬점이 되면 수증기는 응결되어 구름이 되고 더 많은 수증기가 응결되면 비가 되어 내리게 된다.

〈일자별 기온 및 수증기〉

구분	4월 5일	4월 12일	4월 19일	4월 26일	5월 3일	5월 10일
기온(℃)	20	16	18	18	22	20
수증기량(g/m³)	15	13	10	15	8	16

─────〈보기〉─────

ㄱ. 가장 건조한 날은 5월 3일이다.
ㄴ. 4월 5일에 측정한 공기와 4월 26일에 측정한 공기가 응결되는 높이는 같다.
ㄷ. 4월 19일에 측정한 공기는 4월 26일에 측정한 공기보다 더 높은 곳에서 응결된다.
ㄹ. 공기 중에 수증기가 가장 많이 있을 수 있는 날은 4월 12일이다.

① ㄱ, ㄷ   ② ㄱ, ㄹ
③ ㄴ, ㄷ   ④ ㄴ, ㄹ
⑤ ㄷ, ㄹ

67 다음은 S사의 신규 프로젝트에 필요한 모든 작업을 PERT 차트로 도식화한 자료이다. 제시된 자료와 〈조건〉을 바탕으로 할 때, 신규 프로젝트 완료에 필요한 시간은?

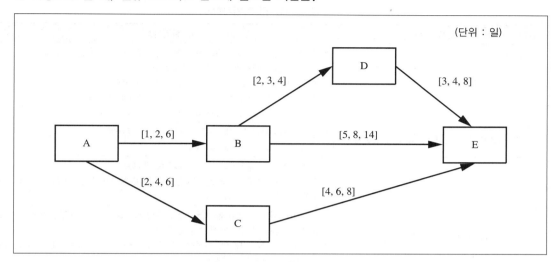

(단위 : 일)

〈조건〉

- 프로젝트를 끝내기 위해서는 A에서 E까지 모든 작업을 완료해야 한다.
- 작업을 시작하기 위해서는 선행 작업이 완료되어야 한다(B와 C작업을 시작하기 위해서는 A작업이 선행되어야 한다).
- 후행 작업은 선행 작업이 완료되는 즉시 시작한다(B와 C작업 모두 A작업이 끝나는 즉시 시작한다).
- 괄호 안의 숫자는 각각 완료하는 데 걸리는 기간을 나타내는 것으로 세부 내용은 다음과 같다.
  [(낙관적 추정시간), (일반적인 추정시간), (비관적 추정시간)]
- 작업별 기대 추정시간을 구하는 식은 다음과 같다.
  (기대 추정시간)=[(낙관적 추정시간)+4×(일반적 추정시간)+(비관적 추정시간)]÷6

① 7일   ② 8일
③ 9일   ④ 10일
⑤ 11일

※ PC방에서 아르바이트를 하는 P군은 모니터가 이상하다는 손님의 문의에 대응하기 위해 제조사의 모니터 설명서를 찾아보았다. 다음 자료를 읽고 이어지는 질문에 답하시오. [68~69]

〈고장신고 전 확인사항〉

고장 내용	확인사항
화면이 나오지 않아요.	• 모니터 전원 코드가 전원과 바르게 연결되어 있는지 확인해 주세요. • 전원 버튼이 꺼져 있는지 확인해 주세요. • [입력] 설정이 바르게 되어 있는지 확인해 주세요. • PC와 모니터가 바르게 연결되어 있는지 확인해 주세요. • 모니터가 절전모드로 전환되어 있는지 확인해 주세요.
"UNKNOWN DEVICE" 문구가 뜹니다.	• 자사 홈페이지의 모니터 드라이브를 설치해 주세요. (http://www.*******.**.**)
화면이 흐려요.	• 권장 해상도로 설정되어 있는지 확인해 주세요. • 그래픽카드 성능에 따라 권장 해상도 지원이 불가능할 수 있으니 그래픽카드 제조사에 문의해 주세요.
화면에 잔상이 남아 있어요.	• 모니터를 꺼도 잔상이 남으면 고장신고로 접수해 주세요(고정된 특정 화면을 장기간 사용하면 모니터에 손상을 줄 수 있습니다). • 몇 개의 빨간색, 파란색, 초록색, 흰색, 검은색 점이 보이는 것은 정상이므로 안심하고 사용하셔도 됩니다.
소리가 나오지 않아요.	• 모니터가 스피커 단자와 바르게 연결되어 있는지 확인해 주세요. • 볼륨 설정이 낮거나 음소거 모드로 되어 있는지 확인해 주세요.
모니터 기능이 잠겨 있어요.	• [메뉴] – [잠금 해제]를 통해 잠금을 해제해 주세요.

| 한국수력원자력(2023) / 기술능력

68 다음 중 고장신고를 접수해야 하는 상황은?

① 화면이 흐리게 보인다.
② 화면에 몇 개의 반점이 보인다.
③ 모니터를 꺼도 잔상이 남아 있다.
④ 모니터 일부 기능을 사용할 수 없다.
⑤ 특정 소프트웨어에서 소리가 나오지 않는다.

| 한국수력원자력(2023) / 기술능력

69 다음 중 화면이 나오지 않는다는 손님의 문의를 받았을 때의 대응 방안으로 적절하지 않은 것은?

① 모니터 드라이버를 설치한다.
② 모니터 전원이 켜져 있는지 확인한다.
③ 모니터와 PC가 바르게 연결되어 있는지 확인한다.
④ 모니터가 전원에 연결되어 있는지 확인한다.
⑤ 모니터 입력 설정이 바르게 설정되어 있는지 확인한다.

70 다음은 M공사 정보보안팀에서 배포한 사내 메신저 계정의 비밀번호 설정 규칙이다. B사원이 비밀번호 설정 규칙에 따라 사내 메신저 계정 비밀번호를 다시 설정할 때 가장 적절한 것은?

〈비밀번호 설정 규칙〉

- 오름차순 또는 내림차순으로 3회 이상 연이은 숫자, 알파벳은 사용할 수 없다.
  (예 123, 876, abc, jih, …)
- 쿼티 키보드에서 자판이 3개 이상 나열된 문자는 사용할 수 없다.
- 특수문자를 반드시 포함하되 같은 특수문자를 연속하여 2회 이상 사용할 수 없다.
- 숫자, 특수문자, 알파벳 소문자와 대문자를 구별하여 8자 이상으로 설정한다.
  (단, 알파벳 대문자는 반드시 1개 이상 넣는다)
- 3자 이상 알파벳을 연이어 사용할 경우 단어가 만들어지면 안 된다.
  (단, 이니셜 및 약어까지는 허용한다)

〈불가능한 비밀번호 예시〉

- 3756#DefG99
- xcv@cL779
- UnfkCKdR$$7576
- eXtra2@CL377
- ksn3567#38cA
  ⋮

① Im#S367

② asDf#3689!

③ C8&hOUse100%ck

④ 735%#Kmpkd2R6

2권

제1회 피듈형

NCS 모의고사

www.sdedu.co.kr

〈문항 및 시험시간〉

평가영역	문항 수	시험시간	모바일 OMR 답안채점 / 성적분석 서비스
의사소통능력 / 수리능력 / 문제해결능력 / 자원관리능력	70문항	70분	

제1회 모의고사

문항 수 : 70문항
시험시간 : 70분

| 의사소통능력

01 다음 글을 읽고 알 수 있는 사실로 적절하지 않은 것은?

> 인류의 역사를 석기시대, 청동기시대 그리고 철기시대로 구분한다면 현대는 '플라스틱시대'라고 할 수 있을
> 만큼 플라스틱은 현대사회에서 가장 혁명적인 물질 중 하나이다. "플라스틱은 현대 생활의 뼈, 조직, 피부가
> 되었다."는 미국의 과학 저널리스트 수전 프라인켈(Susan Freinkel)의 말처럼 플라스틱은 인간 생활에 많은
> 부분을 차지하고 있다. 저렴한 가격과 필요에 따라 내구성, 강도, 유연성 등을 조절할 수 있다는 장점 덕분에
> 일회용 컵부터 옷, 신발, 가구 등 플라스틱이 아닌 것이 거의 없을 정도이다. 그러나 플라스틱에는 치명적인
> 단점이 있다. 플라스틱이 지닌 특성 중 하나인 영속성(永續性)이다. 즉, 인간이 그동안 생산한 플라스틱은
> 바로 분해되지 않고 어딘가에 계속 존재하고 있어 환경오염의 원인이 된 지 오래이다.
> 치약, 화장품, 피부 각질제거제 등 생활용품에 들어 있는 작은 알갱이의 성분은 '마이크로비드(Microbead)'
> 라는 플라스틱이다. 크기가 1mm보다 작은 플라스틱을 '마이크로비드'라고 하는데 이 알갱이는 정수처리과
> 정에서 걸러지지 않고 생활 하수구에서 강으로, 바다로 흘러간다. 이 조그만 알갱이들은 바다를 떠돌면서 생
> 태계의 먹이사슬을 통해 동식물 체내에 축적되어 면역체계 교란, 중추신경계 손상 등의 원인이 되는 잔류성
> 유기오염물질(Persistent Organic Pollutants)을 흡착한다. 그리고 물고기, 새 등 여러 생물은 마이크로비
> 드를 먹이로 착각해 섭취한다. 마이크로비드를 섭취한 해양생물은 다시 인간의 식탁에 올라온다. 즉, 우리가
> 버린 플라스틱을 우리가 다시 먹게 되는 셈이다.
> 플라스틱 포크로 음식을 먹고, 플라스틱 컵으로 물을 마시는 등 플라스틱을 음식을 먹기 위한 수단으로만
> 생각했지 직접 먹게 되리라고는 상상도 못했을 것이다. 우리가 먹은 플라스틱이 우리 몸에 남아 분해되지
> 않고 큰 질병을 키우게 될 것을 말이다.

① 플라스틱은 필요에 따라 유연성, 강도 등을 조절할 수 있고, 값이 싼 장점이 있다.
② 플라스틱은 바로 분해되지 않고 어딘가에 존재한다.
③ 마이크로비드는 크기가 작기 때문에 정수처리과정에서 걸러지지 않고 바다로 유입된다.
④ 마이크로비드는 잔류성유기오염물질을 분해하는 역할을 한다.
⑤ 물고기 등 해양생물들은 마이크로비드를 먹이로 착각해 먹는다.

02 다음 빈칸에 들어갈 내용으로 가장 적절한 것은?

> 질병(疾病)이란 유기체의 신체적, 정신적 기능이 비정상으로 된 상태를 일컫는다. 인간에게 있어 질병이란 넓은 의미에서는 극도의 고통을 비롯하여 스트레스, 사회적인 문제, 신체기관의 기능 장애와 죽음까지를 포괄하며, 넓게는 개인에서 벗어나 사회적으로 큰 맥락에서 이해되기도 한다.
>
> 하지만 다분히 진화 생물학적 관점에서 질병은 인간의 몸 안에서 일어나는 정교하고도 합리적인 자기조절 과정이다. 질병은 정상적인 기능을 할 수 없는 상태임과 동시에, 진화의 역사 속에서 획득한 자기 치료 과정이 _____이기도 하다. 가령, 기침을 하고, 열이 나고, 통증을 느끼고, 염증이 생기는 것 따위는 자기 조절과 방어 시스템이 작동하는 과정인 것이다.

① 문제를 일으킨 상태
② 비일상적인 특이 상태
③ 정상적으로 가동하고 있는 상태
④ 인구의 개체 변이를 도모하는 상태
⑤ 보다 새로운 정보를 습득하려는 상태

03 다음 중 밑줄 친 이것과 관련된 문제해결을 위한 기본요소로 가장 적절한 것은?

> 문제해결을 위해서는 기존의 패러다임, 고정관념, 편견 등 심리적 타성을 극복하고 새로운 아이디어를 효과적으로 낼 수 있어야 하며, 문제해결과정에 필요한 스킬 등을 습득해야 한다. 문제해결을 위해서는 이것을 통해 문제해결을 위한 기본 지식과 스킬을 습득해야 한다.

① 체계적인 교육훈련
② 문제해결방법에 대한 지식
③ 문제관련 지식에 대한 가용성
④ 문제해결자의 도전의식과 끈기
⑤ 문제에 대한 체계적인 접근

04 다음 〈조건〉을 근거로 〈보기〉를 계산한 값은?

─〈조건〉─

연산자 A, B, C, D는 다음과 같이 정의한다.
- A : 좌우에 있는 두 수를 더한다. 단, 더한 값이 10 미만이면 좌우에 있는 두 수를 곱한다.
- B : 좌우에 있는 두 수 가운데 큰 수에서 작은 수를 뺀다. 단, 두 수가 같거나 뺀 값이 10 미만이면 두 수를 곱한다.
- C : 좌우에 있는 두 수를 곱한다. 단, 곱한 값이 10 미만이면 좌우에 있는 두 수를 더한다.
- D : 좌우에 있는 두 수 가운데 큰 수를 작은 수로 나눈다. 단, 두 수가 같거나 나눈 값이 10 미만이면 두 수를 곱한다.

※ 연산은 '( )', '{ }'의 순으로 한다.

─〈보기〉─

$\{(1\,A\,5)\,B\,(3\,C\,4)\}\,D\,6$

① 10   ② 12

③ 90   ④ 210

⑤ 360

05 K씨는 진찰을 받기 위해 병원에 갔다. 진찰 대기자는 K씨를 포함하여 총 5명이 있다. 이들의 순서가 다음 〈조건〉을 모두 만족한다면, K씨는 몇 번째로 진찰을 받을 수 있는가?

─〈조건〉─

- A는 B의 바로 앞에 이웃하여 있다.
- A는 C보다 뒤에 있다.
- K는 A보다 앞에 있다.
- K와 D 사이에는 2명이 있다.

① 첫 번째   ② 두 번째

③ 세 번째   ④ 네 번째

⑤ 다섯 번째

06 다음은 P사 직원들이 문화재 관광 콘텐츠의 개발방향을 찾기 위해 자료를 바탕으로 나눈 대화이다. 이에 대해 옳지 않은 설명을 한 사람은?

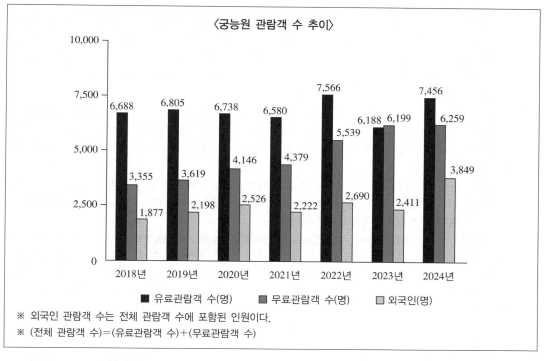

〈궁능원 관람객 수 추이〉

※ 외국인 관람객 수는 전체 관람객 수에 포함된 인원이다.
※ (전체 관람객 수)=(유료관람객 수)+(무료관람객 수)

① A씨 : 2024년 외국인 관광객 수는 2018년에 비해 102% 이상 증가했네요. 외국인 관광객에 대한 콘텐츠 개발을 더욱더 확충했으면 좋겠어요.

② B씨 : A씨의 의견이 맞는 것 같아요. 2024년의 전체 관람객 수에서 외국인 관람객이 차지한 비중이 2018년에 비해 15%p 이상 증가했네요. 외국인 관람객을 위한 외국어 안내문과 팸플릿을 개선했으면 좋겠네요.

③ C씨 : 유료관람객은 2023년을 제외하고 항상 많은 비중을 차지하고 있어요. 유료관람객 확대 유치를 위한 콘텐츠가 필요해요.

④ D씨 : C씨의 의견에 덧붙이자면, 유료관람객 수는 2018년 이후로 증가와 감소가 반복되고 있어요. 유료관람객 수의 지속적인 증가를 위해 지역주민에 대한 할인, 한복업체와 연계한 생활한복 무료대여 행사같이 여러 가지 이벤트를 개발했으면 좋겠어요.

⑤ E씨 : 무료관람객 수의 경우 2018년 이후 지속적으로 증가하는 양상을 보였고 2022년에 전년 대비 가장 많이 증가했지만, 2024년에는 전년 대비 가장 적게 증가했어요.

07 다음 글의 표제와 부제로 가장 적절한 것은?

검무는 칼을 들고 춘다고 해서 '칼춤'이라고 부르기도 하며, '황창랑무(黃倡郎舞)'라고도 한다. 검무의 역사적 기록은 『동경잡기(東京雜記)』의 「풍속조(風俗條)」에 나타난다. 신라의 소년 황창랑은 나라를 위하여 백제 왕궁에 들어가 왕 앞에서 칼춤을 추다 왕을 죽이고 자신도 잡혀서 죽는다. 신라 사람들이 이러한 그의 충절을 추모하여, 그의 모습을 본뜬 가면을 만들어 쓰고 그가 추던 춤을 따라 춘 것에서 검무가 시작되었다고 한다. 이처럼 민간에서 시작된 검무는 고려 시대를 거쳐 조선 시대로 이어지며, 궁중으로까지 전해진다. 이때 가면 이 사라지는 형식적 변화가 함께 일어난다.

조선 시대 민간의 검무는 기생을 중심으로 전승되었으며, 재인들과 광대들의 판놀이로까지 이어졌다. 조선 후 기에는 각 지방까지 전파되었는데, 진주검무와 통영검무가 그 대표적인 예이다. 한편 궁중의 검무는 주로 궁중 의 연회 때에 추는 춤으로 전해졌으며, 후기에 정착된 순조 때의 형식이 중요무형문화재로 지정되어 현재까지 보존되고 있다.

궁중에서 추어지던 검무의 구성은 다음과 같다. 전립을 쓰고 전복을 입은 4명의 무희가 쌍을 이루어, 바닥에 놓여진 단검(短劍)을 어르는 동작부터 시작한다. 그 후 칼을 주우면서 춤이 이어지고, 화려한 춤사위로 검을 빠르게 돌리는 연풍대(筵風擡)로 마무리한다.

검무의 절정인 연풍대는 조선 시대 풍속화가 신윤복의 「쌍검대무(雙劍對舞)」에서 잘 드러난다. 그림 속의 두 무용수를 통해 춤의 회전 동작을 예상할 수 있다. 즉, 이 장면에는 오른쪽에 선 무희의 자세에서 시작해 왼쪽 무희의 자세로 회전하는 동작이 나타나 있다. 이렇게 무희들이 쌍을 이루어 좌우로 이동하면서 원을 그리며 팽이처럼 빙빙 도는 동작을 연풍대라 한다. 이 명칭은 대자리를 걷어 내는 바람처럼 날렵하게 움직이 는 모습에서 비롯한 것이다.

오늘날의 검무는 검술의 정밀한 무예 동작보다 부드러운 곡선을 그리는 춤 형태로만 남아 있다. 칼을 쓰는 살벌함은 사라졌지만, 민첩하면서도 유연한 동작으로 그 아름다움을 표출하고 있는 것이다. 검무는 신라 시 대부터 면면히 이어지는 고유한 문화이자 예술미가 살아 있는 몇 안 되는 소중한 우리의 전통 유산이다.

① 신라 황창랑의 의기와 춤 – 검무의 유래와 발생을 중심으로
② 역사 속에 흐르는 검빛·춤빛 – 검무의 변천 과정과 구성을 중심으로
③ 무예 동작과 아름다움의 조화 – 연풍대의 의미를 중심으로
④ 무희의 칼끝에서 펼쳐지는 바람 – 검무의 예술적 가치를 중심으로
⑤ 검과 춤의 혼합, 우리의 문화 유산 – 쌍검대무의 감상을 중심으로

08 다음은 도서코드(ISBN)에 대한 자료이다. 이를 참고할 때 주문한 도서에 대한 설명으로 옳은 것은?

〈[예시] 도서코드(ISBN)〉

국제표준도서번호					부가기호		
접두부	국가번호	발행자번호	서명식별번호	체크기호	독자대상	발행형태	내용분류
123	12	1234567		1	1	1	123

※ 국제표준도서번호는 5개의 군으로 나누어지고 군마다 '-'로 구분한다.

〈도서코드(ISBN) 세부사항〉

접두부	국가번호	발행자번호	서명식별번호	체크기호
978 또는 979	한국 89 미국 05 중국 72 일본 40 프랑스 22	발행자번호 - 서명식별번호 7자리 숫자 예 8491 - 208 : 발행자번호가 8491번인 출판사에서 208번째 발행한 책		0 ~ 9

독자대상	발행형태	내용분류
0 교양 1 실용 2 여성 3 (예비) 4 청소년 5 중고등 학습참고서 6 초등 학습참고서 7 아동 8 (예비) 9 전문	0 문고본 1 사전 2 신서판 3 단행본 4 전집 5 (예비) 6 도감 7 그림책, 만화 8 혼합자료, 점자자료, 전자책, 마이크로자료 9 (예비)	030 백과사전 100 철학 170 심리학 200 종교 360 법학 470 생명과학 680 연극 710 한국어 770 스페인어 740 영미문학 720 유럽사

〈주문도서〉

978 - 05 - 441 - 1011 - 3 14710

① 한국에서 출판한 도서이다.

② 441번째 발행된 도서이다.

③ 발행자번호는 총 7자리이다.

④ 한 권으로만 출판되지는 않았다.

⑤ 한국어로 되어있다.

09 수진이는 학교에서 액체의 밀도에 대해 배우고 있다. 수진이는 실험을 이용해 가방에 있는 피규어의 질량을 알아보고 싶어서 선생님께 질문을 했다. 수진이와 선생님의 대화 내용을 참고하여 피규어를 통에 넣었을 때 B, C액체가 들어있는 통에서 넘친 액체의 부피의 합은 몇 L인가?(단, 각 통의 부피는 들어있는 액체의 부피와 같다)

수진 : 선생님, 오늘 배운 밀도를 이용해서 제가 가지고 있는 피규어의 질량을 알아보고 싶은데 지금 해봐도 되나요?

선생님 : 그럼, 실험하고 있는 액체가 묻어도 상관없으면 한 번 해 보렴. 실험하는 액체통에는 밀도가 다른 A~C액체가 들어있고, 세 개의 통에 들어 있는 액체의 부피는 앞에 칠판에 적혀 있는 것처럼 A액체는 12L, B액체는 10L, C액체는 15L란다. 그리고 처음에 알려준 밀도는 $\dfrac{(질량)}{(부피)}$과 같고, 방금 한 실험에서 A액체의 밀도는 0.2kg/L였어.

수진 : 네, 어차피 피규어는 씻으면 되니까 상관없어요. 그리고 아까 제가 세 통 모두 질량을 측정해 보니 같았는데 모두 동일한 거 맞죠, 선생님?

선생님 : 벌써 기본적인 질량 측정을 완료했구나. 그래, 맞아. 그럼 이제 시작해 보렴.

수진 : (실험 후) B액체는 ＿＿＿L가 넘쳤고, C액체는 ＿＿＿L가 넘쳤어요. 그래서 피규어 질량은 300g이에요.

---

① 3.875L ② 3.455L

③ 3.285L ④ 3.125L

⑤ 3.015L

10 철수, 영희, 상수는 재충전 횟수에 따른 업체들의 견적을 비교하여 리튬이온배터리를 구매하려고 한다. 다음 〈조건〉을 참고할 때 옳지 않은 것은?

재충전＼방수액	유	무
0회 이상 100회 미만	5,000원	5,000원
100회 이상 300회 미만	10,000원	5,000원
300회 이상 500회 미만	20,000원	10,000원
500회 이상 1,000회 미만	30,000원	15,000원
12,000회 이상	50,000원	20,000원

〈조건〉
- 철수 : 재충전이 12,000회 이상은 되어야 해.
- 영희 : 나는 그렇게 많이는 필요하지 않고, 200회면 충분해.
- 상수 : 나는 무조건 방수액을 발라야 해.

① 철수, 영희, 상수 세 사람이 리튬이온배터리를 가장 저렴하게 구매하는 가격의 총합은 30,000원이다.
② 철수, 영희, 상수 세 사람이 리튬이온배터리를 가장 비싸게 구매하는 가격의 총합은 110,000원이다.
③ 영희가 리튬이온배터리를 가장 저렴하게 구매하는 가격은 10,000원이다.
④ 영희가 가장 비싸게 구매하는 가격과 상수가 가장 비싸게 구매하는 가격의 차이는 30,000원 이상이다.
⑤ 상수가 구매하는 리튬이온배터리의 가장 저렴한 가격과 가장 비싼 가격의 차이는 45,000원이다.

※ 다음은 이번 달 P공사의 업무일정에 대한 자료이다. 이어지는 질문에 답하시오. [11~12]

<업무일정 기간 및 순서>

구분	업무별 소요 기간	선결업무
A업무	3일	–
B업무	1일	A
C업무	6일	–
D업무	7일	B
E업무	5일	A
F업무	3일	B, C

┃ 자원관리능력

11 다음 중 모든 업무를 끝마치는 데 걸리는 최소 소요 기간은?

① 8일　　　　　　　　　　　② 9일

③ 10일　　　　　　　　　　 ④ 11일

⑤ 12일

┃ 자원관리능력

12 다음 〈보기〉 중 옳지 않은 것을 모두 고르면?

─〈보기〉─
⊙ B업무의 소요 기간이 4일로 연장된다면 D업무를 마칠 때까지 11일이 소요된다.
ⓒ D업무의 선결업무가 없다면 모든 업무를 마치는 데 최소 8일이 소요된다.
ⓒ E업무의 선결업무에 C업무가 추가된다면 최소 소요 기간은 11일이 된다.
ⓔ C업무의 소요 기간이 2일 연장되더라도 최소 소요 기간은 변하지 않는다.

① ㄱ, ㄴ　　　　　　　　　　② ㄱ, ㄷ

③ ㄴ, ㄷ　　　　　　　　　　④ ㄴ, ㄹ

⑤ ㄷ, ㄹ

※ 다음 글을 읽고 이어지는 질문에 답하시오. [13~14]

인지부조화는 한 개인이 가지는 둘 이상의 사고, 태도, 신념, 의견 등이 서로 일치하지 않거나 상반될 때 생겨나는 심리적인 긴장상태를 의미한다. 인지부조화는 불편함을 유발하기 때문에 사람들은 이것을 감소시키려고 한다. 인지부조화를 감소시키는 방법은 서로 모순관계에 있어서 양립할 수 없는 인지들 가운데 하나 이상의 인지가 갖는 내용을 바꾸어 양립할 수 있게 만들거나, 서로 모순되는 인지들 간의 차이를 좁힐 수 있는 새로운 인지를 추가하여 부조화된 인지상태를 조화된 상태로 전환하는 것이다.

그런데 실제로 부조화를 감소시키는 행동은 비합리적인 면이 있다. 그 이유는 그러한 행동들이 사람들로 하여금 중요한 사실을 배우지 못하게 하고 자신들의 문제에 대해서 실제적인 해결책을 찾지 못하도록 할 수 있기 때문이다. 부조화를 감소시키려는 행동은 자기방어적인 행동이고, 부조화를 감소시킴으로써 우리는 자신의 긍정적인 이미지, 즉 자신이 선하고 현명하며 상당히 가치 있는 인물이라는 긍정적인 측면의 이미지를 유지하게 된다. 비록 자기방어적인 행동이 유용한 것으로 생각될 수 있지만, 이러한 행동은 부정적인 결과를 초래할 수 있다.

한 실험에서 연구자는 인종차별 문제에 대해서 확고한 입장을 보이는 사람들을 선정하였다. 일부는 차별에 찬성하였고, 다른 일부는 차별에 반대하였다. 선정된 사람들에게 인종차별에 대한 찬성과 반대 의견이 실린 글을 모두 읽게 하였는데, 어떤 글은 지극히 논리적이고 그럴듯하였고, 다른 글은 터무니없고 억지스러운 것이었다. 실험에서는 참여자들이 과연 어느 글을 기억할 것인지에 관심이 있었다. 인지부조화 이론에 따르면, 사람들은 현명한 사람을 자기 편, 우매한 사람을 다른 편이라 생각할 때 마음이 편안해질 것이다. 그렇다면 이 실험에서 인지부조화 이론은 다음과 같은 ⊙ 결과를 예측할 것이다.

ㅣ 의사소통능력

13 다음 중 윗글의 내용으로 가장 적절한 것은?

① 사람들은 인지부조화가 일어날 경우 이것을 무시하고 방치하려는 경향이 있다.
② 부조화를 감소시키는 행동은 합리적인 면과 비합리적인 면이 함께 나타난다.
③ 부조화를 감소시키는 행동의 비합리적인 면 때문에 문제에 대한 본질적인 해결책을 찾지 못할 수 있다.
④ 부조화를 감소시키는 자기방어적인 행동은 사람들에게 긍정적인 결과를 가져온다.
⑤ 부조화의 감소는 사람들로 하여금 자신의 긍정적인 이미지를 유지할 수 있게 하고, 부정적인 이미지를 감소시킨다.

ㅣ 의사소통능력

14 다음 중 밑줄 친 ⊙에 해당하는 내용으로 가장 적절한 것은?

① 참여자들은 자신의 의견과 동일한 주장을 하는 모든 글과 자신의 의견과 반대되는 주장을 하는 모든 글을 기억한다.
② 참여자들은 자신의 의견과 동일한 주장을 하는 모든 글과 자신의 의견과 반대되는 주장을 하는 모든 글을 기억하지 못한다.
③ 참여자들은 자신의 의견과 동일한 주장을 하는 형편없는 글과 자신의 의견과 반대되는 주장을 하는 형편없는 글을 기억한다.
④ 참여자들은 자신의 의견과 동일한 주장을 하는 논리적인 글과 자신의 의견과 반대되는 주장을 하는 형편없는 글을 기억한다.
⑤ 참여자들은 자신의 의견과 동일한 주장을 하는 형편없는 글과 자신의 의견과 반대되는 주장을 하는 논리적인 글을 기억한다.

제1회 모의고사

15 L사원은 신입사원 교육에서 직장생활에서 요구되는 문서적·언어적 의사소통능력에 대한 강연을 들었다. 강연을 들으면서 다음과 같이 메모하였다고 할 때, L사원이 작성한 메모의 빈칸에 들어갈 수 없는 것은?

• 문서적 의사소통능력
 − 문서이해능력
 − 문서작성능력
• 언어적 의사소통능력
 − 경청능력
 − 의사표현능력
⇒ 문서적인 의사소통은 언어적인 의사소통에 비해 _____이 있고, _____이 높고, _____도 크다.

---

① 권위감　　　　　　　　　② 정확성
③ 전달성　　　　　　　　　④ 보존성
⑤ 유동성

16 다음은 어떤 제품의 생산 계획을 나타낸 자료이다. 〈조건〉에 따라 공정이 진행될 때, 첫 번째 완제품이 생산되기 위해서는 최소 몇 시간이 소요되는가?

공정	선행 공정	소요 시간
A	없음	3시간
B	A	1시간
C	B, E	3시간
D	없음	2시간
E	D	1시간
F	C	2시간

〈조건〉

• 공정별로 1명의 작업 담당자가 공정을 수행한다.
• A공정과 D공정의 작업 시작 시점은 같다.
• 공정 간 제품의 이동 시간은 무시한다.

① 6시간　　　　　　　　　② 7시간
③ 8시간　　　　　　　　　④ 9시간
⑤ 10시간

17 P사원은 지하철을 타고 출근하는데, 속력이 60km/h인 지하철에 갑자기 이상이 생겨 평소 속력의 0.4배로 운행하게 되었다. 지하철이 평소보다 45분 늦게 도착하였다면, P사원이 출발하는 역부터 도착하는 역까지 지하철의 이동거리는 얼마인가?

① 20km   ② 25km

③ 30km   ④ 35km

⑤ 40km

18 다음 글의 내용이 참일 때, 반드시 참인 것은?

> 전 세계적 금융위기로 인해 그 위기의 근원지였던 미국의 경제가 상당한 피해를 입었다. 미국에서는 경제 회복을 위해 통화량을 확대하는 양적완화 정책을 실시할 것인지를 두고 논란이 있었다. 미국의 양적완화는 미국 경제회복에 효과가 있겠지만, 국제 경제에 적지 않은 영향을 줄 수 있기 때문이다. 미국이 양적완화를 실시하면, 달러화의 가치가 하락하고 우리나라의 달러 환율도 하락한다. 우리나라의 달러 환율이 하락하면 우리나라의 수출이 감소한다. 우리나라 경제는 대외 의존도가 높기 때문에 경제의 주요지표들이 개선되기 위해서는 수출이 감소하면 안 된다. 또 미국이 양적완화를 중단하면 미국 금리가 상승한다. 미국 금리가 상승하면 우리나라 금리가 상승하고, 우리나라 금리가 상승하면 우리나라에 대한 외국인 투자가 증가한다. 또한 우리나라 금리가 상승하면 우리나라의 가계부채 문제가 심화된다. 가계부채 문제가 심화되는 나라의 국내소비는 감소한다. 국내소비가 감소하면, 경제의 전망이 어두워진다.

① 우리나라의 수출이 증가했다면 달러화 가치가 하락했을 것이다.

② 우리나라의 가계부채 문제가 심화되었다면 미국이 양적완화를 중단했을 것이다.

③ 우리나라에 대한 외국인 투자가 감소하면 우리나라 경제의 전망이 어두워질 것이다.

④ 우리나라 경제의 주요지표들이 개선되었다면 우리나라의 달러 환율이 하락하지 않았을 것이다.

⑤ 우리나라의 국내소비가 감소하지 않았다면 우리나라에 대한 외국인 투자가 감소하지 않았을 것이다.

19 P공단에서는 약 2개월 동안 근무할 인턴사원을 선발하고자 다음과 같은 공고를 게시하였다. 이에 지원한 A ~ E지원자 중에서 P공단의 인턴사원으로 가장 적합한 지원자는?

〈인턴 모집 공고〉

- 근무기간 : 약 2개월(6 ~ 8월)
- 자격 요건
  - 1개월 이상 경력자
  - 포토샵 가능자
  - 근무 시간(9 ~ 18시) 이후에도 근무가 가능한 자
- 기타 사항
  - 경우에 따라서 인턴 기간이 연장될 수 있음

A지원자	• 경력 사항 : 출판사 3개월 근무 • 컴퓨터 활용 능력 中(포토샵, 워드 프로세서) • 대학 휴학 중(9월 복학 예정)
B지원자	• 경력 사항 : 없음 • 포토샵 능력 우수 • 전문대학 졸업
C지원자	• 경력 사항 : 마케팅 회사 1개월 근무 • 컴퓨터 활용 능력 上(포토샵, 워드 프로세서, 파워포인트) • 4년제 대학 졸업
D지원자	• 경력 사항 : 제약 회사 3개월 근무 • 포토샵 가능 • 저녁 근무 불가
E지원자	• 경력 사항 : 마케팅 회사 1개월 근무 • 컴퓨터 활용 능력 中(워드 프로세서, 파워포인트) • 대학 졸업

① A지원자   ② B지원자
③ C지원자   ④ D지원자
⑤ E지원자

20 다음 자료를 바탕으로 할 때, 의사소통에 대한 설명으로 가장 적절한 것은?

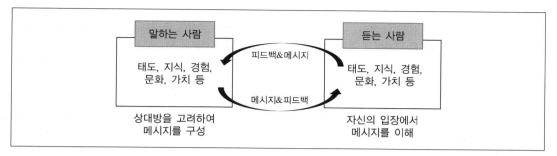

① 의사소통은 상대방에게 메시지를 전달하는 과정이다.

② 의사소통은 정보 전달만을 목적으로 한다.

③ 일방적인 문서를 통한 의사 전달도 의사소통으로 볼 수 있다.

④ 의사소통은 상대방과의 상호작용을 통해 메시지를 다루는 과정이다.

⑤ 성공적인 의사소통을 위해서는 상대방에게 자신의 정보를 최대한 많이 전달해야 한다.

21 다음 〈조건〉을 참고할 때 A ~ E점포의 총매출액으로 옳은 것은?

───────〈조건〉───────

• A점포의 일일매출액은 B점포의 일일매출액보다 30만 원 적다.

• B점포의 일일매출액은 D점포 일일매출액의 $\frac{1}{5}$ 수준이다.

• D점포와 E점포의 일일매출액을 합한 것은 C점포의 매출액보다 2,450만 원이 모자라다.

• C점포가 이틀 동안 일한 매출액에서 D점포가 12일 동안 일한 매출액을 빼면 3,500만 원이다.

• E점포가 30일 동안 진행한 매출액은 9,000만 원이다.

① 3,000만 원   ② 3,500만 원

③ 4,000만 원   ④ 4,500만 원

⑤ 5,000만 원

22 다음 글의 중심 화제로 가장 적절한 것은?

경제학에서는 한 재화나 서비스 등의 공급이 기업에 집중되는 양상에 따라 시장 구조를 크게 독점시장, 과점시장, 경쟁시장으로 구분하고 있다. 소수의 기업이 공급의 대부분을 차지할수록 독점시장에 가까워지고, 다수의 기업이 공급을 나누어 가질수록 경쟁시장에 가까워진다. 이렇게 시장 구조를 구분하기 위해서 사용하는 지표 중의 하나가 바로 '시장집중률'이다.

시장집중률을 이해하기 위해서는 먼저 '시장점유율'에 대한 이해가 있어야 한다. 시장점유율이란 시장 안에서 특정 기업이 차지하고 있는 비중을 의미하는데, 생산량, 매출액 등을 기준으로 측정할 수 있다. Y기업의 시장점유율을 생산량 기준으로 측정한다면 '[(Y기업의 생산량)÷(시장 내 모든 기업의 생산량의 총합)]×100'으로 나타낼 수 있다.

시장점유율이 시장 내 한 기업의 비중을 나타내 주는 수치라면, 시장집중률은 시장 내 일정 수의 상위 기업들이 차지하는 비중을 나타내 주는 수치, 즉 일정 수의 상위 기업의 시장점유율을 합한 값이다. 몇 개의 상위 기업을 기준으로 삼느냐는 나라마다 자율적으로 결정하고 있는데, 우리나라에서는 상위 3대 기업의 시장점유율을 합한 값을, 미국에서는 상위 4대 기업의 시장점유율을 합한 값을 시장집중률로 채택하여 사용하고 있다. 이렇게 산출된 시장집중률을 통해 시장 구조를 구분해 볼 수 있는데, 시장집중률이 높으면 그 시장은 공급이 소수의 기업에 집중되어 있는 독점시장으로 구분하고, 시장집중률이 낮으면 공급이 다수의 기업에 의해 분산되어 있는 경쟁시장으로 구분한다. 한국개발연구원에서는 어떤 산업에서의 시장집중률이 80% 이상이면 독점시장, 60% 이상 80% 미만이면 과점시장, 60% 미만이면 경쟁시장으로 구분하고 있다.

시장집중률을 측정하는 기준에는 여러 가지가 있기 때문에 어느 것을 기준으로 삼느냐에 따라 측정 결과에 차이가 생기며 이에 대한 경제학적인 해석도 달라진다. 어느 시장의 시장집중률을 '생산량' 기준으로 측정했을 때 A, B, C기업이 상위 3대 기업이고 시장집중률이 80%로 측정되었다고 하더라도, '매출액' 기준으로 측정했을 때는 D, E, F기업이 상위 3대 기업이 되고 시장집중률이 60%가 될 수도 있다.

이처럼 시장집중률은 시장 구조를 구분하는 데 매우 유용한 지표이며, 이를 통해 시장 내의 공급이 기업에 집중되는 양상을 파악해 볼 수 있다.

① 시장 구조의 변천사
② 시장집중률의 개념과 의의
③ 독점시장과 경쟁시장의 비교
④ 우리나라 시장점유율의 특성
⑤ 시장집중률을 확대하기 위한 방안

23 P회사는 글로벌 기업으로, 외국에 많은 지사를 운영하고 있어 협업을 통해 업무가 이루어진다. 모스크바 지사에 있는 A대리는 8월 19일 오후 2시에 프로젝트 보고서 작성을 시작해 완성한 후 밴쿠버 지사에 있는 B대리에게 전송했다. B대리는 8월 19일 출근해 메일이 오전 6시에 도착한 것을 확인한 다음 오전 9시부터 보고서 작성을 시작해 마무리한 후 바로 뉴욕 본사에 있는 C대리에게 자료를 전송했다. C대리는 8월 19일 오후 4시에 자료를 받자마자 1시간 동안 검토한 후 보고서를 제출했다. 다음 중 세 명이 업무를 마무리하는 데 걸린 시간은 총 몇 시간인가?

위치	시차
런던	GMT+0
모스크바	GMT+3
밴쿠버	GMT−8
뉴욕	GMT−5

① 8시간 ② 9시간

③ 10시간 ④ 11시간

⑤ 12시간

24 절도범죄에 가담한 A ~ G 7명이 연행되었는데, 이들 중에 주동자가 2명 있다. 누가 주동자인지에 대해서 증인 5명이 다음 〈조건〉과 같이 진술하였다. 이를 고려할 때, 주동자 중 1명은 누구인가?

─〈조건〉─
• 증인 1 : A, B, G는 모두 아니다.
• 증인 2 : E, F, G는 모두 아니다.
• 증인 3 : C와 G 중에서 최소 1명은 주동자이다.
• 증인 4 : A, B, C, D 중에서 최소 1명은 주동자이다.
• 증인 5 : B, C, D 중에서 최소 1명이 주동자이고, D, E, F 중에서 최소 1명이 주동자이다.

① A ② B

③ C ④ F

⑤ G

25 K기업에서는 투자 대안을 마련하기 위해 투자대상을 검토할 때, 기대수익률(Expected Profit Rate)과 표준편차(Standard Deviation)를 이용한다. 특히, 표준편차는 투자 대안의 위험수준을 평가하는 데 활용된다. 바람직한 투자 대안을 평가하는 데 있어 지배원리를 적용하며, 위험 한 단위당 기대수익률이 높은 투자 대안을 선호한다. 다음 중 투자 대안에 대한 설명으로 옳은 것은?

투자 대안	A	B	C	D	E	F	G
기대수익률(%)	8	10	6	5	8	6	12
표준편차(%)	5	5	4	2	4	3	7

※ 지배원리란 동일한 기대수익률이면 최소의 위험을, 동일한 위험이면 최대의 수익률을 가지는 포트폴리오를 선택하는 원리를 말한다.

① 투자 대안 A와 E, C와 F는 동일한 기대수익률이 예상되기 때문에 서로 우열을 가릴 수 없다.
② 투자 대안 A, B, C, D 중에서 어느 것이 낫다고 평가할 수는 없다.
③ 투자 대안 G가 기대수익률이 가장 높기 때문에 가장 바람직한 대안이다.
④ 위험 한 단위당 기대수익률이 같은 투자 대안은 E와 F이다.
⑤ 투자 대안 E는 B와 G에 비해 우월하다.

26 P사에서 파견 근무를 나갈 10명을 뽑아 팀을 구성하려 한다. 새로운 팀 내에서 팀장 한 명과 회계 담당 2명을 뽑으려고 할 때, 이 인원을 뽑는 경우는 몇 가지인가?

① 300가지
② 320가지
③ 348가지
④ 360가지
⑤ 396가지

27 다음 중 밑줄 친 ㉠과 ㉡에 대한 설명으로 적절하지 않은 것은?

> 동영상 플랫폼 유튜브(Youtube)에는 'Me at the Zoo'라는 제목으로 한 남성이 캘리포니아 동물원의 코끼리 우리 앞에 서서 18초 남짓한 시간 동안 코끼리 코를 칭찬하는 다소 평범한 내용의 영상이 게재돼 있다. 이 영상은 유튜브 최초의 동영상으로 누구나, 언제, 어디서나, 손쉽게 소통이 가능하다는 비디오 콘텐츠의 장점을 여실히 보여주고 있다. 국내 온라인 커머스에서도 이러한 비디오 콘텐츠에 주목한다.
>
> 스마트폰 보급률이 높아짐에 따라 모바일을 이용해 상품을 구매하는 소비자층이 늘어났다. 날이 갈수록 모바일 체류 시간이 늘고 있는 소비자들을 잡기 위해서는 최적화된 마케팅이 필요하다. 모바일을 활용한 마케팅은 기존 PC보다 작은 화면 안의 면밀하고 계획적인 공간 활용과 구성이 필요하다. 제품을 소개하는 글을 줄여 스크롤 압박을 최소화해야 하고, 재미와 즐거움을 줌으로써 고객들을 사로잡아야 한다. 이런 부분에서 비디오 콘텐츠가 가장 효과적인 마케팅으로 볼 수 있다. 모든 것을 한 화면 안에서 보여줄 뿐만 아니라 시각과 청각을 자극해 시선을 끌기 쉽고, 정보를 효과적으로 전달하는 장점이 있기 때문이다.
>
> 비디오 콘텐츠를 활용한 ㉠ 비디오 커머스(V-Commerce)는 기존 ㉡ 홈쇼핑과 유사한 맥락을 가지지만, 전달 형식에서 큰 차이가 있다. 홈쇼핑이 제품의 상세 설명이라면, 비디오 커머스는 제품의 사용 후기에 보다 집중된 모습을 보여준다. 또한 홈쇼핑을 정형화되고 깔끔하게 정리된 A급 콘텐츠라고 본다면, 비디오 커머스의 콘텐츠는 일상생활에서 흔하게 접할 수 있는 에피소드를 바탕으로 영상을 풀어나가는 B급 콘텐츠가 주를 이룬다. 주요 이용자가 40~50대인 홈쇼핑과 달리 모바일의 주요 이용자는 20~30대로, 이들의 눈높이에 맞추다 보니 쉽고 가벼운 콘텐츠가 많이 등장하고 있는 것이다. 향후 비디오 커머스 시장이 확대되면 재미는 물론 더욱 다양한 상품정보와 소비욕구를 충족시키는 콘텐츠가 많이 등장할 것이다.
>
> 일반 중소상인들에게 홈쇼핑채널을 통한 입점과 판매는 진입장벽이 높지만, 비디오 커머스는 진입장벽이 낮고 SNS와 동영상 플랫폼을 잘 이용하면 전 세계 어디에나 진출할 수 있다는 장점이 있다. 동영상 콘텐츠 하나로 채널과 국가, 나아가 모든 영역을 넘나드는 새로운 비즈니스 모델의 창출이 가능한 셈이다.

① 소비자에게 ㉠은 제품 사용 후기를, ㉡은 제품에 대한 상세 설명을 전달한다.

② ㉠과 ㉡은 주로 이용하는 대상이 각각 다르기 때문에 콘텐츠 내용에서 차이가 나타난다.

③ ㉠은 ㉡과 달리 일반 중소상인들에게 진입장벽이 낮다.

④ 모바일을 이용하는 소비자가 늘어남에 따라 ㉡이 효과적인 마케팅으로 주목받고 있다.

⑤ ㉠의 콘텐츠는 누구나, 언제, 어디서나, 손쉽게 소통이 가능하다.

28 P사는 전 직원을 대상으로 유연근무제에 대한 찬반투표를 진행하였다. 그 결과 전체 직원의 80%가 찬성하였고, 20%는 반대하였다. 전 직원의 40%는 여직원이고, 유연근무제에 찬성한 직원의 70%는 남직원이었다. 여직원 한 명을 뽑았을 때, 이 직원이 유연근무제에 찬성했을 확률은?(단, 모든 직원은 찬성이나 반대의 의사표시를 하였다)

① $\dfrac{1}{5}$ ② $\dfrac{2}{5}$

③ $\dfrac{3}{5}$ ④ $\dfrac{4}{6}$

⑤ $\dfrac{5}{6}$

29 직원들끼리 이번 달 성과급에 대해 이야기를 나누고 있다. 성과급은 반드시 늘거나 줄어들었고, 직원 중 1명만 거짓말을 하고 있을 때, 항상 참인 것은?

A직원 : 나는 이번에 성과급이 늘어났어. 그래도 B만큼은 오르지는 않았네.
B직원 : 맞아, 난 성과급이 좀 늘어났지. D보다 조금 더 늘었어.
C직원 : 좋겠다. 오, E도 성과급이 늘어났네.
D직원 : 무슨 소리야, E는 C와 같이 성과급이 줄어들었는데.
E직원 : 그런 것보다 D가 A보다 성과급이 조금 올랐는데.

---

① 직원 E의 성과급 순위를 알 수 없다.
② 직원 D의 성과급이 가장 많이 올랐다.
③ 직원 A의 성과급이 오른 사람 중 가장 적다.
④ 직원 C는 성과급이 줄어들었다.
⑤ 직원 B의 성과급이 가장 많이 올랐다.

30 K의류회사는 제품의 판매촉진을 위해 TV광고를 기획하고 있는데, 다음은 광고모델 후보 5명에 대한 자료이다. 이를 토대로 향후 1년 동안 광고효과가 가장 클 것으로 예상되는 모델은 누구인가?

〈광고모델별 1년 계약금 및 광고 1회당 광고효과〉

(단위 : 천 원)

모델	1년 계약금	1회당 광고비	1회당 광고효과(예상)	
			수익 증대 효과	브랜드 가치 증대 효과
A	120,000		140,000	130,000
B	80,000		80,000	110,000
C	100,000	2,500	100,000	120,000
D	90,000		80,000	90,000
E	70,000		60,000	80,000
비고	• (총 광고효과)=(1회당 광고효과)×(1년 광고횟수) • (1회당 광고효과)=(1회당 수익 증대 효과)+(1회당 브랜드 가치 증대 효과) • (1년 광고횟수)=(1년 광고비)÷(1회당 광고비) • (1년 광고비)=1억 8천만 원−(1년 계약금)			

① A
② B
③ C
④ D
⑤ E

31 농도 5%의 설탕물 600g을 1분 동안 가열하면 10g의 물이 증발한다. 이 설탕물을 10분 동안 가열한 후, 다시 설탕물 200g을 넣었더니 10%의 설탕물 700g이 되었다. 이때 더 넣은 설탕물 200g의 농도는 얼마인가?(단, 용액의 농도와 관계없이 가열하는 시간과 증발하는 물의 양은 비례한다)

① 5%
② 10%
③ 15%
④ 20%
⑤ 25%

32 P공사에서는 2월 셋째 주에 연속 이틀에 걸쳐 본사에 있는 B강당에서 인문학 특강을 진행하려고 한다. 강당을 이용할 수 있는 날과 강사의 스케줄을 고려할 때 섭외 가능한 강사는?

〈B강당 이용 가능 날짜〉

구분	월요일	화요일	수요일	목요일	금요일
오전(9 ～ 12시)	×	○	×	○	○
오후(13 ～ 14시)	×	×	○	○	×

※ 가능 : ○, 불가능 : ×

〈섭외 강사 후보 스케줄〉

A강사	매주 수 ～ 목요일 10 ～ 14시 문화센터 강의
B강사	첫째 주, 셋째 주 화요일, 목요일 10 ～ 14시 대학교 강의
C강사	매월 첫째 ～ 셋째 주 월요일, 수요일 오후 12 ～ 14시 면접 강의
D강사	매주 수요일 오후 13시 ～ 16시, 금요일 오전 9 ～ 12시 도서관 강좌
E강사	매월 첫째, 셋째 주 화 ～ 목요일 오전 9 ～ 11시 강의

※ P공사 본사까지의 이동거리와 시간은 고려하지 않는다.
※ 강의는 연속 이틀로 진행되며 강사는 동일해야 한다.

① A, B강사   ② B, C강사
③ C, D강사   ④ C, E강사
⑤ D, E강사

33 다음 글을 읽고 할 수 있는 질문으로 가장 적절한 것은?

인간의 신경 조직을 수학적으로 모델링하여 컴퓨터가 인간처럼 기억·학습·판단할 수 있도록 구현한 것이 인공 신경망 기술이다. 신경 조직의 기본 단위는 뉴런인데, 인공 신경망에서는 뉴런의 기능을 수학적으로 모델링한 퍼셉트론을 기본 단위로 사용한다.

퍼셉트론은 입력값들을 받아들이는 여러 개의 입력 단자와 이 값을 처리하는 부분, 처리된 값을 내보내는 한 개의 출력 단자로 구성되어 있다. 퍼셉트론은 각각의 입력 단자에 할당된 가중치를 입력값에 곱한 값들을 모두 합하여 가중합을 구한 후, 고정된 임계치보다 가중합이 작으면 0, 그렇지 않으면 1과 같은 방식으로 출력값을 내보낸다.

이러한 퍼셉트론은 출력값에 따라 두 가지로만 구분하여 입력값들을 판정할 수 있을 뿐이다. 이에 비해 복잡한 판정을 할 수 있는 인공 신경망은 다수의 퍼셉트론을 여러 계층으로 배열하여 한 계층에서 출력된 신호가 다음 계층에 있는 모든 퍼셉트론의 입력 단자에 입력값으로 입력되는 구조로 이루어진다. 이러한 인공 신경망에서 가장 처음에 입력값을 받아들이는 퍼셉트론들을 입력층, 가장 마지막에 있는 퍼셉트론들을 출력층이라고 한다.

어떤 사진 속 물체의 색깔과 형태로부터 그 물체가 사과인지 아닌지를 구별할 수 있도록 인공 신경망을 학습시키는 경우를 생각해 보자. 먼저 학습을 위한 입력값들, 즉 학습 데이터를 만들어야 한다. 학습 데이터를 만들기 위해서는 사과 사진을 준비하고 사진에 나타난 특징인 색깔과 형태를 수치화해야 한다. 이 경우 색깔과 형태라는 두 범주를 수치화하여 하나의 학습 데이터로 묶은 다음, '정답'에 해당하는 값과 함께 학습 데이터를 인공 신경망에 제공한다. 이때 같은 범주에 속하는 입력값은 동일한 입력 단자를 통해 들어가도록 해야 한다. 그리고 사과 사진에 대한 학습 데이터를 만들 때에 정답인 '사과이다'에 해당하는 값을 '1'로 설정하였다면 출력값 '0'은 '사과가 아니다'를 의미하게 된다.

① 퍼셉트론이 출력값을 도출하는 방법은 무엇일까?
② 앞으로 인공 신경망을 활용할 수 있는 분야는 어떤 것들이 있을까?
③ 인공 신경망 기술에서 뉴런에 대응될 수 있는 기본 단위는 무엇일까?
④ 인공 신경망이 사과를 알아볼 수 있도록 하려면 어떤 자료가 필요할까?
⑤ 퍼셉트론은 0과 1의 출력값만을 도출할 수 있음에도 인공 신경망은 복잡한 판단을 할 수 있을까?

34 다음 글에서 밑줄 친 ㉠ ~ ㉣의 수정 방안으로 적절하지 않은 것은?

행동경제학은 기존의 경제학과 ㉠ <u>다른</u> 시선으로 인간을 바라본다. 기존의 경제학은 인간을 철저하게 합리적이고 이기적인 존재로 상정(想定)하여, 인간은 시간과 공간에 관계없이 일관된 선호를 보이며 효용을 극대화하는 방향으로 선택을 한다고 본다. ㉡ <u>기존의 경제학자들은 인간의 행동이 예측 가능하다는 것을 전제(前提)로 경제 이론을 발전시켜 왔다.</u> 반면 행동경제학에서는 인간이 제한적으로 합리적이며 감성적인 존재라고 보며, 처한 상황에 따라 선호가 바뀌기 때문에 그 행동을 예측하기 어렵다고 생각한다. 또한 인간은 효용을 ㉢ <u>극대화하기 보다는</u> 어느 정도 만족하는 선에서 선택을 한다고 본다. 행동경제학은 기존의 경제학이 가정하는 인간관을 지나치게 이상적이고 비현실적이라고 비판한다. ㉣ <u>그러나</u> 행동경제학은 인간이 때로는 이타적인 행동을 하고 비합리적인 행동을 하는 존재라는 점을 인정하며, 현실에 ㉤ <u>실제하는</u> 인간을 연구 대상으로 한다.

① ㉠ : 문맥을 고려하여 '같은'으로 고친다.
② ㉡ : 문장을 자연스럽게 연결하기 위해 문장 앞에 '그러므로'를 추가한다.
③ ㉢ : 띄어쓰기가 올바르지 않으므로 '극대화하기보다는'으로 고친다.
④ ㉣ : 앞 문장과의 내용을 고려하여 '그래서'로 고친다.
⑤ ㉤ : 맞춤법에 어긋나므로 '실재하는'으로 고친다.

35 각각 다른 무게의 A ~ E 다섯 개의 추를 가지고 있다. 이 중에서 3개의 추를 골라 무게를 재었을 때, 무게가 다음과 같았다. A ~ E 중 가장 무거운 추의 무게는?

- A+B+C=46kg
- A+B+D=37kg
- A+B+E=39kg
- A+C+D=29kg
- A+C+E=31kg
- A+D+E=22kg
- B+C+D=41kg
- B+C+E=43kg
- B+D+E=34kg
- C+D+E=26kg

① 20kg
② 21kg
③ 22kg
④ 23kg
⑤ 24kg

36 다음은 K기업의 디자인부 직원들이 매출 감소를 분석한 대화 내용이다. 직원들의 문제해결 장애 요소가 바르게 연결된 것은?

> 부서장 : 매출이 계속하여 감소하는데 이에 대해 여러분의 의견을 듣고 싶습니다.
> A직원 : 디자인을 더 다양하게 하는 게 어떨까요? 제가 전 세계 유명 브랜드의 디자인을 30개 정도 가져와 봤습니다.
> B직원 : 제 생각에는 독특한 디자인을 하는 게 좋을 것 같습니다. 요즘 젊은 사람들은 개성 있는 디자인을 좋아한다고 합니다.
> C직원 : 제가 갑자기 아이디어가 떠올랐습니다. 가격을 낮추고 광고를 더 늘리는 게 좋을 것 같습니다.

	고정관념에 얽매이는 경우	쉽게 떠오르는 단순한 생각에 의지하는 경우	지나치게 많은 자료를 수집하는 경우
①	A직원	B직원	C직원
②	A직원	C직원	B직원
③	B직원	A직원	C직원
④	B직원	C직원	A직원
⑤	C직원	A직원	B직원

37 사냥개가 토끼의 뒤를 쫓고 있다. 사냥개가 세 걸음을 달리는 동안 토끼는 네 걸음을 달리고, 사냥개의 두 걸음의 길이는 토끼의 세 걸음의 길이와 같다고 한다. 사냥개와 토끼 사이의 거리가 10m라고 할 때, 사냥개가 토끼를 잡으려면 몇 m를 더 달려야 하는가?

① 82m
② 85m
③ 88m
④ 90m
⑤ 94m

38 창의적으로 사고하기 위해서는 다양한 사실이나 아이디어를 창출할 수 있는 발산적 사고가 필요하다. 이러한 발산적 사고에는 대표적인 방법으로 자유연상법, 강제연상법, 비교발상법 등이 있다. 다음 중 강제연상법에 해당하는 것을 〈보기〉에서 모두 고르면?

─〈보기〉─

⊙ 주제의 본질과 닮은 것을 힌트로 하여 아이디어를 발상한다.
ⓒ 생각나는 대로 자유롭게 발상함으로써 다양한 아이디어를 창출한다.
ⓒ 대상과 비슷한 것을 찾아내어 그것을 힌트로 새로운 아이디어를 창출한다.
ⓔ 실제로는 관련이 없어 보이는 것들을 조합하여 새로운 아이디어를 도출한다.
ⓜ 찾고자 하는 내용을 표로 정리해 차례대로 그와 관련된 아이디어를 도출한다.
ⓗ 집단의 효과를 통해 아이디어의 연쇄반응을 일으켜 다양한 아이디어를 창출한다.
ⓢ 각종 힌트를 통해 사고의 방향을 미리 정하고, 그것과 연결 지어 아이디어를 발상한다.

① ⊙, ⓗ
② ⓜ, ⓢ
③ ⊙, ⓗ, ⓢ
④ ⓒ, ⓜ, ⓢ
⑤ ⓒ, ⓔ, ⓜ

39 다음은 K국의 치료감호소 수용자 현황에 대한 자료이다. 빈칸 (가) ~ (라)에 해당하는 수를 모두 더한 값은?

〈치료감호소 수용자 현황〉

(단위 : 명)

구분	약물	성폭력	심신장애자	합계
2018년	89	77	520	686
2019년	(가)	76	551	723
2020년	145	(나)	579	824
2021년	137	131	(다)	887
2022년	114	146	688	(라)
2023년	88	174	688	950

① 1,524
② 1,639
③ 1,751
④ 1,763
⑤ 1,770

40 다음 글에서 (가) ~ (마) 문단의 서술상 특징으로 적절하지 않은 것은?

(가) 신문이나 잡지는 대부분 유료로 판매된다. 반면에 인터넷 뉴스 사이트는 신문이나 잡지의 기사와 같거나 비슷한 내용을 무료로 제공한다. 왜 이런 현상이 발생하는 것일까?

(나) 이 현상 속에는 경제학적 배경이 숨어 있다. 대체로 상품의 가격은 그 상품을 생산하는 데 드는 비용의 언저리에서 결정된다. 생산 비용이 많이 들면 들수록 상품의 가격이 상승하는 것이다. 그런데 인터넷에 게재되는 기사를 생산하는 데 드는 비용은 0에 가깝다. 기자가 컴퓨터로 작성한 기사를 신문사 편집실로 보내 종이 신문에 게재하고, 그 기사를 그대로 재활용하여 인터넷 뉴스 사이트에 올리기 때문이다. 또한, 인터넷뉴스 사이트 방문자 수가 증가하면 사이트에 걸어 놓은 광고에 대한 수입도 증가하게 된다. 이러한 이유로 신문사들은 경쟁적으로 인터넷 뉴스 사이트를 개설하여 무료로 운영했다.

(다) 그런데 무료인터넷 뉴스 사이트를 이용하는 사람들이 폭발적으로 늘어나면서 돈을 내고 신문이나 잡지를 구독하는 사람들이 점점 줄어들기 시작했다. 그 결과 언론사들의 수익률이 감소하여 재정이 악화되었다. 문제는 여기서 그치지 않는다. 언론사들의 재정적 악화는 깊이 있고 정확한 뉴스를 생산하는 그들의 능력을 저하하거나 사라지게 할 수도 있다. 결국, 그로 인한 피해는 뉴스를 이용하는 소비자에게로 되돌아올 것이다.

(라) 그래서 언론사들, 특히 신문사들의 재정 악화 개선을 위해 인터넷 뉴스를 유료화해야 한다는 의견이 있다. 하지만 그러한 주장을 현실화하는 것은 그리 간단하지 않다. 소비자들은 어떤 상품을 구매할 때 그 상품의 가격이 얼마 정도면 구매할 것이고, 얼마 이상이면 구매하지 않겠다는 마음의 선을 긋는다. 이 선의 최대치가 바로 최대지불의사(Willingness To Pay)이다. 소비자들의 머릿속에 한번 각인된 최대지불의사는 좀처럼 변하지 않는 특성이 있다. 인터넷 뉴스의 경우 오랫동안 소비자에게 무료로 제공되었고, 그러는 사이 인터넷 뉴스에 대한 소비자들의 최대지불의사도 0으로 굳어진 것이다. 그런데 이제 와서 무료로 이용하던 정보를 유료화한다면 소비자들은 여러 이유를 들어 불만을 토로할 것이다.

(마) 해외 신문 중 일부 경제 전문지는 이러한 문제를 성공적으로 해결했다. 그들은 매우 전문화되고 깊이 있는 기사를 작성하여 소비자에게 제공하는 대신 인터넷 뉴스 사이트를 유료화했다. 그럼에도 불구하고 많은 소비자가 기꺼이 돈을 내고 이들 사이트의 기사를 이용하고 있다. 전문화되고 맞춤화된 뉴스일수록 유료화 잠재력이 높은 것이다. 이처럼 제대로 된 뉴스를 만드는 공급자와 제값을 내고 제대로 된 뉴스를 소비하는 수요자가 만나는 순간 문제 해결의 실마리를 찾을 수 있을 것이다.

① (가) : 현상을 제시하고 있다.
② (나) : 현상의 발생 원인을 분석하고 있다.
③ (다) : 현상의 문제점을 지적하고 있다.
④ (라) : 현상의 긍정적 측면을 강조하고 있다.
⑤ (마) : 문제의 해결 방안을 시사하고 있다.

41 다음은 우리나라 지역별 가구 수와 1인 가구 수를 나타낸 자료이다. 이에 대한 설명으로 옳은 것은?

〈지역별 가구 수 및 1인 가구 수〉

(단위 : 천 가구)

구분	전체 가구	1인 가구
서울특별시	3,675	1,012
부산광역시	1,316	367
대구광역시	924	241
인천광역시	1,036	254
광주광역시	567	161
대전광역시	596	178
울산광역시	407	97
경기도	4,396	1,045
강원도	616	202
충청북도	632	201
충청남도	866	272
전라북도	709	222
전라남도	722	242
경상북도	1,090	365
경상남도	1,262	363
제주특별자치도	203	57
합계	19,017	5,279

① 전체 가구 대비 1인 가구의 비율이 가장 높은 지역은 충청북도이다.
② 서울특별시·인천광역시·경기도의 1인 가구는 전체 1인 가구의 40% 이상을 차지한다.
③ 도 지역의 가구 수 총합보다 서울특별시 및 광역시의 가구 수 총합이 더 크다.
④ 경기도를 제외한 도 지역 중 1인 가구 수가 가장 많은 지역이 전체 가구 수도 제일 많다.
⑤ 전라북도와 전라남도의 1인 가구 수 합의 2배는 경기도의 1인 가구 수보다 많다.

※ 어떤 의사는 다음 규칙에 따라 회진을 한다. 이어지는 질문에 답하시오. **[42~43]**

<병실 위치>

101호	102호	103호	104호
105호	106호	107호	108호

<환자 정보>

환자	호실	일정
A	101호	09:00 ~ 09:40 정기 검사
B	107호	11:00 ~ 12:00 오전 진료
C	102호	10:20 ~ 11:00 오전 진료
D	106호	10:20 ~ 11:00 재활 치료
E	103호	10:00 ~ 10:30 친구 문병
F	101호	08:30 ~ 09:45 가족 문병

<회진 규칙>

- 회진은 한 번에 모든 환자를 순서대로 한 번에 순회한다.
- 101호부터 회진을 시작한다.
- 같은 방에 있는 환자는 연속으로 회진한다.
- 회진은 9시 30분부터 12시까지 완료한다.
- 환자의 일정이 있는 시간은 기다린다.
- 회진은 환자 한 명마다 10분이 소요된다.
- 각 방을 이동하는 데 옆방(예) 105호 옆방은 106호)은 행동 수치 1이, 마주보는 방(예) 104호 마주보는 방 108호)은 행동 수치 2가 소요된다(시간에 적용하지는 않는다).
- 방을 이동하는 데 소요되는 행동 수치가 가장 적게 되도록 회진한다.

┃ 문제해결능력

42 다음 중 의사가 세 번째로 회진하는 환자는?(단, 주어진 규칙 외의 다른 조건은 고려하지 않는다)

① B환자
② C환자
③ D환자
④ E환자
⑤ F환자

┃ 문제해결능력

43 다음 중 의사의 회진에 대한 설명으로 옳은 것은?

① E환자를 B환자보다 먼저 진료한다.
② 의사가 네 번째로 진료하는 환자는 B환자이다.
③ 의사가 마지막으로 진료하는 환자는 E환자이다.
④ 회진은 11시 전에 모두 마칠 수 있다.
⑤ 10시부터 회진을 시작하면 마지막에 진료하는 환자가 바뀐다.

44 다음은 일상생활에서 자주 발견되는 논리적 오류에 대한 설명이다. (가) ~ (다)에 해당하는 논리적 오류 유형이 바르게 연결된 것은?

> (가) 상대가 의도하지 않은 것을 강조하거나 허점을 비판하여 자신의 주장을 내세운다. 상대방의 주장과 전혀 상관없는 별개의 논리를 만들어 공격하는 경우도 있다.
>
> (나) 적절한 증거 없이 몇몇 사례만을 토대로 결론을 내린다. 일부를 조사한 통계 자료나 대표성이 없는 불확실한 자료를 사용하기도 한다.
>
> (다) 타당한 논거보다는 많은 사람들이 수용한다는 것을 내세워 어떤 주장을 정당화하려 할 때 발생한다.

	(가)	(나)	(다)
①	인신공격의 오류	애매성의 오류	무지의 오류
②	인신공격의 오류	성급한 일반화의 오류	과대 해석의 오류
③	허수아비 공격의 오류	성급한 일반화의 오류	대중에 호소하는 오류
④	허수아비 공격의 오류	무지의 오류	대중에 호소하는 오류
⑤	애매성의 오류	무지의 오류	허수아비 공격의 오류

45 금연프로그램을 신청한 흡연자 A씨는 K보험공단에서 진료 및 상담 비용과 금연보조제 비용의 일정 부분을 지원받고 있다. A씨가 의사와 상담을 6회 받았고, 금연보조제로 니코틴패치 3묶음을 구입했다고 할 때, 다음 지원 현황에 따라 흡연자 A씨가 지불해야 하는 부담금은 얼마인가?

〈금연프로그램 지원 현황〉

구분	진료 및 상담	금연보조제(니코틴패치)
가격	30,000원/회	12,000원/묶음
지원금 비율	90%	75%

※ 진료 및 상담료 지원금은 6회까지 지원한다.

① 21,000원 ② 23,000원
③ 25,000원 ④ 27,000원
⑤ 30,000원

46 다음은 K국 갑~무 공무원의 국외 출장 현황과 출장 국가별 여비 기준을 나타낸 자료이다. 자료와 〈조건〉에 따라 출장 여비를 지급받을 때, 출장 여비를 가장 많이 지급받는 출장자부터 순서대로 바르게 나열한 것은?

〈K국 갑~무 공무원 국외 출장 현황〉

출장자	출장 국가	출장 기간	숙박비 지급 유형	1박 실지출 비용	출장 시 개인 마일리지 사용 여부
갑	A	3박 4일	실비 지급	$145	미사용
을	A	3박 4일	정액 지급	$130	사용
병	B	3박 5일	실비 지급	$110	사용
정	C	4박 6일	정액 지급	$75	미사용
무	D	5박 6일	실비 지급	$75	사용

※ 각 출장자의 출장 기간 중 매박 실지출 비용은 변동 없다.

〈출장 국가별 1인당 여비 지급 기준액〉

구분	1일 숙박비 상한액	1일 식비
A	$170	$72
B	$140	$60
C	$100	$45
D	$85	$35

───〈조건〉───

- (출장 여비)=(숙박비)+(식비)
- 숙박비는 숙박 실지출 비용을 지급하는 실비 지급 유형과 출장국가 숙박비 상한액의 80%를 지급하는 정액 지급 유형으로 구분
  - (실비 지급 숙박비)=(1박 실지출 비용)×(숙박일수)
  - (정액 지급 숙박비)=(출장국가 1일 숙박비 상한액)×(숙박일수)×0.8
- 식비는 출장 시 개인 마일리지 사용 여부에 따라 출장 중 식비의 20% 추가 지급
  - (개인 마일리지 미사용 시 지급 식비)=(출장국가 1일 식비)×(출장일수)
  - (개인 마일리지 사용 시 지급 식비)=(출장국가 1일 식비)×(출장일수)×1.2

① 갑 – 을 – 병 – 정 – 무
② 갑 – 을 – 병 – 무 – 정
③ 을 – 갑 – 병 – 무 – 정
④ 을 – 갑 – 정 – 병 – 무
⑤ 을 – 갑 – 무 – 병 – 정

47 다음은 각 문서를 어떠한 기준에 따라 구분한 내용이다. ㉠ ~ ㉢에 들어갈 기준이 바르게 연결된 것은?

기준	종류
㉠	공문서
	사문서
㉡	내부결재문서
	대내문서, 대외문서, 발신자와 수신자 명의가 같은 문서
㉢	법규문서
	지시문서
	공고문서
	비치문서
	민원문서
	일반문서

	㉠	㉡	㉢
①	작성 주체	문서의 성질	유통 대상
②	작성 주체	유통 대상	문서의 성질
③	유통 대상	문서의 성질	작성 주체
④	유통 대상	작성 주체	문서의 성질
⑤	문서의 성질	작성 주체	유통 대상

48 A회사원은 현재 보증금 7천만 원, 월세 65만 원인 K오피스텔에 거주하고 있다. 다음 해부터는 월세를 낮추기 위해 보증금을 증액하려고 한다. 다음 규정을 보고 A회사원이 월세를 최대로 낮췄을 때의 월세와 보증금으로 바르게 짝지어진 것은?

〈K오피스텔 월 임대료 임대보증금 전환 규정〉

• 1년 동안 임대료의 58%까지 보증금으로 전환 가능
• 연 1회 전환 가능
• 전환이율 : 6.24%

※ (환산보증금)$=\dfrac{(전환\ 대상\ 금액)}{(전환이율)}$

	월세	보증금
①	25만 3천 원	1억 4,500만 원
②	25만 3천 원	1억 4,250만 원
③	27만 3천 원	1억 4,500만 원
④	27만 3천 원	1억 4,250만 원
⑤	29만 3천 원	1억 4,200만 원

49 다음 중 효과적인 물품관리로 적절하지 않은 것은?

① 물품은 개별 특성을 고려해 보관 장소를 선정해야 파손 우려를 줄일 수 있다.

② 동일한 물품은 동일한 장소에 보관해야 사용 시에 물품을 찾는 시간을 단축할 수 있다.

③ 지속적인 사용을 해야 하는 사용 물품의 경우 다시 꺼내야 하는 반복 작업이 생기지 않도록 꺼내기 쉬운 곳에 배치한다.

④ 앞으로 계속 사용하지 않는 보관 물품의 경우에 창고나 박스 등에 넣어둠으로써 물품의 훼손 및 분실 우려를 막을 수 있다.

⑤ 유사한 물품은 인접하지 않은 장소에 각기 놔둠으로써 물품의 정확한 위치를 모르더라도 여러 곳에 흩어져 있는 유사 물품이 있어 손쉽게 물품을 찾을 수 있으므로 그 시간을 단축할 수 있다.

50 P공사에서 근무하는 K대리는 B시 본부로 정기 점검을 나가고자 한다. 다음 〈조건〉에 따라 점검일을 결정할 때, K대리가 B시 본부 정기 점검을 진행할 수 있는 기간으로 가장 적절한 것은?

〈7월 달력〉

일	월	화	수	목	금	토
				1	2	3
4	5	6	7	8	9	10
11	12	13	14	15	16	17
18	19	20	21	22	23	24
25	26	27	28	29	30	31

─〈조건〉─

- K대리는 7월 중에 B시 본부로 정기 점검을 나간다.
- 정기 점검은 7일 동안 진행되며, 이틀 동안 연이어 진행하여야 한다.
- 점검은 주중에만 진행된다.
- K대리는 7월 1일부터 7월 7일까지 연수에 참석하므로 해당 기간에는 점검을 진행할 수 없다.
- K대리는 7월 27일부터는 부서 이동을 하므로 7월 27일부터는 정기 점검을 포함한 모든 담당 업무를 후임자에게 인계해야 한다.
- K대리는 목요일마다 C시 본부로 출장을 가며, 출장일에는 정기 점검 업무를 수행할 수 없다.

① 6~7일
② 11~12일
③ 14~15일
④ 20~21일
⑤ 27~28일

51 다음 글을 읽고 추론한 내용으로 가장 적절한 것은?

> 미적인 것이란 내재적이고 선험적인 예술 작품의 특성을 밝히는 데서 더 나아가 삶의 풍부하고 생동적인 양상과 가치, 목표를 예술 형식으로 변환한 것이다. 미(美)는 어떤 맥락으로부터도 자율적이기도 하지만 타율적이다. 미에 대한 자율적 견해를 지닌 칸트도 일견 타당하지만, 미를 도덕이나 목적론과 연관시킨 톨스토이나 마르크스도 타당하다. 우리가 길을 지나다 이름 모를 곡을 듣고서 아름답다고 느끼는 것처럼 순수미의 영역이 없는 것은 아니다. 하지만 그 곡이 독재자를 열렬히 지지하기 위한 선전곡이었음을 안 다음부터 그 곡을 혐오하듯 미(美) 또한 사회 경제적, 문화적 맥락의 영향을 받기도 한다.

① 작품의 구조 자체에 주목하여 문학작품을 감상해야 한다는 절대주의적 관점은 칸트의 견해와 유사하다.

② 톨스토이의 견해에 따라 시를 감상한다면 운율과 이미지, 시상 전개 등을 중심으로 감상해야 한다.

③ 톨스토이와 마르크스는 예술 작품이 내재하고 있는 고유한 특성이 감상에 중요하지 않다고 주장했다.

④ 칸트는 현실과 동떨어진 작품보다 부조리한 사회 현실을 고발하는 작품의 가치를 더 높게 평가하였을 것이다.

⑤ 칸트의 견해에 따르면 예술 작품이 독자에게 어떠한 영향을 미치느냐에 따라 작품의 가치가 달라질 수 있다.

52 P유통업체의 물류창고에서는 다량의 물품에 대한 정보를 다음과 같이 기호화하여 관리하고 있다. P유통업체가 사용한 물품관리 방법에 대한 설명으로 적절하지 않은 것은?

9 791125 459972

① 문자나 숫자를 기계가 읽을 수 있는 흑과 백의 막대모양 기호로 조합하였다.

② 데이터를 빠르게 입력할 수 있으며, 컴퓨터가 판독하기 쉽다.

③ 물품의 수명기간 동안 무선으로 물품을 추적 관리할 수 있다.

④ 광학식 마크판독장치를 통해 판독이 가능하다.

⑤ 막대의 넓이와 수, 번호에 따라 물품을 구분한다.

53 다음 글과 가장 관련 있는 한자성어는?

똑같은 상품이라도 대형마트와 백화점 중 어디에서 판매하느냐에 따라 구매 선호도가 차이를 보이는 것으로 조사됐다.

한 백화점에서 지하 1층에 위치한 마켓의 올 한 해 상품판매 추이를 분석한 결과, 신선식품과 유기농 식품 등에 대한 구매 선호도가 동일한 상품을 판매하는 대형마트보다 높게 나타났다. 상품군별 매출구성비를 살펴보면 신선식품의 경우 대형마트는 전체 매출의 23%대를 차지하고, 백화점 내 마켓은 32%의 구성비를 보이며, 구매 선호도가 가장 높게 나타났다. 특히 유기농 상품매장의 경우, 유기농 상품의 평균 구매단가가 8,550원으로 대형마트의 7,050원보다 21%나 높음에도 불구하고 백화점 내 마켓 매출이 대형마트보다 월평균 3배 이상 높은 것으로 확인됐다.

또한 유기농 선호품목의 경우 백화점 내 마켓에서는 우유 등 유제품과 사과, 바나나 등 과일에 대한 구매가 활발하지만, 대형마트에서는 잡곡과 쌀 등 곡류의 선호도가 높았다. 품목별 상품매출 구성비에서 상위 10위권 이내의 상품은 백화점의 경우 와인과 LCD TV, 프리미엄 냉장고, 노트북 등 문화가전 상품이 많았으나, 대형마트는 봉지라면과 쌀, 화장지, 병 소주 등 생활필수품이 인기를 끌었다. 백화점 내 마켓에서 판매된 2,000여 가지 상품 가운데 매출구성비 1위를 차지한 상품은 레드와인(3.4%)이었으며, 대형마트는 봉지라면(1.5%)이 1위를 차지했다.

백화점 관계자는 "똑같은 대형마트 상품이라도 백화점에서 판매하면 전혀 다른 상품 선호도와 소비 형태를 낳게 된다."라며 "이는 장소에 따라 고객의 구매 목적과 집중도에서 차이를 보이기 때문"이라고 말했다.

① 굴화위지
② 좌불안석
③ 불문가지
④ 전화위복
⑤ 일망타진

54 K국에서는 소비자가 달걀을 구입할 때 보다 자세하고 정확한 정보를 확인할 수 있도록 달걀에 산란 일자, 생산자 고유번호, 사육환경번호를 차례대로 표기해야 한다. 사육환경번호의 경우 닭의 사육환경에 따라 1(방사 사육), 2(축사 내 평사 사육), 3(개선된 케이지 사육), 4(기존 케이지 사육)와 같이 구분된다. 이와 같은 달걀 난각 표시 개정안에 따를 때, 생산자 고유번호가 'AB38E'인 한 농장에서 방사 사육된 닭이 10월 7일에 낳은 달걀의 난각 표시로 가장 적절한 것은?

① AB38E 1007 1
② AB38E 1007 2
③ 1007 1 AB38E
④ 1007 2 AB38E
⑤ 1007 AB38E 1

55 P공사에 다니는 W사원은 이번 달에 영국에서 5일 동안 일을 마치고 한국에 돌아와 일주일 후 스페인으로 다시 4일간의 출장을 간다고 한다. 다음 자료를 참고하여 W사원이 영국과 스페인 출장에 들어가는 총비용을 A~C은행에서 환전한다고 할 때 필요한 원화의 최댓값과 최솟값의 차이는 얼마인가?(단, 출장비는 해외여비와 교통비의 합이다)

<국가별 1일 여비>

구분	영국	스페인
1일 해외여비	50파운드	60유로

<국가별 교통비 및 추가 지급비용>

구분	영국	스페인
교통비(비행시간)	380파운드(12시간)	870유로(14시간)
초과 시간당 추가 지급비용	20파운드	15유로

※ 교통비는 편도 항공권 비용이며, 비행시간도 편도에 해당한다.
※ 편도 비행시간이 10시간을 초과하면 시간당 추가 비용이 지급된다.

<은행별 환율 현황>

구분	매매기준율(KRW)	
	원/파운드	원/유로
A은행	1,470	1,320
B은행	1,450	1,330
C은행	1,460	1,310

① 31,900원
② 32,700원
③ 33,500원
④ 34,800원
⑤ 35,200원

56 다음은 P공사의 지적 재조사 사업 추진 배경에 대한 글이다. 이에 대한 설명으로 적절하지 않은 것은?

> 지적(地積)이란 지적정보토지의 위치, 형태, 이용, 지번, 경계, 면적, 사용 목적, 건축물 등 땅의 모든 정보를 기록해 놓은 '땅의 주민등록'이라 할 수 있다. 지적은 국토를 효율적으로 개발·활용하고, 토지 거래의 기준이 되며, 토지에 부과하는 세금의 기준이 되는 등 경제, 행정, 법률적으로 국민의 생활에 없어서는 안 되는 기초자료이다.
>
> 이러한 지적을 평면 지도화한 것이 지적도인데, 오늘날 훼손되고 부정확한 종이 지적도는 100여 년 전 낙후된 기술로 조사·측량되어 부정확할 뿐만 아니라, 시간이 지날수록 훼손 또는 변형되는 문제점을 안고 있다. 또한 현재 대한민국은 전 국토의 15%가량이 지적도와 불일치한 상황으로, 이로 인해 토지 분쟁에 들어가는 사회적 비용만 연간 3,800억 원에 이르며, 잘못된 토지 경계로 인한 이웃 간의 분쟁 등 사회적 갈등이 발생하고 있다. 그리고 현재 우리나라의 위치는 일본의 측량원점(동경)을 사용해 세계 표준과 약 365m나 차이가 난다. 따라서 디지털 지적으로 위치를 정확하게 등록하여 세계표준에 맞출 필요가 있다.
>
> 또한 100년 전 일제강점기에 종이로 만든 지적도는 효율적인 국토 관리가 어려울 뿐만 아니라 시대적 환경에도 맞지 않는다. 따라서 급변하는 정보화 시대에 대응할 수 있도록 선진화된 지적제도 구축을 위한 지적 재조사가 반드시 필요한 것이다. 지적 재조사 사업을 통해 국토를 새롭게 측량하여 정확한 지적정보를 기반으로 IT 기술과 접목하고, 3D 입체 지적정보 제공 등의 한국형 스마트 지적을 완성함으로써 스마트 국토 시대를 개척하여야 한다.

① 지적은 토지 거래의 기준과 토지에 부과하는 세금의 기준이 되는 국민 생활의 기초자료이다.

② 디지털 지적도는 정확한 지적정보를 통해 제작되나 시간이 지날수록 훼손·변형될 수 있다.

③ 현재 대한민국은 전 국토의 15%가량이 지적도와 불일치하여 사회적 갈등이 발생하고 있다.

④ 현재 우리나라의 위치는 일본의 측량원점을 사용하고 있어 세계 표준과 약 365m 차이가 난다.

⑤ 지적 재조사 사업을 통해 언제 어디서나 이용 가능한 스마트 국토 시대를 개척해야 한다.

57 다음은 P공사에서 여러 노선 중 사람들이 많이 이용하는 노선을 선정하여 졸음쉼터의 개수 현황을 주차면수에 따라 정리한 자료이다. 〈조건〉에 따라 A ~ D에 들어갈 수가 바르게 연결된 것은?(단, 졸음쉼터 개수는 소수점 첫째 자리에서 반올림한다)

〈졸음쉼터 현황〉

(단위 : 곳)

구분	방향		주차면수			
			10개 미만	10개 이상 20개 미만	20개 이상 30개 미만	30개 이상
경부선	서울	부산	11	8	A	2
	12	12				
영동선	인천	강릉	6	B	0	1
	6					
중앙선	춘천	부산	11	0	0	2
	7	6				
호남선	천안	순천	13	7	0	0
	11	9				
서해안선	서울	목포	16	C	1	D
	11	10				

〈조건〉

- A는 경부선 전체 졸음쉼터 개수의 12.5%를 차지한다.
- 다섯 노선의 주차면수가 10개 이상 20개 미만인 졸음쉼터 중에서 B는 30%를 차지한다.
- C는 B보다 5만큼 작고, D보다 2만큼 크다.
- 서해안선에 있는 주차면수가 10개 미만인 졸음쉼터 개수의 6.25%는 D와 같다.

	A	B	C	D
①	1	7	1	2
②	1	7	3	1
③	3	8	1	2
④	3	8	3	1
⑤	3	7	3	1

58 P공사에 대한 SWOT 분석 결과가 다음과 같을 때, 〈보기〉 중 이에 대한 전략으로 옳은 것을 모두 고르면?

〈SWOT 분석 결과〉

구분	분석 결과
강점(Strength)	• 해외 가스공급기관 대비 높은 LNG 구매력 • 세계적으로 우수한 배관 인프라
약점(Weakness)	• 타 연료 대비 높은 단가
기회(Opportunity)	• 북아시아 가스관 사업 추진 논의 지속 • 수소 자원 개발 고도화 추진 중
위협(Threat)	• 천연가스에 대한 수요 감소 추세 • 원전 재가동 확대 전망에 따른 에너지 점유율 감소 가능성

〈보기〉

ㄱ. 해외 기관 대비 LNG 확보가 용이하다는 점을 근거로 북아시아 가스관 사업 추진 시 우수한 효율을 이용하는 것은 SO전략에 해당한다.

ㄴ. 지속적으로 감소할 것으로 전망되는 천연가스 수요를 북아시아 가스관 사업을 통해 확보하는 것은 ST전략에 해당한다.

ㄷ. 수소 자원 개발을 고도화하여 다른 연료 대비 상대적으로 높았던 공급단가를 낮추려는 R&D 사업 추진은 WO전략에 해당한다.

ㄹ. 높은 LNG 확보 능력을 이용해 상대적으로 높은 가스 공급단가가 더욱 상승하는 것을 방지하는 것은 WT전략에 해당한다.

① ㄱ, ㄴ
② ㄱ, ㄷ
③ ㄴ, ㄷ
④ ㄴ, ㄹ
⑤ ㄷ, ㄹ

59 다음 글을 근거로 판단할 때, 〈보기〉에서 옳은 것을 모두 고르면?

- K국의 1일 통관 물량은 1,000건이며, 모조품은 1일 통관 물량 중 1%의 확률로 존재한다.
- 검수율은 전체 통관 물량 중 검수대상을 무작위로 선정해 실제로 조사하는 비율을 뜻하는데, 현재 검수율은 10%로 전문 조사 인력은 매일 10명을 투입한다.
- 검수율을 추가로 10%p 상승시킬 때마다 전문 조사 인력은 1일당 20명이 추가로 필요하다.
- 인건비는 1인당 1일 기준 30만 원이다.
- 모조품 적발 시 부과되는 벌금은 건당 1,000만 원이며, 이 중 인건비를 차감한 나머지를 세관의 '수입'으로 한다.

※ 검수대상에 포함된 모조품은 모두 적발되고, 부과된 벌금은 모두 징수된다.

─────〈보기〉─────

ㄱ. 1일 평균 수입은 700만 원이다.
ㄴ. 모든 통관 물량을 전수조사한다면 수입보다 인건비가 더 클 것이다.
ㄷ. 검수율이 40%면 1일 평균 수입은 현재의 4배 이상일 것이다.
ㄹ. 검수율을 30%로 하는 방안과 검수율을 10%로 유지한 채 벌금을 2배로 인상하는 방안을 비교하면 벌금을 인상하는 방안의 1일 평균 수입이 더 클 것이다.

① ㄱ, ㄴ   ② ㄴ, ㄹ

③ ㄱ, ㄴ, ㄹ   ④ ㄱ, ㄷ, ㄹ

⑤ ㄴ, ㄷ, ㄹ

※ P공사의 인사팀 팀원 6명이 회식을 하기 위해 이탈리안 레스토랑에 갔다. 다음 〈조건〉을 바탕으로 이어지는 질문에 답하시오. [60~61]

─────〈조건〉─────

• 인사팀은 토마토 파스타 2개, 크림 파스타 1개, 토마토 리소토 1개, 크림 리소토 2개, 콜라 2잔, 사이다 2잔, 주스 2잔을 주문했다.
• 인사팀은 K팀장, L과장, M대리, S대리, H사원, J사원으로 구성되어 있는데, 같은 직급끼리는 같은 소스가 들어가는 요리를 주문하지 않았고, 같은 음료도 주문하지 않았다.
• 각자 좋아하는 요리가 있으면 그 요리를 주문하고, 싫어하는 요리나 재료가 있으면 주문하지 않았다.
• K팀장은 토마토 파스타를 좋아하고, S대리는 크림 리소토를 좋아한다.
• L과장과 H사원은 파스타면을 싫어한다.
• 대리들 중에 콜라를 주문한 사람은 없다.
• 크림 파스타를 주문한 사람은 사이다도 주문했다.
• 토마토 파스타나 토마토 리소토와 주스는 궁합이 안 맞는다고 하여 함께 주문하지 않았다.

60 다음 중 주문한 결과로 옳지 않은 것은?

① 사원들 중 한 사람은 주스를 주문했다.
② L과장은 크림 리소토를 주문했다.
③ K팀장은 콜라를 주문했다.
④ 토마토 리소토를 주문한 사람은 콜라를 주문했다.
⑤ 사이다를 주문한 사람은 파스타를 주문했다.

61 다음 중 같은 요리와 음료를 주문한 사람을 바르게 연결한 것은?

① J사원, S대리
② H사원, L과장
③ S대리, L과장
④ M대리, H사원
⑤ M대리, K팀장

62 P공사는 직원 20명에게 나눠 줄 추석 선물 품목을 조사하였다. 다음은 유통업체별 품목 금액과 직원들의 품목 선호도를 나타낸 자료이다. 이를 참고하여 P공사에서 구매할 물품과 업체를 바르게 연결한 것은?

<업체별 품목 금액>

구분		1세트당 가격	혜택
A업체	돼지고기	37,000원	10세트 이상 주문 시 배송 무료
	건어물	25,000원	
B업체	소고기	62,000원	20세트 주문 시 10% 할인
	참치	31,000원	
C업체	스팸	47,000원	50만 원 이상 주문 시 배송 무료
	김	15,000원	

<구성원 품목 선호도>

순위	품목	순위	품목
1	소고기	2	참치
3	돼지고기	4	스팸
5	건어물	6	김

─〈조건〉─

- 1 ~ 3순위 품목에서 배송비를 제외한 총금액이 80만 원 이하인 품목을 택한다(할인 혜택 적용 가격).
- 모든 업체의 배송비는 1세트당 2,000원이다.
- 차순위 상품의 총금액이 30만 원 이상 저렴할 경우 차순위로 준비한다.
- 선택된 품목의 배송비를 제외한 총금액이 50만 원 미만일 경우 6순위 품목과 함께 준비한다.

	업체	상품
①	B	참치
②	C	스팸, 김
③	B, C	참치, 김
④	A, C	돼지고기, 김
⑤	A, B	건어물, 소고기

63 농도가 15%인 소금물을 5% 증발시킨 후 농도가 30%인 소금물 200g을 섞어서 농도가 20%인 소금물을 만들었다. 증발 전 농도가 15%인 소금물의 양은 얼마인가?

① 350g

② 400g

③ 450g

④ 500g

⑤ 550g

64 다음 글을 참고할 때, 성격이 다른 비용은?

> 예산관리란 활동이나 사업에 소요되는 비용을 산정하고 예산을 편성하는 것뿐만 아니라 예산을 통제하는 것 또한 포함한다. 이러한 예산은 대부분 개인 또는 기업에 한정되어 있기 때문에, 정해진 예산을 얼마나 효율적으로 사용하는지는 매우 중요한 문제이다. 하지만 어떤 활동이나 사업의 비용을 추정하거나 예산을 잡는 작업은 결코 생각하는 것만큼 쉽지 않다. 무엇보다 추정해야 할 매우 많은 유형의 비용이 존재하기 때문이다. 이러한 비용은 크게 제품 생산 또는 서비스를 창출하기 위해 직접 소비되는 비용인 직접비용과 제품 생산 또는 서비스를 창출하기 위해 소비된 비용 중에서 직접비용을 제외한 비용으로, 제품 생산에 직접 관련되지 않은 비용인 간접비용으로 나눌 수 있다.

① 보험료

② 건물관리비

③ 잡비

④ 통신비

⑤ 광고비

65 다음은 A국과 B국의 축구 대결을 앞두고 양국의 골키퍼, 수비(중앙 수비, 측면 수비), 미드필드, 공격(중앙 공격, 측면 공격) 능력을 영역별로 평가한 자료이다. 이에 대한 설명으로 옳지 않은 것은?(단, 원 중심에서 멀어질수록 점수가 높아진다)

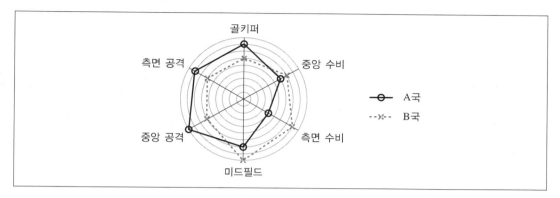

① A국은 공격보다 수비에 약점이 있다.
② B국은 미드필드보다 수비에서의 능력이 뛰어나다.
③ A국과 B국은 측면 수비 능력에서 가장 큰 차이가 난다.
④ A국과 B국 사이에 가장 작은 차이를 보이는 영역은 중앙 수비이다.
⑤ 골키퍼의 역량이 보다 뛰어난 국가는 A국이다.

66 A ~ C 세 사람은 주기적으로 집 청소를 한다. A는 6일마다, B는 8일마다, C는 9일마다 청소할 때, 세 명이 9월 10일에 모두 같이 청소를 했다면 다음에 같이 청소하는 날은 언제인가?

① 11월 5일   ② 11월 12일
③ 11월 16일   ④ 11월 21일
⑤ 11월 29일

67 다음 문단을 논리적 순서대로 바르게 나열한 것은?

> (가) 정해진 극본대로 연기를 하는 연극의 서사는 논리적이고 합리적이다. 그러나 연극 밖의 현실은 비합리적이고, 그 비합리성을 개인의 합리에 맞게 해석한다. 연극 밖에서도 각자의 합리성에 맞춰 연극을 하고 있는 것이다.
>
> (나) 사전적 의미로 불합리한 것, 이치에 맞지 않는 것을 의미하는 부조리는 실존주의 철학에서는 현실에서는 전혀 삶의 의미를 발견할 가능성이 없는 절망적인 한계상황을 나타내는 용어이다.
>
> (다) 이것이 비합리적인 세계에 대한 자신의 합목적적인 희망이라는 사실을 깨달았을 때, 삶은 허망해지고 인간은 부조리를 느끼게 된다.
>
> (라) 부조리라는 개념을 처음 도입한 대표적인 철학자인 알베르 카뮈는 연극에 비유하여 부조리에 대해 설명한다.

① (가) – (다) – (나) – (라)　　　② (가) – (라) – (나) – (다)
③ (나) – (가) – (다) – (라)　　　④ (나) – (다) – (가) – (라)
⑤ (나) – (라) – (가) – (다)

68 다음은 자원의 낭비에 대한 설명이다. 이를 참고할 때, 물적자원 낭비요인에 해당하는 것은?

> 대부분의 사람은 습관적으로 자원을 낭비하면서도 이를 의식하지 못한다. 이처럼 자원을 낭비하게 하는 요인에는 시간, 돈, 물적자원, 인적자원 등 매우 다양하며 우리의 사소한 행동 하나하나에도 낭비요인이 있을 수 있다.

① 과도한 선물　　　　　　　② 과도한 수면
③ 물건의 부실한 관리　　　　④ 주변 사람에 대한 무관심
⑤ 필요하지 않은 물건 구입

69 면접과 관련한 다음 자료와 〈조건〉을 토대로 할 때 P박물관 실태조사를 위한 자료수집 방법으로 가장 적절한 것은?

1. 면접의 종류
   ⊙ 면접조사 : 조사원이 직접 조사 대상자를 방문하여 구두로 질문하고, 구두에 의한 회답을 기록하는 조사 방법
   ⓛ 우편조사 : 설문지를 조사 대상자에게 우송해 이를 작성하게 한 후 다시 반송하게 하는 조사 방법
   ⓒ 전화조사 : 면접원이 전화로 조사 대상자에게 질문을 하면서 응답을 얻는 조사 방법
   ⓔ 인터넷조사 : 온라인으로 설문지를 배포하여 응답을 얻는 조사 방법
   ⓜ 집단조사 : 조사 대상자를 한자리에 모아 설문지를 배포한 다음 조사자가 설명을 덧붙여 대상자에게 기입하게 하는 조사 방법

2. 각 면접의 장단점
   ⊙ 면접조사 : 대상자 본인에게 직접 들을 수 있으나 시간이 오래 걸린다.
   ⓛ 우편조사 : 다수의 사람에게 조사하기 용이하지만 회수율이 낮은 편이다.
   ⓒ 전화조사 : 넓은 지역을 조사 대상으로 할 수 있으나 민감한 주제에 대한 답을 듣기 어렵다.
   ⓔ 인터넷조사 : 비용이 비교적 낮고 편이성이 높지만 해킹 등 보안에 문제가 있다.
   ⓜ 집단조사 : 비용과 시간이 절약되지만 조사 대상을 한자리에 모으기 어렵다.

〈조건〉

전국의 박물관 관장들을 대상으로 박물관 현황을 조사하려 하며, 조사 내용에 박물관 운영비와 운영 방법 등 민감한 사항들이 있어 보안이 중요하다. 또한, 각 관장들은 개인정보 노출을 우려하고 있다.
- 응답자 편의를 고려해 40문항을 평균 1시간 이내로 응답할 수 있도록 해야 한다.
- 1개월이라는 짧은 기간 안에 전수조사를 완료해야 한다.
- 다수를 한 곳에 모으거나 온라인으로 조사하는 방법은 지양한다.

① 면접조사　　　　　② 우편조사
③ 전화조사　　　　　④ 인터넷조사
⑤ 집단조사

70 다음의 대화 상황에서 A과장의 의사소통을 저해하는 요소로 가장 적절한 것은?

> A과장 : B주임, 회의 자료 인쇄했어요?
> B주임 : 네? 말씀 안 하셔서 몰랐어요.
> A과장 : 아니, 사람이 이렇게 센스가 없어서야. 그런 건 알아서 해야지.

① 복잡한 메시지
② 잘못된 선입견
③ 경쟁적인 메시지
④ 감정의 억제 부족
⑤ 의사소통 과정에서의 상호작용 부족

제2회
피듈형
NCS 모의고사

〈문항 및 시험시간〉

평가영역	문항 수	시험시간	모바일 OMR 답안채점 / 성적분석 서비스
의사소통능력 / 수리능력 / 문제해결능력 / 자원관리능력	70문항	70분	

제2회 모의고사

문항 수 : 70문항
시험시간 : 70분

▌문제해결능력

01 다음 대화에서 김대리가 제안할 수 있는 보완 방법으로 가장 적절한 것은?

> 최팀장 : 오늘 발표 내용 정말 좋았어. 준비를 열심히 한 것 같더군.
> 김대리 : 감사합니다.
> 최팀장 : 그런데 고객 맞춤형 서비스 실행방안이 조금 약한 것 같아. 보완할 수 있는 방안을 찾아서 추가해
>   주게.
> 김대리 : 네, 팀장님. 보완 방법을 찾아본 후 다시 보고 드리도록 하겠습니다.

① 고객 접점에 있는 직원에게 고객상담 전용 휴대폰 지급
② 모바일용 고객지원센터 운영 서비스 제공
③ 고객지원센터 24시간 운영 확대
④ 빅데이터를 활용한 고객유형별 전문상담사 사전 배정 서비스
⑤ 서비스 완료 후 고객지원센터 만족도 조사 실시

▌수리능력

02 K공사는 야유회 준비를 위해 500mL 물과 2L 음료수를 총 330개 구입하였다. 야유회에 참가한 직원을 대상으로 500mL 물은 1인당 1개, 2L 음료수는 5인당 1개씩 지급했더니 남거나 모자라지 않았다면, K공사 야유회에 참가한 직원은 모두 몇 명인가?

① 280명   ② 275명
③ 270명   ④ 265명
⑤ 260명

항공	숙박(1박)	교통비	일비	식비
실비	• 1·2급 : 실비 • 3급 : 80,000원 • 4·5·6급 : 50,000원	• 서울·경기지역 : 1일 10,000원 • 나머지 지역 : 1일 15,000원	30,000원/일	20,000원/일

※ 2급 이상 차이 나는 등급과 출장에 동행하게 된 경우, 높은 등급이 묵는 호텔에서 묵을 수 있는 금액을 지원한다.

1급	2급	3급	4급	5급	6급
이사장	이사	부장	차장	과장	대리

※ 부장, 차장, 과장, 대리의 출장비는 이사장, 이사>부장>차장>과장>대리의 순서로 차등하다(부장부터 일비 만 원씩 감소).
※ 항공은 외국으로 출장을 갈 경우에 해당한다.

❙ 자원관리능력

03 다음 중 자료에 대한 설명으로 옳은 것은?

① 외국으로 출장을 다니는 B과장이 항상 같은 객실에서 묵는다면 총비용은 언제나 같다.
② 서울·경기지역으로 1박 2일 출장을 가는 C차장의 출장비는 20만 원 이상이다.
③ 같은 조건으로 출장을 간다면 이사장이 이사보다 출장비를 많이 받는다.
④ 이사장과 함께 출장을 가게 된 A대리는 이사장과 같은 호텔, 같은 등급의 객실에서 묵을 수 있다.
⑤ 자동차를 이용해 무박으로 지방 출장을 가는 부장과 차장의 비용은 같다.

❙ 자원관리능력

04 K부장과 P차장이 9박 10일로 함께 제주도 출장을 가게 되었다. 동일한 출장비를 제공하기 위하여 P차장의 호텔을 한 단계 업그레이드할 때, P차장이 원래 묵을 수 있는 호텔보다 얼마나 이득인가?

① 230,000원
② 250,000원
③ 270,000원
④ 290,000원
⑤ 310,000원

05 다음 중 빈칸에 들어갈 내용으로 가장 적절한 것은?

> MZ세대 직장인을 중심으로 '조용한 사직'이 유행하고 있다. '조용한 사직'이라는 신조어는 2022년 7월 한 미국인이 SNS에 소개하면서 큰 호응을 얻은 것으로 실제로 퇴사하진 않지만 최소한의 일만 하는 업무 태도를 말한다. 실제로 MZ세대 직장인은 적당히 하자라는 생각으로 주어진 업무는 하되 더 찾아서 하거나 스트레스 받을 수준으로 많은 일을 맡지 않고, 사내 행사도 꼭 필요할 때만 참여해 일과 삶을 철저히 분리하고 있다. 한 채용플랫폼의 설문조사 결과에 따르면 직장인 10명 중 7명이 '월급 받는 만큼만 일하면 끝'이라고 답했고, 20대 응답자 중 78.5%, 30대 응답자 중 77.1%가 '받은 만큼만 일한다.'라고 답했다. 설문조사 결과 연령대가 높아질수록 그 비율은 감소해 젊은 층을 중심으로 이 같은 인식이 확산하고 있음을 짐작할 수 있다.
> 이러한 인식이 확산하는 데는 인플레이션으로 인한 임금 감소, '돈을 많이 모아도 집 한 채를 살 수 있을까?' 등 전반적인 경제적 불만이 기저에 있다고 전문가들은 말했다. 또 MZ세대가 '노력에 상응하는 보상을 받고 있는지'에 민감하게 반응하는 특성을 가지고 있는 것도 한 몫 하고 있다.
> 문제점은 이러한 '조용한 사직' 분위기가 기업의 전반적인 생산성 저하로 이어지고 있는 것이다. 이에 맞서 기업도 '조용한 사직'으로 대응해 게으른 직원에게 업무를 주지 않는 '조용한 해고'를 하는 상황이 발생하고 있다. 이에 전문가들은 MZ세대 직장인을 나태하다고 구분 짓는 사고방식은 잘못되었다고 지적하며, 기업 차원에서는 "＿＿＿＿＿＿＿＿＿＿"이, 개인 차원에서는 "스스로 일과 삶을 잘 조율하는 현명함을 만드는 것"이 필요하다고 언급했다.

① 직원이 일한 만큼 급여를 올려주는 것
② 직원이 스트레스를 받지 않게 적당량의 업무를 배당하는 것
③ 젊은 세대의 채용을 신중히 하는 것
④ 젊은 세대의 특성을 이해하고 온전히 받아들이는 것
⑤ 젊은 세대가 함께할 수 있도록 분위기를 만드는 것

06 다음은 P공단의 재난적 의료비 지원사업에 대한 자료이다. 이에 대해 바르게 말하고 있는 사람을 〈보기〉에서 모두 고르면?

〈재난적 의료비 지원사업〉

개요	• 질병·부상 등으로 인한 치료·재활 과정에서 소득·재산 수준 등에 비추어 과도한 의료비가 발생해 경제적 어려움을 겪게 되는 상황으로 의료비 지원이 필요하다고 인정된 사람에게 지원합니다.
대상 질환	• 모든 질환으로 인한 입원환자 • 중증질환으로 외래진료를 받은 환자 ※ 중증질환 : 암, 뇌혈관, 심장, 희귀, 중증난치, 중증화상질환
소득 기준	• 기준중위소득 100% 이하 : 지원 원칙(건보료 기준) • 기준중위소득 100% 초과 200% 이하 : 연소득 대비 의료비부담비율을 고려해 개별심사 후 지원 ※ 재산 과표 5.4억 원 초과 고액재산보유자는 지원 제외
의료비 기준	• 1회 입원에 따른 가구의 연소득 대비 의료비 발생액[법정본인부담, 비급여 및 예비(선별)급여 본인부담]이 기준금액 초과 시 지원 　- 기초생활수급자, 차상위계층 : 80만 원 초과 시 지원 　- 기준중위소득 50% 이하 : 160만 원 초과 시 지원 　- 기준중위소득 50% 초과 100% 이하 : 연소득의 15% 초과 시 지원

〈보기〉

경민 : 이번에 개인 질환으로 입원했는데 200만 원이 나왔어. 나는 기준중위소득 50% 이하에 해당돼서 지원금을 받을 수 있어 다행이야.

민기 : 요즘 열이 많이 나서 근처 병원으로 통원 치료하고 있어. 기초생활수급자인 내 형편으로 볼 때, 지원금을 받는 데 문제없겠지?

정미 : 18세로 뇌혈관 치료 때문에 외래진료를 받은 학생에게 이 사업에 대해 알려 주었어. 학생의 집은 기준중위소득 50% 초과 100% 이하에 해당되기 때문에 지원받을 수 있는 거야.

미현 : 어머니가 심장이 안 좋으셔서 외래진료를 받고 있는데 돈이 많이 들어. 기준중위소득 200%에 속하는데 현금은 없지만 재산이 5.4억 원이어서 심사에 지원도 못하고 요즘 힘드네.

① 정미, 민기　　　　　　　② 정미, 미현
③ 경민, 정미　　　　　　　④ 미현, 민기
⑤ 경민, 민기

07 P공사의 2024년 상반기 신입사원 지원자 수는 7,750명이다. 채용절차는 서류전형 → 면접전형 → 최종 합격 순이며 합격자 조건이 다음과 같을 때, 서류 합격자의 비율은 얼마인가?

서류 합격자 비율	면접 합격자 비율	최종 합격
( )	30%	93명

① 40%

② 30%

③ 15%

④ 4%

⑤ 3%

08 다음 문단을 논리적 순서대로 바르게 나열한 것은?

> (가) 당시 테메르 대통령의 거부권 행사가 노르웨이 방문을 앞두고 환경친화적인 모습을 보여 주기 위한 행동이라는 비난이 제기됐다. 노르웨이는 아마존 열대우림 보호를 위해 국제사회의 기부를 통해 조성되는 아마존 기금에 가장 많은 재원을 낸 국가다. '아마존 기금'은 지난 2008년 루이스 이나시우 룰라 다 시우바 전 대통령의 요청으로 창설됐으며, 아마존 열대우림 파괴 억제 및 복구 활동 지원을 목적으로 한다. 현재까지 조성된 기금은 28억 4천 300만 헤알(약 1조 원)이다. 노르웨이가 97%에 해당하는 27억 7천만 헤알을 기부했고 독일이 6천만 헤알, 브라질이 1천 300만 헤알을 냈다.
>
> (나) 브라질 정부가 지구의 허파로 불리는 아마존 열대우림 내 환경보호구역 축소를 추진하면서 상당한 논란이 예상된다. 15일(현지시간) 브라질 언론에 따르면 환경부는 북부 파라 주(州)의 남서부에 있는 130만 ha 넓이의 자만심 국립공원 가운데 27%를 환경보호구역에서 제외하는 법안을 의회에 제출했다. 이 법안은 환경보호구역으로 지정된 열대우림을 벌목, 채굴, 영농 등의 목적으로 용도 변경하려는 것이다. 브라질 의회는 지난 5월 자만심 국립공원의 37%를 용도 변경하는 법안을 통과시켰으나 미셰우 테메르 대통령이 거부권을 행사했다. 환경단체들은 "새 법안이 통과되면 열대우림 파괴를 가속하는 결과를 가져올 것"이라면서 "2030년까지 이 지역에서 배출되는 탄산가스가 배로 늘어날 것으로 추산된다."라고 주장했다.
>
> (다) 노르웨이 정부는 브라질 정부의 아마존 열대우림 보호 정책에 의문을 제기하면서, 이에 대한 명확한 설명이 없으면 올해 기부하기로 한 금액 가운데 절반 정도를 줄이겠다고 밝혔다. 독일 정부도 아마존 열대우림 파괴 면적이 최근 2년간 60%가량 늘었다고 지적하면서 지난해 현황이 발표되면 기부 규모를 결정할 것이라고 말했다. 브라질 아마존 환경연구소(Ipam)에 따르면 2015년 8월 ~ 2016년 7월에 아마존 열대우림 7천 989km^2가 파괴된 것으로 확인됐다. 이는 중남미 최대 도시인 상파울루의 5배에 달하는 면적으로, 1시간에 128개 축구경기장 넓이에 해당하는 열대우림이 사라진 것과 마찬가지라고 Ipam은 말했다. 아마존 열대우림 파괴 면적은 2003년 8월 ~ 2004년 7월에 2만 7천 772km^2를 기록한 이후 감소세를 보였다.

① (가) - (나) - (다)

② (나) - (가) - (다)

③ (나) - (다) - (가)

④ (다) - (가) - (나)

⑤ (다) - (나) - (가)

09 다음은 K기업의 팀별 성과급 지급 기준 및 영업팀의 평가표이다. 영업팀에게 지급되는 성과급의 1년 총액은?(단, 성과평가등급이 A등급이면 직전 분기 차감액의 50%를 가산하여 지급한다)

〈성과급 지급 기준〉

성과평가 점수	성과평가 등급	분기별 성과급 지급액
9.0 이상	A	100만 원
8.0 ~ 8.9	B	90만 원(10만 원 차감)
7.0 ~ 7.9	C	80만 원(20만 원 차감)
6.9 이하	D	40만 원(60만 원 차감)

〈영업팀 평가표〉

구분	1/4분기	2/4분기	3/4분기	4/4분기
유용성	8	8	10	8
안정성	8	6	8	8
서비스 만족도	6	8	10	8

※ (성과평가 점수)=[(유용성)×0.4]+[(안정성)×0.4]+[(서비스 만족도)×0.2]

① 350만 원
② 360만 원
③ 370만 원
④ 380만 원
⑤ 400만 원

10 자원의 낭비요인을 다음과 같이 4가지로 나누어 볼 때, 〈보기〉의 사례에 해당하는 낭비요인이 바르게 연결된 것은?

〈자원의 낭비요인〉

(가) 비계획적 행동 : 자원을 어떻게 활용할 것인가에 대한 계획 없이 충동적이고 즉흥적으로 행동하여 자원을 낭비하게 된다.

(나) 편리성 추구 : 자원을 편한 방향으로만 활용하는 것을 의미하며, 물적자원뿐만 아니라 시간, 돈의 낭비를 초래할 수 있다.

(다) 자원에 대한 인식 부재 : 자신이 가지고 있는 중요한 자원을 인식하지 못하는 것으로, 무의식적으로 중요한 자원을 낭비하게 된다.

(라) 노하우 부족 : 자원관리의 중요성을 인식하면서도 자원관리에 대한 경험이나 노하우가 부족한 경우를 말한다.

〈보기〉

㉠ A는 가까운 거리에 있는 패스트푸드점을 직접 방문하지 않고 배달 앱을 통해 배달료를 지불하고 음식을 주문한다.

㉡ B는 의자를 만들어 달라는 고객의 주문에 공방에 남은 재료와 주문할 재료를 떠올리고는 일주일 안으로 완료될 것이라고 이야기하였지만, 생각지 못한 재료의 배송 기간으로 제작 시간이 부족해 약속된 기한을 지키지 못하였다.

㉢ 현재 수습사원인 C는 처음으로 프로젝트를 담당하게 되면서 나름대로 계획을 세우고 열심히 수행했지만, 예상치 못한 상황이 발생하자 당황하여 처음 계획했던 대로 진행할 수 없었고 결국 아쉬움을 남긴 채 프로젝트를 완성하였다.

㉣ D는 TV에서 홈쇼핑 채널을 시청하면서 품절이 임박했다는 쇼호스트의 말을 듣고는 무작정 유럽 여행 상품을 구매하였다.

	(가)	(나)	(다)	(라)
①	㉡	㉣	㉠	㉢
②	㉢	㉣	㉡	㉠
③	㉢	㉠	㉡	㉣
④	㉣	㉠	㉡	㉢
⑤	㉣	㉢	㉡	㉠

11 다음은 P공사의 윤리 헌장이다. 이를 읽고 이해한 내용으로 적절하지 않은 것은?

> P공사는 윤리경영을 추진한다. '국민에게 신뢰받는 Clean P'를 윤리경영의 비전으로 내세워 소통과 협업으로 부패 예방 활동 강화, 고위직의 윤리적 솔선수범 및 청렴 리더십 강화, 원칙과 기본에 충실한 청렴하고 공정한 조직문화 정착을 목표로 한다. 이를 위한 P공사의 윤리 헌장은 다음과 같다.
> • 우리 P공사는 국가공간정보 기본법에 의한 사업을 효율적으로 추진함으로써 국민의 재산권을 보호하고 지적제도와 공간정보의 발전에 기여함을 목적으로 한다.
> • 우리는 이러한 긍지와 자부심을 가지고 지적측량 및 공간정보기술의 개발과 투명하고 합리적인 경영을 통해 국민의 신뢰와 사랑을 받는 세계적인 공기업이 되고자 한다.
> • 우리는 창의적 사고와 화합하는 조직으로 우리의 사명을 달성하고, 높은 윤리적 가치관을 바탕으로 정직하고 공정한 자세로 업무를 처리하며, 부패방지와 깨끗한 공직풍토 조성을 위해 노력한다.
> • 우리는 고객으로부터 신뢰와 사랑을 받을 수 있도록 노력하고, 자유경쟁의 시장 질서를 존중한다.
> • 우리는 임직원 개개인의 인격을 존중하고 차별대우를 하지 않으며, 공평한 기회와 공정한 평가를 받도록 하는 한편 임직원의 건강과 삶의 질 향상을 위해 노력한다.
> • 우리는 공익활동에 적극적으로 참여하고, 끊임없이 새로운 가치를 창조하여 국가와 사회의 발전에 공헌한다.

① 국가공간정보 기본법에 따라 지적제도와 공간정보의 발전에 기여함을 목적으로 한다.
② 창의적 사고와 화합하는 조직으로 끊임없이 새로운 가치를 창조하여 사회 발전에 공헌한다.
③ 임직원 개개인의 인격을 존중하고, 공평한 기회와 공정한 평가를 받도록 노력한다.
④ 자유경쟁 시장 질서의 문제점을 지적하여 고객으로부터 신뢰와 사랑을 받을 수 있도록 노력한다.
⑤ 지적측량 및 공간정보기술의 개발과 투명하고 합리적인 경영을 통해 신뢰받는 기업이 되고자 한다.

12 P공사는 최근 '가정폭력을 감소시키기 위해 필요한 정책'을 주제로 설문조사를 시행하였고, 다음과 같이 설문조사 결과를 정리하였다. 이에 대한 설명으로 적절하지 않은 것은?

<가정폭력을 감소시키기 위해 필요한 정책(1순위)>

(단위 : %)

정책	전체	여성	남성
폭력 허용적 사회문화의 개선	24.9	24.2	25.7
가정폭력 관련 법 및 지원서비스 홍보	15.5	14.8	16.2
접근이 쉬운 곳에서 가정폭력 예방교육 실시	9.5	9.3	9.7
양성평등 의식교육	7.5	7.1	7.9
학교에서 아동기부터 폭력 예방교육 실시	12.2	12.0	12.4
가정폭력 피해자에 대한 지원 제공	4.6	5.1	4.0
경찰의 신속한 수사	9.2	9.9	8.4
가중 처벌 등 가해자에 대한 법적 조치 강화	13.6	14.7	12.5
상담, 교육 등 가해자의 교정치료 프로그램 제공	2.8	2.6	3.0
기타	0.2	0.3	0.2

① 가해자에 대한 치료보다는 법적 조치 강화에 더 비중을 두고 있음을 알 수 있다.

② 남성과 여성 모두 폭력을 허용하는 사회문화를 개선하는 것이 가장 필요하다고 보고 있다.

③ 필요한 정책 비율에 대한 순위를 매겨 보면 남성과 여성 모두 같음을 알 수 있다.

④ 기타 항목을 제외하고 가해자의 교정치료에 대해서 필요성이 가장 낮다고 보고 있다.

⑤ 가정폭력에 대한 법이나 지원서비스 홍보도 중요하며, 정책 비율 중에서 두 번째로 가장 필요하다고 보고 있다.

13 다음 사례에 나타난 의사표현에 영향을 미치는 요소에 대한 설명으로 적절하지 않은 것은?

〈사례〉

- 독일의 유명 가수 슈만 하이크는 "음악회에서 노래를 부를 때 심리적 긴장감을 갖지 않느냐?"는 한 기자의 질문에 대해 "노래하기 전에 긴장감을 느끼지 않는다면, 그때는 내가 은퇴할 때이다."라고 이야기하였다.
- 영국의 유명 작가 버나드 쇼는 젊은 시절 매우 내성적인 청년이었다. 그는 잘 아는 사람의 집을 방문할 때도 문을 두드리지 못하고 20분이나 문밖에서 망설이며 거리를 서성거렸다. 그는 자신의 내성적인 성격을 극복하기 위해 런던에서 공개되는 모든 토론에 의도적으로 참가하였고, 그 결과 장년에 이르러서 20세기 전반에 가장 재치와 자신이 넘치는 웅변가가 될 수 있었다.

① 소수인의 심리상태가 아니라, 90% 이상의 사람들이 호소하는 불안이다.
② 잘 통제하면서 표현을 한다면 청자는 더 인간답다고 생각하게 될 것이다.
③ 개인의 본질적인 문제이므로 완전히 치유할 수 있다.
④ 분명한 원인은 아직 규명되지 않았다.
⑤ 불안을 심하게 느끼는 사람일수록 다른 사람과 접촉이 없는 직업을 선택하려 한다.

14 다음은 1인당 우편 이용 물량을 나타낸 그래프이다. 이에 대한 설명으로 옳은 것은?

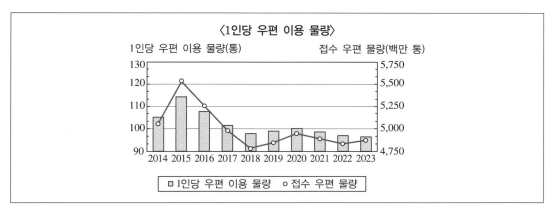

〈1인당 우편 이용 물량〉

□ 1인당 우편 이용 물량 ○ 접수 우편 물량

① 1인당 우편 이용 물량은 증가 추세에 있다.
② 1인당 우편 이용 물량은 2015년에 가장 높았고, 2018년에 가장 낮았다.
③ 매년 평균적으로 1인당 4일에 한 통 이상은 우편물을 보냈다.
④ 1인당 우편 이용 물량과 접수 우편 물량 모두 2020년부터 2023년까지 지속적으로 감소하고 있다.
⑤ 접수 우편 물량이 가장 많은 해와 가장 적은 해의 차이는 약 900백만 통이다.

15 다음 글의 내용으로 적절하지 않은 것은?

> 습관의 힘은 아무리 강조해도 지나치지 않죠. 사소한 습관 하나가 미래를 달라지게 합니다. 그러니 많은 부모들이 어려서부터 자녀에게 좋은 습관을 들이게 하려고 노력하는 것이겠죠. 공부두뇌연구원장 박사는 '잘'하는 것보다 조금이라도 '매일' 하는 게 중요하다고 강조합니다. 그러면 싫증을 잘 내는 사람도 습관 만들기를 통해 '스스로 끝까지 하는 힘'을 체득할 수 있다고 말이죠.
>
> '물건 관리'라는 말을 들었을 때, 어떤 의미부터 떠올리셨나요? 혹시 정리 정돈 아니었나요? 하지만 물건 관리란 단지 정리의 의미에 한정되어 있지 않습니다.
>
> '필요'와 '욕심'을 구분할 줄 알아야 한다는 의미입니다. 지금 사려는 그 물건은 꼭 필요한 물건인지, 그냥 갖고 싶은 욕심이 드는 물건인지 명확하게 구분해야 한다는 거죠. 물건을 구매하기 전 스스로에게 질문하는 것을 습관화하면 충동구매를 줄일 수 있습니다. 만약 저녁 늦게 쇼핑을 많이 한다면, 바로 결제하지 말고 장바구니에 담아 두고, 그 다음날 아침에 한 번 더 생각해 보는 것도 좋은 방법입니다.
>
> 돈이 모이는 습관 두 번째는 '생활습관 관리'입니다. 아무리 돈을 모으고 있다고 해도 한쪽에서 돈이 줄줄 새는 습관을 바로잡지 못한다면 돈을 모으는 의미가 없어지니까요. 혹시 보상 심리로 스스로에게 상을 주거나 스트레스를 해소하기 위해 돈을 썼던 경험이 있으신가요?
>
> 돈을 쓰면서 스트레스를 풀고 싶어지고, 음식을 먹으면서 스트레스를 푼다면 돈을 모으기 쉽지 않습니다. 사회생활은 스트레스의 연속이니까요. 야식이나 외식 빈도가 잦은 것도 좋지 않은 소비 습관입니다. 특히 요즘에는 배달음식을 많이 시켜 먹게 되죠.
>
> 필요하다면 스트레스 소비 금액이나, 외식 금액의 한도를 정해 놓아 보세요. 단, 실현 가능한 한도를 정하는 것이 중요합니다. 예를 들어, '다음 주부터 배달음식 안 먹을 거야.'라고 하면, 오히려 역효과가 나게 됩니다. 이번 주에 4번 배달음식을 먹었다면, 3번으로 줄이는 등 실천할 수 있도록 조정해 가는 것이 필요합니다.
>
> 돈을 모으는 것이 크게 어렵지 않을 수도 있습니다. 절약을 이기는 투자는 없다고 하죠. 소액 적금은 수입 규모와 상관없이 절약하는 것만으로도 성공시킬 수 있는 수 있는 작은 목표입니다.
>
> 확고한 목표와 끈기를 가지고 끝까지 저축을 하는 것이 중요합니다. 소액 적금이 성공적으로 진행된다면 규모를 조금씩 늘려 저축하는 습관을 기르면 됩니다. 이자가 크지는 않아도 일정 기간 동안 차곡차곡 납입해 계획한 금액이 모두 모이는 기쁨을 맛보는 것이 중요합니다.

① 돈을 모으는 습관을 만들기 위해서는 꾸준히 하는 것이 중요하다.

② 스트레스를 해소하기 위해 소비를 하는 행동은 돈을 모으는 데에는 좋지 않은 행동이다.

③ 소액 적금이라도 돈을 저금하는 습관을 들이는 것이 중요하다.

④ 돈을 모으는 생활 습관을 만들기 위해서는 점진적으로 소비 습관을 개선하기보다는 행동을 완전히 바꾸는 것이 도움이 된다.

⑤ 사고자 하는 물건을 바로 결제하지 않는 것만으로도 불필요한 물품을 구매하는 충동구매를 어느 정도 막을 수 있다.

16 길이가 256m인 도로를 따라 4m 간격으로 나무를 심었다. 하지만 너무 빽빽하게 보여 간격을 6m로 늘려 다시 옮겨 심고, 나머지 남는 나무는 따로 보관하기로 하였다. 첫 시작점에 있는 나무는 그대로 두고 나머지 나무를 옮겨 심는다고 할 때, 최소 몇 그루를 옮겨 심어야 하는가?

① 24그루
② 23그루
③ 22그루
④ 21그루
⑤ 20그루

17 P공단에서는 공원 내에서 쓰레기를 수거해 올 때 포인트를 지급하는 '그린포인트제도'를 시행하고 있다. 쓰레기 1g당 2포인트를 지급하고 젖은 쓰레기의 무게는 50% 감량해 적용한다. 어떤 등산객이 쓰레기를 수거해 950포인트를 적립하였다. 이 가운데 $\frac{1}{3}$ 이 젖은 쓰레기라고 할 때, 젖지 않은 쓰레기의 양은?

① 390g
② 380g
③ 370g
④ 360g
⑤ 350g

18 다음 글의 서술상 특징으로 가장 적절한 것은?

> 지방은 여러 질병의 원인으로서 인체에 해로운 것으로 인식되었다. 하지만 문제가 되는 것은 지방 자체가 아니라 전이지방이다. 전이지방은 특수한 물리·화학적 처리에 따라 생성되는 것으로서, 몸에 해로운 포화지방의 비율이 자연 상태의 기름보다 높다. 전이지방을 섭취하면 심혈관계 질환이나 유방암 등이 발병할 수 있다. 이러한 전이지방이 지방을 대표하는 것으로 여겨지면서 지방이 여러 질병의 원인으로 지목됐던 것이다.
> 중요한 것은 지방이라고 모두 같은 지방이 아니라는 사실을 일깨우는 것이다. 불포화 지방의 섭취는 오히려 각종 질병의 위험을 감소시키며, 체내 지방 세포는 장수에 도움을 주기도 한다. 지방이 각종 건강상의 문제를 야기하는 것은 지방 그 자체의 속성 때문이라기보다는 지방을 섭취하는 인간의 자기 관리가 허술했기 때문이다.

① 새로운 용어를 소개하고 그 유래를 밝히고 있다.
② 대상에 대한 다양한 견해들의 장단점을 분석하고 있다.
③ 서로 대립하는 견해를 비교하고 이를 절충하여 통합하고 있다.
④ 현재의 상황을 객관적으로 분석함으로써 미래를 전망하고 있다.
⑤ 대상에 대한 사회적 통념의 문제점을 지적하고 올바른 이해를 유도하고 있다.

오늘날 인류가 왼손보다 오른손을 선호하는 경향은 어디서 비롯되었을까? 무기를 들고 싸우는 결투에서 오른손잡이는 왼손잡이인 상대를 만나 곤혹을 치르곤 한다. 왼손잡이인 적수가 무기를 든 왼손은 뒤로 감춘 채 오른손을 내밀어 화해의 몸짓을 보이다가 방심한 틈에 공격할 수도 있다. 그러나 이런 상황이 왼손에 대한 폭넓고 뿌리 깊은 반감을 다 설명해 준다고는 생각되지 않는다. 예컨대 그런 종류의 겨루기와 거의 무관했던 여성들의 오른손 선호는 어떻게 설명할 것인가? 오른손을 귀하게 여기고 왼손을 천대하는 현상은 어쩌면 산업화 이전 사회에서 배변 후 사용할 휴지가 없었다는 사실과 관련이 있을 법하다. 인류 역사에서 대부분의 기간 동안 배변 후 뒤처리를 담당한 것은 맨손이었다. 맨손으로 배변 뒤처리를 하는 것은 불쾌할뿐더러 병균을 옮길 위험을 수반하는 일이었다. 이런 위험의 가능성을 낮추는 간단한 방법은 음식을 먹거나 인사할 때 다른 손을 사용하는 것이었다. 기술 발달 이전의 사회에서는 대개 왼손을 배변 뒤처리에, 오른손을 먹고 인사하는 일에 사용했다. 이런 전통에서 벗어난 행동을 보면 사람들은 기겁하지 않을 수 없었다. 오른손과 왼손의 역할 분담에 관한 관습을 따르지 않는 어린아이는 벌을 받았을 것이다. 나는 이런 배경이 인간 사회에서 널리 나타나는 '오른쪽'에 대한 긍정과 '왼쪽'에 대한 반감을 어느 정도 설명해 줄 수 있으리라고 생각한다. 그러나 이 설명은 왜 애초에 오른손이 먹는 일에, 그리고 왼손이 배변 처리에 사용되었는지 설명해 주지 못한다. 확률로 말하자면 왼손이 배변 처리를 담당하게 될 확률은 1/2이다. 그렇다면 인간 사회 가운데 절반 정도는 왼손잡이 사회였어야 할 것이다. 그러나 동서양을 막론하고, 왼손잡이 사회는 확인된 바 없다. 세상에는 왜 온통 오른손잡이 사회들뿐인지에 대한 근본적인 설명은 다른 곳에서 찾아야 할 것 같다. 한쪽 손을 주로 쓰는 경향은 뇌의 좌우반구의 기능 분화와 관련되어 있는 것으로 보인다. 보고된 증거에 따르면, 왼손잡이는 읽기와 쓰기, 개념적·논리적 사고 같은 좌반구 기능에서 오른손잡이보다 상대적으로 미약한 대신 상상력, 패턴 인식, 창의력 등 전형적인 우반구 기능에서는 상대적으로 기민한 경우가 많다. 비비원숭이의 두개골 화석을 연구함으로써 오스트랄로피테쿠스가 어느 손을 즐겨 썼는지를 추정할 수 있다. 이들이 비비원숭이를 몽둥이로 때려서 입힌 상처의 흔적이 남아 있기 때문이다. 연구에 따르면 오스트랄로피테쿠스는 약 80%가 오른손잡이였다. 이는 현대인과 거의 일치한다. 사람이 오른손을 즐겨 쓰듯 다른 동물들도 앞발 중에 더 선호하는 쪽이 있는데, 포유류에 속하는 동물들은 대개 왼발을 즐겨 쓰는 것으로 나타났다. 이들 동물에서도 뇌의 좌우반구 기능은 인간과 본질적으로 다르지 않으며, 좌우반구의 신체 제어에서 좌우 교차가 일어난다는 점도 인간과 다르지 않다. 왼쪽과 오른쪽의 대결은 인간이라는 종의 먼 과거까지 거슬러 올라간다. 나는 이성 대 직관의 힘겨루기, 뇌의 두 반구 사이의 힘겨루기가 오른손과 왼손의 힘겨루기로 표면화된 것이 아닐까 생각한다. 즉, 오른손이 원래 왼손보다 더 능숙했기 때문이 아니라 뇌의 좌반구가 인간의 행동을 지배하는 권력을 갖게 되었기 때문에 오른손 선호에 이르렀다는 생각이다. 그리고 이것이 사실이라면 직관적 사고에 대한 논리적 비판은 거시적 관점에서 그 타당성을 의심해 볼 만하다. 어쩌면 뇌의 우반구 역시 좌반구의 권력을 못마땅하게 여기고 있는지도 모른다. 다만, 논리적인 언어로 반론을 펴지 못할 뿐이다.

19 다음 중 윗글을 통해 추론할 수 있는 내용으로 적절하지 않은 것은?

① 위생에 관한 관습은 명문화된 규범 없이도 형성될 수 있다.

② 직관적 사고보다 논리적 사고가 인간의 행위를 더 강하게 지배해 왔다고 볼 수 있다.

③ 인류를 제외한 대부분의 포유류의 경우에는 뇌의 우반구가 좌반구와의 힘겨루기에서 우세하다고 볼 수 있다.

④ 먹는 손과 배변을 처리하는 손이 다르게 된 이유는 먹는 행위와 배변 처리 행위에 요구되는 뇌 기능이 다르기 때문이다.

⑤ 왼손을 천대하는 관습이 가져다주는 이익이 있다고 해서 오른손잡이가 왼손잡이보다 압도적으로 많은 이유가 설명되는 것은 아니다.

20 다음 중 윗글의 논지를 약화하는 진술로 가장 적절한 것은?

① 오스트랄로피테쿠스의 지능은 현생 인류보다 현저하게 뒤떨어지는 수준이었다.

② '왼쪽'에 대한 반감의 정도가 서로 다른 여러 사회에서 왼손잡이의 비율은 거의 일정함이 밝혀졌다.

③ 오른손잡이와 왼손잡이가 뇌의 해부학적 구조에서 유의미한 차이를 보이지 않는다는 사실이 입증되었다.

④ 진화 연구를 통해 인류 조상들의 행동 성패를 좌우한 것이 언어·개념과 무관한 시각 패턴 인식 능력이었음이 밝혀졌다.

⑤ 태평양의 어느 섬에서 외부와 교류 없이 수백 년 동안 존속해 온 원시 부족 사회는 왼손에 대한 반감을 전혀 갖고 있지 않았다.

21 다음 SWOT 분석 결과를 바탕으로 섬유 산업이 발전할 수 있는 방안으로 적절한 것을 〈보기〉에서 모두 고르면?

• 빠른 제품 개발 시스템	• 기능 인력 부족 심화 • 인건비 상승
S 강점	W 약점
O 기회	T 위협
• 한류의 영향으로 한국 제품 선호 • 국내 기업의 첨단 소재 개발 성공	• 외국산 저가 제품 공세 강화 • 선진국의 기술 보호주의

─────〈보기〉─────
ㄱ. 한류 배우를 모델로 브랜드 홍보 전략을 추진한다.
ㄴ. 단순 노동 집약적인 소품종 대량 생산 체제를 갖춘다.
ㄷ. 소비자 기호를 빠르게 분석하여 제품 생산에 반영한다.
ㄹ. 선진국의 원천 기술을 이용한 기능성 섬유를 생산한다.

① ㄱ, ㄴ   ② ㄱ, ㄷ
③ ㄱ, ㄹ   ④ ㄴ, ㄷ
⑤ ㄴ, ㄹ

22 매일 하루에 한 번 어항에 자동으로 먹이를 주는 기계가 다음 규칙에 따라 먹이를 준다. 당일에 줄 먹이 양이 '0'이 되는 날은 먹이를 준 지 13일 차였을 때, 13일 차까지 준 먹이의 총합은 얼마인가?(단, x는 자연수이고, 1일 차는 홀수 일이다)

─────〈규칙〉─────
• 첫날 어항에 준 먹이의 양은 $3x$개이다.
• 당일에 줄 먹이의 양은 전날이 홀수 일인 경우, 전날 먹이의 양에 1개를 더한다.
• 당일에 줄 먹이의 양은 전날이 짝수 일인 경우, 전날 먹이의 양에서 2개를 뺀다.

① 50개   ② 49개
③ 48개   ④ 47개
⑤ 46개

23 다음 글을 읽고 추론할 수 있는 내용으로 가장 적절한 것은?

> 10월 9일은 오늘의 한글을 창제해서 세상에 펴낸 것을 기념하고, 한글의 우수성을 기리기 위한 국경일이다. 한글은 인류가 사용하는 문자 중에서 창제자와 창제연도가 명확히 밝혀진 문자임은 물론, 체계적이고 과학적인 원리로 어린아이도 배우기 쉬운 문자이다. 한글의 우수성은 한자나 영어와 비교해 봐도 쉽게 알 수 있다. 기본적인 생활을 하기 위해서 3,000자에서 5,000자 정도의 수많은 문자의 모양과 의미를 외워야 하는 표의문자 한자와는 달리, 한글은 소리를 나타내는 표음문자이기 때문에 24개의 문자만 익히면 쉽게 조합하여 학습할 수 있다.
>
> 한글의 이러한 과학적인 부분은 실제로 세계 학자들 사이에서도 찬탄을 받는다. 한글이 세계 언어학계에 본격적으로 알려진 것은 1960년대이다. 영국의 저명한 언어학자인 샘프슨(G. Sampson) 교수는 '한글은 세계에서 과학적인 원리로 창제된 가장 훌륭한 글자'라고 평가한다. 그는 특히 '발성 기관이 소리를 내는 모습을 따라 체계적으로 창제된 점이 과학적이며 문자 자체가 소리의 특징을 반영했다는 점이 놀랍다.'라고 평가한다. 동아시아 역사가 라이샤워(O. Reichaurer)도 '한글은 전적으로 독창적이고 놀라운 음소문자로, 세계의 어떤 나라의 일상 문자에서도 볼 수 없는 가장 과학적인 표기 체계이다.'라고 찬탄하고 있으며, 미국의 다이아몬드(J. Diamond) 교수 역시 '세종이 만든 28자는 세계에서 가장 훌륭한 알파벳이자 가장 과학적인 표기법 체계'라고 평가한다.
>
> 이러한 점을 반영하여 유네스코에서는 한글을 문화유산으로 등록함은 물론, 세계적으로 문맹 퇴치에 이바지한 사람에게 '세종대왕'의 이름을 붙인 상을 주고 있다. 이처럼 세계적으로 인정받는 우리의 독창적이고 고유한 글자인 '한글'에 대해 우리는 더욱더 큰 자긍심을 느껴야 할 것이다.

① 한글을 배우기 위해서는 문자의 모양과 의미를 외워야 한다.

② 한글은 소리를 나타내는 표음문자이기 때문에 한자와 달리 문자를 따로 익힐 필요는 없다.

③ 한글 창제에 담긴 세종대왕의 정신을 기리기 위해 유네스코에서는 세계적으로 문맹 퇴치에 이바지한 사람에게 '세종대왕상'을 수여한다.

④ 영국의 저명한 언어학자인 샘프슨(G. Sampson) 교수는 '세종이 만든 28자는 세계에서 가장 훌륭한 알파벳'이라고 평가했다.

⑤ 한글이 세계 언어학계에 본격적으로 알려진 것은 1970년대로, 언어학자 샘프슨(G.Sampson) 교수, 동아시아 역사가 라이샤워(O. Reichaurer) 등의 저명한 학자들로부터 찬탄을 받았다.

24 다음은 아이돌봄서비스에 대한 글이다. 이에 대한 설명으로 적절하지 않은 것을 〈보기〉에서 모두 고르면?

아이돌봄서비스는 만 12세 이하 아동을 둔 맞벌이 가정 등에 아이돌보미가 직접 방문하여 아동을 안전하게 돌봐주는 서비스로, 정부 차원에서 취업 부모들을 대신하여 그들의 자녀에 대한 양육 및 이와 관련된 활동을 지원해 준다. 가정의 아이 돌봄을 지원하여 아이의 복지증진과 보호자의 일·가정 양립을 통한 가족구성원의 삶의 질 향상과 양육 친화적인 사회 환경을 조성하는 데 목적이 있다. 아동의 안전한 보호를 위해 영아 및 방과 후 아동에게 개별 가정의 특성과 아동발달을 고려하여 아동의 집에서 돌봄 서비스를 제공하며, 취업 부모의 일·가정 양립을 위해 야간·주말 등 틈새시간의 '일시 돌봄' 및 '영아 종일 돌봄' 등 수요자가 원하는 서비스를 제공한다.

서비스는 이용 구분에 따라 시간제돌봄서비스, 영아종일제돌봄서비스, 기관연계돌봄서비스, 질병감염아동특별지원서비스로 나뉜다. 시간제돌봄서비스의 이용 대상은 만 3개월 이상 만 12세 이하의 아동이며, 주 양육자가 올 때까지 임시보육, 놀이 활동, 식사 및 간식 챙겨 주기, 보육시설이나 학교 학원의 등·하원 등의 서비스를 받을 수 있다. 영아종일제돌봄서비스의 이용 대상은 만 3개월 이상 만 24개월 이하의 영아이며 이유식, 젖병 소독, 기저귀 갈기, 목욕 등 영아돌봄과 관련된 건강·영양·위생·교육 등의 서비스를 지원받을 수 있다. 기관연계돌봄서비스는 사회복지시설이나 학교·유치원·보육시설 등 만 0~12세 아동에 대한 돌봄 서비스가 필요한 기관이 이용 대상이다. 돌보미 1인당 돌볼 수 있는 최대 아동수에는 제한이 있으며, 한 명의 돌보미가 여러 연령대의 아동을 대상으로 동시에 서비스를 제공할 수는 없다. 질병감염아동특별지원서비스의 이용 대상은 수족구병 등 법정 전염성 및 유행성 질병에 감염되어 사회복지시설, 유치원, 보육시설 등을 이용하고 있는 만 12세 이하 아동으로, 다른 서비스에 반해 별도로 정부의 지원시간 제한이 없으며, 비용의 50%를 정부가 지원한다. 해당하는 아동은 아동의 병원 이용 동행 및 재가 돌봄 서비스를 제공받을 수 있다.

〈보기〉
ㄱ. 만 13세 이상의 아동은 아이돌봄서비스를 이용할 수 없다.
ㄴ. 장애 아동의 경우 질병감염아동특별지원서비스를 제공받을 수 있다.
ㄷ. 맞벌이 가정뿐만 아니라 학교·유치원·보육시설도 아이돌봄서비스를 이용할 수 있다.
ㄹ. 야간이나 주말에는 아이돌봄서비스를 이용할 수 없다.

① ㄱ, ㄴ
② ㄱ, ㄷ
③ ㄴ, ㄷ
④ ㄴ, ㄹ
⑤ ㄷ, ㄹ

25 K통신사 멤버십 회원인 B씨는 ○○랜드 K통신사 멤버십 할인 이벤트를 보고 우대쿠폰을 출력해 아내와 15살 아들, 7살 딸과 ○○랜드로 가족 나들이를 가기로 했다. B씨 가족이 주간권을 구매할 때와 야간권을 구매할 때 받는 할인금액의 차이는?

〈○○랜드 K통신사 멤버십 할인 이벤트〉

- K통신사 멤버십 카드 소지 시 본인은 정상가의 40%를 할인받을 수 있습니다.
- K통신사 멤버십 카드 우대쿠폰을 통해 동반 3인까지 10%를 할인받을 수 있습니다.
- ○○랜드 이용권 정상가는 아래와 같습니다.

구분	주간권(종일)	야간권(17시 이후)
대인	54,000원	45,000원
청소년	46,000원	39,000원
소인	43,000원	36,000원

※ 소인 : 36개월 ~ 만 12세
※ 청소년 : 만 13세 ~ 만 18세

① 5,900원
② 6,100원
③ 6,300원
④ 6,500원
⑤ 6,700원

26 H사원은 물 200g과 녹차 가루 50g을 가지고 있다. H사원은 같은 부서 동료인 A사원과 B사원에게 농도가 다른 녹차를 타 주려고 한다. A사원의 녹차는 물 65g과 녹차 가루 35g으로 만들어 주었고, B사원에게는 남은 물과 녹차 가루로 녹차를 타 주려고 한다. 이때, B사원이 마시는 녹차의 농도는 몇 %인가?(단, 모든 물과 녹차 가루를 남김없이 사용한다)

① 10%
② 11%
③ 12%
④ 13%
⑤ 14%

27 A ~ G팀이 토너먼트로 시합을 하려고 한다. 다음과 같이 한 팀만 부전승으로 올라가 경기를 진행한다고 할 때, 대진표를 작성하는 경우의 수는?

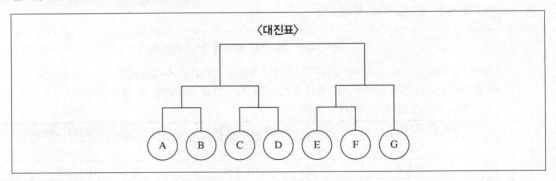

① 300가지
② 315가지
③ 340가지
④ 380가지
⑤ 400가지

28 다음 대화에서 밑줄 친 내용 중 보고서 작성 시 유의사항으로 잘못된 것을 모두 고르면?

> K대리 : 이번 연구는 지금 시점에서 보고하는 것이 좋을 것 같습니다. 간략하게 연구별로 한 장씩 요약해 작성할까요?
> Y과장 : ㉠ 성의가 없어 보이니 한 장에 한 가지의 사안을 담는 것은 좋지 않아.
> P대리 : 맞습니다. ㉡ 꼭 필요한 내용이 아니어도 관련된 참고자료는 이해가 쉽도록 모두 첨부하도록 하시죠.
> C차장 : ㉢ 양이 많으면 단락별 핵심을 하위 목차로 요약하는 것이 좋겠어. 그리고 ㉣ 연구비 금액의 경우는 개략적으로만 제시하고 정확히 하지 않아도 괜찮아.

① ㉠, ㉡
② ㉠, ㉢
③ ㉠, ㉡, ㉢
④ ㉠, ㉡, ㉣
⑤ ㉡, ㉢, ㉣

29 다음은 국내 지역별 지진발생 횟수에 대한 자료이다. 이에 대한 설명으로 옳은 것은?

〈지역별 지진발생 횟수〉

(단위 : 회)

구분	2021년	2022년	2023년
서울・경기・인천	1	1	1
부산・울산・경남	1	6	5
대구・경북	6	179	121
광주・전남	1	1	6
전북	1	1	2
대전・충남・세종	2	6	3
충북	1	0	2
강원	1	1	1
제주	0	1	0
북한	3	23	25
서해	7	6	19
남해	12	11	18
동해	8	16	20
합계	44	252	223

※ 수도권은 서울・경기・인천 지역을 의미한다.

① 연도별로 전체 지진발생 횟수 중 가장 많은 비중을 차지하는 지역은 2021년부터 2023년까지 매년 동일하다.

② 전체 지진발생 횟수 중 북한의 지진횟수가 차지하는 비중은 2022년에 비해 2023년에 5%p 이상 증가하였다.

③ 2021년 전체 지진발생 횟수 중 대전・충남・세종이 차지하는 비중은 2022년 전체 지진발생 횟수 중 동해가 차지하는 비중보다 크다.

④ 전체 지진발생 횟수 중 수도권에서의 지진발생 횟수가 차지하는 비중은 2022년과 2023년 모두 전년 대비 감소하였다.

⑤ 2022년에 지진이 발생하지 않은 지역을 제외하고 2022년 대비 2023년 지진발생 횟수의 증가율이 두 번째로 높은 지역은 서해이다.

30 다음은 TRIZ에 대한 자료이다. 이에 대한 사례로 적절하지 않은 것은?

'TRIZ'는 주어진 문제에 대하여 가장 이상적인 결과를 정의하고, 그 결과를 얻는 데 관건이 되는 모순을 찾아내어 그 모순을 극복할 수 있는 해결안을 얻을 수 있도록 생각하는 방법에 대한 40가지 이론이다. 예를 들어 '차 무게가 줄면 연비는 좋아지지만 안정성은 나빠진다.'를 모순으로 정하고 '어떻게 하면 차가 가벼우면서 안정성이 좋을 수 있을까?' 하는 해결책을 찾아 모순을 극복하는 것이다. 이어폰이 무선 이어폰이 되는 것 등도 이에 해당된다.

〈TRIZ 40가지 이론〉

분할	추출	국부적 품질	비대칭	통합	다용도	포개기	공중부양
사전 반대 조치	사전 조치	사전 예방 조치	동일한 높이	역방향	곡선화	역동성 증가	초과나 부족
차원 변화	진동	주기적 작용	유용한 작용의 지속	급히 통과	전화위복	피드백	중간 매개물
셀프서비스	복사	값싸고 짧은 수명	기계 시스템의 대체	공기 및 유압 사용	얇은 막	다공성 물질	색깔 변화
동질성	폐기 및 재생	속성 변화	상전이	열팽창	산화제	불활성 환경	복합 재료

① 최초로 발견된 죽지 않는 식물
② 회전에 제약이 없는 구형 타이어
③ 자동으로 신발 끈이 조여지는 운동화
④ 줄 없이 운동할 수 있는 줄 없는 줄넘기
⑤ 여러 구간으로 납작하게 접을 수 있는 접이식 자전거 헬멧

31 직원 A ~ P 16명이 야유회에 가서 4명씩 4개의 조로 행사를 한다. 첫 번째 이벤트에서 같은 조였던 사람은 두 번째 이벤트에서 같은 조가 될 수 없다. 두 번째 이벤트에서 1, 4조가 〈조건〉처럼 주어졌을 때, 나머지 두 개의 조로 가능한 경우의 수는?

─── 〈조건〉 ───

• 1조 : I, J, K, L
• 4조 : M, N, O, P

① 8가지   ② 10가지
③ 12가지   ④ 14가지
⑤ 16가지

32 다음 〈조건〉을 토대로 할 때 가능한 乙의 나이는?

─────〈조건〉─────
- 甲과 乙은 부부이다. a는 甲의 동생, b, c는 아들과 딸이다.
- 甲은 乙보다 나이가 많거나 동갑이다.
- a, b, c 나이의 곱은 2,450이다.
- a, b, c 나이의 합은 46이다.
- a는 19 ~ 34세 중 하나이다.
- 甲과 乙의 나이 합은 아들과 딸의 나이 합의 4배이다.

① 46세
② 45세
③ 44세
④ 43세
⑤ 42세

33 P공사의 5명의 직원들(과장 1명, 대리 2명, 사원 2명)이 10월 중에 연차를 쓰려고 한다. 다음 〈조건〉을 참고하여 직원들이 나눈 대화 내용 중 옳지 않은 말을 한 직원을 모두 고르면?

A과장 : 난 9일에 시골 내려가야 해서 10일에 쓰려고 하네. 나머지 사람들은 그날 제외하고 서로 조율해서 신청하면 좋겠네.

B대리 : 저는 10월에 교육받으러 18 ~ 19일에 갈 예정입니다. 그리고 그 다음 주 수요일에 연차 쓰겠습니다. 그럼 저 교육받는 주에 다른 사람 2명 신청 가능할 것 같은데요.

C사원 : 오, 그럼 제가 15일에 쓰겠습니다.

D대리 : 저는 연이어서 16일에 신청할 수 없으니까 17일에 쓰고, 교육은 11 ~ 12일에 받겠습니다.

E사원 : 저만 정하면 끝나네요. 2일로 하겠습니다.

─────〈조건〉─────
- 연차는 하루이다.
- 10월 1일은 월요일이며, 3일과 9일은 공휴일이다.
- 대리는 교육을 신청한 주에 연차를 신청할 수 없다.
- 같은 주에 3명 이상 교육 및 연차를 신청하면 안 된다.
- 워크숍은 5주차 월·화요일이다.
- 연차는 연이어 쓸 수 없다.
- 대리급 교육은 매주 이틀 동안 목 ~ 금요일에 있으며, 교육은 한 번만 받으면 된다.
- 연차와 교육 신청 순서는 대화 내용에서 말한 차례대로 적용한다.

① A과장, B대리
② B대리, D대리
③ D대리, C사원
④ C사원, E사원
⑤ E사원, D대리

34 다음은 2025 ~ 2029년 주요 인구지표에 대해 예측한 인구통계 자료이다. 이에 대한 설명으로 옳지 않은 것을 〈보기〉에서 모두 고르면?

〈2025 ~ 2029년 주요 인구지표 예측 인구통계〉

구분		2025년	2026년	2027년	2028년	2029년
총인구(명)		52,123,644	52,261,368	52,388,225	52,504,489	52,609,988
	남성	26,116,012	26,182,270	26,243,080	26,298,796	26,349,538
	여성	26,007,632	26,079,098	26,145,145	26,205,693	26,260,450
인구성장률(%)		0.29	0.26	0.24	0.22	0.20
인구(명)	0 ~ 14세	6,544,745	6,495,921	6,419,925	6,378,453	6,345,139
	15 ~ 64세	37,035,022	36,787,341	36,519,406	36,181,953	35,756,863
	65세 이상	8,543,877	8,978,106	9,448,894	9,944,083	10,507,986
구성비(%)	0 ~ 14세	12.6	12.4	12.3	12.2	12.0
	15 ~ 64세	71.0	70.4	69.7	68.9	68.0
	65세 이상	16.4	17.2	18.0	18.9	20.0
중위연령(세)		44.1	44.6	45.1	45.7	46.2
	남성	42.7	43.2	43.8	44.3	44.8
	여성	45.6	46.1	46.7	47.2	47.7
평균연령(세)		43.0	43.5	43.9	44.3	44.7
	남성	41.8	42.3	42.7	43.1	43.5
	여성	44.2	44.6	45.1	45.5	45.9

─────〈보기〉─────

ㄱ. 0 ~ 14세 인구의 구성비는 2026년보다 2028년에 더 높다.
ㄴ. 남자 중위연령은 항상 여자 평균연령보다 더 낮은 수치를 보인다.
ㄷ. 2029년 15 ~ 64세 인구는 65세 이상 인구의 3배 이상이다.
ㄹ. 2027년 중위연령의 전년 대비 증가율은 평균연령의 전년 대비 증가율보다 높다.

① ㄱ
② ㄱ, ㄷ
③ ㄱ, ㄹ
④ ㄴ, ㄷ
⑤ ㄴ, ㄷ, ㄹ

35 A과장은 월요일에 사천연수원에서 진행될 세미나에 참석해야 한다. 세미나는 월요일 낮 12시부터 시작이며, 수요일 오후 6시까지 진행된다. 갈 때는 세미나에 늦지 않게만 도착하면 되지만, 올 때는 목요일 회의 준비를 위해 최대한 일찍 서울로 올라와야 한다. 교통비는 회사에 청구하지만 가능한 적은 비용으로 세미나 참석을 원할 때, 교통비는 얼마가 들겠는가?

〈KTX〉					
구분	월요일		수요일		가격
서울 – 사천	08:00 ~ 11:00	09:00 ~ 12:00	08:00 ~ 11:00	09:00 ~ 12:00	65,200원
사천 – 서울	16:00 ~ 19:00	20:00 ~ 23:00	16:00 ~ 19:00	20:00 ~ 23:00	66,200원 (10% 할인 가능)

※ 사천역에서 사천연수원까지 택시비는 22,200원이며, 30분이 걸린다(사천연수원에서 사천역까지의 비용과 시간도 동일하다).

〈비행기〉					
구분	월요일		수요일		가격
서울 – 사천	08:00 ~ 09:00	09:00 ~ 10:00	08:00 ~ 09:00	09:00 ~ 10:00	105,200원
사천 – 서울	19:00 ~ 20:00	20:00 ~ 21:00	19:00 ~ 20:00	20:00 ~ 21:00	93,200원 (10% 할인 가능)

※ 사천공항에서 사천연수원까지 택시비는 21,500원이며, 30분이 걸린다(사천연수원에서 사천공항까지의 비용과 시간도 동일하다).

① 168,280원
② 178,580원
③ 192,780원
④ 215,380원
⑤ 232,080원

36 P공사는 B복사기 업체에서 복사지를 구입하고 있다. P공사는 복사지 20,000장을 구매하면 10개월 동안 사용한다. B복사기 업체는 복사지 16,000장을 사용한 후에 미리 연락을 달라고 하였다. P공사가 현재, 지난 10개월보다 두 배의 복사지를 사용해야 한다면 지금부터 몇 개월 후에 연락해야 하는가?(단, 매달 사용하는 복사지 수는 같다)

① 2개월
② 3개월
③ 4개월
④ 5개월
⑤ 6개월

37 문제의 원인을 파악하는 과정에서 원인과 결과의 분명한 구분 여부에 따라 원인의 패턴을 구분할 수 있다. 문제 원인의 패턴을 다음과 같이 구분하였을 때, ㉠~㉢에 해당하는 말이 바르게 연결된 것은?

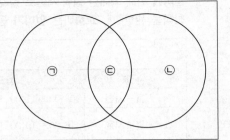

㉠은 원인과 결과를 분명하게 구분할 수 있는 경우로, 어떤 원인이 앞에 있어 여기에서 결과가 생기는 인과관계를 의미한다. 반대로 ㉡은 원인과 결과를 구분하기 어려운 인과관계를 의미하며, ㉢은 ㉠과 ㉡이 서로 얽혀 있는 인과관계를 의미한다.

	㉠	㉡	㉢
①	단순한 인과관계	닭과 계란의 인과관계	복잡한 인과관계
②	단순한 인과관계	복잡한 인과관계	닭과 계란의 인과관계
③	단순한 인과관계	복잡한 인과관계	단순·복잡한 인과관계
④	닭과 계란의 인과관계	복잡한 인과관계	단순한 인과관계
⑤	닭과 계란의 인과관계	단순한 인과관계	복잡한 인과관계

38 의사소통이란 두 사람 이상 사이의 상호작용이다. 자신의 의도를 효과적으로 전달하는 것뿐만 아니라 상대의 의도를 제대로 파악하는 것도 매우 중요하다. 그러나 '잘 듣는 것', 즉 '경청'은 단순히 소리를 듣는 것이 아니기 때문에 생각보다 쉽지 않다. 다음 중 효과적으로 경청하는 방법이 아닌 것은?

① 상대방의 메시지를 자신의 삶과 관련시켜 본다.

② 표정, 몸짓 등 말하는 사람의 모든 것에 집중한다.

③ 들은 내용을 요약하는 것은 앞으로의 내용을 예측하는 데도 도움이 된다.

④ 대화 중 상대방이 무엇을 말할 것인가 추측하는 것은 선입견을 갖게 할 가능성이 높기 때문에 지양한다.

⑤ 대화 내용에 대해 적극적으로 질문한다.

39 철수는 장미에게 "43 41 54"의 문자를 전송하였다. 장미는 문자가 16진법으로 표현된 것을 발견하고 다음의 아스키 코드표를 이용하여 해독을 진행하려고 한다. 철수가 장미에게 보낸 문자의 의미는 무엇인가?

문자	아스키	문자	아스키	문자	아스키	문자	아스키
A	65	H	72	O	79	V	86
B	66	I	73	P	80	W	87
C	67	J	74	Q	81	X	88
D	68	K	75	R	82	Y	89
E	69	L	76	S	83	Z	90
F	70	M	77	T	84	–	–
G	71	N	78	U	85	–	–

① CAT ② SIX

③ BEE ④ CUP

⑤ SUN

40 다음은 지적 및 공간정보 용어 해설집의 일부 내용이다. 밑줄 친 ㉠ ~ ㉤의 수정사항으로 가장 적절한 것은?

• 지적공부 : 토지대장·지적도·임야대장·임야도 및 수치지적부로서 내무부령이 ㉠ 정하는 바에 의하여 작성된 대장 및 도면과 전산 정보처리조직에 의하여 처리할 수 있는 형태로 작성된 파일(이하 '지적 파일'이라 한다)을 말한다.

• 지적측량 : 토지에 대한 물권이 미치는 한계를 ㉡ 밝히기 위한 측량으로서 토지를 지적공부에 ㉢ 등록하거나 지적공부에 등록된 경계를 지표상에 복원할 목적으로 소관청이 직권 또는 이해관계인의 신청에 의하여 각 필지의 경계 또는 좌표와 면적을 정하는 측량을 말하며, 기초측량과 세부측량으로 구분한다. 지적법에는 지적측량이라 함은 토지를 지적공부에 등록하거나 지적공부에 등록된 경계를 지표상에 복원할 목적으로 소관청이 직권 또는 이해관계인의 신청에 의하여 각 필지의 경계 또는 좌표와 면적을 정하는 측량을 말한다고 규정되어 있다.

• 지목 : 토지의 주된 사용 목적 또는 용도에 따라 토지의 종류를 구분·표시하는 명칭을 말한다.

• 지목변경 : 지적공부에 등록된 지목을 다른 지목으로 바꾸어 등록하는 것을 말한다.

• 지번설정지역 : 리(里)·동(洞) 또는 이에 준하는 지역으로서 지번을 설정하는 단위 지역을 말한다.

• 필지 : 하나의 지번이 ㉣ 붙는 토지의 등록단위를 말한다.

• 분할 : 지적공부에 등록된 1필지를 2필지 이상으로 나누어 등록하는 것을 말한다.

• 소관청 : 지적공부를 ㉤ 관리하는 시장(구를 두는 시에 있어서는 구청장을 말한다)·군수를 말한다.

① ㉠ : 띄어쓰기가 잘못되었으므로 '정하는바에 의하여'로 수정한다.

② ㉡ : 한글맞춤법 규정에 따라 '밝히기 위한'으로 수정한다.

③ ㉢ : 띄어쓰기가 잘못되었으므로 '등록 하거나'로 수정한다.

④ ㉣ : 한글맞춤법 규정에 따라 '붇는'으로 수정한다.

⑤ ㉤ : 맥락상 적절한 단어인 '컨트롤하는'으로 수정한다.

41 C는 올해 총 6번의 토익시험에 응시하였다. 2회 차 시험점수가 620점 이상 700점 이하였고 토익 평균점수가 750점이었을 때, 다음 중 ⓛ에 들어갈 수 있는 최소점수는?

〈C의 토익시험 내역〉

1회	2회	3회	4회	5회	6회
620점	㉠	720점	840점	㉡	880점

① 720점   ② 740점

③ 760점   ④ 780점

⑤ 800점

42 다음 기사에 나타난 문제 유형을 바르게 설명한 것은?

〈기사〉

도색이 완전히 벗겨진 차선과 지워지기 직전의 흐릿한 차선이 서울 강남의 도로 여기저기서 발견되고 있다. 알고 보니 규격 미달의 불량 도료 때문이었다. 시공 능력이 없는 업체들이 서울시가 발주한 도색 공사를 따낸 뒤, 브로커를 통해 전문 업체에 공사를 넘겼고, 이 과정에서 수수료를 떼인 전문 업체들은 손해를 만회하기 위해 값싼 도료를 사용한 것이다. 차선용 도료에 값싼 일반용 도료를 섞다 보니 야간에 차선이 잘 보이도록 하는 유리알이 제대로 붙어있지 못해 차선 마모는 더욱 심해졌다. 지난 4년간 서울 전역에서는 74건의 부실 시공이 이뤄졌고, 총 공사 대금은 183억 원에 달하는 것으로 밝혀졌다.

① 발생형 문제로, 이탈 문제에 해당한다.
② 발생형 문제로, 미달 문제에 해당한다.
③ 탐색형 문제로, 잠재 문제에 해당한다.
④ 탐색형 문제로, 예측 문제에 해당한다.
⑤ 탐색형 문제로, 발견 문제에 해당한다.

43 세희네 가족의 올해의 여름휴가 비용은 작년 대비 교통비는 15%, 숙박비는 24% 증가하여 전체 휴가비용이 20% 증가하였다. 작년 전체 휴가비용이 36만 원일 때, 올해 숙박비는?(전체 휴가비는 교통비와 숙박비의 합이다)

① 160,000원
② 184,000원
③ 200,000원
④ 248,000원
⑤ 268,000원

44 서울에서 열린 관광채용박람회의 해외채용관에는 8개의 부스가 마련되어 있다. A호텔, B호텔, C항공사, D항공사, E여행사, F여행사, G면세점, H면세점이 〈조건〉에 따라 8개의 부스에 각각 위치하고 있을 때, 다음 중 항상 참이 되는 것은?

〈부스 위치〉

1	2	3	4
복도			
5	6	7	8

〈조건〉
• 업종이 같은 종류의 기업은 같은 라인에 위치할 수 없다.
• A호텔과 B호텔은 복도를 사이에 두고 마주 보고 있다.
• G면세점과 H면세점은 양 끝에 위치하고 있다.
• E여행사 반대편에 위치한 H면세점은 F여행사와 나란히 위치하고 있다.
• C항공사는 가장 앞 번호의 부스에 위치하고 있다.

① A호텔은 면세점 옆에 위치하고 있다.
② B호텔은 여행사 옆에 위치하고 있다.
③ C항공사는 여행사 옆에 위치하고 있다.
④ D항공사는 E여행사와 나란히 위치하고 있다.
⑤ G면세점은 B호텔과 나란히 위치하고 있다.

45 P물류회사에서 근무 중인 G사원에게 화물운송기사 두 명이 찾아와 운송시간에 대한 질문을 하였다. 주요 도시 간 이동시간 자료를 참고했을 때, 두 기사에게 안내해야 할 시간은?(단, G사원과 두 기사는 현재 A도시에 위치하고 있다)

> K기사 : 저는 여기서 화물을 싣고 E도시로 운송한 후에 C도시로 가서 다시 화물을 싣고 여기로 돌아와야 하는데 시간이 얼마나 걸릴까요? 최대한 빨리 마무리 지었으면 좋겠는데….
>
> S기사 : 저는 여기서 출발해서 모든 도시를 한 번씩 거쳐 다시 여기로 돌아와야 해요. 만약에 가장 짧은 이동시간으로 다녀오면 얼마나 걸릴까요?

〈주요도시 간 이동시간〉

(단위 : 시간)

출발도시＼도착도시	A	B	C	D	E
A	–	1.0	0.5	–	–
B	–	–	–	1.0	0.5
C	0.5	2.0	–	–	–
D	1.5	–	–	–	0.5
E	–	–	2.5	0.5	–

※ 화물을 싣고 내리기 위해 각 도시에서 정차하는 시간은 고려하지 않는다.
※ '–' 표시가 있는 구간은 이동이 불가능하다.

	K기사	S기사
①	4시간	4시간
②	4.5시간	5시간
③	4.5시간	5.5시간
④	5시간	5.5시간
⑤	5.5시간	5.5시간

46 다음은 두 고생물학자 간에 벌어진 가상 대화이다. 두 사람의 보고와 주장이 모두 참이라고 가정할 때 〈보기〉 중 거짓을 모두 고르면?

> A : 지난해 일본 북해도에서는 다양한 암모나이트 화석이 많이 발견되었고, 그 때문에 북해도는 세계적으로 유명한 암모나이트 산지로 알려지게 되었습니다. 중생대 표준화석은 여러 가지가 있지만, 그중에서도 암모나이트는 세계적으로 대표적인 표준화석입니다. 표준화석은 지층의 지질 시대를 지시하는 화석으로, 특징 있는 형태와 넓은 분포, 다량의 산출 및 한정된 지질 시대에 생존했다는 조건을 갖춘 화석을 의미합니다.
>
> B : 그렇습니다. 암모나이트는 중생대 바다를 지배한 동물이었고, 중생대 육지에서는 공룡이 군림하였습니다. 공룡 화석은 다양한 지역에서 산출되며, 중생대에만 한정되어 생존하였습니다. 그런데 우리나라에서는 경상도 지역을 중심으로 분포된 중생대 지층에서 암모나이트 화석은 발견되지 않았고, 공룡 화석만 발견된다고 들었습니다.
>
> A : 말씀하신 것처럼, 경상도 지역에서 표준화석인 암모나이트가 산출되고 있지 않지만 공룡 화석들은 많이 산출되고 있습니다. 그리고 지금까지는 경상도 지역의 바다 환경에서 퇴적된 중생대 지층이 확인되었다는 보고가 없습니다.
>
> B : 저는 가까운 일본에서 암모나이트가 발견되는 것을 보면 경상도 지역에서도 분명히 암모나이트가 나올 가능성이 있다고 생각합니다. 중생대에 우리나라 바다에서 퇴적된 해성층이 있었을 가능성이 있으므로 다시 조사해야 할 필요가 있습니다.

〈보기〉

> ㄱ. 우리나라 경상도 지역은 옛날 중생대 때에는 모두 육지였다.
> ㄴ. 공룡 화석은 암모나이트 화석과 같은 중생대 표준화석이 아니다.
> ㄷ. 우리나라에서도 암모나이트 화석이 발견될 가능성이 있다.
> ㄹ. 세계적으로 중생대에는 육지와 바다가 모두 존재하였다.
> ㅁ. 일본 북해도 지역에는 바다에서 퇴적된 해성층이 분포되어 있다.
> ㅂ. 경상도에서 암모나이트 화석이 산출되지 않는 것을 보면, 경상도 지역에는 중생대 지층이 없다.

① ㄱ, ㄴ, ㄹ   ② ㄱ, ㄴ, ㅂ

③ ㄱ, ㄷ, ㅁ   ④ ㄷ, ㄹ, ㅂ

⑤ ㄷ, ㅁ, ㅂ

47 다음은 자원관리 방법의 하나인 전사적 자원관리에 대한 설명이다. 〈보기〉 중 전사적 자원관리에 대한 사례로 보기 어려운 것을 모두 고르면?

> 전사적 자원관리(ERP)는 기업 활동을 위해 사용되는 기업 내의 모든 인적·물적 자원을 효율적으로 관리하여 궁극적으로 기업의 경쟁력을 강화하는 역할을 하는 통합정보시스템을 말한다. 이 용어는 미국 코네티컷주 정보기술 컨설팅회사인 가트너 그룹이 처음 사용한 것으로 알려져 있다. 전사적 자원관리는 인사·재무·생산 등 기업의 전 부문에 걸쳐 독립적으로 운영되던 인사정보시스템·재무정보시스템·생산관리시스템 등을 하나로 통합해 기업 내 인적·물적 자원의 활용도를 극대화하고자 하는 경영혁신 기법이다.

〈보기〉
> ㉠ A사는 총무부 내 재무회계팀과 생산관리부의 물량계획팀을 통합했다.
> ㉡ B사는 지점총괄부를 지점인사관리실과 지점재정관리실로 분리하였다.
> ㉢ C사는 국내 생산 공장의 물류 포털을 본사의 재무관리 포털에 흡수시켜 통합했다.
> ㉣ D사는 신규 직원 채용에 있어 인사 직무와 회계 직무를 구분하여 채용하기로 하였다.

① ㉠, ㉡   ② ㉠, ㉢
③ ㉡, ㉢   ④ ㉡, ㉣
⑤ ㉢, ㉣

48 키슬러(Kiesler)의 대인관계 양식에 따라 의사소통 유형을 지배형, 실리형, 냉담형, 고립형, 복종형, 순박형, 친화형, 사교형의 8가지 유형으로 나눌 수 있다. 다음 사례에서 P부장은 어느 유형에 해당하는가?

> P부장은 뛰어난 업무 성과로 회사에서도 인정을 받고 있다. 업무를 수행함에 있어서도 자신감이 넘치며, 업무 추진력이 뛰어나 본인이 원하는 방향으로 부서를 성공적으로 이끌어 나가고 있다. 그러나 대부분의 업무를 부서원들과 논의하지 않고 독단적으로 결정하다 보니 간혹 부서원과 논쟁을 일으키기도 한다. 특히 요즘은 업무가 바쁘다는 핑계로 부서원들의 의견은 무시하고 그저 부서들이 자신의 결정대로 따라주기만을 바라고 있다. P부장과의 의견 교환이 점점 더 어려워지자 부서원들의 고충과 불만은 계속 쌓여 가고 있다.

① 지배형   ② 냉담형
③ 고립형   ④ 복종형
⑤ 친화형

49 다음은 사용자의 행동을 분석하는 과업분석 방법 중 하나인 '지식기반 분석법'에 대한 설명과 사례를 나타낸 것이다. 밑줄 친 ⑦ ~ ⑩ 가운데 'OR'에 해당한다고 볼 수 없는 것은?(단, 홈쇼핑 구매에 있어 제품 1개를 기준으로 한다)

지식기반 분석법은 과업 수행을 위해 필요한 행위를 파악하고, 그 행위 간의 분류 체계를 만드는 것이다. 행위가 동시에 적용되면 'AND', 한 곳에만 적용되면 'OR', 여러 범주 중에서 딱 한 군데만 해당되면 'XOR'이라고 표시한다.

〈사례 - 홈쇼핑 이용하기〉

시청	구매
⑦ 타깃층 • 20대 ~ 30대 • 30대 ~ 40대 • 40대 ~ 50대 • 60대 이상 ⓛ 가격 • 30,000원 미만 • 30,000원 ~ 60,000원 • 60,000원 초과	ⓒ 할부 / 일시불 • 3개월 할부 • 6개월 할부 • 12개월 할부 ⓐ 구매 결제 방법 • 상담원 연결 • 자동 결제 ⑩ 배송 • 본인(자택 / 직장 / 학교 / 기타) • 본인 외(가족 / 친구 / 연인 / 기타)

① ⑦ 타깃층

② ⓛ 가격

③ ⓒ 할부 / 일시불

④ ⓐ 구매 결제 방법

⑤ ⑩ 배송

50 다음은 치과의원 노인외래진료비 본인부담제도의 안내문이다. 이를 참고하여 〈보기〉에서 A ~ E씨의 본인부담금의 합을 바르게 구한 것은?

〈치과의원 노인외래진료비 본인부담제도 안내〉

2024년 1월부터 만 65세 이상 치과의원 노인외래진료비 본인부담제도가 개선됩니다.
- 대상 : 만 65세 이상 치과의원 외래진료 시
- 본인부담금 안내 : 총 진료비가 1만 5천 원 이하인 경우는 1,500원
  일정금액 초과 시 총 진료비의 10 ~ 30% 부담

구분	진료비 구간	본인부담금 현행		본인부담금 개선
치과의원	1만 5천 원 이하	1,500원	⇨	1,500원
	1만 5천 원 초과 2만 원 이하	30%		10%
	2만 원 초과 2만 5천 원 이하			20%
	2만 5천 원 초과			30%

〈보기〉

구분	진료비	진료 날짜
A씨	17,000원	2023년 6월
B씨	13,500원	2024년 3월
C씨	23,000원	2024년 2월
D씨	24,000원	2023년 10월
E씨	27,000원	2024년 5월

※ 단, A ~ E씨는 모두 만 65세 이상이다.

① 18,800원

② 21,300원

③ 23,600원

④ 26,500원

⑤ 28,600원

51 C사원은 사보 담당자인 G주임에게 다음 달 기고할 사설 원고를 전달하였고, G주임은 문단마다 소제목을 붙였으면 좋겠다는 의견을 보냈다. C사원이 G주임의 의견을 반영하여 소제목을 붙였을 때, 적절하지 않은 것은?

(가) 떨어질 줄 모르는 음주율은 정신건강 지표와도 연결된다. 아무래도 생활에서 스트레스를 많이 느끼는 사람들이 음주를 통해 긴장을 풀고자 하는 욕구가 많기 때문이다. 특히 퇴근 후 혼자 한적하고 조용한 술집을 찾아 맥주 1 ~ 2캔을 즐기는 혼술 문화는 젊은 연령층에서 급속히 퍼지고 있는 트렌드이기도 하다. 이렇게 혼술 문화가 대중적으로 널리 퍼지게 된 원인은 1인 가구의 증가와 사회적 관계망이 헐거워진 데 있다는 것이 지배적인 분석이다.

(나) 혼술은 간단하게 한 잔, 긴장을 푸는 데 더없이 좋은 효과를 주기도 하지만 그 이면에는 '음주 습관의 생활화'라는 문제도 있다. 혼술이 습관화되면 알코올중독으로 병원 신세를 질 가능성이 9배 늘어난다는 최근 연구결과도 있다. 실제로 가톨릭대 알코올 의존치료센터에 따르면 5년 동안 알코올 의존 상담환자 중 응답자 75.4%가 평소 혼술을 즐겼다고 답했다.

(다) 2016년 보건복지부와 국립암센터에서는 국민 암 예방 수칙의 하나인 '술은 하루 2잔 이내로 마시기' 수칙을 '하루 한두 잔의 소량 음주도 피하기'로 개정했다. 뉴질랜드 오타고대 연구진의 최신 연구에 따르면 술이 7종 암과 직접적 관련이 있는 것으로 밝혀졌고 이런 영향력은 적당한 음주에도 예외가 아닌 것으로 나타났다. 연구를 이끈 제니 코너 박사는 "음주 습관은 소량에서 적당량을 섭취했을 때도 몸에 상당한 부담으로 작용한다."라고 밝혔다.

(라) 흡연과 함께 하는 음주는 1군 발암요인이기도 하다. 몸속에서 알코올과 니코틴 등의 독성물질이 만나면 더 큰 부작용과 합병증을 일으키기 때문이다. 일본 도쿄대 나카무라 유스케 교수는 '체질과 생활습관에 따른 식도암 발병률'이라는 논문에서 하루에 캔 맥주 1개 이상을 마시고 흡연을 같이할 경우 유해물질이 인체에서 상승작용을 한다는 것을 밝혀냈다. 또한 술, 담배를 함께 하는 사람의 식도암 발병 위험이 다른 사람들에 비해 190배나 높은 것으로 나타났다. 우리나라는 세계적으로도 식도암 발병률이 높은 나라이기도 하다. 이것이 우리가 음주습관 형성에 특히 주의를 기울여야 하는 이유이다.

① (가) : 1인 가구, 혼술 문화의 유행
② (나) : 혼술 습관, 알코올중독으로 발전할 수 있어
③ (다) : 가벼운 음주, 대사 촉진에 도움이 돼
④ (라) : 흡연과 음주를 동시에 즐기면 식도암 위험률 190배
⑤ (라) : 하루 한두 잔, 가벼운 음주와 흡연, 암 위험에서 벗어나지 못해

52 K대리는 주말 중에 다리를 다쳐 종합병원의 1인실에 8일 동안 입원하게 되었다. K대리가 가입한 실비보험의 보험 약관의 일부가 다음과 같을 때, K대리가 입원으로 인한 입원제비용, 수술비를 제외한 입원비용 중 실손보험 병실의료비를 제외하고 실제로 부담하게 되는 금액은?

〈실비보험 약관〉

1. 질병입원의료비
   국민건강보험법에 의해 피보험자가 부담하는 입원실료, 입원제비용, 수술비 전액 및 실제사용병실과 기준병실(6인실)과의 병실료차액의 50% 지급(1일 10만 원 한도)
   ※ (기준병실료)+[{(실제사용병실료)−(기준병실료)}×50%]=(1일 병실의료비 보험금)

2. 건강보험법상 입원실별 본인부담률

병원 구분	1인실	2인실	3인실
상급종합병원	비급여	50%	40%
종합병원	비급여	40%	30%
병원, 한방병원	비급여	40%	30%
치과병원 및 의원	비급여	비급여	비급여

〈K대리가 입원한 병원의 병실료〉

병실 구분	병실료(원)
기준병실료(6인실)	70,000
3인실	90,000
2인실	110,000
1인실	160,000

---

① 585,000원   ② 560,000원

③ 500,000원   ④ 480,000원

⑤ 455,000원

53 A ~ G 7명은 주말 여행지를 고르기 위해 투표를 진행하였다. 다음 〈조건〉과 같이 투표를 진행하였을 때, 투표를 하지 않은 사람을 모두 고르면?

─〈조건〉─

- D나 G 중 적어도 한 명이 투표하지 않으면, F는 투표한다.
- F가 투표하면, E는 투표하지 않는다.
- B나 E 중 적어도 한 명이 투표하지 않으면, A는 투표하지 않는다.
- A를 포함하여 투표한 사람은 모두 5명이다.

① B, E
② B, F
③ C, D
④ C, F
⑤ F, G

54 P기업은 현재 22,000원에 판매하고 있는 G상품의 판매 이익을 높이기 위해 다양한 방식을 고민하고 있다. G상품에 대한 정보를 참고할 때, 판매 이익을 가장 많이 높일 수 있는 방법은?

〈G상품 정보〉

- 1개당 소요 비용

재료비	생산비	광고비
2,500원	4,000원	1,000원

- A/S 관련 사항
  - 고객의 무료 A/S요청 시 P기업은 1회당 3,000원을 부담해야 한다.
  - 무료 A/S는 구매 후 단 1회에 한해 제공된다.
  - 판매되는 제품 중 무료 A/S가 요구되는 제품의 비율은 15%이다.
- (판매 이익)=[(판매량)×(판매가격)]−[(재료비)+(생산비)+(광고비)+(A/S 부담 비용)×(A/S 비율)]

① 재료비를 25% 감소시킨다.
② 생산비를 10% 감소시킨다.
③ 광고비를 50% 감소시킨다.
④ A/S 부담 비용을 20% 감소시킨다.
⑤ A/S 비율을 5%p 감소시킨다.

55 P회사는 제품 하나를 생산하는 데 원료 분류, 제품 성형, 제품 색칠, 포장의 단계를 거친다. 어느 날 제품에 문제가 발생해 직원들을 불러 책임을 물었다. A ~ D직원 중 한 사람은 거짓을 말하고 세 사람은 참을 말할 때, 거짓을 말한 직원과 실수가 발생한 단계를 바르게 연결한 것은?(단, A는 원료 분류, B는 제품 성형, C는 제품 색칠, D는 포장 단계에서 일하며, 실수는 한 곳에서만 발생했다)

A직원 : 나는 실수하지 않았다.
B직원 : 포장 단계에서 실수가 일어났다.
C직원 : 제품 색칠에선 절대로 실수가 일어날 수 없다.
D직원 : 원료 분류 과정에서 실수가 있었다.

① A – 원료 분류
② A – 포장
③ B – 포장
④ C – 원료 분류
⑤ D – 포장

56 월요일부터 일요일까지 4형제가 돌아가면서 어머니 병간호를 하기로 했다. 주어진 〈조건〉이 항상 참일 때, 다음 중 항상 옳지 않은 것을 고르면?

─〈조건〉─
• 첫째, 둘째, 셋째는 이틀씩, 넷째는 하루 병간호를 하기로 했다.
• 어머니가 혼자 계시도록 두는 날은 없다.
• 첫째는 화요일과 목요일에 병간호를 할 수 없다.
• 둘째는 평일에 하루, 주말에 하루 병간호를 하기로 했다.
• 셋째는 일요일과 평일에 병간호를 하기로 했다.
• 넷째는 수요일에 병간호를 하기로 했다.

① 첫째는 월요일과 금요일에 병간호를 한다.
② 넷째는 수요일에 하루만 병간호를 한다.
③ 셋째는 화요일과 일요일에 병간호를 한다.
④ 둘째는 화요일에 병간호를 할 수도, 하지 않을 수도 있다.
⑤ 둘째는 토요일과 평일에 하루 병간호를 한다.

57 P공사는 현재 신입사원을 채용하고 있다. 서류전형과 면접전형을 마치고 다음의 평가지표 결과를 얻었다. P공사는 평가지표별 가중치를 이용하여 각 지원자의 최종 점수를 계산하고, 점수가 가장 높은 두 명을 채용하려고 한다. 이때, P공사가 채용할 두 지원자는?

<지원자별 평가지표 결과>

(단위 : 점)

구분	면접 점수	영어 실력	팀내 친화력	직무 적합도	발전 가능성	비고
A지원자	3	3	5	4	4	군필자
B지원자	5	5	2	3	4	군필자
C지원자	5	3	3	3	5	–
D지원자	4	3	3	5	4	군필자
E지원자	4	4	2	5	5	군 면제자

※ 군필자(만기제대)에게는 5점의 가산점을 부여한다.

<평가지표별 가중치>

구분	면접 점수	영어 실력	팀내 친화력	직무 적합도	발전 가능성
가중치	3	3	5	4	5

※ 가중치는 해당 평가지표 결과 점수에 곱한다.

① A, D지원자
② B, C지원자
③ B, E지원자
④ C, D지원자
⑤ D, E지원자

58 다음과 같은 〈조건〉에서 귀하가 판단할 수 있는 내용으로 옳지 않은 것은?

〈조건〉

- 프로젝트는 A부터 E까지의 작업으로 구성되며, 모든 작업은 동일 작업장 내에서 행해진다.
- 각 작업의 필요 인원과 기간은 다음과 같다.

프로젝트	A작업	B작업	C작업	D작업	E작업
필요 인원(명)	5	3	5	2	4
기간(일)	10	18	50	18	16

    − B작업은 A작업이 완료된 이후에 시작할 수 있다.
    − E작업은 D작업이 완료된 이후에 시작할 수 있다.
- 각 인력은 A부터 E까지 모든 작업에 동원될 수 있으며, 각 작업에 투입된 인력의 생산성은 동일하다.
- 프로젝트에 소요되는 비용은 1인당 1일 10만 원의 인건비와 1일 50만 원의 작업장 사용료로 구성된다.
- 각 작업의 필요 인원은 증원 또는 감원될 수 없다.

① 프로젝트를 완료하기 위해 필요한 최소인력은 5명이다.
② 프로젝트를 완료하기 위해 소요되는 최단기간은 50일이다.
③ 프로젝트를 완료하는 데 들어가는 최소비용은 6천만 원 이하이다.
④ 프로젝트를 최단기간에 완료하는 데 투입되는 최소인력은 10명이다.
⑤ 프로젝트를 최소인력으로 완료하는 데 소요되는 최단기간은 94일이다.

※ 다음은 P공사의 출장비 지급규정이다. 이어지는 질문에 답하시오. [59~60]

<출장비 지급규정>

• 일비는 직급별로 지급되는 금액을 기준으로 출장일수에 맞게 지급한다.
• 교통비는 대중교통(버스, 기차 등) 및 택시를 이용한 금액만 실비로 지급한다.
• 숙박비는 1박당 제공되는 숙박비를 넘지 않는 선에서 실비로 지급한다.
• 식비는 직급별로 지급되는 금액을 기준으로 1일당 3식으로 계산하여 지급한다.

<출장 시 지급 비용>

(단위 : 원)

구분	일비(1일)	숙박비(1박)	식비(1식)
사원	20,000	100,000	6,000
대리	30,000	120,000	8,000
과장	50,000	150,000	10,000
부장	60,000	180,000	10,000

┃ 자원관리능력

59 대리 1명과 과장 1명이 2박 3일간 부산으로 출장을 다녀왔다면, 지급받을 수 있는 출장비는 총 얼마인가?

<부산 출장 지출내역>

• 서울 시내버스 및 지하철 이동 : 3,200원(1인당)
• 서울 – 부산 KTX 이동(왕복) : 121,800원(1인당)
• 부산 G호텔 스탠다드 룸 : 150,000원(1인당, 1박)
• 부산 시내 택시 이동 : 10,300원

① 1,100,300원
② 1,124,300원
③ 1,179,300원
④ 1,202,300원
⑤ 1,220,300원

┃ 자원관리능력

60 사원 2명과 대리 1명이 1박 2일간 강릉으로 출장을 다녀왔다면, 지급받을 수 있는 출장비는 총 얼마인가?

<강릉 출장 지출내역>

• 서울 – 강릉 자가용 이동(왕복) : 주유비 100,000원
• 강릉 H호텔 트리플룸 : 80,000원(1인당, 1박)
• 식비 : 총 157,000원

① 380,000원
② 480,000원
③ 500,000원
④ 537,000원
⑤ 637,000원

※ A역 부근에 거주하는 P사원은 B역 부근에 위치한 지사로 발령을 받아 출퇴근하고 있다. 지하철 노선도와 다음 〈조건〉을 보고 이어지는 질문에 답하시오. [61~63]

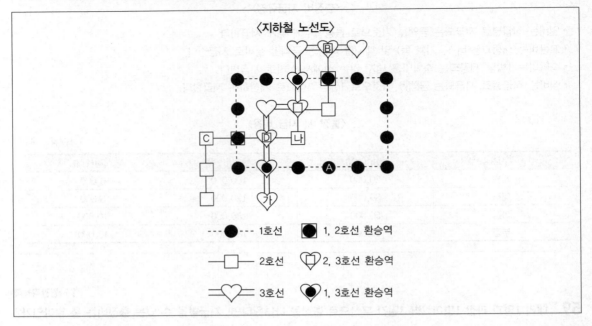

〈조건〉

• A역 부근의 주민이 지하철을 타기 위해 집에서 A역까지 이동하는 시간은 고려하지 않는다.
• 지하철은 대기시간 없이 바로 탈 수 있다.
• 역과 역 사이의 운행 소요 시간은 1호선 6분, 2호선 4분, 3호선 2분이다(정차시간은 고려하지 않음).
• 지하철 노선 간 환승 시에는 3분이 소요된다.

▎문제해결능력

61 P사원은 오늘 출근하기 전에 C역에서 거래처 사람을 만난 후, 회사로 돌아가 차장님께 30분간 보고를 해야 한다. 보고가 끝나면, D역에 위치한 또 다른 거래처를 방문해야 한다고 할 때, 다음 중 P사원의 일정에 대한 설명으로 옳지 않은 것은?

① A역에서 C역까지 최소 소요 시간으로 가는 방법은 2번 환승을 하는 것이다.
② A역에서 C역까지 5개의 역을 거치는 방법은 두 가지가 있다.
③ C역에서 거래처 사람을 만난 후, 회사로 돌아갈 때 최소 소요 시간은 21분이다.
④ D역에서 현지퇴근을 하게 되면, 회사에서 퇴근하는 것보다 13분이 덜 걸린다.
⑤ 회사에서 D역까지 환승하지 않고 한 번에 갈 수 있다.

62 D역에 위치한 거래처 방문을 마치고 회사에 돌아왔을 때, P사원은 거래처에 중요한 자료를 주지 않고 온 것이 생각났다. 최대한 빨리 D역으로 가려고 지하철을 탔으나, 지하철 고장으로 약 x분 이상 지하철이 정차할 것이라는 방송이 나왔다. P사원이 다른 지하철을 통해 D역으로 갔다면, 원래 타려던 지하철은 B역에서 최소 몇 분간 정차하였겠는가?(단, 환승하지 않는다)

① 11분
② 12분
③ 13분
④ 14분
⑤ 15분

63 지사로 발령을 받은 지 얼마 되지 않아 지하철만 이용해서 출근하던 P사원은 최근 지사에서 A역과 다른 역을 지나는 셔틀버스를 운행하고 있다는 사실을 알게 되었다. 셔틀버스에 대한 정보가 다음과 같을 때, A역에서 B역까지 출근하는 데 소요되는 시간이 짧은 순서대로 나열한 것은?

- 셔틀버스 1 : A역에서 가역으로 가는 셔틀버스로, 이동하는 시간은 5분이다.
- 셔틀버스 2 : A역에서 나역으로 가는 셔틀버스로, 이동하는 시간은 8분이다.

① 셔틀버스 1 – 셔틀버스 2 – 현재 상태
② 셔틀버스 1 – 현재 상태 – 셔틀버스 2
③ 셔틀버스 2 – 셔틀버스 1 – 현재 상태
④ 셔틀버스 2 – 현재 상태 – 셔틀버스 1
⑤ 현재 상태 – 셔틀버스 1 – 셔틀버스 2

64 민솔이네 가족은 Z통신사를 이용하며 민솔이는 79분을 사용하여 20,950원, 아빠는 90분을 사용하여 21,390원의 요금을 청구받았다. Z통신사의 요금 부과 규칙이 다음과 같을 때, 101분을 사용한 엄마의 통화요금은?

〈Z통신사 요금 부과 규칙〉

- 60분 이하 사용 시 기본요금 x원이 부과됩니다. … (1)
- 60분 초과 사용 시 (1)요금에 초과한 시간에 대한 1분당 y원이 추가로 부과됩니다. … (2)
- 100분 초과 시 (2)요금에 초과한 시간에 대한 1분당 $2y$원이 추가로 부과됩니다.

① 21,830원
② 21,870원
③ 21,900원
④ 21,930원
⑤ 21,960원

65 다음은 국가별 와인 상품과 세트에 대한 자료이다. 세트 가격을 한도로 할 때, 구입할 수 있는 국가별 와인 상품을 바르게 연결한 것은?

〈국가별 와인 상품 및 세트〉

1. 국가별 와인 상품

와인	생산지	인지도	풍미	당도	가격(원)
A	이탈리아	5	4	3	50,000
B	프랑스	5	2	4	60,000
C	포르투갈	4	3	5	45,000
D	독일	4	4	4	70,000
E	벨기에	2	2	1	80,000
F	네덜란드	3	1	2	55,000
G	영국	5	5	4	65,000
H	스위스	4	3	3	40,000
I	스웨덴	3	2	1	75,000

※ 인지도 및 풍미와 당도는 '5'가 가장 높고, '1'이 가장 낮다.

2. 와인 세트

1 Set	2 Set
프랑스 와인 1병 외 다른 국가 와인 1병	이탈리아 와인 1병 외 다른 국가 와인 1병
인지도가 높고 풍미가 좋은 와인 구성	당도가 높은 와인 구성
포장비 : 10,000원	포장비 : 20,000원
세트 가격 : 130,000원	세트 가격 : 160,000원

※ 반드시 세트로 구매해야 하며, 세트 가격에는 포장비가 포함되어 있지 않다.
※ 같은 조건이면 인지도와 풍미, 당도가 더 높은 와인으로 세트를 구성한다.

① 1 Set : 프랑스, 독일
② 1 Set : 프랑스, 영국
③ 1 Set : 이탈리아, 벨기에
④ 2 Set : 이탈리아, 스위스
⑤ 2 Set : 이탈리아, 포르투갈

66 다음 문단을 논리적 순서대로 바르게 나열한 것은?

> (가) 초연결사회란 사람, 사물, 공간 등 모든 것들이 인터넷으로 서로 연결돼, 모든 것에 대한 정보가 생성 및 수집되고 공유·활용되는 것을 말한다. 즉, 모든 사물과 공간에 새로운 생명이 부여되고 이들의 소통으로 새로운 사회가 열리고 있는 것이다.
> (나) 최근 '초연결사회(Hyper Connected Society)'란 말을 주위에서 심심치 않게 들을 수 있다. 인터넷을 통해 사람 간의 연결은 물론 사람과 사물, 심지어 사물 간의 연결 등 말 그대로 '연결의 영역 초월'이 이뤄지고 있다.
> (다) 나아가 초연결사회는 단지 기존의 인터넷과 모바일 발전의 맥락이 아닌 우리가 살아가는 방식 전체, 즉 사회의 관점에서 미래사회의 새로운 패러다임으로 큰 변화를 가져올 전망이다.
> (라) 초연결사회에서는 인간 대 인간은 물론, 기기와 사물 같은 무생물 객체끼리도 네트워크를 바탕으로 상호 유기적인 소통이 가능해진다. 컴퓨터, 스마트폰으로 소통하던 과거와 달리 초연결 네트워크로 긴밀히 연결되어 오프라인과 온라인이 융합되고, 이를 통해 새로운 성장과 가치 창출의 기회가 증가할 것이다.

① (가) - (나) - (다) - (라)　　② (가) - (나) - (라) - (다)
③ (나) - (가) - (다) - (라)　　④ (나) - (가) - (라) - (다)
⑤ (다) - (나) - (가) - (라)

67 P공사는 직원 A ~ E 중 일부를 지방으로 발령하기로 결정하였다. 다음 〈조건〉에 따라 A의 지방 발령이 결정되었다고 할 때, 지방으로 발령되지 않는 직원은 총 몇 명인가?

> ───〈조건〉───
> • 공사는 B와 D의 지방 발령에 대하여 같은 결정을 한다.
> • 공사는 C와 E의 지방 발령에 대하여 다른 결정을 한다.
> • D를 지방으로 발령한다면, E는 지방으로 발령하지 않는다.
> • E를 지방으로 발령하지 않는다면, A도 지방으로 발령하지 않는다.

① 1명　　② 2명
③ 3명　　④ 4명
⑤ 5명

68 다음 글에서 ㉠ ~ ㉤의 수정 방안으로 가장 적절한 것은?

소아시아 지역에 위치한 비잔틴 제국의 수도 콘스탄티노플이 이슬람교를 신봉하는 오스만인들에 의해 함락되었다는 소식이 인접해 있는 유럽 지역까지 전해졌다. 그 지역 교회의 한 수도원 서기는 이에 대해 "㉠ 지금까지 이보다 더 끔찍했던 사건은 없었으며, 앞으로도 결코 없을 것이다."라고 기록했다.

1453년 5월 29일 화요일, 해가 뜨자마자 오스만 제국의 군대는 난공불락으로 유명한 케르코포르타 성의 작은 문을 뚫고 진군하기 시작했다. 해가 질 무렵, 약탈당한 도시에 남아있는 모든 것은 그들의 차지가 되었다. 비잔틴 제국의 86번째 황제였던 콘스탄티노스 11세는 서쪽 성벽 아래에 있는 좁은 골목에서 전사하였다. 이것으로 ㉡ 1,100년 이상 존재했던 소아시아 지역의 기독교도 황제가 사라졌다. 잿빛 말을 타고 화요일 오후 늦게 콘스탄티노플에 입성한 술탄 메흐메드 2세는 우선 성소피아 대성당으로 갔다. 그는 이 성당을 파괴하는 대신 이슬람 사원으로 개조하라는 명령을 내렸고, 우선 그 성당을 철저하게 자신의 보호하에 두었다. 또한, 학식이 풍부한 그리스 정교회 수사에게 격식을 갖추어 공석 중인 총대주교직을 수여하고자 했다. 그는 이슬람 세계를 위해 ㉢ 기독교의 제단뿐만 아니라 그 이상의 것들도 활용했다. 역대 비잔틴 황제들이 제정한 법을 그가 주도하고 있던 법제화의 모델로 이용하였던 것이다. 이러한 행위들은 ㉣ 단절을 추구하는 정복왕 메흐메드 2세의 의도에서 비롯된 것이라고 할 수 있다. 그는 자신이야말로 지중해를 '우리의 바다'라고 불렀던 로마 제국의 진정한 계승자임을 선언하고 싶었던 것이다. 일례로 그는 한때 유럽과 아시아를 포함한 지중해 전역을 지배했던 제국의 정통 상속자임을 선언하면서, 의미심장하게도 자신의 직함에 '룸 카이세리', 즉 로마의 황제라는 칭호를 추가했다. 또한, 그는 패권 국가였던 로마의 옛 명성을 다시 찾기 위한 노력의 일환으로 로마 사람의 땅이라는 뜻을 지닌 루멜리아에 새로 수도를 정했다. 이렇게 함으로써 그는 ㉤ 오스만 제국이 유럽으로 확대될 것이라는 자신의 확신을 보여주었다.

① ㉠ : '지금까지 이보다 더 영광스러운 사건은 없었으며'로 고친다.
② ㉡ : '1,100년 이상 존재했던 소아시아 지역의 이슬람 황제가 사라졌다.'로 고친다.
③ ㉢ : '기독교의 제단뿐만 아니라 그 이상의 것들도 파괴했다.'로 고친다.
④ ㉣ : '연속성을 추구하는 정복왕 메흐메드 2세의 의도에서 비롯된 것'으로 고친다.
⑤ ㉤ : '오스만 제국이 아시아로 확대될 것이라는 자신의 확신을 보여주었다.'로 고친다.

69 다음은 지난달 봉사 장소별 봉사자 수를 연령대별로 조사한 자료이다. 이에 대한 설명으로 옳은 것을 〈보기〉에서 모두 고르면?

〈봉사 장소의 연령대별 봉사자 수〉

구분	10대	20대	30대	40대	50대	전체
보육원	148명	197명	405명	674명	576명	2,000명
요양원	65명	42명	33명	298명	296명	734명
무료급식소	121명	201명	138명	274명	381명	1,115명
노숙자쉼터	0명	93명	118명	242명	347명	800명
유기견보호소	166명	117명	56명	12명	0명	351명
전체	500명	650명	750명	1,500명	1,600명	5,000명

〈보기〉

㉠ 노숙자쉼터 봉사자 중 30대는 15% 미만이다.
㉡ 전체 봉사자 중 50대의 비율은 20대의 3배이다.
㉢ 전체 무료급식소 봉사자 중 40 ~ 50대는 절반 이상이다.
㉣ 전체 보육원 봉사자 중 30대 이하가 차지하는 비율은 36% 이하이다.

① ㉠, ㉢
② ㉠, ㉣
③ ㉡, ㉢
④ ㉡, ㉣
⑤ ㉢, ㉣

70 다음 기사에 나타난 직장생활에서의 원만한 의사소통을 저해하는 요인으로 가장 적절한 것은?

〈기사〉

한 취업 포털에서 20 ~ 30대 남녀 직장인 350명에게 설문 조사한 결과 어떤 상사와 대화할 때 가장 답답함을 느끼냐는 질문에 직장 내에서 막내에 해당하는 사원급 직장인들은 '주구장창 자기 할 말만 하는 상사(27.3%)' 와 대화하기 가장 어렵다고 호소했다. 또 직장 내에서 부하 직원과 상사 간, 그리고 직원들 간에 대화가 잘 이뤄지지 않는 이유에 대해 '일방적으로 상사만 말을 하는 대화방식 및 문화(34.3%)'가 가장 큰 원인이라고 답했다.

직장 내 상사와 부하 직원 간의 대화가 원활해지려면 지시나 명령하는 말투가 아닌 의견을 묻는 대화법 사용하기(34.9%), 서로를 존대하는 말투와 호칭 사용하기(31.4%) 등의 기본 대화 예절을 지켜야 한다고 답했다.

① 평가적이며 판단적인 태도
② 선입견과 고정관념
③ 잠재적 의도
④ 미숙한 의사소통 기법
⑤ 과거의 경험

제3회
피듈형

NCS 모의고사

〈문항 및 시험시간〉

평가영역	문항 수	시험시간	모바일 OMR 답안채점 / 성적분석 서비스
의사소통능력 / 수리능력 / 문제해결능력 / 자원관리능력 / 정보능력 / 기술능력 / 조직이해능력 / 직업윤리 / 대인관계능력 / 자기개발능력	70문항	70분	

제3회 모의고사

문항 수 : 70문항
시험시간 : 70분

┃ 조직이해능력

01 다음 글을 이해한 내용으로 가장 적절한 것은?

> 총무부는 회사에 필요한 사무용품을 대량으로 주문하였다. 주문서는 메일로 보냈는데, 배송 온 사무용품을 확인하던 중 책꽂이의 수량과 연필꽂이의 수량이 바뀌어서 배송된 것을 알았다. 주문서를 보고 주문한 수량을 한 번 더 확인한 후 바로 문구회사에 전화를 하니 상담원은 처음 발주한 수량대로 제대로 보냈다고 한다. 메일을 확인해 보니 수정 전의 파일이 발송되었다.

① 문구회사는 주문서를 제대로 보지 못하였다.
② 주문서는 메일로 보내면 안 된다.
③ 메일에 자료를 첨부할 때는 꼼꼼히 확인하여야 한다.
④ 책꽂이는 환불을 받는다.
⑤ 연필꽂이의 수량이 책꽂이보다 많았다.

┃ 대인관계능력

02 자신의 소속 부서에 대한 최주임의 생각을 바탕으로 멤버십 유형을 판단할 때, 이에 대한 설명으로 옳지 않은 것은?

> 조직은 항상 나에게 규정을 준수할 것을 강조한다. 리더와 조직 구성원 간의 인간관계에는 비인간적 풍토가 자리 잡고 있으며, 조직의 계획과 리더의 명령은 빈번하게 변경된다.

① 동료들은 최주임에 대하여 평범한 수완으로 업무를 수행한다고 평가할 것이다.
② 리더는 최주임에게 업무를 맡길 경우 감독이 필수적이라고 생각할 것이다.
③ 최주임은 조직의 운영방침에 매우 민감할 것이다.
④ 리더는 최주임이 자기 이익을 극대화하기 위한 흥정에 능하다고 볼 것이다.
⑤ 최주임은 다른 유형의 직원에 비해 균형적 시각에서 사건을 판단할 것이다.

03 다음은 시·도별 합계출산율에 대한 자료이다. 빈칸 ㉠과 ㉡에 들어갈 수치로 옳은 것은?(단, 각 수치는 지역별 일정한 규칙으로 매년 변화한다)

〈시·도별 합계출산율〉

(단위 : 명)

구분	2019년	2020년	2021년	2022년	2023년
서울특별시	0.96	0.98	1.00	0.94	0.83
부산광역시	1.04	1.14	1.25	1.24	㉠
대구광역시	1.12	1.16	1.21	1.18	1.06
인천광역시	1.19	1.21	1.22	1.14	1.00
광주광역시	1.17	1.19	1.20	1.16	1.05
대전광역시	1.23	1.25	1.27	1.19	1.07
울산광역시	1.39	1.43	1.48	1.41	1.26
세종특별자치시	1.33	1.35	1.89	1.82	1.66
경기도	1.22	1.24	1.27	1.19	1.06
강원도	1.24	1.26	1.31	1.23	1.12
충청북도	1.36	1.37	1.41	1.35	1.23
충청남도	1.44	1.46	1.48	1.39	1.27
전라북도	1.24	1.29	㉡	1.38	1.32
전라남도	1.51	1.52	1.54	1.46	1.32
경상북도	1.37	1.40	1.46	1.39	1.25
경상남도	1.36	1.40	1.43	1.35	1.22
제주특별자치도	1.42	1.48	1.49	1.43	1.30

	㉠	㉡
①	1.22	1.28
②	1.22	1.35
③	1.32	1.42
④	1.32	1.35
⑤	1.32	1.28

04 다음 〈보기〉 중 자기개발의 특징에 대한 설명으로 옳은 것을 모두 고르면?

─〈보기〉─

ㄱ. 자기개발의 주체와 객체는 자신이므로 자기개발의 성공적 수행을 위해서는 자신에 대한 이해가 필요하다.
ㄴ. 자기개발은 가능한 환경과 시기적 필요성이 갖추어진 경우에 수행하여야 한다.
ㄷ. 타인의 방법보다 자신에게 알맞은 자기개발 방법을 추구하는 것이 바람직하다.
ㄹ. 완성도 있는 자기개발을 위해 자기개발은 생활과 구분되어 이루어져야 한다.

① ㄱ, ㄴ   ② ㄱ, ㄷ
③ ㄴ, ㄷ   ④ ㄴ, ㄹ
⑤ ㄷ, ㄹ

05 다음은 P공사의 직무전결표의 일부분이다. 이에 따라 문서를 처리하였을 경우 적절하지 않은 것은?

직무 내용	대표이사	위임 전결권자		
		전무	상무	부서장
정기 월례 보고				○
각 부서장급 인수인계		○		
3천만 원 초과 예산 집행	○			
3천만 원 이하 예산 집행		○		
각종 위원회 위원 위촉	○			
해외 출장			○	

① 인사부장의 인수인계에 관하여 전무에게 결재받은 후 시행하였다.
② 인사징계위원회 위원을 위촉하기 위하여 대표이사 부재중에 전무가 전결하였다.
③ 영업팀장의 해외 출장을 위하여 상무에게 사인을 받았다.
④ 3천만 원에 해당하는 물품 구매를 위하여 전무 전결로 처리하였다.
⑤ 정기 월례 보고서를 작성한 후 부서장의 결재를 받았다.

06 다음은 P대학 재학생의 교육에 대한 영역별 만족도와 중요도 점수이다. 이에 대한 설명으로 옳은 것을 〈보기〉에서 모두 고르면?

〈영역별 만족도 점수〉

(단위 : 점)

영역 \ 연도	2021년	2022년	2023년
교과	3.60	3.41	3.45
비교과	3.73	3.50	3.56
교수활동	3.72	3.52	3.57
학생복지	3.39	3.27	3.31
교육환경 및 시설	3.66	3.48	3.56
교육지원	3.57	3.39	3.41

〈영역별 중요도 점수〉

(단위 : 점)

영역 \ 연도	2021년	2022년	2023년
교과	3.74	3.54	3.57
비교과	3.77	3.61	3.64
교수활동	3.89	3.82	3.81
학생복지	3.88	3.73	3.77
교육환경 및 시설	3.84	3.69	3.73
교육지원	3.78	3.63	3.66

※ [해당영역별 요구충족도(%)] $= \dfrac{(해당영역\ 만족도\ 점수)}{(해당영역\ 중요도\ 점수)} \times 100$

─────〈보기〉─────

ㄱ. 중요도 점수가 높은 영역부터 차례대로 나열하면 그 순서는 매년 동일하다.
ㄴ. 2023년 만족도 점수는 각 영역에서 전년보다 높다.
ㄷ. 만족도 점수가 가장 높은 영역과 가장 낮은 영역의 만족도 점수 차이는 2022년이 2021년보다 크다.
ㄹ. 2023년 요구충족도가 가장 높은 영역은 교과 영역이다.

① ㄱ, ㄴ ② ㄱ, ㄷ
③ ㄱ, ㄹ ④ ㄴ, ㄷ
⑤ ㄴ, ㄷ, ㄹ

저명한 철학자 화이트헤드는 철학을 '관념들의 모험'이라고 하였다. 실로 그렇다. 그러나 어떠한 모험도 위험이 뒤따르며 철학의 모험도 예외가 아니다. 여기서는 철학의 모험을 처음으로 시도하려고 할 때에 겪을 수 있는 몇 가지 위험을 지적해 보겠다.

일반적으로 적은 지식은 위험하다고 말하곤 한다. 그러나 커다란 지식을 얻기 위해서는 적은 양에서 시작하지 않으면 안 된다. 또한, 커다란 지식을 갖추었다고 하더라도 위험이 완전히 배제되는 것은 아니다. 예를 들면, 원자 에너지의 파괴적인 위력에 대해 지대한 관심을 가진 사람들이 원자의 비밀을 꿰뚫어 보려고 막대한 노력을 기울였다. 그러나 원자에 대한 지식의 획득에도 불구하고 사람들이 느끼는 위험은 줄어들지 않고 오히려 늘어났다. 이와 같이 증대하는 지식이 새로운 난점들을 발생시킨다는 사실을 알게 된 것은 최근의 일이 아니다. 서양 철학자 플라톤의 '동굴의 비유'는 지식의 획득과 그에 따른 대가 지불을 불가분의 관계로 이해하고 있음을 보여준다.

㉠ '동굴의 비유'에 의하면, 사람들은 태어나면서부터 앞만 보도록 된 곳에 앉은 쇠사슬에 묶인 죄수와 같다는 것이다. 사람들의 등 뒤로는 불이 타오르고, 그 불로 인해 모든 사물은 동굴의 벽에 그림자로 나타날 뿐이다. 혹 동굴 밖의 환한 세상으로 나온 이가 있다면, 자신이 그동안 기만과 구속의 흐리멍덩한 삶을 살아왔음을 깨닫게 될 것이다. 그리하여 그가 동굴로 돌아가 사람들을 계몽하고자 한다면, 그는 오히려 무지의 장막에 휩싸인 자들에게 불신과 박해를 받게 될 것이다. 여기에서 박해를 받는 것은 깨달음에 가해진 '선물'이라고 할 수 있다.

철학 입문자들은 실제로 지적(知的)으로 도전받기를 원하는 사람들이다. 그들은 정신의 모험에 참여하겠다는 서명을 한 셈이다. 또한 그들은 자신들을 위해 계획된 새로운 내용과 높은 평가 기준이 자신에게 적용되기를 바란다. 그들은 앞으로 무슨 일이 일어날지 거의 모르고 있지만, 그들 자신은 자발적으로 상당한 정도의 개인적인 위험을 기꺼이 감수하려 든다. 이러한 위험을 구체적으로 말하면, 자기를 인식하는 데 따르는 위험이며, 이전부터 갖고 있던 사고와 행위 방식을 혼란시킬지도 모르는 모험이며, 학습하는 도중에 발생할 수 있는 미묘하고도 중대한 위험이다. 한번 문이 열리면 다시 그 문을 닫기란 매우 어렵다. 일반 사람들은 더 큰 방, 더 넓은 인생 공간에 나아가면 대부분 두려움을 느끼며 용기를 잃게 된다. 그러나 몇몇의 뛰어난 입문자들은 사활(死活)을 걸어야 하는 도전에 맞서, 위험을 감싸 안으며 흥미로운 작업을 진전시키기 위해 지성적 도구들을 예리하게 간다.

철학의 모험은 자주 거칠고 무한한 혼돈의 바다에 표류하는 작은 뗏목에 비유된다. 어떤 철학적 조난자들은 뗏목과 파도와 날씨 등의 직접적인 환경을 더욱 깊이 알게 될 것이다. 또한 어떤 조난자들은 조류의 속도나 현재의 풍향을 알게 될 것이다. 또 어떤 조난자들은 진리의 섬을 얼핏 보고 믿음이라는 항구를 향해 힘차게 배를 저어 나아갈 것이다. 또 다른 조난자들은 막막함과 절망의 중심에서 완전히 좌초해 버릴 수도 있다. 뗏목과 그 위에 탄 사람들은 '보험'에 들어 있지 않다. 거기에는 보증인이 없다. 그러나 뗏목은 늘 거기에 있으며, 이미 뗏목을 타고 있는 사람들은 더 많은 사람이 자신이 있는 곳으로 올 수 있도록 자리를 마련할 것이다.

07 다음 중 윗글의 서술상 특징으로 가장 적절한 것은?

① 비유적인 표현으로 대상의 특성을 밝히고 있다.

② 여러 가지를 비교하면서 우월성을 논하고 있다.

③ 상반된 이론을 대비하여 독자의 관심을 유도하고 있다.

④ 용어의 개념을 제시하여 대상의 범위를 한정하고 있다.

⑤ 대상의 문제점을 파악하고 나름의 해결책을 모색하고 있다.

08 다음 중 윗글에서 글쓴이가 밑줄 친 ㉠을 인용한 이유를 바르게 추론한 것은?

① 자신의 운명은 스스로 개척해야 한다는 것을 주지시키기 위해

② 인간의 호기심은 불행한 결과를 초래한다는 것을 알려 주기 위해

③ 인간이 지켜야 할 공동의 규범은 반드시 따라야 함을 강조하기 위해

④ 새로운 지식을 획득하려면 대가를 치러야 한다는 것을 주지시키기 위해

⑤ 커다란 지식을 갖추는 것이 중요함을 알리기 위해

09 다음은 P공사의 1차, 2차 면접 결과를 정리한 표이다. [E2:E7]와 같이 최종 점수를 구하고자 할 때, 필요한 함수로 옳은 것은?

	A	B	C	D	E
1	이름	1차	2차	평균	최종 점수
2	유○○	96.45	45.67	71.16	71.1
3	전○○	89.67	34.77	62.22	62.2
4	강○○	88.76	45.63	67.195	67.2
5	신○○	93.67	43.56	68.615	68.6
6	김○○	92.56	38.45	65.505	65.5
7	송○○	95.78	43.65	69.715	69.7

① INT
② ABS
③ TRUNC
④ ROUND
⑤ COUNTIF

10 다음과 같이 일정한 규칙으로 수를 나열할 때 빈칸에 들어갈 수로 옳은 것은?

> 7   20   59   176   527   (   )

① 1,482
② 1,580
③ 1,582
④ 1,680
⑤ 1,682

11 부산에 사는 어느 고객이 버스터미널에서 근무하는 A씨에게 버스 정보에 대해 문의를 해 왔다. 〈보기〉의 대화에서 A씨가 고객에게 바르게 안내한 것을 모두 고르면?

〈부산 터미널〉

도착지	서울 종합 버스터미널
출발 시각	매일 15분 간격(06:00 ~ 23:00)
소요 시간	4시간 30분 소요
운행 요금	우등 29,000원 / 일반 18,000원

〈부산 동부 터미널〉

도착지	서울 종합 버스터미널
출발 시각	06:30, 08:15, 13:30, 17:15, 19:30
소요 시간	4시간 30분 소요
운행 요금	우등 30,000원 / 일반 18,000원

※ 도로 교통 상황에 따라 소요 시간에 차이가 있을 수 있다.

─〈보기〉─

고객 : 안녕하세요. 제가 서울에 볼일이 있어 버스를 타고 가려고 하는데요. 어떻게 하면 되나요?

(가) : 네, 고객님 부산에서 서울로 출발하는 버스 터미널은 부산 터미널과 부산 동부 터미널이 있는데요. 고객님 댁이랑 어느 터미널이 더 가깝나요?

고객 : 부산 동부 터미널이 더 가까운 것 같아요.

(나) : 부산 동부보다 부산 터미널에 더 많은 버스들이 배차되고 있거든요. 새벽 6시부터 밤 11시까지 15분 간격으로 운행되고 있으니 부산 터미널을 이용하시는 것이 좋을 것 같습니다.

고객 : 그럼 서울에 1시까지는 도착해야 하는데 몇 시 버스를 이용하는 것이 좋을까요?

(다) : 부산에서 서울까지 4시간 30분 정도 소요되므로 1시 이전에 여유 있게 도착하시려면 오전 8시 또는 8시 15분 출발 버스를 이용하시면 될 것 같습니다.

고객 : 4시간 30분보다 더 소요되는 경우도 있나요?

(라) : 네, 도로 교통 상황에 따라 소요 시간에 차이가 있을 수 있습니다.

고객 : 그럼 운행 요금은 어떻게 되나요?

(마) : 부산 터미널 출발 서울 종합 버스터미널 도착 운행 요금은 29,000원입니다.

① (가), (나)
② (가), (다)
③ (가), (다), (라)
④ (다), (라), (마)
⑤ (나), (다), (라), (마)

※ 다음 글을 읽고 이어지는 질문에 답하시오. [12~14]

기업은 상품의 사회적 마모를 촉진시키는 주체이다. 생산과 소비가 지속되어야 이윤을 남길 수 있기 때문에, 하나의 상품을 생산해서 그 상품의 물리적 마모가 끝날 때까지를 기다렸다가는 기업이 망하기 십상이다. 이러한 상황에서 늘 수요에 비해서 과잉 생산을 하는 기업이 살아남을 수 있는 길은 상품의 사회적 마모를 짧게 해서 사람들로 하여금 계속 소비하게 만드는 것이다.

그래서 ㉠ 기업들은 더 많은 이익을 내기 위해서 상품의 성능을 향상시키기보다는 디자인을 변화시키는 것이 더 바람직하다고 생각한다. 산업이 발달하여 ㉡ 상품의 성능이나 기능, 내구성이 이전보다 더욱 향상되었는데도 불구하고 상품의 생명이 이전보다 더 짧아지는 것은 어떻게 생각하면 자본주의 상품이 지닌 모순이라고 할 수 있다. 섬유의 질은 점점 좋아지지만 그 옷을 입는 기간은 이에 비해서 점점 짧아지게 되는 것이 바로 자본주의 상품이 지니고 있는 모순이다. 산업이 계속 발달하여 상품의 성능이 향상되는데도 상품의 사회적인 마모 기간이 누군가에 의해서 엄청나게 짧아지고 있다. 상품의 질은 향상되고 내가 버는 돈은 늘어가는 것 같은데 늘 무엇인가 부족한 듯한 느낌이 드는 것도 이것과 관련이 있다.

12 다음 중 윗글을 읽고 추론한 내용으로 적절하지 않은 것은?

① 기업은 물리적 마모가 짧을수록 유리하기 때문에 제품의 성능에 신경 쓰지 않는다.
② 사회적 마모 기간이 짧아지면 생산과 소비는 지속된다.
③ 기업은 이익을 위해 상품의 디자인 변화가 이윤 추구에 더 바람직하다고 생각한다.
④ 자본주의 시대를 사는 사람들은 제품의 품질이 좋아져도 오래 사용하지 않는다.
⑤ 사회적 마모 기간이 짧아지는 것을 자본주의의 모순으로 볼 수도 있다.

13 다음 중 밑줄 친 ㉠에 대해 제기할 수 있는 반론으로 가장 적절한 것은?

① 상품의 성능은 그대로 두어도 향상될 수 있는가?
② 디자인에 관한 소비자들의 취향이 바뀌는 것을 막을 방안은 있는가?
③ 상품의 성능 향상을 등한시하며 디자인만 바꾼다고 소비가 증가할 것인가?
④ 사회적 마모 기간이 점차 짧아지면 디자인을 개발하는 것이 기업에 도움이 되겠는가?
⑤ 소비 성향에 맞춰 디자인을 다양화할 수 있는가?

14 다음 중 밑줄 친 ㉡이 가장 잘 나타난 사례로 볼 수 있는 것은?

① 같은 가격이라면 남들이 많이 가지고 있는 것을 산다.
② 자신에게 필요가 없게 된 물건은 싼값에 남에게 판다.
③ 옷을 살 때는 디자인이나 기능보다는 가격을 더 고려한다.
④ 휴대전화를 가지고 있으면서도 새로운 모델의 휴대전화를 사기 위해 돈을 모은다.
⑤ 기능을 고려하여 가장 비싼 노트북을 산다.

15 다음은 P공사의 외부 강의 사례금 상한선에 대한 규정이다. 강의자들에게 지불해야 되는 외부 강의 사례금 액의 상한액은 얼마인가?

<외부 강의 금액 상한선>

- 공무원과 그 밖에 다른 법률에 따라 그 자격·임용·교육훈련·복무·보수·신분보장 등에 있어서 공무원 으로 인정된 사람 등의 공직자는 40만 원이 상한이다.
- 각급 학교 및 사립학교법에 따른 학교법인 각급 학교의 장과 교직원 및 학교 법인의 임직원은 100만 원이 상한이다.
- 언론중재 및 피해구제 등에 관한 법률에 따라 언론사 대표자와 그 임직원은 100만 원이 상한이다.
- 국립대학의 교수와 강사는 20만 원이 상한이다.
- 공공기관과 공직유관단체 및 그 기관의 장과 임직원은 40만 원이 상한이다.
- 강의의 상한액은 1시간당 기준으로 하고, 1시간을 초과하여 강의 등을 하는 경우에는 강의 시간에 관계없 이 1시간 초과분에 대하여 시간당 상한액의 100분의 150에 해당하는 금액을 추가 지급한다.
- 외부 강의 상한액은 원고료, 출연료, 강의료 등 명목에 관계없이 일체의 사례금을 포함한다.

강사	강의 시간	기타
A국립대 M교수	1시간	−
B언론사 K기자	2시간	−
C병원 S병원장	2시간	−
D사립대 J강사	1시간	원고료 10만 원 추가 요청

※ C병원은 공직유관단체이다.

① 380만 원   ② 410만 원
③ 430만 원   ④ 450만 원
⑤ 470만 원

16 귀하는 P공사에서 고객 상담 업무를 담당하고 있다. 다음 중 고객이 찾아와 화를 내며 불만을 말할 때, 귀하가 대응해야 할 방법으로 가장 적절한 것은?

① 회사 규정을 말하며 변명을 한다.

② 고객의 불만을 먼저 들은 후에 사과를 한다.

③ 어떠한 비난도 하지 않고 문제를 해결한다.

④ 일단 당장 화를 가라앉히기 위해 터무니없는 약속을 해 둔다.

⑤ 내 잘못이 아니라는 것을 확인시켜 주고 문제를 해결한다.

17 다음은 P공단의 해외시장 진출 및 지원 확대를 위한 전략 과제의 필요성에 대한 자료이다. 이를 통해 도출된 과제의 추진 방향으로 적절하지 않은 것은?

〈전략 과제 필요성〉

1. 해외시장에서 기관이 수주할 수 있는 산업 발굴
2. 국제사업 수행을 통한 경험 축적과 컨소시엄을 통한 기술·노하우 습득
3. 해당 산업 관련 민간기업의 해외 진출 활성화를 위한 실질적 지원

---

① 국제기관의 다양한 자금을 활용하여 사업을 발굴하고, 해당 사업의 해외 진출을 위한 기술 역량을 강화한다.

② 해당 산업 민간(중소)기업을 대상으로 입찰 정보 제공, 사업전략 상담, 동반 진출 등을 통한 실질적 지원을 확대한다.

③ 국제경쟁입찰의 과열 경쟁 심화와 컨소시엄 구성 시 민간기업과 업무 배분, 이윤 추구 성향 조율에 어려움이 예상된다.

④ 해외 봉사활동 등과 연계하여 기관 이미지 제고 및 사업에 대한 사전조사, 시장조사를 통한 선제적 마케팅 활동을 추진한다.

⑤ 국제사업에 참여하여 경험을 축적하고, 컨소시엄을 통해 습득한 기술 등을 재활용할 수 있는 사업을 구상하고 연구진을 지원한다.

18 P회사에 입사한 귀하는 시스템 모니터링 및 관리 업무를 담당하게 되었다. 다음을 참고할 때, 〈보기〉의 빈칸에 들어갈 코드로 옳은 것은?

다음 모니터에 나타나는 정보를 이해하고 시스템 상태를 판독하여 코드를 입력하는 방식을 파악하시오.

```
system is processing requests...
system Code is S
Run...

Error Found!
Index BREXIT of File DEVGRU

Final Code? Lind
```

항목	세부사항
Index ◇◇◇ of File ◇◇◇	• 오류 문자 : Index 뒤에 나타나는 문자 • 오류 발생 위치 : File 뒤에 나타나는 문자
Error Value	• 오류 문자와 오류 발생 위치를 의미하는 문자에 사용된 알파벳을 비교하여 일치하는 알파벳의 개수를 확인
Final Code	• Error Value를 통하여 시스템 상태 판단

판단 기준	Final Code
일치하는 알파벳의 개수＝0	Svem
0＜일치하는 알파벳의 개수≤1	Atur
1＜일치하는 알파벳의 개수≤3	Lind
3＜일치하는 알파벳의 개수≤5	Nugre
일치하는 알파벳의 개수＞5	Qutom

〈보기〉

```
system is processing requests...
sysytem Code is S
Run...

Error Found!
Index SHAWTY of File CRISPR

Final Code? _____
```

① Svem   ② Atur

③ Lind   ④ Nugre

⑤ Qutom

19 다음 중 (가) ~ (마) 문단의 주제로 적절하지 않은 것은?

(가) 건강보험제도는 질병이나 부상으로 인해 발생한 고액의 진료비로 가계에 과도한 부담이 되는 것을 방지하기 위하여, 국민들이 평소에 보험료를 내고 보험자인 국민건강보험공단이 이를 관리·운영하다가 필요할 때 보험급여를 제공함으로써 국민 상호 간 위험을 분담하고 필요한 의료서비스를 받을 수 있도록 하는 사회보장제도이다.

(나) 의료보장제도는 일반적으로 사회보험과 국민보건서비스 2가지로 대별된다. 사회보험은 국가가 기본적으로 의료보장에 대한 책임을 지지만, 의료비에 대한 국민의 자기 책임을 일정 부분 인정하는 체계이다. 반면, 국민보건서비스는 국민의 의료문제는 국가가 모두 책임져야 한다는 관점에서 정부가 일반조세로 재원을 마련하고 모든 국민에게 무상으로 의료를 제공하여 국가가 직접적으로 의료를 관장하는 방식이다. 건강보험은 사회보험과 마찬가지로 사회 연대성을 기반으로 보험의 원리를 도입한 의료보장체계이지만, 다수 보험자를 통해 운영되는 전통적인 사회보험 방식과 달리 단일한 보험자가 국가 전체의 건강보험을 관리·운영한다.

(다) 건강보험은 피보험대상자 모두에게 필요한 기본적 의료를 적정한 수준까지 보장함으로써 그들의 의료문제를 해결하고 누구에게나 균등하게 적정 수준의 급여를 제공한다. 사회보험으로써 건강에 대한 사회 공동의 책임을 강조하여 비용(보험료)부담은 소득과 능력에 따라 부담하고 가입자 모두에게 균등한 급여를 제공함으로써 사회적 연대를 강화하고 사회통합을 이루는 기능도 가지고 있다.

(라) 민간보험은 보장의 범위, 질병 위험의 정도, 계약의 내용 등에 따라 보험료를 부담하는 데 비해 사회보험방식으로 운영되는 건강보험은 사회적 연대를 기초로 의료비 문제를 해결하는 것을 목적으로 하므로 소득수준 등 보험료 부담능력에 따라서 보험료를 부과한다. 또한 민간보험은 보험료 수준과 계약 내용에 따라 개인별로 다르게 보장되지만, 사회보험인 건강보험은 보험료 부담 수준과 관계없이 관계 법령에 의하여 균등하게 보험급여가 이루어진다.

(마) 국민건강보험법은 국민의 질병·부상에 대한 예방·진단·치료·재활과 출산·사망 및 건강증진에 대하여 보험급여를 실시함으로써 국민건강을 향상시키고 사회보장을 증진함을 목적으로 하는 국민건강보험제도를 구체화하고 있다. 이 법은 의료보험제도의 통합 운영에 따라 종전의 의료보험법과 국민의료보험법을 대체하여 제정되었다.

① (가) : 건강보험제도의 의의
② (나) : 건강보험제도의 목적
③ (다) : 건강보험제도의 기능
④ (라) : 건강보험제도의 특성
⑤ (마) : 건강보험제도의 법적 근거

A과장은 성격이 활달하고 사교적이다. 회사 일뿐만 아니라 사회 활동에도 무척 적극적이다. 그래서 가끔 지인들이 회사 앞으로 찾아오곤 하는데, 이때 A과장은 인근 식당에서 지인들에게 식사를 대접하며 본인 이름으로 결제를 하고는 했다.

그러던 어느 날 A과장은 경영지원팀 C팀장에게 한 가지 지적을 받게 되었다. 회사 인근 식당에서 지나치게 많은 식대가 A과장 이름으로 결제가 되었는데, 도대체 회사 직원 몇 명과 같이 저녁 식사를 했기에 그렇게 많은 비용이 나왔냐는 것이었다. A과장은 본부원 30명에 가까운 인원이 그날 야근을 해서 식대가 많이 나온 거라며 거짓으로 둘러댔다.

그리고 얼마 후 회사 감사팀에서 출퇴근 명부와 식대를 비교해 보니 A과장의 말이 거짓임이 밝혀졌다. A과장은 징계를 면할 수 없었고, 결국 견책의 징계를 받게 되었다.

l 직업윤리

20 다음 중 징계를 피하기 위해 A과장에게 요구됐던 태도로 가장 적절한 것은?

① 매사에 심사숙고하려는 태도
② 늘 정직하게 임하려는 태도
③ 단호하게 의사결정을 내리는 태도
④ 공사 구분을 명확히 하는 태도
⑤ 항상 최선을 다하는 태도

l 직업윤리

21 A과장에게 요구됐던 규범 중 정직에 대한 설명으로 적절하지 않은 것은?

① 사람은 혼자서는 살아갈 수 없으므로, 다른 사람과의 신뢰가 필요하다.
② 정직한 것은 성공을 이루게 되는 기본 조건이 된다.
③ 말이나 행동이 사실과 부합한다는 신뢰가 없어도 사회생활을 하는 데 별로 지장이 없다.
④ 신뢰를 형성하기 위해 필요한 규범이 정직이다.
⑤ 바른 사회생활은 정직에 기반을 둔 신뢰가 있어야 한다.

22 다음은 A사원의 고민을 듣고 동료인 B ~ F사원이 보인 반응이다. B ~ F사원의 대화에서 나타나는 경청의 문제점으로 적절하지 않은 것은?

> A사원 : G부장님이 부임하시고부터 일하기가 너무 힘들어요. 제가 하는 일 하나하나 지적하시고, 매일 점검 하시려고 합니다. 마치 제가 담임선생님께 숙제 검사를 받는 초등학생인 것 같습니다. 일을 맡기셨 으면 믿고 기다려 주셨으면 좋겠습니다.

> B사원 : 매일 점검하신다는 건 A사원이 일을 못한 부분이 많아서 그런 것은 아닐까 하는 생각이 듭니다. A사원은 자신의 행동을 뒤돌아보는 게 좋을 것 같습니다.
>
> C사원 : 제가 생각하기엔 A사원이 평소에도 예민한 편이라 G부장님의 행동을 과민하게 받아들이는 것 같습 니다. 부정적으로만 보지 말고 좋게 생각해 보세요.
>
> D사원 : A사원의 말을 들으니 G부장님이 A사원을 너무 불신하는 것 같습니다. 직접 대면해서 이 문제에 대해 따져 보세요. 계속 듣고만 있을 수는 없지요, 안 그런가요?
>
> E사원 : G부장님은 왜 그러시는 걸까요? 마음 넓은 A사원이 참으세요.
>
> F사원 : 기분 풀고 우리 맛있는 거나 먹으러 가죠. 회사 근처에 새로 생긴 파스타 집 가봤어요? 정말 맛있더 라고요. 먹고 나면 기분이 한결 풀릴 겁니다.

① B사원 : 짐작하기　　　　　　　　　　② C사원 : 판단하기
③ D사원 : 언쟁하기　　　　　　　　　　④ E사원 : 비위 맞추기
⑤ F사원 : 슬쩍 넘어가기

23 권투 선수 갑과 을은 모두 3회전의 경기를 치렀는데 경기마다 모두 2점씩 차이가 났으며 패배한 선수의 점수는 1, 2, 3회전 모두 같았다. 갑은 1회전과 3회전에서 이겼고, 을은 2회전에서 이겼다. 갑의 최종 점수 의 2배를 한 값이 을의 최종 점수에 15점을 더한 값과 같다고 할 때, 1회전에서 갑은 몇 점을 획득했는가?

① 3점　　　　　　　　　　　　　　　　② 4점
③ 5점　　　　　　　　　　　　　　　　④ 6점
⑤ 7점

24 과거에는 한 사람의 출세와 성공에 가장 큰 영향을 주는 것은 학교 성적, 즉 공부를 잘하는 것이라고 생각하였다. 그러나 최근의 연구 결과를 보면, 대인관계능력이 높은 사람이 성공하는 경우가 더 많았으며, 학교 성적은 성공과 크게 관련이 없다는 것이 밝혀졌다. 대인관계능력이 성공과 밀접한 관련이 있다고 할 경우, 다음 중 직장생활에서 가장 성공하기 어려운 사람은?

- B가 근무하는 부서에 신입사원 A가 입사하였다. 평소 B는 입사 때 회사 선배로부터 일을 제대로 못 배워 동기들보다 승진이 늦어졌다고 생각하여, A에게 일을 제대로 가르친다는 생각으로 잘한 점은 도외시하고 못한 점만 과장하여 지적하여 A가 항상 긴장 상태에서 일을 처리하도록 하였다.
- C의 입사동기이자 업무능력이 뛰어난 동료 D는 회사의 큰 프로젝트를 담당하고 있으며, 이 프로젝트를 성 공리에 완수할 경우 올해 말에 C보다 먼저 승진할 가능성이 높았음에도 불구하고, D가 업무 도움을 요청하 자 C는 흔쾌히 D의 업무를 도와주었다.
- E는 자기 팀이 작년 연말평가에서 최하 등급을 받아서 팀 내 분위기가 어수선해지자, 팀의 발전이 자신의 발전이라고 생각하여 매일 아침에 모닝커피를 타서 팀원 전체에게 돌리고, 팀 내의 힘들고 궂은일을 솔선수 범하여 처리하였다.
- F는 대인관계에서 가장 중요한 것은 인간관계 기법과 테크닉이라고 생각하여, 진심에서 우러나오지 않지만 항상 무엇을 말하느냐, 어떻게 행동하느냐를 중시하였다.

① B, C
② B, F
③ C, E
④ C, F
⑤ E, F

25 슬기, 효진, 은경, 민지, 은빈 5명은 여름휴가를 떠나기 전 원피스를 사러 백화점에 갔다. 모두 마음에 드는 원피스 하나를 발견해 각자 원하는 색깔의 원피스를 고르기로 하였다. 원피스가 노란색 2벌, 파란색 2벌, 초록색 1벌이 있을 때, 5명이 각자 한 벌씩 고를 수 있는 경우의 수는 몇 가지인가?

① 28가지
② 30가지
③ 32가지
④ 34가지
⑤ 36가지

26 다음 〈보기〉 중 윤리적 가치에 대한 설명으로 옳지 않은 것을 모두 고르면?

〈보기〉

ㄱ. 윤리적 규범을 지키는 것은 어떻게 살 것인가에 대한 가치관의 문제와도 관련이 있다.

ㄴ. 모두가 자신의 이익만을 위하여 행동한다면 사회질서는 유지될 수 있지만, 최선의 결과를 얻기는 어렵다.

ㄷ. 개인의 행복뿐만 아니라 모든 사람의 행복을 보장하기 위하여 윤리적 가치가 필요하다.

ㄹ. 윤리적 행동의 당위성은 윤리적 행동을 통해 얻을 수 있는 경제적 이득에 근거한다.

---

① ㄱ, ㄴ   ② ㄱ, ㄷ

③ ㄴ, ㄷ   ④ ㄴ, ㄹ

⑤ ㄷ, ㄹ

27 다음 중 C가 계획 수행에 성공하지 못한 이유로 적절하지 않은 것은?

P기업 신입사원 C는 회사 일도 잘하고 싶고 업무 외의 자기개발에도 욕심이 많다. 그래서 업무와 관련한 자격증을 따기 위해서 3개의 인터넷 강의도 등록하였고, 체력관리를 위해 피트니스 센터에도 등록하였으며, 친목을 다지기 위해 본인이 동호회도 만들었다. 그러나 의욕에 비해 첫 주부터 자격증 강의도 반밖에 듣지 못했고, 피트니스 센터에는 2번밖에 가지 못했다. 동호회는 자신이 만들었기 때문에 빠질 수가 없어서 참석했지만 C는 수행하지 못한 다른 일 때문에 기분이 좋지 않다. 단순히 귀찮아서가 아니라 회사 회식도 빠지기 난감했고, 감기에 걸려 몸도 좋지 않았기 때문인데 계획이 문제인지 본인이 문제인지 C는 고민이 많아졌다.

① 자기실현에 대한 욕구보다 다른 욕구가 더 강해서

② 자기합리화를 하려는 인간의 제한적인 사고 때문에

③ 자기개발에 대한 구체적인 방법을 몰라서

④ 내·외부 요인 때문에

⑤ 투자할 수 있는 시간에 비해 계획이 과해서

28 P공사의 하반기 상여금과 대상 직원 수를 알아보기 위해 다음 〈조건〉과 같은 정보를 얻었다. 이를 참고하여 P공사의 상여금 대상인 직원 수와 한 사람당 받는 상여금을 바르게 연결한 것은?

〈조건〉
- 상여금 대상 직원은 모두 동일한 금액을 받는다.
- 대상 직원이 2배가 되면, 기존 상여금보다 50만 원 적어지고, 상여금 총액은 기존의 1.5배가 된다.
- 대상 직원이 20명이 줄어들면, 상여금은 기존보다 100만 원 많아지고, 상여금 총액은 기존의 75%가 된다.

	직원 수	한 사람당 받는 상여금
①	40명	200만 원
②	40명	250만 원
③	50명	200만 원
④	50명	250만 원
⑤	50명	300만 원

29 A씨는 기간제로 6년을 근무하였고, 시간제로 6개월을 근무하였다. 다음과 같은 연차 계산법을 활용하였을 때, A씨의 연차는 며칠인가?(단, 모든 계산은 소수점 첫째 자리에서 올림한다)

〈연차 계산법〉
- 기간제 : [(근무 연수)×(연간 근무 일수)]÷365일×15
- 시간제 : (총 근무 시간)÷365
※ 근무는 1개월을 30일, 1년을 365일로, 1일 8시간 근무로 계산한다.

① 86일　　　　　　　　② 88일
③ 92일　　　　　　　　④ 94일
⑤ 100일

30 다음 〈보기〉 중 언어의 친교적 기능이 드러난 대화를 모두 고르면?

〈보기〉

⊙ A : 오늘 날씨가 춥네. 밥은 먹었니?
　B : 옷을 좀 더 따뜻하게 입고 다녀야겠네.
ⓛ A : 얘, 이제 곧 저녁 먹어야 하는데 지금 어디 가니?
　B : 우체국에 잠시 다녀올게요.
ⓒ A : 이만 가봐야겠다. 이따가 전화하자.
　B : 오늘 정말 즐거웠어.
ⓡ A : 김대리, 여행은 어디로 다녀왔나?
　B : 네, 부장님. 홍콩과 마카오로 다녀왔습니다.
ⓜ A : 이렇게 헤어지기 너무 아쉽다.
　B : 그래, 조만간 밥 한번 먹자.
ⓗ A : 오랜만이네, 너 요즘도 거기서 근무하니?
　B : 그래, 너도 잘 지내고 있지?

① ⊙, ⓛ　　　　　　　　　　　　② ⓛ, ⓡ
③ ⊙, ⓒ, ⓜ　　　　　　　　　　④ ⓛ, ⓡ, ⓗ
⑤ ⊙, ⓒ, ⓜ, ⓗ

31 다음 〈보기〉 중 창의적 사고에 대해 잘못 설명하고 있는 사람을 모두 고르면?

〈보기〉

A : 창의적 사고는 아무것도 없는 무에서 유를 만들어 내는 것이다.
B : 창의적 사고는 끊임없이 참신한 아이디어를 산출하는 힘이다.
C : 우리는 매일매일 끊임없이 창의적 사고를 계속하고 있다.
D : 필요한 물건을 싸게 사기 위해서 하는 많은 생각들은 창의적 사고에 해당하지 않는다.
E : 창의적 사고를 대단하게 여기는 사람들의 편견과 달리 창의적 사고는 누구에게나 존재한다.

① A, C　　　　　　　　　　　　② A, D
③ C, D　　　　　　　　　　　　④ C, E
⑤ D, E

32 다음은 A ~ E 5가지 커피에 대한 소비자 선호도 조사를 정리한 자료이다. 선호도 조사는 541명의 동일한 소비자를 대상으로 1차와 2차 구매를 통해 이루어졌다. 이에 대한 설명으로 옳은 것을 〈보기〉에서 모두 고르면?

〈커피에 대한 소비자 선호도 조사〉

(단위 : 명)

1차 구매	2차 구매					합계
	A	B	C	D	E	
A	93	17	44	7	10	171
B	9	46	11	0	9	75
C	17	11	155	9	12	204
D	6	4	9	15	2	36
E	10	4	12	2	27	55
합계	135	82	231	33	60	541

〈보기〉

ㄱ. D, E를 제외하고 대부분의 소비자들이 취향에 맞는 커피를 꾸준히 선택하고 있다.

ㄴ. 1차에서 A를 구매한 소비자가 2차 구매에서 C를 구입하는 경우가 그 반대의 경우보다 더 적다.

ㄷ. 1차, 2차 모두 C를 구입하는 소비자가 제일 많다.

① ㄱ

② ㄴ

③ ㄱ, ㄷ

④ ㄴ, ㄷ

⑤ ㄱ, ㄴ, ㄷ

33 다음은 2014 ~ 2023년 물이용부담금 총액에 대한 자료이다. 이에 대한 설명으로 옳지 않은 것을 〈보기〉에서 모두 고르면?

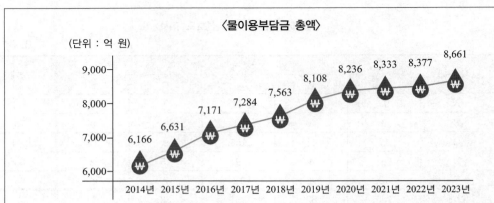

〈물이용부담금 총액〉

(단위 : 억 원)

※ 상수원 상류지역에서의 수질개선 및 주민지원 사업을 효율적으로 추진하기 위한 재원 마련을 위해 최종수요자에게 물 사용량에 비례하여 물이용부담금을 부과한다.
※ 한강, 낙동강, 영·섬유역의 물이용부담금 단가는 170원/m^3, 금강유역은 160원/m^3이다.

〈보기〉

㉠ 물이용부담금 총액은 지속적으로 증가하는 추세를 보이고 있다.
㉡ 2015 ~ 2023년 중 물이용부담금 총액이 전년 대비 가장 많이 증가한 해는 2016년이다.
㉢ 2023년 물이용부담금 총액에서 금강유역 물이용부담금 총액이 차지하는 비중이 20%라면, 2023년 금강유역에서 사용한 물의 양은 약 10.83억m^3이다.
㉣ 2023년 물이용부담금 총액은 전년 대비 약 3.2% 이상 증가했다.

① ㉠
② ㉡
③ ㉢
④ ㉠, ㉣
⑤ ㉡, ㉢

34 다음 기사를 읽고 알 수 있는 내용으로 적절하지 않은 것은?

> P공단은 철도 산업 경쟁력 강화, 일자리 창출, 안전사고 예방 등을 위해 공사·용역 분야 계약 기준을 개정한다고 밝혔다. 공사 분야 3건, 용역 분야 7건 등 개정된 계약 기준을 P공단 홈페이지 및 전자조달 시스템 사이트에 공개했으며, 4월 20일 이후 입찰 공고하는 용역부터 적용한다.
>
> 공사 분야에서는 당초 상위 40%, 하위 20%의 입찰 금액을 제외했던 종합심사제 균형가격 산정 기준을 상위·하위 20% 입찰금액으로 완화해 적정 공사비를 지급하고, 안전 관련 비용 등을 제외해 저가투찰 유인 요소를 개선하며 입찰가격 평가를 합리화했다. 또한 종합심사제 '건설인력 고용' 심사 항목을 공사수행능력 평가에 포함해 0.6점에서 1점으로 배점을 상향 조정했고, 신인도에서 건설 고용지수, 일자리 창출 실적 등의 '고용개선' 심사 항목을 신설해 건설 일자리 확대를 도모했다.
>
> 용역 분야에서는 신용평가 등급 기준을 A−에서 B−로 낮추고, 신기술개발 및 투자실적 평가의 만점 기준을 완화하여 중소기업의 경영 부담을 줄였다. 또한 경력·실적 만점 기준을 각각 20년에서 15년, 15건에서 10건으로 완화해 청년 기술자 고용 확대 및 업계의 상생·균형 발전을 제도적으로 지원한다. 아울러, 공사 분야 사망사고에 대한 신인도 감점을 회당 −2점에서 −5점으로, 용역 분야 사망사고에서는 9건당 −1점에서 −3점으로 강화해 철도 건설 현장의 안전을 제고하였다.
>
> P공단 이사장은 "이번 계약 제도 개편은 국민 눈높이에 맞는 계약 제도 실현을 위해 P공단에서 자체 발족한 '고객 중심, 글로벌 계약 실현 추진반' 성과의 일환"이라며, "P공단은 앞으로도 철도산업 경쟁력 강화를 위해 지속적으로 제도를 개선하겠다."라고 밝혔다.

① 개정된 계약 기준의 적용일
② 개정된 계약 기준을 확인하는 방법
③ 종합심사제에서 삭제된 심사 항목
④ 사망사고에 대한 신인도 감점 점수
⑤ 변경된 경력·실적 평가의 만점 기준

35 다음은 P공사에서 공개한 2023년 구분 손익계산서이다. 이에 대한 설명으로 옳은 것은?

<2023년 구분 손익계산서>

(단위 : 억 원)

구분	합계	손실보전대상사업					토지은행사업	일반사업
		공공주택(보금자리)	산업단지개발	주택관리사업	행정중심복합도시	혁신도시개발		
매출액	180,338	68,245	7,349	13,042	6,550	2,617	2,486	80,049
매출원가	146,978	55,230	4,436	22,890	3,421	1,846	2,327	56,828
매출총이익	33,360	13,015	2,913	−9,848	3,129	771	159	23,221
판매비와 관리비	7,224	2,764	295	1,789	153	7	60	2,156
영업이익	26,136	10,251	2,618	−11,637	2,976	764	99	21,065
기타수익	9,547	296	77	96	56	133	0	8,889
기타비용	3,451	68	5	1	1	11	1	3,364
기타이익(손실)	−60	−7	0	0	0	−3	0	−50
금융수익	2,680	311	18	0	112	13	0	2,226
금융원가	6,923	−2,610	487	6,584	585	−7	57	1,827
지분법적용관계기업이익(손실)	33	0	0	0	0	0	0	33
법인세비용차감전순이익	27,962	13,393	2,221	−18,126	2,558	903	41	26,972
법인세비용	7,195	3,446	572	−4,664	658	232	11	6,940
당기순이익	20,767	9,947	1,649	−13,462	1,900	671	30	20,032

① 주택관리사업의 판매비와 관리비는 공공주택사업의 판매비와 관리비의 80% 이상이다.

② 금융원가가 높은 사업의 순위와 기타수익이 높은 사업의 순위는 동일하다.

③ 행정중심복합도시의 영업이익이 2023년 전체 영업이익에서 차지하는 비율은 20% 이상이다.

④ 혁신도시개발의 매출총이익은 법인세비용 차감 전 순이익의 75% 이상이다.

⑤ 산업단지개발의 매출원가는 일반사업의 매출원가의 15% 이상이다.

36 H는 외국어능력을 키우기 위해서 영어학원에 등록을 했다. 그런데 몸이 안 좋거나 다른 약속이 생겨서 뜻대로 참석하지 못하고 있다. 다음 중 H의 자기개발을 방해하는 요인과 비슷한 사례는?

① A는 외국계 회사로 이직했다. 이직 후 A는 이전과는 다른 회사 분위기에 적응하느라 2주째 동호회에 나가지 못하고 있다.

② 신입사원 B는 직장 선배에게 회사 일도 중요하지만 개인적인 능력개발도 중요하다는 이야기를 들었다. 하지만 B는 어디서부터 어떤 것을 시작해야 할지 혼란스럽다.

③ C는 주말마다 봉사활동을 다니고 있지만 잦은 회식과 과음으로 최근엔 봉사활동에 나가지 못하고 있다.

④ D는 입사한 지 5년이 지났지만 아직 자신이 잘하는 일이 무엇인지 알 수 없어 고민이다.

⑤ E는 대기업에서 근무하고 있지만 하고 있는 업무가 적성에 맞지 않아 고민이다. 그렇다고 적성에 맞는 일을 찾아가기에는 너무 늦은 것 같다.

37 다음 상황에서 K주임이 처리해야 할 업무 순서로 가장 적절한 것은?

> 안녕하세요, K주임님. 언론홍보팀 S대리입니다. 다름이 아니라 이번에 P공사에서 진행하는 '소셜벤처 성장 지원사업'에 관한 보도 자료를 작성하려고 하는데, 디지털소통팀의 업무 협조가 필요하여 연락드렸습니다. 디지털소통팀 G팀장님께 K주임님이 협조해 주신다는 이야기를 전해 들었습니다. 자세한 요청 사항은 회의를 통해서 말씀드리도록 하겠습니다. 혹시 내일 오전 10시에 회의를 진행해도 괜찮을까요? 일정 확인하시고 오늘 내로 답변 주시면 감사하겠습니다. 일단 회의 전에 알아두시면 좋을 것 같은 자료는 메일로 발송하였습니다. 회의 전에 미리 확인하셔서 관련 사항 숙지하시고 회의에 참석해 주시면 좋을 것 같습니다. 아! 그리고 오늘 2시에 홍보실 각 팀 팀장 회의가 있다고 하니, G팀장님께 꼭 전해주세요.

① 팀장 회의 참석 – 익일 업무 일정 확인 – 메일 확인 – 회의 일정 답변 전달

② 팀장 회의 참석 – 메일 확인 – 익일 업무 일정 확인 – 회의 일정 답변 전달

③ 팀장 회의 일정 전달 – 메일 확인 – 회의 일정 답변 전달 – 익일 업무 일정 확인

④ 팀장 회의 일정 전달 – 익일 업무 일정 확인 – 회의 일정 답변 전달 – 메일 확인

⑤ 팀장 회의 일정 전달 – 익일 업무 일정 확인 – 메일 확인 – 회의 일정 답변 전달

38 다음은 문제의 의미에 대한 설명이다. 이를 참고할 때, 〈보기〉의 내용 중 성격이 다른 하나는?

> 문제란 원활한 업무수행을 위해 해결해야 하는 질문이나 의논 대상을 의미한다. 즉, 해결하기를 원하지만 실제로 해결해야 하는 방법을 모르고 있는 상태나 얻고자 하는 해답이 있지만 그 해답을 얻는 데 필요한 일련의 행동을 알지 못한 상태이다. 이러한 문제는 흔히 문제점과 구분하지 않고 사용하는데, 문제점이란 문제의 근본 원인이 되는 사항으로, 문제해결에 필요한 열쇠인 핵심 사항을 말한다.

──────〈보기〉──────

> 전기밥솥에 밥을 지어놓고 부모는 잠시 다른 일을 하러 갔다. 그 사이 아이는 전기밥솥을 가지고 놀다가 전기밥솥에서 올라오는 연기에 화상을 입었다.

① 아이의 화상
② 부모의 부주의
③ 아이의 호기심
④ 전기밥솥의 열기
⑤ 안전사고 발생 가능성에 대한 부주의

39 다음 글의 밑줄 친 부분에 해당하는 자기개발 전략으로 적절하지 않은 것은?

> 자기개발에 대한 계획을 수립한다고 해서 모든 목표를 달성할 수 있는 것은 아니다. 자기개발 목표를 성취하기 위해서는 다음과 같은 전략을 고려하여 목표를 수립하고, 자기개발 방법을 선정하여야 한다.

① 인간관계를 고려한다.
② 자신과 상관없는 직무보다는 현재의 직무를 고려한다.
③ 구체적인 방법으로 계획한다.
④ 장기목표보다는 단기목표를 수립한다.
⑤ 자기개발을 위해 자신과 내·외부의 정보를 확보한다.

40 X제품을 운송하는 Q씨는 업무상 편의를 위해 고객의 주문 내역을 임의의 기호로 기록하고 있다. 다음과 같은 주문 전화를 받았을 때 Q씨가 기록한 기호로 옳은 것은?

〈임의 기호〉

재료	연강	고강도강	초고강도강	후열처리강
	MS	HSS	AHSS	PHTS
판매량	낱개	1묶음	1박스	1세트
	01	10	11	00
지역	서울	경기남부	경기북부	인천
	E	S	N	W
윤활유 사용	청정작용	냉각작용	윤활작용	밀폐작용
	P	C	I	S
용도	베어링	스프링	타이어코드	기계구조
	SB	SS	ST	SM

※ Q씨는 [재료] – [판매량] – [지역] – [윤활유 사용] – [용도]의 순서로 기호를 기록한다.

〈주문 전화〉

안녕하세요? 저는 인천 지점에서 같이 일했던 P입니다. 필요한 것이 있어서 전화했습니다. 일단 서울 지점의 B씨가 스프링으로 사용할 제품이 필요하다고 합니다. 한 박스 정도면 될 것 같습니다. 이전에 주문했던 대로 연강에 윤활용으로 윤활유를 사용한 제품으로 부탁합니다. 저는 이번에 경기 남쪽으로 가는데, 거기에 있는 제 사무실 아시죠? 그곳으로 초고강도강 타이어코드용으로 1세트 보내 주세요. 튼실한 걸로 밀폐용 윤활유 사용해서 부탁합니다. 저번에 냉각용으로 사용한 제품은 생각보다 좋진 않았습니다.

① MS11EISS, HSS00SSST
② MS11EISB, AHSS00SSST
③ MS11EISS, AHSS00SSCST
④ MS11EISS, AHSS00SSST
⑤ MS11WISS, AHSS10SSST

41 다음 글의 내용이 참일 때, 가해자인 것이 확실한 사람과 가해자가 아닌 것이 확실한 사람이 바르게 연결된 것은?

> 폭력 사건의 용의자로 A, B, C가 지목되었다. 조사 과정에서 A, B, C가 각각 〈보기〉와 같이 진술하였는데, 이들 가운데 가해자는 거짓만을 진술하고 가해자가 아닌 사람은 참만을 진술한 것으로 드러났다.

〈보기〉

A : 우리 셋 중 정확히 한 명이 거짓말을 하고 있다.
B : 우리 셋 중 정확히 두 명이 거짓말을 하고 있다.
C : A, B 중 정확히 한 명이 거짓말을 하고 있다.

	가해자인 것이 확실	가해자가 아닌 것이 확실
①	A	C
②	B	없음
③	B	A, C
④	A, C	B
⑤	A, B, C	없음

42 직장에서는 직위체계에 따라 상사가 있고 더욱 직위가 높은 임원급이 있는가 하면, 같은 시기에 직장에 들어온 동료가 있다. 또한, 부하직원도 있고 협력회사 및 고객도 있다. 다음 중 직장 내 다양한 인간관계 속에서 직업인이 지켜야 할 예절로 적절하지 않은 것은?

① 휴대폰 이용 시 지나친 SNS의 사용은 업무에 지장을 주므로 휴식시간을 이용한다.
② 비즈니스상의 소개를 할 때는 직장 내에서의 서열과 나이, 성별을 고려해야 한다.
③ 전화를 받을 때는 전화벨이 3~4번 울리기 전에 받고 자신이 누구인지를 즉시 말한다.
④ 명함을 교환할 때는 하위에 있는 사람이 먼저 꺼내는데 상위자에 대해서는 왼손으로 가볍게 받치는 것이 예의이며, 동위자·하위자에게는 오른손으로만 쥐고 건넨다.
⑤ 외부 인사와 첫인사로 악수를 할 때는 서로의 이름을 말하고 간단한 인사 몇 마디를 주고받는 정도의 시간 안에 끝내야 한다.

43 은수, 민수, 정태, 태희, 경미는 P공사의 입사 필기시험에 함께 응시했다. 시험을 치르는 중에 다음 〈조건〉과 같이 부정행위가 일어났다고 할 때, 부정행위를 한 사람을 모두 고르면?

─────〈조건〉─────
㉠ 2명이 부정행위를 저질렀다.
㉡ 민수와 정태는 같이 부정행위를 하거나 같이 부정행위를 하지 않았다.
㉢ 민수나 경미가 부정행위를 했다면 은수도 부정행위를 했다.
㉣ 정태가 부정행위를 했다면 태희도 부정행위를 했다.
㉤ 경미가 부정행위를 하지 않았으면 태희도 부정행위를 하지 않았다.

① 은수, 민수
② 민수, 정태
③ 은수, 경미
④ 정태, 태희
⑤ 태희, 경미

44 P사 관리팀에 근무하는 B팀장은 최근 부하직원 A씨 때문에 고민 중이다. B팀장이 보기에 A씨의 업무 방법은 업무의 성과를 내기에 부적절해 보이지만, 자존감이 강하고 자기결정권을 중시하는 A씨는 자기 자신이 스스로 잘하고 있다고 생각하며 B팀장의 조언이나 충고에 대해 반발심을 표현하고 있기 때문이다. 이와 같은 상황에서 B팀장이 부하직원인 A씨에게 할 수 있는 효과적인 코칭 방법으로 가장 적절한 것은?

① 징계를 통해 B팀장의 조언을 듣도록 유도한다.
② 대화를 통해 스스로 자신의 잘못을 인식하도록 유도한다.
③ A씨에 대한 칭찬을 통해 업무 성과를 극대화시킨다.
④ A씨를 더 강하게 질책하여 업무 방법을 개선시키도록 한다.
⑤ 스스로 업무방법을 고칠 때까지 믿어 주고 기다려 준다.

45 다음 〈보기〉에서 10진법에 대한 설명으로 옳은 것을 모두 고르면?

┌─────────────── 〈보기〉 ───────────────┐
ㄱ. 10진법이란 1, 10, 100, 1000, …과 같이 10배마다 새로운 자리로 옮겨가는 기수법을 의미한다.
ㄴ. 10진법에서 수를 취급할 때에는 한 자리의 수가 0부터 시작해서 0, 1, 2, 3, 4, 5, 6, 7, 8, 9로 증가하여 10으로 될 때마다 자리올림을 한다.
ㄷ. 2진법으로 나타낸 수인 10001을 10진법으로 나타내면 17이다.
└──────────────────────────────────────┘

① ㄴ   ② ㄱ, ㄴ
③ ㄱ, ㄷ   ④ ㄴ, ㄷ
⑤ ㄱ, ㄴ, ㄷ

46 예산을 직접비용과 간접비용으로 구분한다고 할 때, 다음 〈보기〉에서 직접비용과 간접비용을 바르게 분류한 것은?

┌─────────────── 〈보기〉 ───────────────┐
㉠ 재료비   ㉡ 원료와 장비 구입비
㉢ 광고비   ㉣ 보험료
㉤ 인건비   ㉥ 출장비
└──────────────────────────────────────┘

	직접비용	간접비용
①	㉠, ㉡, ㉤	㉢, ㉣, ㉥
②	㉠, ㉡, ㉥	㉢, ㉣, ㉤
③	㉠, ㉡, ㉢, ㉣	㉤, ㉥
④	㉠, ㉡, ㉣, ㉥	㉢, ㉤
⑤	㉠, ㉡, ㉤, ㉥	㉢, ㉣

47 다음은 인사팀 직원들이 경력개발을 하는 이유에 대해 나눈 대화 내용이다. 같은 이유를 이야기하고 있는 사람들을 모두 고르면?

> Q사원 : 경력개발은 좋은 인간관계를 위해 꼭 필요한 것 같아요.
> R대리 : 현대사회는 빠르게 변화하고 있어. 지식정보사회에 적응하려면 경력을 개발해야 해.
> S과장 : 요즘 사회에는 평생직장이라는 개념이 사라졌잖아. 우리 나이 때에도 이직하는 사람들이 늘어났을 정도니까…. 이러한 이직을 준비하기 위해서라도 경력개발은 쉬지 않고 이뤄져야 해.
> T사원 : 전 자기 만족을 위해서 경력개발을 해야 한다고 생각해요. 한자리에 서 있지 않고 끊임없이 앞으로 나아간다는 기쁨이 있잖아요.

① R대리, S과장

② Q사원, S과장

③ R대리, T사원

④ Q사원, T사원

⑤ S과장, T사원

48 최근 직장에서는 성희롱과 같은 문제가 이슈화되고 있다. 다음 중 성 예절을 지키기 위한 자세로 적절하지 않은 것은?

① 성희롱 문제는 개인적인 일이기 때문에 당사자들끼리 해결해야 한다.

② 직장 내에서 여성이 남성과 동등한 지위를 보장받기 위해서 그만한 책임과 역할을 다해야 하며, 조직은 그에 상응하는 여건을 조성해야 한다.

③ 우리 사회에는 뿌리 깊은 남성 위주의 가부장적 문화와 성역할에 대한 과거의 잘못된 인식이 아직도 남아 있기 때문에 남녀 공존의 직장문화를 정착하는 데 남다른 노력을 기울여야 한다.

④ 실정법을 준수하여 회사의 명예와 본인의 품위를 지켜야 하며, 사회적 또는 윤리적으로 비난받을 행위를 하지 않아야 한다.

⑤ 여성의 직업참가율이 비약적으로 높아졌기 때문에 남성이 대등한 동반자 관계로 동등한 역할과 능력 발휘를 한다는 인식을 가질 필요가 있다.

※ P공사의 총무부와 인사부는 친목도모를 위해 각각 10월 3일과 10월 7일에 S산 트레킹을 시작했다. 다음 트레킹 코스 및 구간별 소요 시간에 대한 자료와 〈조건〉을 읽고 이어지는 질문에 답하시오. [49~52]

〈S산 트레킹 코스〉

(2,833m)L ○──○ M (3,012m)
(2,594m)J ○──○ K (2,641m)
(2,502m)I ○
(2,348m)G ○──○ H (2,467m)
(2,260m)F ○
E (2,178m) ○
D (2,111m) ○
(2,050m)C ○
B (1,638m) ○
A (1,050m) ○

북
서 — 동
남

※ 괄호 안의 수치는 해발고도를 나타낸다.

〈구간별 트레킹 소요 시간〉

• 올라가는 경우

(단위 : 시간)

경로	소요 시간
A → B	3
B → C	2
C → D	1
D → E	1
E → F	2
F → G	3
G → H	2
H → I	2
I → J	1
J → K	2
K → L	3
L → M	3

• 내려오는 경우, 구간별 소요 시간은 50% 단축된다.

─〈조건〉─
• 트레킹 코스는 A지점에서 시작하여 M지점에 도달한 다음 A지점으로 돌아오는 것이다.
• 하루에 가능한 트레킹의 최장 시간은 6시간이다.
• 하루 트레킹이 끝나면 반드시 비박을 해야 하고, 비박은 각 지점에서만 가능하다.
• M지점에 도달한 날은 그날 바로 내려오지 않고, M지점에서 비박한다.
• 해발 2,500m를 통과하는 날부터 고산병 예방을 위해 당일 수면고도를 전날 수면고도보다 200m 이상 높일 수 없다.
• 하루에 이동할 수 있는 최대거리로 이동하며, 최단 시간의 경우로 트레킹한다.
※ 수면고도는 비박하는 지역의 해발고도를 의미한다.

49 다음 중 총무부의 S산 트레킹 일정에 대한 설명으로 옳지 않은 것은?

① A지점에서 B지점에 도착하는 데 걸리는 시간과 B지점에서 D지점에 도착하는 데 걸리는 시간은 같다.

② F지점에서 G지점으로 가는 것은 E지점에서 F지점으로 가는 것보다 시간이 더 많이 소요된다.

③ M지점에서 L지점에 도착하는 데 걸리는 시간과 K지점에서 I지점에 도착하는 데 걸리는 시간은 같다.

④ F지점에서 E지점으로 가는 데에는 2시간이 소요된다.

⑤ A지점에서 B지점까지 간 거리는 같은 시간이 걸리는 지점 간 거리 중 가장 길다.

50 다음 중 총무부의 S산 트레킹에 대한 설명으로 옳지 않은 것은?

① 트레킹 첫째 날 수면고도는 2,111m이다.

② 트레킹 둘째 날 수면고도는 2,400m보다 낮다.

③ 트레킹 둘째 날과 셋째 날의 이동시간은 서로 같다.

④ 트레킹 셋째 날에 해발고도 2,500m 이상의 높이를 올라갔다.

⑤ 트레킹 넷째 날 이동 거리가 가장 짧다.

51 다음 중 총무부가 모든 트레킹 일정을 완료한 날짜는?

① 10월 10일　　　　　　　　　　② 10월 11일

③ 10월 12일　　　　　　　　　　④ 10월 13일

⑤ 10월 14일

52 총무부가 10월 9일에 도착한 비박지점에 기념 깃발을 꽂아 두었다면, 그곳은 어느 지점이겠는가?

① I지점　　　　　　　　　　② K지점

③ L지점　　　　　　　　　　④ M지점

⑤ H지점

53 다음 두 사례를 보고 팀워크에 대해 분석한 내용으로 적절하지 않은 것은?

〈P사의 사례〉

P사는 1987년부터 1992년까지 품질과 효율향상은 물론 생산 기간을 50%나 단축시키는 성과를 내었다. 모든 부서에서 품질 향상의 경쟁이 치열했고, 그 어느 때보다 좋은 팀워크가 만들어졌다고 평가되었다. 가장 성과가 우수하였던 부서는 미국의 권위 있는 볼드리지(Baldrige) 품질대상을 수상하기도 하였다. 그런데 이러한 개별 팀의 성과가 회사 전체의 성과나 주주의 가치로 잘 연결되지 못했던 것으로 분석되었다. 시장의 PC 표준 규격을 반영하지 않은 새로운 규격으로 인해 호환성 문제가 대두되었고, 대중의 외면을 받아야만 했다. 한 임원은 "아무리 빨리, 제품을 잘 만들어도 고객의 가치를 반영하지 못하거나, 시장에서 고객의 접촉이 제대로 이루어지지 않으면 의미가 없다는 점을 배웠다."라고 말했다.

〈E병원의 사례〉

가장 정교하고 효과적인 팀워크가 요구되는 의료 분야에서 E병원은 최고의 의료 수준과 서비스로 명성을 얻고 있다. 이 병원의 조직 운영 기본 원칙에는 '우리 지역과 국가, 세계의 환자들의 니즈에 집중하는 최고의 의사, 연구원 및 의료 전문가의 협력을 기반으로 병원을 운영한다.'라고 명시되어 있다고 한다. 팀 간의 협력은 물론 전 세계의 고객을 지향하는 웅대한 가치를 공유하고 있는 것이다. E병원이 최고의 명성과 함께 노벨상을 수상하는 실력을 갖출 수 있었던 데에는 이러한 팀워크가 중요한 역할을 하였다고 볼 수 있다.

---

① 개별 팀의 팀워크가 좋다고 해서 반드시 조직의 성과로 이어지는 것은 아니다.

② 팀워크는 공통된 비전을 공유하고 있어야 한다.

③ 개인의 특성을 이해하고 개인 간의 차이를 중시해야 한다.

④ 팀워크를 지나치게 강조하다 보면 외부에 배타적인 자세가 될 수 있다.

⑤ 팀워크는 성과를 만드는 데 중요한 역할을 한다.

54 다음 글의 내용이 참일 때, 참인지 거짓인지 알 수 있는 것을 〈보기〉에서 모두 고르면?

> 머신러닝은 컴퓨터 공학에서 최근 주목 받고 있는 분야이다. 이 중 샤펠식 과정은 성공적인 적용 사례들로 인해 우리에게 많이 알려진 학습 방법이다. 머신러닝의 사례 가운데 샤펠식 과정에 해당하면서 의사결정트리 방식을 따르지 않는 경우는 없다.
> 머신러닝은 지도 학습과 비지도 학습이라는 두 배타적 유형으로 나눌 수 있고, 모든 머신러닝의 사례는 이 두 유형 중 어딘가에 속한다. 샤펠식 과정은 모두 전자에 속한다. 머신러닝에서 새로 떠오르는 방법은 강화 학습인데, 강화 학습을 활용하는 모든 경우는 후자에 속한다. 그리고 의사결정트리 방식을 적용한 사례들 가운데 강화 학습을 활용하는 머신러닝의 사례도 있다.

〈보기〉
> ㉠ 의사결정트리 방식을 적용한 모든 사례는 지도 학습의 사례이다.
> ㉡ 샤펠식 과정의 적용 사례가 아니면서 의사결정트리 방식을 적용한 경우가 존재한다.
> ㉢ 강화 학습을 활용하는 머신러닝 사례들 가운데 의사결정트리 방식이 적용되지 않은 경우는 없다.

① ㉡
② ㉢
③ ㉠, ㉡
④ ㉠, ㉢
⑤ ㉠, ㉡, ㉢

55 다음 〈보기〉 중 효율적이고 합리적인 인사관리를 하기 위한 원칙으로 옳은 것을 모두 고르면?

〈보기〉
> ㉠ 근로자의 인권을 존중하고, 공헌도에 따라 노동의 대가를 지급한다.
> ㉡ 자신에게 직접적인 도움을 줄 수 있는 사람들을 적절하게 배치한다.
> ㉢ 직장에서 신분이 보장되고 계속해서 근무할 수 있다는 믿음을 갖게 한다.
> ㉣ 근로자가 창의력을 발휘할 수 있도록 기회를 마련하고 인센티브를 제공한다.
> ㉤ 직장 구성원들이 서로 유대감을 가지고 협동·단결하는 체제를 이루도록 한다.

① ㉠, ㉡, ㉤
② ㉠, ㉡, ㉢, ㉣
③ ㉠, ㉡, ㉢, ㉤
④ ㉠, ㉢, ㉣, ㉤
⑤ ㉡, ㉢, ㉣, ㉤

56 다음 글을 읽고 이해한 내용으로 가장 적절한 것은?

> P공단은 건강정보전문사이트 건강iN의 창의적인 콘텐츠를 발굴하고, 수요자 맞춤형 건강관리 서비스를 실현하기 위하여 10월 27일(금)부터 11월 25일(토)까지 '건강iN 콘텐츠 아이디어 공모전'을 개최한다고 밝혔다. 공모내용은 공단이 보유하고 있는 건강 관련 빅데이터, 오픈된 공공데이터, 개인건강기록(IoT 등) 데이터 등을 융합한 신규 서비스에 관한 아이디어로 자가 건강관리를 위해 건강iN(웹과 앱 모두)에서 제공할 수 있는 서비스, 모바일 기기를 활용한 개인 맞춤형 건강관리 등 '모바일 특화 서비스'를 주제로 하여 개인 또는 팀(인원 제한 없음)의 형태로 누구나 참여 가능하다.
> 공모방법은 '건강iN 콘텐츠 아이디어 공모전 기획서', '건강iN 콘텐츠 아이디어 공모전 참가 서약서', '개인정보 수집·이용 동의서'를 이메일로 제출하면 된다. 공모 관련 자세한 사항은 건강iN → 건강iN 소개 → 공지사항의 '건강iN 콘텐츠 아이디어 공모전' 게시글의 공모요강에서 확인할 수 있다.
> 공모 당선작은 아이디어의 활용 적절성, 실현 가능성, 독창성, 충실성을 고려하여 최우수상(150만 원) 1명(팀), 우수상(각 100만 원) 2명(팀), 장려상(각 50만 원) 3명(팀)을 선정하며, 당선 결과는 12월 13일(수) 건강iN 공지사항을 통해 게시 및 개별적으로 통보할 예정이다.
> P공단 관계자는 "이번 공모전을 통해 수요자 맞춤형 건강관리 서비스를 실현할 수 있는 참신한 콘텐츠 아이디어가 응모되길 기대하며, 당선작은 추후 콘텐츠로 개발되어 홈페이지 및 모바일 서비스를 실시함으로써 국민들의 건강관리에 도움을 줄 예정이다."라고 밝혔다.

① P공단의 '건강iN 콘텐츠 아이디어 공모전'은 대략 두 달간 진행되는군.
② 공모전에 제출할 데이터 융합 신규 서비스는 건강iN 웹이나 앱 중 한 곳에 제공할 수 있어야 한다.
③ 공모전에는 개인 또는 팀으로 참여할 수 있지만, 팀은 3명 이하로 구성되어야 한다.
④ 공모전 기획서, 참가 서약서, 개인정보 수집·이용 동의서를 모두 이메일로 제출해야 한다.
⑤ 공모 당선 결과는 건강iN 공지사항에 게시될 예정이므로 참가자는 홈페이지를 통해 확인해야 한다.

57 다음은 벤치마킹을 수행 방식에 따라 분류한 자료이다. 빈칸 (A) ~ (E)에 들어갈 내용으로 적절하지 않은 것은?

〈벤치마킹의 수행 방식에 따른 분류〉

구분	직접적 벤치마킹	간접적 벤치마킹
정의	• 벤치마킹 대상을 직접 방문하여 조사 · 분석하는 방법	• 벤치마킹 대상을 인터넷 및 문서형태의 자료 등을 통해서 간접적으로 조사 · 분석하는 방법
장점	• 필요로 하는 정확한 자료의 입수 및 조사가 가능하다. • _____(A)_____	• 벤치마킹 대상의 수에 제한이 없고 다양하다. • _____(C)_____
단점	• 벤치마킹 수행과 관련된 비용 및 시간이 많이 소요된다. • _____(B)_____	• _____(D)_____ • _____(E)_____

① (A) : 벤치마킹의 이후에도 계속적으로 자료의 입수 및 조사가 가능하다.

② (B) : 벤치마킹 결과가 피상적일 수 있다.

③ (C) : 비용과 시간을 상대적으로 많이 절감할 수 있다.

④ (D) : 핵심자료의 수집이 상대적으로 어렵다.

⑤ (E) : 정확한 자료 확보가 어렵다.

58 다음 중 파일 삭제 시 파일이 [휴지통]에 임시 보관되어 복원이 가능한 경우는?

① 바탕 화면에 있는 파일을 [휴지통]으로 드래그 앤 드롭하여 삭제한 경우

② USB 메모리에 저장되어 있는 파일을 〈Delete〉 키로 삭제한 경우

③ 네트워크 드라이브의 파일을 바로 가기 메뉴의 [삭제]를 클릭하여 삭제한 경우

④ [휴지통]의 크기를 0%로 설정한 후 [내 문서] 폴더 안의 파일을 삭제한 경우

⑤ 〈Shift〉＋〈Delete〉 키로 삭제한 경우

59 재무팀에서는 주말 사무보조 직원을 채용하기 위해 공고문을 게재하였으며, 지원자 명단은 다음과 같다. 이를 참고하였을 때, 최소비용으로 가능한 많은 인원을 채용하고자 한다면 몇 명의 지원자를 채용할 수 있겠는가?(단, 급여는 지원자가 희망하는 금액으로 지급한다)

〈사무보조 직원 채용 공고문〉

- 업무내용 : 문서수발, 전화응대 등
- 지원자격 : 경력, 성별, 나이, 학력 무관
- 근무조건 : 장기(6개월 이상, 협의불가) / 주말 11:00 ~ 22:00(협의가능)
- 급여 : 협의결정
- 연락처 : 02-000-0000

〈지원자 명단〉

성명	희망근무기간	근무가능시간	최소근무시간(하루 기준)	희망 임금(시간당/원)
박소다	10개월	11:00 ~ 18:00	3시간	9,500
서창원	12개월	12:00 ~ 20:00	2시간	10,500
한승희	8개월	18:00 ~ 22:00	2시간	9,500
김병우	4개월	11:00 ~ 18:00	4시간	9,000
우병지	6개월	15:00 ~ 20:00	3시간	9,000
김래원	10개월	16:00 ~ 22:00	2시간	10,000
최지홍	8개월	11:00 ~ 18:00	3시간	9,000

※ 지원자 모두 주말 이틀 중 하루만 출근하기를 원한다.
※ 하루에 2회 이상 출근은 불가하다.

① 2명
② 3명
③ 4명
④ 5명
⑤ 6명

60 P공사 인사관리부에서 근무하는 W대리는 2박 3일간 실시하는 신입사원 연수에 대한 기획안과 예산안을 작성해 제출해야 한다. 그중 식사에 대한 예산을 측정하기 위해 연수원에서 다음과 같이 메뉴별 가격 및 안내문을 받았다. 연수를 가는 신입사원은 총 50명이지만 이 중 15명은 둘째 날 오전 7시에 후발대로 도착할 예정이다. 예산은 최대 금액으로 편성하려 할 때, W대리가 식사비 예산으로 작성할 금액은?

〈메뉴〉

정식 ·· 9,000원
일품 ·· 8,000원
스파게티 ·· 7,000원
비빔밥 ·· 5,000원
낙지덮밥 ·· 6,000원

〈안내문〉

• 식사시간 : (조식) 08:00 ~ 09:00 / (중식) 12:00 ~ 13:00 / (석식) 18:00 ~ 19:00
• 편의를 위하여 도착 후 첫 식사인 중식은 정식, 셋째 날 마지막 식사인 조식은 일품으로 통일한다.
• 나머지 식사는 정식과 일품을 제외한 메뉴에서 자유롭게 선택한다.

---

① 1,820,000원　　　　　　　　　② 1,970,000원
③ 2,010,000원　　　　　　　　　④ 2,025,000원
⑤ 2,070,000원

61 다음은 K회사 인트라넷에 올라온 컴퓨터의 비프음과 관련된 문제해결방법에 대한 공지사항이다. 부팅 시 비프음 소리와 해결방법에 대한 설명으로 옳지 않은 것은?

안녕하십니까.
최근 사용하시는 컴퓨터를 켤 때 비프음 소리가 평소와 다르게 들리는 경우가 종종 있습니다.
해당 비프음 소리별 발생 원인과 해결방법을 공지하오니 참고해 주시기를 바랍니다.

〈비프음으로 진단하는 컴퓨터 상태〉

- 짧게 1번 : 정상
- 짧게 2번 : 바이오스 설정이 올바르지 않은 경우, 모니터에 오류 메시지가 나타나게 되므로 참고하여 문제해결
- 짧게 3번 : 키보드가 불량이거나 올바르게 꽂혀 있지 않은 경우
- 길게 1번+짧게 1번 : 메인보드 오류
- 길게 1번+짧게 2번 : 그래픽 카드의 접촉 점검
- 길게 1번+짧게 3번 : 쿨러의 고장 등 그래픽 카드 접촉 점검
- 길게 1번+짧게 9번 : 바이오스의 초기화, A/S 점검
- 아무 경고음도 없이 모니터가 켜지지 않을 때 : 전원 공급 불량 또는 합선, 파워서플라이의 퓨즈 점검, CPU나 메모리의 불량
- 연속으로 울리는 경고음 : 시스템 오류, 메인보드 점검 또는 각 부품의 접촉 여부와 고장 확인

① 비프음이 짧게 2번 울릴 때는 모니터에 오류 메시지가 뜨니 원인을 참고해 해결할 수 있다.
② 비프음이 길게 1번, 짧게 1번 울렸을 때 CPU를 교체해야 한다.
③ 비프음이 길게 1번, 짧게 9번 울리면 바이오스 ROM 오류로 바이오스의 초기화 또는 A/S가 필요하다.
④ 키보드가 올바르게 꽂혀 있지 않은 경우 비프음이 짧게 3번 울린다.
⑤ 연속으로 울리는 경고음은 시스템 오류일 수 있다.

62 다음은 직장에서 에티켓을 지키지 않는 김과장의 사례이다. 직장에서 화목한 분위기를 만들려면 기본적으로 지켜야 할 예절이 필요하다. 직장에서 김과장에게 필요한 예절로 적절한 것을 모두 고르면?

> 전략기획부의 김과장은 사적인 전화를 사무실에서 아무렇지도 않게 한다. 큰 목소리로 통화하며 마치 옆 동료가 들으라는 듯 전화기를 잡고 내려놓지를 않는다. 또한, 김과장은 스스로 사교성이 뛰어나다고 착각한다. 반말을 섞어 말하는 것이 친근함의 표현이라 믿는 듯하다. 김과장에게 회사의 사무실 비품은 개인 물품이 된 지 오래이다. 그리고 음식을 먹을 때 지나치게 집착을 한다. 김과장과 회식하는 날은 항상 기분 좋게 끝난 적이 없다.

① 전화 예절, 언어 예절, 식사 예절
② 전화 예절, 복장 예절, 인사 예절
③ 전화 예절, 언어 예절, 승강기 예절
④ 전화 예절, 언어 예절, 식사 예절, 이메일 예절
⑤ 전화 예절, 인사 예절, 식사 예절, 승강기 예절

63 다음 중 기업의 성과에 영향을 미치는 인적자원의 세 가지 특성으로 옳은 것은?

① 안정성, 개발가능성, 전략적 중요성
② 안정성, 지속가능성, 환경적응성
③ 능동성, 개발가능성, 전략적 중요성
④ 능동성, 개발가능성, 환경적응성
⑤ 능동성, 지속가능성, 환경적응성

64 마이클 포터의 본원적 경쟁전략 중 다음 사례에 나타나는 P사의 전략으로 가장 적절한 것은?

> P사는 스티브 잡스가 500만 달러라는 낮은 가격에 매수해 나중에 75억 달러에 판매되는 대형 회사가 되었다. 초기에 P사는 그래픽 기술을 보유하고 있는 애니메이션 회사였다. 하지만 창의적인 스토리와 캐릭터로 애니메이션 영화 흥행에 성공했고, 경쟁사인 D사보다 더 신뢰받는 회사가 되었다. P사는 D사의 공주와 왕자가 만나 행복하게 살게 되는 스토리와는 다르게 만들고 싶었고, P사는 엄청난 흥행을 거둔 수많은 애니메이션 작품으로 관객에게 감동과 재미를 모두 주었다. 오랜 시간의 적자에도 끊임없는 창의적인 발상으로 P사는 관객에게 큰 신뢰를 얻을 수 있었고, 이러한 신뢰는 대기업으로 발전하는 결정적인 원동력이 되었다.

① 윈윈 전략　　　　　② 관리 전략
③ 집중화 전략　　　　④ 차별화 전략
⑤ 원가우위 전략

65 K회사의 신입사원인 A ~ E는 회사에서 문서작성 시 주의해야 할 사항에 대한 교육을 받은 뒤 서로 이야기를 나누었다. 다음 중 잘못된 내용을 이야기하고 있는 사람을 〈보기〉에서 모두 고르면?

> ───〈보기〉───
> A사원 : 문서를 작성할 때는 주로 '누가, 언제, 어디서, 무엇을, 어떻게, 왜'의 육하원칙에 따라 작성해야 해.
> B사원 : 물론 육하원칙에 따라 글을 작성하는 것도 중요하지만, 되도록 글이 한눈에 들어올 수 있도록 하나의 사안은 한 장의 용지에 작성해야 해.
> C사원 : 글은 한 장의 용지에 작성하되, 자료는 최대한 많이 첨부하여 문서를 이해하는 데 어려움이 없도록 하는 것이 좋아.
> D사원 : 문서를 작성한 후에는 내용을 다시 한 번 검토해 보면서 높임말로 쓰인 부분은 없는지 살펴보고, 있다면 이를 낮춤말인 '해라체'로 고쳐 써야 해.
> E사원 : 특히 문서나 첨부 자료에 금액이나 수량, 일자 등이 사용되었다면 정확하게 쓰였는지 다시 한 번 꼼꼼하게 검토하는 것이 좋겠지.

① A사원, B사원　　　② A사원, C사원
③ B사원, D사원　　　④ C사원, D사원
⑤ D사원, E사원

66 다음은 자료와 정보, 지식에 대한 설명이다. 이를 토대로 할 때, P사의 상황에 맞게 빈칸에 들어갈 내용으로 적절하지 않은 것은?

> • 정보와 지식, 자료(데이터)의 고전적인 구분은 맥도너(McDonough)가 그의 책 '정보경제학'에서 시도하였다. 그는 비교적 단순한 방법으로 정보와 지식, 데이터를 구분하고 있다. 즉, 자료(데이터)는 '가치가 평가되지 않은 메시지', 정보는 '특정상황에서 평가된 데이터', 지식은 '정보가 더 넓은 시간·내용의 관계를 나타내는 것'이라고 정의하였다.
>
> • 자동차 업종인 P사는 최근 1년간 자사 자동차를 구매한 고객들의 주문기종을 조사하여 조사결과를 향후 출시할 자동차 설계에 반영하고자 한다.
>
> 자료(Data) ⇨ 객관적 실제의 반영이며, 그것을 전달할 수 있도록 기호화한 것 ⇨ <u>　㉠　</u>
> ⇩
> 정보(Information) ⇨ 자료를 특정한 목적과 문제해결에 도움이 되도록 가공한 것 ⇨ <u>　㉡　</u>
> ⇩
> 지식(Knowledge) ⇨ 정보를 모으고 체계화하여 장래의 일반적인 사항에 대비하여 보편성을 갖도록 한 것 ⇨ <u>　㉢　</u>

① ㉠ : 최근 1년간 P사 자동차 구입 고객의 연령, 성별, 구입 자동차의 차종 및 배기량 등
② ㉡ : 구매대수 증가율이 가장 높은 차종
③ ㉡ : 유가 변화에 따른 P사 판매지점 수 변화
④ ㉢ : 연령별 선호 디자인 트렌드 파악
⑤ ㉢ : 선호 배기량 트렌드에 맞는 신규 차종 개발

※ 다음은 산업재해의 원인을 설명하는 4M의 내용이다. 이어지는 질문에 답하시오. [67~68]

<table>
<tr><td colspan="2">〈산업재해의 원인을 설명하는 4M〉</td></tr>
<tr><td>Man
(사람)</td><td>① 심리적 요인 : 억측 판단, 착오, 생략 행위, 무의식 행동, 망각 등
② 생리적 요인 : 수면 부족, 질병, 고령 등
③ 사회적 요인 : 사업장 내 인간관계, 리더십, 팀워크, 소통 등의 문제</td></tr>
<tr><td>Machine
(기계, 설비)</td><td>① 기계, 설비의 설계상 결함
② 점검, 정비의 결함
③ 구조 불량
④ 위험방호 불량 등</td></tr>
<tr><td>Media
(작업정보, 방법, 환경)</td><td>① 작업계획, 작업절차 부적절
② 정보 부적절
③ 보호구 사용 부적절
④ 작업 공간 불량
⑤ 작업 자세, 작업 동작의 결함 등</td></tr>
<tr><td>Management
(관리)</td><td>① 관리조직의 결함
② 건강관리의 불량
③ 배치의 불충분
④ 안전보건교육 부족
⑤ 규정, 매뉴얼 불철저
⑥ 자율안전보건활동 추진 불량 등</td></tr>
</table>

┃ 기술능력

67 다음 중 4M을 이해한 내용으로 적절하지 않은 것은?

① 개인의 단순한 부주의로 일어난 사고는 4M 중 Man에 해당된다고 볼 수 있어.
② 좁은 공간에서 일하면서 일어난 사고는 4M 중 Media에 속하겠구나.
③ 기계 점검을 충실히 하지 않아 일어난 사고는 4M 중 Machine에 해당되겠지?
④ 개인별 당직근무 배치가 원활하지 않아 일어난 사고는 4M 중 Man에 해당된다고 볼 수 있어.
⑤ 충분한 안전교육이 이루어지지 않아 일어난 사고는 4M 중 Management에 속해.

68 다음 (가), (나)의 사례는 4M 중 각각 어느 유형에 속하는가?

> (가) 유해가스 중독으로 작업자 2명이 사망하는 사고가 발생했다. 작업자 1명이 하수관 정비공사 현장에서 오수 맨홀 내부로 들어갔다가 유해가스를 마셔 의식을 잃고 추락했으며, 작업자를 구출하기 위해 다른 작업자가 맨홀 내부로 들어가 구조하여 나오던 중 같이 의식을 잃고 추락해 두 작업자 모두 사망한 것이다. 작업공간이 밀폐된 공간이어서 산소결핍이나 유해가스 등의 우려가 있었기 때문에 구명밧줄이나 공기 호흡기 등을 준비해야 했지만 준비가 이루어지지 않아 일어난 안타까운 사고였다.
>
> (나) 플라스틱 용기 성형 작업장에서 작업자가 가동 중인 블로우 성형기의 이물질 제거 작업 중 좌우로 움직이는 금형 고정대인 조방 사이에 머리가 끼여 사망하는 사고가 발생했다. 당시 블로우 성형기 전면에 안전장치가 설치되어 있었으나, 안전장치가 제대로 작동하지 않아서 발생한 사고였다.

	(가)	(나)
①	Media	Man
②	Management	Media
③	Media	Management
④	Management	Man
⑤	Media	Machine

69 다음 중 산업재해에 대한 원인으로 적절하지 않은 것은?

> 전선 제조 사업장에서 고장난 변압기 교체를 위해 P공사 작업자가 변전실에서 작업 준비하던 중 특고압 배전반 내 충전부 COS 1차 홀더에 접촉 감전되어 치료 도중 사망하였다. 증언에 따르면 변전실 TR-5 패널의 내부는 협소하고, 재해자의 키에 비하여 경첩의 높이가 높아 문턱 위에 서서 불안전한 작업자세로 작업을 실시하였다고 한다. 또한 재해자는 전기 관련 자격이 없었으며, 복장은 일반 안전화, 면장갑, 패딩점퍼를 착용한 상태였다.

① 불안전한 행동   ② 불안전한 상태
③ 작업 관리상 원인   ④ 기술적 원인
⑤ 작업 준비 불충분

70 K문구 제조업체는 연필 생산 공장을 신설하고자 한다. 다음 자료를 토대로 할 때, 총운송비를 최소화할 수 있는 공장입지는 어디인가?

〈생산 조건〉

• 완제품인 연필을 생산하기 위해서는 나무와 흑연이 모두 필요함

구분	나무	흑연
완제품 1톤 생산에 필요한 양(톤)	3	2

〈운송 조건〉

• 원재료 운송비는 산지에서 공장으로 공급하는 운송비만을 고려함
• 완제품인 연필의 운송비는 공장에서 시장으로 공급하는 운송비만 고려함

구분	나무	흑연	연필
km·톤당 운송비(만 원/km·톤)	20	50	20

※ (총운송비)＝(원재료 운송비)＋(완제품 운송비)

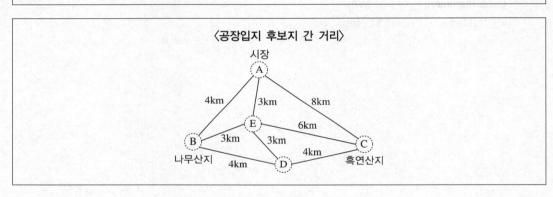

〈공장입지 후보지 간 거리〉

① A   ② B

③ C   ④ D

⑤ E

제3회 모의고사

합격의공식
시대
에듀

www.sdedu.co.kr

5권

제4회
피튤형

NCS 모의고사

www.sdedu.co.kr

〈문항 및 시험시간〉

평가영역	문항 수	시험시간	모바일 OMR 답안채점 / 성적분석 서비스
의사소통능력 / 수리능력 / 문제해결능력 / 자원관리능력 / 정보능력 / 기술능력 / 조직이해능력 / 직업윤리 / 대인관계능력 / 자기개발능력	70문항	70분	

제4회 모의고사

| 의사소통능력

01 다음 주장에 대한 반박으로 가장 적절한 것은?

> 고전적 귀납주의는 경험적 증거가 배제하지 않는 가설들 사이에서 선택을 가능하게 해 준다. 고전적 귀납주의는 특정 가설에 부합하는 경험적 증거가 많을수록 그 가설이 더욱 믿을 만하게 된다고 주장한다. 이에 따르면 우리는 관련된 경험적 증거 전체를 고려하여 가설을 선택할 수 있다. 예를 들어, 비슷한 효능이 기대되는 두 신약 중 어느 것을 건강보험 대상 약품으로 지정할 것인지를 결정하는 경우를 생각해 보자. 고전적 귀납주의는 우리가 두 신약에 대한 다양한 임상 시험 결과를 종합적으로 고려해서 긍정적 결과를 더 많이 얻은 신약을 선택해야 한다고 조언한다.

① 가설의 신뢰도가 높아지려면 가설에 부합하는 새로운 증거가 계속 등장해야 한다.
② 경험적 증거가 여러 가설에 부합하는 경우 아무런 도움이 되지 않는다.
③ 가설로부터 도출된 예측과 경험적 관찰이 모순되는 가설은 배제해야 한다.
④ 가설의 신뢰도가 경험적 증거로 인하여 얼마나 높아지는지를 정량적으로 판단할 수 없다.
⑤ 가설 검증을 통해서만 절대적 진리에 도달할 수 있다.

| 수리능력

02 K씨는 저가항공을 이용하여 비수기에 제주도 출장을 가려고 한다. 1인 기준으로 작년에 비해 비행기 왕복 요금은 20% 내렸고, 1박 숙박비는 15% 올라서 올해의 비행기 왕복 요금과 1박 숙박비 합계는 작년보다 10% 증가한 금액인 308,000원이라고 한다. 이때, 1인 기준으로 올해의 비행기 왕복 요금은?

① 31,000원
② 32,000원
③ 33,000원
④ 34,000원
⑤ 35,000원

03 다음 글에서 설명하는 기술혁신의 특성으로 가장 적절한 것은?

> 새로운 기술을 개발하기 위한 아이디어의 원천이나 신제품에 대한 소비자의 수요, 기술개발의 결과 등은 예측하기가 매우 어렵기 때문에, 기술개발의 목표나 일정, 비용, 지출, 수익 등에 대한 사전계획을 세우기란 쉽지 않다. 또 이러한 사전계획을 세운다 하더라도 모든 기술혁신의 성공이 사전의 의도나 계획대로 이루어지진 않는다. 때로는 그러한 성공들은 우연한 기회에 이루어지기도 하기 때문이다.

① 기술혁신은 장기간의 시간을 필요로 한다.
② 기술혁신은 매우 불확실하다.
③ 기술혁신은 지식 집약적인 활동이다.
④ 기술혁신은 기업 내에서 많은 논쟁을 유발한다.
⑤ 기술혁신은 부서 단독으로 수행되지 않으며, 조직의 경계를 넘나든다.

04 다음은 갈등의 유형 중 하나인 '불필요한 갈등'에 대한 내용이다. 이에 대한 설명으로 적절하지 않은 것은?

> 개개인이 저마다의 문제를 다르게 인식하거나 정보가 부족한 경우, 또한 편견 때문에 발생한 의견 불일치로 적대적 감정이 생길 때 '불필요한 갈등'이 일어난다.

① 근심, 걱정, 스트레스, 분노 등의 부정적인 감정으로 나타날 수 있다.
② 두 사람의 정반대되는 욕구나 목표, 가치, 이해를 통해 발생할 수 있다.
③ 잘못 이해하거나 부족한 정보 등 전달이 불분명한 커뮤니케이션으로 나타날 수 있다.
④ 변화에 대한 저항, 항상 해 오던 방식에 대한 거부감 등에서 나오는 의견 불일치가 원인이 될 수 있다.
⑤ 관리자의 신중하지 못한 태도로 인해 불필요한 갈등은 더 심각해질 수 있다.

05 다음은 대기오염에 관한 글이다. 이에 대한 설명으로 적절하지 않은 것은?

공장 굴뚝에서 방출된 연기나 자동차의 배기가스 등의 대기오염 물질은 기상이나 지형 조건에 의해 다른 지역으로 이동·확산되거나 한 지역에 농축된다. 대기권 중 가장 아래층인 대류권 안에서 기온의 일반적인 연직 분포는 위쪽이 차갑고 아래쪽이 따뜻한 불안정한 상태를 보인다. 이러한 상황에서 따뜻한 공기는 위로, 차가운 공기는 아래로 이동하는 대류 운동이 일어나게 되고, 이 대류 운동에 의해 대기오염 물질이 대류권에 확산된다.

반면, 아래쪽이 차갑고 위쪽이 따뜻한 경우에는 공기층이 매우 안정되기 때문에 대류 운동이 일어나지 않는다. 이와 같이 대류권의 정상적인 기온 분포와 다른 현상을 '기온 역전 현상'이라 하며, 이로 인해 형성된 공기층을 역전층이라 한다. 기온 역전 현상은 일교차가 큰 계절이나, 지표가 눈으로 덮이는 겨울, 호수나 댐 주변 등에서 많이 발생한다. 또한 역전층 상황에서는 지표의 기온이 낮기 때문에 공기 중의 수증기가 응결하여 안개가 형성되는데, 여기에 오염 물질이 많이 포함되어 있으면 스모그가 된다. 안개는 해가 뜨면 태양의 복사열로 지표가 데워지면서 곧 사라지지만, 스모그는 오염 물질이 포함되어 있어 오래 지속되기도 한다.

자동차 배기가스는 잘 보이지 않기 때문에 이동 양상을 관찰하기 어렵지만, 공장의 오염 물질은 연기 형태로 대량 방출되므로 이동 양상을 관찰하기 쉽다. 연기의 형태는 기온과 바람의 연직 분포에 따라 다른 모양을 보이기 때문이다. 즉, 대기가 불안정하고 강한 바람이 불어 대류 혼합이 심할 때에는 연기의 형태가 환상형을 이룬다. 또한 날씨가 맑고 따뜻할수록 대류 운동이 활발하게 일어나기 때문에 연기가 빨리 분산된다. 반면에 평평하고 반듯한 부채형은 밤이나 이른 새벽에 많이 나타난다. 밤이나 새벽에는 지표가 흡수하는 태양 복사열이 거의 없으므로 지표의 온도가 내려가 역전층이 형성되고 대기가 안정되기 때문이다.

지형이나 건물로 인해 발생하는 난류도 대기오염 물질의 이동 양상과 밀접한 관계가 있다. 바람이 건물에 부딪쳐 분리되면 건물 뒤에는 소용돌이가 생기면서 공동(Cavity)이 형성된다. 공동 부분과 바람의 주 흐름 간에는 혼합이 별로 없기 때문에 공동 부분에 오염 물질이 흘러 들어가면 장기간 머물게 되고, 그 결과 오염 농도가 증가하게 된다. 이러한 공동은 높은 언덕의 뒷부분에서도 생길 수 있다.

오염 물질의 이동 양상은 공장 굴뚝의 높이에 따라서도 달라질 수 있다. 건물 앞에 굴뚝이 위치하고 있다고 하자. 굴뚝이 건물보다 높으면 연기가 건물에 부딪치지 않으므로 오염 물질이 멀리까지 날려가지만, 굴뚝이 건물보다 낮으면 오염 물질이 건물 뒤편의 공동 부분에 갇히게 된다. 따라서 건물이나 건물 가까이에 굴뚝을 세울 때에는 통상적으로 건물 높이의 2.5배 이상으로 세워야 한다.

① 대기가 안정적일 때는 공장의 연기 형태가 환상형을 이룬다.

② 대기오염 물질은 발생 지역에만 있는 것이 아니라 이동을 하기도 한다.

③ 대기오염의 원인 중 배기가스보다 공장의 오염 물질이 추적하기가 더 쉽다.

④ 공장 굴뚝에서 발생하는 오염 물질은 굴뚝의 높이에 따라 이동하는 양상이 달라질 수 있다.

⑤ 아래쪽에 차가운 공기가 모이고, 위쪽에 뜨거운 공기가 모이면 그렇지 않은 경우보다 스모그가 생기기 쉽다.

06 다음 자료를 근거로 판단할 때, 연구모임 A ~ E 중 세 번째로 많은 지원금을 받는 모임은?

〈지원계획〉

- 지원을 받기 위해서는 한 모임당 5명 이상 9명 미만으로 구성되어야 한다.
- 기본지원금은 모임당 1,500천 원을 기본으로 지원한다. 단, 상품개발을 위한 모임의 경우는 2,000천 원을 지원한다.
- 추가지원금

등급	상	중	하
추가지원금(천 원/명)	120	100	70

※ 추가지원금은 연구 계획 사전평가결과에 따라 달라진다.
- 협업 장려를 위해 협업이 인정되는 모임에는 위의 두 지원금을 합한 금액의 30%를 별도로 지원한다.

〈연구모임 현황 및 평가결과〉

모임	상품개발 여부	구성원 수	연구 계획 사전평가결과	협업 인정 여부
A	○	5	상	○
B	×	6	중	×
C	×	8	상	○
D	○	7	중	×
E	×	9	하	×

① A모임
② B모임
③ C모임
④ D모임
⑤ E모임

07 다음 중 검산방법에서 구거법과 역연산 방법에 대한 설명으로 가장 적절한 것은?

① 역연산 방법에서 곱셈보다 나눗셈을 먼저 계산한다.
② 역연산 방법에서 덧셈의 역연산은 곱셈이다.
③ 구거법은 역연산 방법보다 간단하다.
④ 구거법이 역연산 방법보다 더 빨리 계산할 수 있다.
⑤ 구거법으로 검산했을 때 오류가 나오지 않는다.

※ 다음은 전열 난방기구의 설명서이다. 이어지는 질문에 답하시오. **[8~10]**

■ 설치방법

[스탠드형]
1) 제품 밑 부분이 위를 향하게 하고, 스탠드와 히터의 나사 구멍이 일치하도록 맞추세요.
2) 십자드라이버를 사용해 스탠드 조립용 나사를 단단히 고정시켜 주세요.
3) 스탠드 2개를 모두 조립한 후 제품을 똑바로 세워놓고 흔들리지 않는지 확인합니다.

[벽걸이형]
1) 벽걸이용 거치대를 본체에서 분리해 주세요.
2) 벽걸이용 거치대 양쪽 구멍의 거리에 맞춰 벽에 작은 구멍을 냅니다(단단한 콘크리트나 타일이 있을 경우 전동드릴로 구멍을 내면 좋습니다).
3) 제공되는 나사를 이용해 거치대를 벽에 고정시켜 줍니다.
4) 양손으로 본체를 들어서 평행을 맞춰 거치대에 제품을 고정합니다.
5) 거치대의 고정 나사를 단단히 조여 흔들리지 않도록 고정시킵니다.

■ 사용방법

1) 전원선을 콘센트에 연결합니다.
2) 전원버튼을 누르면 작동을 시작합니다.
3) 1단(750W), 2단(1500W)의 출력 조절버튼을 터치해 출력을 조절할 수 있습니다.
4) 온도 조절버튼을 터치하여 온도를 조절할 수 있습니다.
   - 설정 가능한 온도 범위는 15 ~ 40℃입니다.
   - 에너지 절약을 위해 실내온도가 설정온도에 도달하면 자동으로 전원이 차단됩니다.
   - 실내온도가 설정온도보다 약 2 ~ 3℃ 내려가면 다시 작동합니다.
5) 타이머 버튼을 터치하여 작동 시간을 설정할 수 있습니다.
6) 출력 조절버튼을 5초 이상 길게 누르면 잠금 기능이 활성화됩니다.

■ 주의사항

   - 제품을 사용하지 않을 때나 제품을 점검할 때는 전원코드를 반드시 콘센트에서 분리하세요.
   - 사용자가 볼 수 있는 위치에서만 사용하세요.
   - 사용 시에 화상을 입을 수 있으니 손을 대지 마세요.
   - 바닥이 고르지 않은 곳에서는 사용하지 마세요.
   - 젖은 수건, 의류 등을 히터 위에 올려놓지 마세요.
   - 장난감, 철사, 칼, 도구 등을 넣지 마세요.
   - 제품 사용 중 이상이 발생한 경우 분해하지 마시고, A/S센터에 문의해 주세요.
   - 본체 가까이에서 스프레이 캔이나 인화성 위험물을 사용하지 마세요.
   - 휘발유, 신나, 벤젠, 등유, 알칼리성 비눗물, 살충제 등을 이용하여 청소하지 마세요.
   - 제품을 물에 담그지 마세요.
   - 젖은 손으로 전원코드, 본체, 콘센트 등을 만지지 마세요.
   - 전원 케이블이 과도하게 꺾이거나 피복이 벗겨진 경우에는 전원을 연결하지 마시고, A/S센터로 문의하시기 바랍니다.
   ※ 주의사항을 지키지 않을 경우 고장 및 감전, 화재의 원인이 될 수 있습니다.

---

08 작업장에 벽걸이형 난방기구를 설치하고자 한다. 다음 중 벽걸이형 난방기구의 설치방법으로 가장 적절한 것은?

① 벽걸이용 거치대의 양쪽 구멍과 상단 구멍의 위치에 맞게 벽에 작은 구멍을 낸다.

② 스탠드 2개를 조립한 후 벽걸이형 거치대를 본체에서 분리한다.

③ 벽이 단단한 콘크리트로 되어 있을 경우 거치대를 따로 고정하지 않아도 된다.

④ 거치대를 벽에 고정시킨 뒤, 평행을 맞추어 거치대에 제품을 고정시킨다.

⑤ 스탠드의 고정 나사를 조여 제품이 흔들리지 않는지 확인한다.

09 다음 중 난방기 사용방법으로 적절하지 않은 것은?

① 전원선을 콘센트에 연결한 후 전원버튼을 누른다.

② 출력 조절버튼을 터치하여 출력을 1단으로 낮춘다.

③ 히터를 작동시키기 위해 설정온도를 현재 실내온도인 20℃로 조절하였다.

④ 전기료 절감을 위해 타이머를 1시간으로 맞추어 놓고 사용하였다.

⑤ 잠금 기능을 활성화하기 위해 출력 조절버튼을 5초 이상 길게 눌렀다.

10 난방기가 사용 도중 갑자기 작동하지 않았다. 다음 중 난방기 고장 원인이 될 수 없는 것은?

① 바닥 면이 고르지 않은 곳에 두었다.

② 젖은 수건을 히터 위에 두었다.

③ 열원이 방출되는 구멍에 연필이 들어갔다.

④ 전원케이블의 피복이 벗겨져 있었다.

⑤ 작동되고 있는 히터를 손으로 만졌다.

11 다음 글에서 밑줄 친 ⊙ ~ ⑩의 수정 방안으로 적절하지 않은 것은?

> 사회복지와 근로의욕과의 관계에 대한 조사를 보면 '사회복지와 근로의욕이 관계가 있다.'는 응답과 '그렇지
> 않다.'는 응답의 비율이 비슷하게 나타난다. 하지만 기타 의견에 ⊙ 따라 과도한 사회복지는 근로의욕을 저하
> 할 수 있다는 응답이 많았던 것으로 조사되었다. 예를 들어 정부지원금을 받으나 아르바이트를 하나 비슷한
> 돈이 나온다면 ⓒ 더군다나 일하지 않고 정부지원금으로만 먹고사는 사람들이 많이 있다는 것이다. 여기서
> 주목해야 할 점은 과도한 복지 때문이 아닌 정책상의 문제라는 의견도 있다는 사실이다. 현실적으로 일을
> 할 수 있는 능력이 있는 사람에게는 ⓒ 최대한의 생계비용 이외의 수입을 인정하고, 빈곤층에서 벗어날 수
> 있게 지원해 주는 것이 개인에게도, 국가에도 바람직한 방식이라는 것이다.
> 이 설문 조사 결과에서 주목해야 할 또 다른 측면은 사회복지 체제가 잘 되어 있을수록 근로의욕이 떨어진다
> 고 응답한 사람의 ⓔ 과반수 이상이 중산층 이상의 경제력을 가지고 있었다는 점이다. 재산이 많은 사람에게
> 는 약간의 세금 확대도 ⑩ 영향이 작을 수 있기 때문에 경제발전을 위한 세금 확대는 찬성하더라도 복지정책
> 을 위한 세금 확대는 반대하는 것이다. 이러한 점을 고려해 보면 소득 격차 축소를 원하는 국민보다 복지정책
> 을 위한 세금 확대에 반대하는 국민이 많은 다소 모순된 설문 결과에 대한 설명이 가능하다.

① ⊙ : 호응 관계를 고려하여 '따르면'으로 수정한다.
② ⓒ : 앞뒤 내용의 관계를 고려하여 '차라리'로 수정한다.
③ ⓒ : 전반적인 내용의 흐름을 고려하여 '최소한의'로 수정한다.
④ ⓔ : '과반수'의 뜻을 고려하여 '절반 이상이' 또는 '과반수가'로 수정한다.
⑤ ⑩ : 일반적인 사실을 말하는 것이므로 '영향이 작기 때문에'로 수정한다.

12 다음 중 빈칸 ⊙ ~ ⓒ에 들어갈 말이 바르게 연결된 것은?

> 시간계획이란 시간이라고 하는 자원을 최대한 활용하기 위하여 가장 많이 ___⊙___ 되는 일에 가장 많은 시간
> 을 분배하고, ___ⓒ___ 시간에 최선의 목표를 달성하는 것을 의미한다. 자신의 시간을 잘 계획하면 할수록
> 일이나 개인적 측면에서 자신의 이상을 달성할 수 있는 시간을 ___ⓒ___ 할 수 있다.

	⊙	ⓒ	ⓒ
①	요구	최장	단축
②	요구	최단	단축
③	반복	최단	단축
④	반복	최단	창출
⑤	반복	최장	창출

13 다음은 부서별로 핵심역량가치 중요도를 정리한 표와 신입사원들의 핵심역량평가 결과표이다. 이를 바탕으로 할 때 C사원과 E사원의 부서배치로 가장 적절한 것은?(단, '-'는 중요도가 상관없다는 표시이다)

〈핵심역량가치 중요도〉

구분	창의성	혁신성	친화력	책임감	윤리성
영업팀	-	중	상	중	-
개발팀	상	상	하	중	상
지원팀	-	중	-	상	하

〈핵심역량평가 결과표〉

구분	창의성	혁신성	친화력	책임감	윤리성
A사원	상	하	중	상	상
B사원	중	중	하	중	상
C사원	하	상	상	중	하
D사원	하	하	상	하	중
E사원	상	중	중	상	하

	C사원	E사원			C사원	E사원
①	개발팀	지원팀		②	영업팀	지원팀
③	개발팀	영업팀		④	지원팀	개발팀
⑤	지원팀	영업팀				

14 다음 중 밑줄 친 ㉠의 이유로 적절하지 않은 것은?

샐러던트(Saladent)란 '샐러리맨(Salary man)'과 '학생'을 뜻하는 '스튜던트(Student)'가 합쳐져서 만들어진 신조어로, ㉠ 현재 직장에 몸담고 있으면서 지속적으로 현 분야 또는 새로운 분야에 대해서 공부를 하는 직장인을 의미한다.

① 업무의 성과 향상을 위해
② 변화하는 환경에 적응하기 위해
③ 회사가 추구하는 목표를 성취하기 위해
④ 긍정적인 인간관계를 형성하기 위해
⑤ 삶의 질을 향상시키고, 보람된 삶을 살기 위해

15 다음은 의사소통에서 듣는 사람의 입장과 관련된 의사소통 장애를 극복하는 방법이다. 빈칸 ㉠~㉣에 들어 갈 말로 가장 적절한 것은?

〈다른 사람의 의견을 듣는 과정에 관련된 장애 극복을 위한 전략〉

- 긴 어휘를 들으려고 노력하기보다는 요점, 즉 ___㉠___의 파악에 집중하라.
- 말하고 있는 바에 대한 생각과 사전 정보를 동원하여 말하는 데 몰입하라.
- 모든 이야기를 듣기 전에 ___㉡___에 이르지 말고 전체 생각을 청취하라.
- 말하는 사람의 관점에서 그의 진술을 반복하여 ___㉢___ 해 주어라.
- 들은 내용을 ___㉣___ 하라.

	㉠	㉡	㉢	㉣
①	주제	실천	요약	분석
②	의미	실천	피드백	분석
③	의미	결론	피드백	요약
④	의도	결론	정리	요약
⑤	의도	분석	정리	실천

16 다음은 P기업의 경영상황에 대한 설명이다. 이러한 상황적 특성을 고려할 때, P기업이 선택할 수 있는 가장 효과적인 마케팅 기법은?

화장품 제조업체인 P기업은 최근 5년간 자사 이용 고객 중 일부 계층에 매출이 집중된 것을 확인하였다. 20 ~ 50대에 이르는 남성 및 여성 고객층 중 30대 여성이 발생시키는 매출이 전체 매출의 55%를 차지한다는 것이 소비 데이터 분석 결과 밝혀진 것이다. P기업은 이를 토대로 영업이익을 극대화하기 위한 마케팅 전략 을 구상 중에 있다.

---

① DB 마케팅　　　　　　　　　② PPL 마케팅
③ 니치 마케팅　　　　　　　　　④ 코즈 마케팅
⑤ 퍼포먼스 마케팅

17 다음은 4개 지역 국제선에 대한 통계이다. 이에 대한 설명으로 옳은 것은?

〈지역별 여객 및 화물 현황〉

(단위 : 명, 톤)

지역명	여객			화물		
	도착	출발	합계	도착	출발	합계
일본	3,661,457	3,683,674	7,345,131	49,302.60	49,812.30	99,114.90
미주	222	107	329	106.7	18.4	125.1
동남아	2,785,258	2,757,248	5,542,506	36,265.70	40,503.50	76,769.20
중국	1,884,697	1,834,699	3,719,396	25,217.60	31,315.80	56,533.40

〈지역별 운항 현황〉

(단위 : 편)

지역명	운항편수		
	도착	출발	합계
일본	21,425	21,433	42,858
미주	5	1	6
동남아	16,713	16,705	33,418
중국	12,427	12,446	24,873

① 중국 국제선의 출발 여객 1명당 출발 화물량은 도착 여객 1명당 도착 화물량보다 적다.

② 미주 국제선의 전체 화물 중 도착 화물이 차지하는 비중은 90%를 초과한다.

③ 동남아 국제선의 도착 운항 1편당 도착 화물량은 2톤 이상이다.

④ 중국 국제선의 도착 운항편수는 일본 국제선의 도착 운항편수의 70% 이상이다.

⑤ 각 국가의 전체 화물 중 도착 화물이 차지하는 비중은 동남아 국제선이 일본 국제선보다 높다.

18 다음 글에서 밑줄 친 ㉠이 높게 나타나는 상황으로 가장 적절한 것은?

사람들은 종종 미래의 행동을 결정할 때 매몰비용, 즉 이미 지출되었기 때문에 회수가 불가능한 비용에 집착하는 경우를 볼 수 있다. 합리적으로 의사 결정을 하기 위해서는 오직 추가적인 비용과 이익만 고려해야 한다. 그러나 많은 사람들은 매몰비용을 과대평가하여 결과적으로 이에 대한 투자를 지속하려는 경향을 보인다. 예를 들면, 공짜였다면 가지 않았을 농구 경기를 이미 지불한 티켓 값이 아까워서 경기 당일 눈보라를 무릅쓰고 경기장에 간다는 것이다. 이와 같이 한 번 투자한 시간, 돈, 또는 노력에 대한 시도를 지속적으로 유지하려는 경향을 ㉠ '매몰비용효과'라 한다.

이러한 매몰비용효과는 '심적 회계 이론'으로 설명할 수 있다. 심적 회계 이론에서는 소비자들이 거래를 할 때, 지불한 비용과 얻게 될 이익 사이에서 손해를 보지 않으려는 심리가 있다고 본다. 이 이론에서는 비용과 이익의 심리적 연결인 '커플링'의 개념을 사용하는데, 이때 비용과 이익이 심리적으로 연결되는 경우를 '거래커플링'이라 하고, 반대로 비용과 이익이 심리적으로 분리되는 경우를 '디커플링'이라 한다. 비용과 이익이 심리적으로 명백하게 연결된 거래커플링의 경우, 소비자의 매몰비용에 대한 주의가 높아지게 된다. 따라서 남아 있는 이익을 소비하고자 하는 의지가 강하므로 매몰비용효과는 높게 나타난다. 즉, 위의 농구 경기 사례처럼 하나의 비용에 하나의 이익이 연결될 때는 거래커플링이 야기되어 눈보라를 무릅쓰고 경기를 관람하러 간다는 것이다.

반면 하나의 비용이 여러 이익과 연결될 때, 예를 들어 서로 기능이나 가격이 다른 상품을 묶어 파는 경우에는 총비용을 여러 개의 이익에 어떻게 나눠야 할지 모르는 어려움을 겪게 된다. 이때 소비자들에게는 심리적인 디커플링이 야기되어, 이미 지불한 비용에 대한 주의력이 낮아지게 되므로 매몰비용효과는 낮게 나타나는 것이다. 이외에도 선불이나 정액 요금같이, 지불한 시점과 소비 시점 간의 거리가 먼 경우 디커플링의 수준이 높아질 수 있다.

① 데이터 정액 요금제 가입자 중 데이터 사용량을 다 쓰지 못하는 사람은 90% 이상이지만, 같은 요금제를 계속 이용한다.

② 새로 산 구두가 신을 때마다 발이 아파 걷기가 힘들지만 비싸게 지불한 신발값이 아까워 버리지 못하고 계속 신고 다닌다.

③ 같은 월급을 받는 독신자들은 기혼자들에 비해 남는 돈이 많다고 생각해서 지갑을 여는 것에 과감한 경우가 많아 충동구매가 잦은 편이다.

④ 10만 원 이상 물건을 구입하면 5천 원에 해당하는 상품권을 지급한다는 A백화점의 추석맞이 이벤트 때문에 지금 당장 필요하지 않은 물건을 구입하게 되었다.

⑤ 5km 떨어져 있는 가게에서 11만 원의 옷이 10만 원일 경우에는 굳이 가지 않지만, 2만 원의 계산기가 1만 원일 경우에는 많은 사람들이 그 가게를 찾아간다.

※ 다음 글을 읽고 이어지는 질문에 답하시오. [19~20]

> 김사원 : 선배님, 여기 너무 비싼 음식점 아닌가요? 제일 싼 메뉴도 인당 5만 원이 넘는데요. 우리 그냥 박사장님께
> 전화로 인사만 드리고 가죠.
> 최대리 : 괜찮아. 여기 그렇게 비싼 집 아니야. 그리고 박사장님이 우리 고생한다고 밥 한 번 산다고 하신 건데 뭐.
> 우리가 얼마나 좋은 기사 많이 써 줬어. 회사 홍보효과 생각하면 박사장님이 한 턱 낼만하지. 우리 덕분에
> 돈도 많이 버셨을 텐데. 우리가 돈을 받거나 부탁을 받는 것도 아니고 수고한다고 밥 한 끼 먹자는 건데
> 너무 매몰차게 거절하는 것도 그렇잖아.
> 김사원 : 그래도 선배님, 여기 회사 근처인데 누가 지나가다 보기라도 하면 문제될 텐데요. 아니면 저희 개인카드로
> 각자 결제하죠. 김영란법도 있고 저는 찜찜해요.
> 최대리 : 이 친구 새가슴이네. 괜찮아. 다 사람 사는 세상인데 그런 걸 가지고 큰 문제 생기겠어?

❙ 직업윤리

19 다음 중 최대리에게 필요한 공동체 윤리의 자세로 적절하지 않은 것은?

① 준법의식   ② 반부패
③ 서비스 정신   ④ 법과 규칙 준수
⑤ 사회적 윤리의식

❙ 직업윤리

20 다음은 모두 김영란법에 대한 설명이다. 이 중 제시된 상황에 직접적으로 적용할 수 있는 것은?

① 국회의원을 포함한 선출직 공직자도 적용 대상으로, 민원 고충을 들어 주는 경우에는 예외로 한다.
② '부정청탁 및 금품 등 수수의 금지에 관한 법률'이라는 정식 명칭을 가진다.
③ 공무원이나 공공기관 임직원, 공사립학교 교직원, 언론인 등이 일정 규모(식사대접 3만 원, 선물 5만 원,
경조사비 10만 원 상당) 이상의 금품을 받으면 직무 관련성이 없더라도 처벌하는 것을 골자로 하고 있다.
④ 대한민국에서 부정부패를 방지하기 위해 국민권익위원장이던 김영란의 제안으로 만들어진 법률로, 제안자
의 이름을 따서 흔히 '김영란법'이라는 별칭으로 불린다.
⑤ 이 법은 공직자 등에 대한 부정청탁 및 공직자 등의 금품 등의 수수(收受)를 금지함으로써 공직자 등의
공정한 직무수행을 보장하고 공공기관에 대한 국민의 신뢰를 확보하는 것을 목적으로 한다.

제4회 모의고사

21 농도가 14%인 A설탕물 300g, 18%인 B설탕물 200g, 12%인 C설탕물 150g이 있다. A와 B설탕물을 합친 후 100g의 물을 더 담고, 여기에 C설탕물을 합친 후 200g만 남기고 버렸다. 이때, 마지막 200g 설탕물에 녹아 있는 설탕의 질량은?

① 34.8g

② 32.6g

③ 30.8g

④ 28.7g

⑤ 25.6g

22 다음은 개인화 마케팅에 대한 설명이다. 개인화 마케팅의 사례로 적절하지 않은 것은?

> 소비자들의 요구가 점차 다양해지고 복잡해짐에 따라 개인별로 맞춤형 제품과 서비스를 제공하며 '개인화 마케팅'을 펼치는 기업이 늘어나고 있다. 개인화 마케팅이란 각 소비자의 이름, 관심사, 구매이력 등의 데이터를 기반으로 특정 고객에 대한 개인화 서비스를 제공하는 활동을 의미한다. 이러한 개인화 마케팅은 개별적 커뮤니케이션 실현을 통한 효율성 증대 및 기업 이윤 창출을 목적으로 하고 있다.
> 개인화 마케팅은 기업들의 지속적인 투자를 통해 다양한 방식으로 계속되고 있다. 빠르게 변화하고 있는 마케팅 시장에서 개인화된 서비스 제공을 통해 소비자 만족도를 끌어낼 수 있다는 점은 충분히 매력적일 수 있기 때문이다.

① 고객들의 사연을 받아 지하철역 에스컬레이터 벽면에 광고판을 만든 A배달업체는 고객들로 하여금 자신의 사연이 뽑히지 않았는지 관심을 두게 함으로써 광고 효과를 톡톡히 보고 있다.

② 최근 B전시관은 시각적인 시원한 민트색 벽지와 그에 어울리는 시원한 음향, 상쾌한 민트 향기, 민트맛 사탕을 나눠주며 민트에 대한 다섯 가지 감각을 이용한 미술관 전시로 화제가 되었다.

③ C위생용품회사는 자사의 인기 상품에 대한 단종으로 사과의 뜻을 담은 뮤직비디오를 제작했다. 고객들은 뮤직비디오를 보기 전에 자신의 이름을 입력하면, 뮤직비디오에 자신의 이름이 노출되어 자신이 직접 사과를 받는 듯한 효과를 느낄 수 있다.

④ 참치캔을 생산하는 D사는 최근 소외계층에게 힘이 되는 응원 메시지를 댓글로 받아 77명을 추첨하여 댓글 작성자의 이름으로 소외계층에게 참치캔을 전달하는 이벤트를 진행하였다.

⑤ 커피전문점 E사는 고객이 자사 홈페이지에서 회원 가입 후 이름을 등록한 경우, 음료 주문 시 "○○○ 고객님, 주문하신 아메리카노 나왔습니다."와 같이 고객의 이름을 불러주는 서비스를 제공하고 있다.

23 다음 글을 바탕으로 할 때, 속도 변화의 원인이 같은 것을 〈보기〉에서 모두 고르면?

체조 선수들의 연기를 지켜보고 있으면 유난히 회전 연기가 많은 것을 알 수 있다. 철봉에서 뛰어올라 공중에서 두세 바퀴를 회전하고 멋지게 착지하는 연기는 그야말로 탄성을 자아내게 한다. 그러면서 한편으로는 여러 가지 궁금증이 생긴다.

체조 선수가 회전할 때 팔이나 다리를 굽힌 채 회전하는 이유는 무엇일까? 어떻게 순식간에 몇 바퀴를 돌수 있을까? 결론부터 말하자면 체조 선수들의 회전 연기 속에는 예술적인 측면 외에도 물리 현상에 대한 이해를 바탕으로 한 다분히 과학적인 행동이 섞여 있다.

어떤 물체가 회전하기 위해서는 최초의 돌림힘이 있어야 한다. 돌림힘이 없으면 물체는 회전할 수 없다. 돌림힘이 발생하여 물체가 회전하게 되었을 때, 회전하는 모든 물체가 갖는 물리량을 각운동량이라고 한다. 각운동량은 회전체의 질량과 속도, 그리고 회전 반경을 곱한 값이다. 일단 생겨난 각운동량은 외부의 돌림힘이 더해지지 않는 한, 회전하는 동안에 질량과 속도, 회전 반경의 곱이 항상 같은 값을 유지하면서 그 운동량을 보존하려 하는데 이것을 '각운동량 보존의 법칙'이라 한다.

우리가 일상 생활 속에서 접하는 물리 현상 중에서도 각운동량 보존의 법칙이 적용되는 경우를 쉽게 찾아볼 수 있다. 예를 들어 회전 의자에 사람이 앉아 있는 경우, 의자를 적당히 회전시킨 후에 추가로 돌림힘을 주지 않은 상태에서 양팔을 벌리면 회전 속도가 느려진다. 다시 양팔을 가슴 쪽에 모으면 회전 속도는 빨라진다. 대략 머리와 엉덩이를 잇는 신체 중심축을 회전축이라고 할 때, 양팔을 벌리면 회전 반경은 커지나 전체적인 질량은 변하지 않으므로 각운동량 보존의 법칙에 의해 회전 속도가 느려지게 되는 것이다. 반대로 양팔을 가슴 쪽으로 모으면 다시 회전 반경이 작아졌으므로 속도는 빨라질 수밖에 없다.

체조 선수들의 회전 연기도 마찬가지다. 체조 선수가 천천히 회전하기를 원할 때는 몸을 펴서 속도와 회전수를 최대한 줄이지만, 빠른 회전을 원할 때는 몸을 굽혀 회전 반지름을 최소화하는 것이다. 그리고 체조 선수들은 공중 회전 후 착지하는 순간 팔을 힘껏 펼쳐 보이는데 이는 관중을 위한 쇼맨십일 수도 있지만 각운동량 보존의 법칙을 생각한다면 회전 속도를 줄여 안전하게 착지하기 위한 과학적 행동으로 볼 수 있다.

※ 돌림힘(토크, Torque) : 물체에 작용하여 물체를 회전시키는 원인이 되는 물리량
※ 회전 반경 : 회전의 중심축으로부터 물체까지의 거리, 즉 반지름

〈보기〉

ㄱ. 태양을 중심으로 회전하는 지구는 태양과의 거리가 가까워질수록 속도가 빨라진다.
ㄴ. 실에 돌을 묶어서 돌리면서 실의 길이를 늘리면 돌의 회전 속도가 느려진다.
ㄷ. 회전하는 의자에 앉아 있는 사람에게 아령을 주면 회전 속도가 느려진다.
ㄹ. 달리는 자동차는 가속 페달을 밟으면 바퀴의 회전 속도가 빨라진다.

① ㄱ, ㄴ
② ㄱ, ㄷ
③ ㄴ, ㄷ
④ ㄴ, ㄹ
⑤ ㄷ, ㄹ

24 다음은 P공사에서 서울 및 수도권 지역의 가구를 대상으로 난방방식 및 난방연료 사용현황을 조사한 자료이다. 이에 대한 설명으로 옳은 것은?

〈난방방식 현황〉

(단위 : %)

종류	서울	인천	경기남부	경기북부	전국 평균
중앙난방	22.3	13.5	6.3	11.8	14.4
개별난방	64.3	78.7	26.2	60.8	58.2
지역난방	13.4	7.8	67.5	27.4	27.4

〈난방연료 사용현황〉

(단위 : %)

종류	서울	인천	경기남부	경기북부	전국 평균
도시가스	84.5	91.8	33.5	66.1	69.5
LPG	0.1	0.1	0.4	3.2	1.4
등유	2.4	0.4	0.8	3.0	2.2
열병합	12.6	7.4	64.3	27.1	26.6
기타	0.4	0.3	1.0	0.6	0.3

① 경기북부지역의 경우 도시가스를 사용하는 가구 수가 등유를 사용하는 가구 수의 30배 이상이다.

② 서울과 인천지역에서는 등유를 사용하는 비율이 가장 낮다.

③ 지역난방을 사용하는 가구 수는 서울이 인천의 약 1.7배이다.

④ 경기지역은 남부가 북부보다 지역난방을 사용하는 비율이 낮다.

⑤ 경기남부의 가구 수가 경기북부의 가구 수의 2배라면 경기지역에서 개별난방을 사용하는 가구 수의 비율은 약 37.7%이다.

25 자기개발 계획 수립 시 설계 전략으로 적절하지 않은 것은?

① 나의 욕구·흥미·적성 및 기대 등을 고려하여 5년 후의 목표를 수립해야겠어.

② 5년 후의 목표를 위해 단기간 내 달성할 수 있는 목표도 함께 수립해야겠어.

③ 물론 인간관계도 고려해야겠지.

④ 나의 목표가 현재의 직무와 관련이 없으므로 이를 고려할 필요는 없겠어.

⑤ 목표 달성을 위해 최대한 구체적인 방법으로 계획해야겠어.

26 다음은 P은행에 대한 SWOT 분석 결과이다. 이를 토대로 판단할 때, 빈칸 ㉠ ~ ㉢에 들어갈 전략으로 적절하지 않은 것은?

〈P은행에 대한 SWOT 분석 결과〉

구분	분석 결과
강점(Strength)	• 안정적 경영상태 및 자금흐름 • 풍부한 오프라인 인프라
약점(Weakness)	• 담보 중심의 방어적 대출 운영으로 인한 혁신기업 발굴 및 투자 가능성 저조 • 은행업계의 저조한 디지털 전환 적응력
기회(Opportunity)	• 테크핀 기업들의 성장으로 인해 협업 기회 풍부
위협(Threat)	• 핀테크 및 테크핀 기업들의 금융업 점유율 확대

구분	강점(S)	약점(W)
기회(O)	• 안정적 자금상태를 기반으로 혁신적 기술을 갖춘 테크핀과의 협업을 통해 실적 증대	• 테크핀 기업과의 협업을 통해 혁신적 문화를 학습하여 디지털 전환을 위한 문화적 개선 추진 • _____㉠_____
위협(T)	• _____㉡_____	• 전당포식 대출 운영 기조를 변경하여 혁신금융기업으로부터 점유율 방어 • _____㉢_____

① ㉠ : 테크핀 기업의 기업운영 방식을 벤치마킹 후 현재 운영 방식에 융합하여 디지털 전환에 필요한 혁신 동력 배양

② ㉠ : 금융혁신 기업과의 협업을 통해 혁신기업의 특성을 파악하고 이를 조기에 파악할 수 있는 안목을 키워 도전적 대출 운영에 반영

③ ㉡ : 신생 금융기업에 비해 풍부한 오프라인 인프라를 바탕으로, 아직 오프라인 채널을 주로 이용하는 고령층 고객에 대한 점유율 우위 선점

④ ㉢ : 조직문화를 개방적으로 혁신하여 디지털 전환에 대한 적응력을 제고해 급성장하는 금융업 신생기업으로부터 점유율 우위 확보

⑤ ㉢ : 풍부한 자본을 토대로 한 온라인 채널 투자를 통해 핀테크 및 테크핀 기업의 점유율 확보로부터 방어

※ 다음은 P공사의 고객헌장 중 일부이다. 이어지는 질문에 답하시오. [27~28]

<고객을 맞이하는 자세>

P공사 임직원 모두는 고객중심을 최우선 경영방침으로 설정하여 모든 고객에게 최상의 서비스를 제공할 수 있도록 다음과 같이 실천하겠습니다.

■ 내방하는 경우
• 우리는 항상 친절하고 상냥하게 고객을 맞이하겠습니다.
• 모든 직원은 명찰을 패용한 단정한 복장으로 근무하며, 고객을 맞이할 때는 먼저 자신의 소속부서와 이름을 밝히겠습니다.
• 고객이 5분 이상 기다리는 일이 없도록 최선을 다하겠습니다.
• 담당직원이 부재중일 경우 대기예정시간을 알려드리거나 다른 직원이 업무를 처리할 수 있도록 하겠습니다.
• 고객창구는 항상 청결하고 정돈된 상태로 유지하여 고객이 이용하는 데 불편함이 없도록 하겠습니다.

■ 전화받는 경우
• 전화벨이 3번 이상 울리기 전에 신속히 받겠습니다.
• 친절하고 명랑한 목소리로 소속부서와 이름을 정확히 밝히겠습니다.
• 문의사항은 가급적 처음 받는 직원이 답변하겠으며 다른 직원에게 전화를 연결하여야 할 경우 양해를 구한 후 담당직원의 소속, 성명 및 전화번호를 알려드리고 연결하겠습니다.
• 고객이 찾으시는 담당자가 없을 경우 반드시 메모를 전달하여 당일 업무 종료 전에 고객에게 전화를 걸도록 하겠습니다(Call-back 서비스).
• 상담 후 고객에게 이해 여부를 물어본 뒤 인사말과 함께 마치도록 하겠습니다.

■ 직원이 직접 방문하는 경우
• 방문하기 전 전화로 방문목적을 알리고 고객이 편리한 시간에 약속한 후 방문하겠습니다.
• 약속시간은 정확하게 지키며, 신분증을 제시하도록 하겠습니다.
• 사후 연락 등 고객편의를 위하여 명함이나 연락처를 드리겠습니다.

■ 인터넷 상담하는 경우
• 공사 홈페이지를 통해 최신정보를 자세히 소개하고 고객이 쉽게 이용할 수 있도록 관리하겠습니다.
• 인터넷으로 상담 및 서비스를 신청하신 경우 상담내용이 회신될 때까지 담당자를 지정하여 처리상황 등을 알려드리겠습니다.

27 총무 고객처에서 일하는 A사원은 신입사원인 B에게 고객을 대응하는 올바른 직원의 자세에 대해 설명하려고 한다. 다음 중 교육 내용으로 적절하지 않은 것은?

① 모든 직원은 명찰을 착용하여야 하며 본인의 소속부서와 이름을 고객에게 밝혀야 합니다.

② 고객을 5분 이상 기다리게 해서는 안 되며, 담당직원이 부재중일 땐 대기예정시간을 알려드려야 합니다.

③ 고객창구는 항상 청결한 상태로 유지하여야 하며 고객이 이용하시는 데 불편해서는 안 됩니다.

④ 직원이 직접 방문하는 경우 담당직원이 방문 가능한 시간대를 제시하고 그중에서 고객이 편하신 시간대를 선택하도록 합니다.

⑤ 고객이 인터넷 상담을 요청하신 경우 회신이 될 때까지 지정된 담당자가 처리상황 등을 알려드려야 합니다.

28 민원전화 응대에 대한 실전감각을 기르기 위해 교육 후 모의 연습을 실시하였다. B사원이 잘못을 지적받았다면, 어떤 점이겠는가?

(전화벨이 두 번 울린 후)

B사원 : 감사합니다. P공사 도시재생계획처의 ○○○입니다. 무엇을 도와드릴까요?

고객 : 네, 안녕하세요? 제가 궁금한 게 있어서 전화했습니다. 제가 주거지원을 받을 수 있는지 알고 싶은데요.

B사원 : 아, 그러시군요. 죄송하지만, 주거지원사업에는 여러 가지가 있는데 어떤 종류의 지원을 원하시는지 좀 더 자세한 설명을 부탁드려도 될까요?

고객 : 제가 지방에 사는 고등학생인데 다른 지방에 있는 대학교에 들어가게 됐어요. 근데 집 구하는 게 만만치가 않아서…. P공사에서 이것과 관련된 사업을 한다고 이야기를 들어서 전화했습니다.

B사원 : 그러셨군요. 네, 저희 공사에서 고객님과 같은 상황에 있는 분들을 도와드리기 위해 행복주택, 전세임대주택 등 여러 사업을 시행하고 있습니다만, 죄송하게도 제가 관련 부서가 아니라 정확하게 안내해 드릴 수 없는 점 양해 부탁드립니다.

고객 : 아, 그럼 제가 어디로 전화를 해야 할까요?

B사원 : 행복주택사업처로 전화하시면 자세히 안내받으실 수 있을 겁니다. 담당직원은 △△△이고, 전화번호는 1234입니다.

고객 : 알겠습니다. 감사합니다.

B사원 : 궁금한 점을 정확하게 안내해 드리지 못해 정말 죄송합니다. 그럼 좋은 하루 되십시오, 감사합니다.

---

① 전화를 신속하게 받지 않았다.

② 본인의 소속부서와 이름을 정확하게 밝히지 않았다.

③ 다른 직원에게 바로 연결하지 않고 고객이 별도로 전화를 걸도록 유도하였다.

④ 다른 직원의 정보를 고객에게 알리지 않았다.

⑤ 전화 종료 후 인사말을 하지 않았다.

29 다음은 조세심판원의 연도별 사건 처리건수에 대한 자료이다. 이에 대한 설명으로 옳은 것을 〈보기〉에서 모두 고르면?

〈조세심판원의 연도별 사건 처리건수〉

(단위 : 건)

구분		2019년	2020년	2021년	2022년	2023년
처리대상건수	전년 이월건수	1,854	( )	2,403	2,127	2,223
	당년 접수건수	6,424	7,883	8,474	8,273	6,003
	소계	8,278	( )	10,877	10,400	8,226
처리건수	취하건수	90	136	163	222	163
	각하건수	346	301	482	459	506
	기각건수	4,214	5,074	6,200	5,579	4,322
	제조사건수	27	0	465	611	299
	인용건수	1,767	1,803	1,440	1,306	1,338
	소계	6,444	7,314	8,750	8,177	6,628

※ (당해 연도 전년 이월건수)=(전년도 처리대상건수)−(전년도 처리건수)

※ (처리율)=$\dfrac{(처리건수)}{(처리대상건수)}\times100$

※ (인용률)=$\dfrac{(인용건수)}{(각하건수)+(기각건수)+(인용건수)}\times100$

───〈보기〉───

ㄱ. 처리대상건수가 가장 적은 연도의 처리율은 75% 이상이다.
ㄴ. 2020 ~ 2023년 동안 취하건수와 기각건수의 전년 대비 증감 추이는 같다.
ㄷ. 2020년의 처리율은 80% 이상이다.
ㄹ. 인용률은 2019년이 2021년보다 높다.

① ㄱ, ㄴ   ② ㄱ, ㄹ
③ ㄴ, ㄷ   ④ ㄱ, ㄷ, ㄹ
⑤ ㄴ, ㄷ, ㄹ

30 다음은 교육팀에서 근무하는 S사원이 직장동료에게 자신에 대한 평가결과를 이야기하는 내용이다. S사원의 자기개발 실패 원인으로 가장 적절한 것은?

> S사원 : 이번 회사에서 사원평가를 했는데 나보고 자기개발능력이 부족하다고 하네. 6시 퇴근시각에 바로 퇴근을 하더라도 집이 머니까 도착하면 8시고, 바로 씻고 저녁 먹고 잠깐 쉬면 금방 10시야. 방 정리 하고 설거지하면 어느새 11시가 되는데, 어느 틈에 자기개발을 하라는 건지 이해도 잘 안 되고 답답 하기만 해.

① 자기중심적이고 제한적인 사고
② 현재하고 있는 일을 지속하려는 습성
③ 자신의 주장과 반대되는 주장에 대한 배척
④ 자기개발 방법에 대한 정보 부족
⑤ 인간의 욕구와 감정의 작용

31 다음은 오렌지 하나 때문에 다투고 있는 두 딸을 위한 A씨의 협상 방법을 보여주는 사례이다. 이때 나타나는 A씨의 협상 방법에 대한 문제점은 무엇인가?

> 어느 날 A씨의 두 딸이 오렌지 하나를 가지고 서로 다투고 있었다. A씨는 두 딸에게 오렌지를 공평하게 반쪽 으로 나눠 주는 것이 가장 좋은 해결책인 듯해서 반으로 갈라 주었다. 하지만 A씨는 두 딸의 행동에 놀라고 말았다. 오렌지의 반쪽을 챙긴 큰 딸은 알맹이는 버리고 껍질만 챙겼으며, 작은 딸은 알맹이만 먹고 껍질은 버린 것이다. 두 딸에게 이유를 물어보니 제빵학원에 다니는 큰 딸은 오렌지 케이크를 만들기 위해 껍질이 필요했던 것이고, 작은 딸은 오렌지 과즙이 먹고 싶어서 알맹이를 원했던 것이다. 결과적으로 A씨의 해결책 은 두 딸 모두에게 만족하지 못한 일이 되어버렸다.

① 협상당사자들에게 친근하게 다가가지 않았다.
② 협상에 대한 갈등 원인을 확인하지 않았다.
③ 협상의 통제권을 확보하지 않았다.
④ 협상당사자의 특정 입장만 고집하였다.
⑤ 협상당사자에 대해 너무 많은 염려를 하였다.

32 다음 자료를 참고할 때, 대·중소기업 동반녹색성장에 대한 설명으로 옳지 않은 것은?

<대·중소기업 동반녹색성장>

- 대·중소기업 동반녹색성장 협력사업(Green Growth Partnership)
  - 기술과 인력이 부족한 중소기업에 대기업의 선진에너지관리 기법을 공유하여 중소기업의 에너지절약기술 향상 및 기업 경쟁력 강화
- 사업대상
  - (대기업) 동반성장의지가 있으며, 유틸리티 등 우수에너지 절약기술을 보유한 에너지 다소비 사업장
  - (중소기업) 평소 에너지절약 추진에 관심이 있거나 에너지관리기법 등에 대한 정보를 습득하고자 하는 중소 산업체
- 추진절차

구분	세부사항
참여기업 모집 공고	참여를 원하는 대기업, 중소기업
사업 설명회 및 간담회	참여를 원하는 기업 의견 수렴
참여 대·중소기업 확정	참여업체 및 연간 추진일정 확정
대·중소기업 에너지실무회의 운영	실무회의 연중 지속 운영
기술지도 실시	기업별 기술지원사업 실시
기술지도 공유를 위한 워크숍 개최	우수사례 및 에너지분야신기술 공유

① 중소기업의 에너지절약기술 향상 및 기업 경쟁력 강화를 위한 사업이다.
② 먼저 사업 공고를 통해 참여를 희망하는 대기업 또는 중소기업을 모집한다.
③ 참여기업이 확정되면 참여기업 간 의견을 공유하는 사업 설명회를 개최한다.
④ 참여기업의 에너지실무회의는 연중 지속적으로 운영된다.
⑤ 참여기업은 워크숍을 통해 우수사례와 에너지분야의 신기술을 서로 공유한다.

33 다음은 P공단 직원 250명을 대상으로 조사한 자료이다. 이에 대한 설명으로 옳은 것은?(단, 소수점 첫째 자리에서 버림한다)

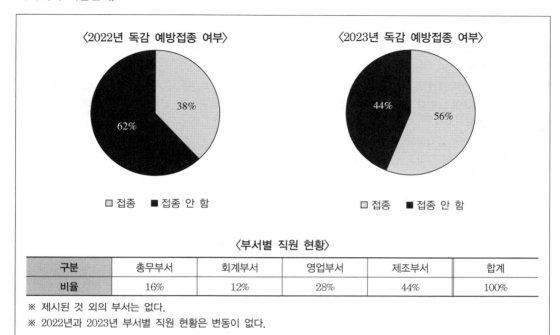

〈2022년 독감 예방접종 여부〉

〈2023년 독감 예방접종 여부〉

〈부서별 직원 현황〉

구분	총무부서	회계부서	영업부서	제조부서	합계
비율	16%	12%	28%	44%	100%

※ 제시된 것 외의 부서는 없다.
※ 2022년과 2023년 부서별 직원 현황은 변동이 없다.

① 모든 2022년의 독감 예방접종자가 2023년에도 예방접종했다면, 2022년에는 예방접종을 하지 않았지만 2023년에 예방접종을 한 직원은 총 54명이다.

② 2023년에 예방접종을 한 직원의 수는 2022년 대비 49% 이상 증가했다.

③ 2023년의 자료가 2022년의 예방접종을 하지 않은 직원들을 대상으로 조사한 자료라고 하면, 2022년과 2023년 모두 예방접종을 하지 않은 직원은 총 65명이다.

④ 제조부서를 제외한 모든 부서 직원들이 2023년에 예방접종을 했다고 할 때, 제조부서 중 예방접종을 한 직원의 비율은 2%이다.

⑤ 2022년과 2023년의 독감 예방접종 여부가 총무부서에 대한 자료이고 인원변동이 없다고 할 때, 총무부서 직원 중 예방접종을 한 직원은 2023년에 2022년 대비 7명 증가했다.

34 다음 팔로워십의 유형에 대한 설명을 참고할 때 〈보기〉의 A와 B의 팔로워십 유형을 바르게 연결한 것은?

- 수동형
  - 의존적이고 비판적이지 않지만, 임무 역시 열심히 참여하지 않는다.
  - 책임감이 결여되어 지시하지 않으면 임무를 수행하지 않는다.
- 소외형
  - 개성이 강한 사람으로, 조직에 대해 독립적이고 비판적인 의견을 내며 임무 수행에서는 소극적이다.
  - 리더의 노력을 비판하면서, 스스로는 노력하지 않거나 불만스런 침묵으로 일관한다.
- 모범형
  - 스스로 생각하고 행동하며, 집단과 리더를 도와준다.
  - 독립심이 강하고 헌신적이며 건설적인 비판을 한다.
- 실무형
  - 비판적이지 않으며 리더의 지시에 의문이 생겨도 적극적으로 대립하지 않는다.
  - 지시한 일은 잘 수행하지만 그 이상을 하지 않는 등 개인의 이익을 따진다.
- 순응형
  - 독립적·비판적인 사고는 부족하지만 자신의 임무를 수행한다.
  - 리더의 지시나 판단에 지나치게 의존하는 경향이 있다.

〈보기〉

- 팀장은 평소 일에 대한 책임감이 적은 A에게 무엇을 시켜야 하는지, 어떻게 말해야 되는지 매일 생각하고 있다. A는 스스로 무엇을 할지 생각하지 않고, 해야 될 것을 알려달라고 하며 맡은 일을 제대로 하지 못해 감독이 필요하다.
- B는 사람들 사이에서 잔머리를 굴릴 줄 안다고 평가된다. B는 평소 업무를 수행하면서 가지고 있는 불만을 표현하지 않고 모두 수행하지만 더 능력이 있음에도 더 노력하지 않는다.

	A	B
①	수동형	실무형
②	소외형	순응형
③	모범형	수동형
④	실무형	소외형
⑤	순응형	모범형

35 조경사 A는 30m의 도로에 2m 간격으로 양쪽 끝을 포함해 나무를 심는 데 한 시간이 걸리고, 울타리 시공자 B는 20m의 도로에 1m 간격으로 양쪽 끝을 포함해 울타리를 심는 데 30분이 걸린다고 한다. 가로 100m, 세로 40m의 직사각형 모양 땅 2개 중 하나의 둘레에 2m 간격으로 나무를 심고 나머지 하나에 1m 간격으로 울타리를 각각 심으려고 한다. 조경사 A가 먼저 작업한 후 울타리 시공자 B가 작업한다고 할 때, 소요되는 총 작업 시간은?(단, 직사각형의 네 모서리에는 반드시 나무와 울타리를 심는다)

① 15시간 25분

② 15시간 50분

③ 16시간 15분

④ 16시간 40분

⑤ 17시간 5분

36 다음은 특정 달의 총 원자재량을 매일 표시한 표이다. P공장에서 매월 1일부터 원자재 A가 소모되는 양은 일정한 규칙을 따른다고 할 때, 10일에 P공장에 남은 원자재량은 총 몇 개인가?

〈날짜별 원자재 재고량〉

날짜	1일	2일	3일	4일	5일	6일
수량	5,600개	5,515개	5,410개	5,285개	5,140개	4,975개

① 4,560개

② 4,250개

③ 4,175개

④ 4,115개

⑤ 4,035개

37 P가게에서 오픈 행사로 50개의 에코백을 준비하였는데, 색깔이 다른 5종류의 에코백을 선착순으로 고객에게 한 개씩 증정한다. 다음 정보가 모두 참일 때, 〈보기〉에서 옳지 않은 것을 모두 고르면?

〈정보〉

- 에코백의 색깔은 청록색, 베이지색, 검정색, 주황색, 노란색이다.
- 고객 설문조사 결과 에코백 색깔 선호도는 다음과 같고, 1위 색깔의 에코백은 전체 개수의 40%, 2위는 20% 이상 30% 이하로 준비한다.

(단위 : 명)

청록색	베이지색	검정색	주황색	노란색
22	124	65	29	30

- 3 ~ 5위 색깔의 에코백은 각각 6개 이상 준비한다.

〈보기〉

ㄱ. 검정색 에코백 10개를 준비했을 때, 가능한 경우는 6가지이다.
ㄴ. 베이지색과 검정색 에코백의 개수의 합은 최대 35개이다.
ㄷ. 3 ~ 5위 색깔의 에코백은 최소 18개를 준비해야 한다.
ㄹ. 오픈 행사로 준비하는 에코백의 가능한 경우는 총 12가지이다.

① ㄱ, ㄴ
② ㄴ, ㄹ
③ ㄷ, ㄹ
④ ㄱ, ㄴ, ㄷ
⑤ ㄴ, ㄷ, ㄹ

38 다음 글의 중심 내용으로 가장 적절한 것은?

> 베블런에 의하면 사치품 사용 금기는 전근대적 계급에 기원을 두고 있다. 즉, 사치품 소비는 상류층의 지위를 드러내는 과시소비이기 때문에 피지배계층이 사치품을 소비하는 것은 상류층의 안락감이나 쾌감을 손상한다는 것이다. 따라서 상류층은 사치품을 사회적 지위 및 위계질서를 나타내는 기호(記號)로 간주하여 피지배계층의 사치품 소비를 금지했다. 또한 베블런은 사치품의 가격 상승에도 그 수요가 줄지 않고 오히려 증가하는 이유가 사치의 소비를 통하여 사회적 지위를 과시하려는 상류층의 소비행태 때문이라고 보았다.
>
> 그러나 소득 수준이 높아지고 대량 생산에 의해 물자가 넘쳐흐르는 풍요로운 현대 대중사회에서 서민들은 과거 왕족들이 쓰던 물건들을 일상생활 속에서 쓰고 있고 유명한 배우가 쓰는 사치품도 쓸 수 있다. 모든 사람들이 명품을 살 수 있는 돈을 갖고 있을 때 명품의 사용은 더 이상 상류층을 표시하는 기호가 될 수 없다. 따라서 새로운 사회의 도래는 베블런의 과시소비이론으로 설명하기 어려운 소비행태를 가져왔다. 이때 상류층이 서민들과 구별될 수 있는 방법은 오히려 아래로 내려가는 것이다. 현대의 상류층에게는 차이가 중요한 것이지 사물 그 자체가 중요한 것이 아니기 때문이다. 월급쟁이 직원이 고급 외제차를 타면 사장은 소형 국산차를 타는 것이 그 예이다.
>
> 이와 같이 현대의 상류층은 고급, 화려함, 낭비를 과시하기보다 서민들처럼 소박한 생활을 한다는 것을 과시한다. 이것은 두 가지 효과가 있다. 사치품을 소비하는 서민들과 구별된다는 점이 하나이고, 돈 많은 사람이 소박하고 겸손하기까지 하여 서민들에게 친근감을 준다는 점이 다른 하나이다.
>
> 그러나 그것은 극단적인 위세의 형태일 뿐이다. 뽐냄이 아니라 남의 눈에 띄지 않는 겸손한 태도와 검소함으로 자신을 한층 더 드러내는 것이다. 이런 행동들은 결국 한층 더 심한 과시이다. 소비하기를 거부하는 것이 소비 중에서도 최고의 소비가 된다. 다만 그들이 언제나 소형차를 타는 것은 아니다. 차별화해야 할 아래 계층이 없거나 경쟁 상대인 다른 상류층 사이에 있을 때 그들은 마음 놓고 경쟁적으로 고가품을 소비하며 자신을 마음껏 과시한다. 현대사회에서 소비하지 않기는 고도의 교묘한 소비이며, 그것은 상류층의 표시가 되었다. 그런 점에서 상류층을 따라 사치품을 소비하는 서민층은 순진하다고 하지 않을 수 없다.

① 현대의 상류층은 낭비를 지양하고 소박한 생활을 지향함으로써 서민들에게 친근감을 준다.
② 현대의 서민들은 상류층을 따라 겸손한 태도로 자신을 한층 더 드러내는 소비행태를 보인다.
③ 현대의 상류층은 그들이 접하는 계층과는 무관하게 절제를 통해 자신의 사회적 지위를 과시한다.
④ 현대에 들어와 위계질서를 드러내는 명품을 소비하면서 과시적으로 소비하는 새로운 행태가 나타났다.
⑤ 현대의 상류층은 사치품을 소비하는 것뿐만 아니라 소비하지 않기를 통해서도 자신의 사회적 지위를 과시한다.

39 다음은 P사 사보에 올라온 영국 처칠 수상의 일화이다. 직장생활과 관련하여 다음 일화가 주는 교훈으로 가장 적절한 것은?

> 어느 날 영국의 처칠 수상은 급한 업무 때문에 그의 운전기사에게 차를 빠르게 몰 것을 지시하였다. 그때 교통 경찰관은 속도를 위반한 처칠 수상의 차량을 발견하고 차를 멈춰 세웠다. 처칠 수상은 경찰관에게 말했다. "이봐. 내가 누군지 알아?" 그러자 경찰관이 대답했다. "얼굴은 우리 수상 각하와 비슷하지만, 법을 지키지 않는 것을 보니 수상 각하가 아닌 것 같습니다." 경찰관의 답변에 부끄러움을 느낀 처칠은 결국 벌금을 지불했고, 교통 경찰관의 근무 자세에 감명을 받았다고 한다.

① 무엇보다 고객의 가치를 최우선으로 생각해야 한다.
② 업무에 대해서는 스스로 자진해서 성실하게 임해야 한다.
③ 모든 결과는 나의 선택으로 일어난 것으로 여긴다.
④ 조직의 운영을 위해서는 지켜야 하는 의무가 있다.
⑤ 직장동료와 신뢰를 형성하고 유지해야 한다.

40 다음 상황에서 P기업이 해외 시장 개척을 앞두고 기존의 조직구조를 개편할 경우, P기업이 추가해야 할 조직으로 보기 어려운 것은?

> P기업은 몇 년 전부터 자체 기술로 개발한 제품의 판매 호조로 인해 기대 이상의 수익을 창출하게 되었다. 경쟁 업체들이 모방할 수 없는 독보적인 기술력을 앞세워 국내 시장을 공략한 결과, 국내 시장에서는 경쟁자가 없다고 할 만큼 탄탄한 시장 점유율을 확보하였다. 이러한 P기업의 M사장은 올 초부터 해외 시장 진출의 꿈을 갖고 필요한 자료를 수집하기 시작하였다. 충분한 자금력을 확보한 P기업은 우선 해외 부품 공장을 인수한 후 현지에 생산 기지를 건설하여 국내에서 생산되는 물량의 절반 정도를 현지로 이전하여 생산하고, 이를 통한 물류비 절감을 통해 주변국들부터 시장을 넓혀가겠다는 야심찬 계획을 세웠다. 한국 본사에서는 내년까지 4~5곳의 해외 거래처를 더 확보하여 지속적인 해외 시장 개척에 매진한다는 중장기 목표를 대내외에 천명해 둔 상태다.

① 해외관리팀   ② 기업회계팀
③ 외환업무팀   ④ 국제법무팀
⑤ 통관물류팀

※ 다음은 K과장의 해외여행 이동수단에 대한 자료이다. 이어지는 질문에 답하시오. **[41~42]**

<현지 유류비>

연료	가솔린	디젤	LPG
리터당 가격	1.4달러	1.2달러	2.2달러

<차량별 연비 및 연료>

차량	K	H	P
연비	14km/L	10km/L	15km/L
연료	디젤	가솔린	LPG

※ 연료는 최소 1리터 단위로 주유가 가능하다.

<관광지 간 거리>

구분	A광장	B계곡	C성당
A광장		25km	12km
B계곡	25km		18km
C성당	12km	18km	

41 K과장은 해외여행에서 H차량을 렌트해 A광장에서 출발해 C성당으로 이동한 후 B계곡으로 이동하고자 한다. 유류비를 최소화하고자 할 때, A광장에서부터 B계곡으로 이동 시 소요되는 유류비는?(단, 처음 자동차를 렌트했을 때 차에 연료는 없다)

① 6.3달러 ② 5.6달러
③ 5.2달러 ④ 4.5달러
⑤ 4.2달러

42 K과장의 상황이 다음과 같다고 할 때, K과장이 여행 일정을 완료하기까지 소요되는 총 이동시간은?

- K과장은 P차량을 렌트하였다.
- K과장은 C성당에서 출발하여 B계곡으로 이동한 후에 A광장을 거쳐 C성당으로 다시 돌아오는 여행 일정을 세웠다.
- K과장은 C성당에서 A광장까지는 시속 60km로 이동하고, A광장에서 C성당으로 이동할 때에는 시속 40km로 이동하고자 한다.

① 1시간 8분 ② 1시간 1분
③ 58분 ④ 52분
⑤ 48분

43 다음 사례에서 K씨가 자신의 목표를 달성하지 못한 이유로 가장 적절한 것은?

> 극장에서 미소지기로 근무하는 K씨는 친절 사원으로 선발된 다른 직원들을 보면서 자신도 이달의 친절왕이 되겠다는 목표를 설정하고, 여러 정보들을 수집하여 구체적인 계획을 세웠다. 그러나 K씨의 무뚝뚝한 표정과 말투로 인해 친절왕은커녕 고객들의 불평·불만만 쌓여갔다. 사실 K씨는 오래전부터 사람을 대하는 서비스업이 자신에게 적합하지 않다는 생각을 하고 있었다.

① 자신감이 부족하여 자기개발과 관련된 결정을 제대로 하지 못하였다.
② 회사 내의 경력 기회 및 직무 가능성 등에 대해 충분히 알아보지 않았다.
③ 다른 직업이나 회사 밖의 기회에 대해 충분히 알아보지 않았다.
④ 자신의 흥미·적성 등을 제대로 파악하지 못하였다.
⑤ 둘러싼 주변 상황의 제약으로 인해 어려움을 겪었다.

44 다음 사례에서 나타나는 협상전략으로 가장 적절한 것은?

> 사람들은 합리적인 의사결정보다 감성적인 의사결정을 하곤 한다. 소비에 있어서 이와 같은 현상을 쉽게 발견할 수 있는데, 사람들이 물건을 살 때 제품의 기능이나 가격보다는 다른 사람들의 판단에 기대어 결정하거나 브랜드의 위치를 따르는 소비를 하는 경우를 쉽게 볼 수 있는 것이다. 명품에 대한 소비나 1위 브랜드 제품을 선호하는 것 모두 이러한 현상 때문으로 볼 수 있다.

① 상대방 이해 전략　　　　② 권위 전략
③ 희소성 해결 전략　　　　④ 호혜 관계 형성 전략
⑤ 사회적 입증 전략

45 다음 중 대학생인 지수의 일과를 통해 알 수 있는 사실로 가장 적절한 것은?

> 지수는 화요일에 학교 수업, 아르바이트, 스터디, 봉사활동 등을 한다.
> 다음은 지수의 화요일 일과이다.
> • 지수는 오전 11시부터 오후 4시까지 수업이 있다.
> • 수업이 끝나고 학교 앞 프랜차이즈 카페에서 아르바이트를 3시간 동안 한다.
> • 아르바이트를 마친 후 NCS 공부를 하기 위해 스터디를 2시간 동안 한다.

① 비공식적이면서 소규모조직에서 3시간 있었다.
② 공식조직에서 9시간 있었다.
③ 비영리조직이면서 대규모조직에서 5시간 있었다.
④ 영리조직에서 2시간 있었다.
⑤ 비공식적이면서 비영리조직에서 3시간 있었다.

46 하경이는 A ~ C 3종류의 과자를 총 15개 구매하였다. 다음 〈조건〉을 토대로 과자를 구입했을 때, 〈보기〉에서 항상 옳은 것을 모두 고르면?

───〈조건〉───
• A, B, C과자는 각각 2개 이상 구입하였다.
• B과자는 A과자의 2배 이상 구입하였다.
• C과자는 B과자보다 같거나 많았다.
• A과자와 B과자 개수 합은 6개를 넘었다.

───〈보기〉───
㉠ 하경이는 A과자를 2개 샀다.
㉡ 하경이는 B과자를 7개 이상 사지 않았다.
㉢ 하경이는 C과자는 7개 이상 구입하였다.

① ㉠
② ㉡
③ ㉢
④ ㉠, ㉡
⑤ ㉡, ㉢

47 다음 중 Windows 환경에서 워드(Word)를 사용할 때, 기능키(Function Key) 〈F4〉와 관련된 바로가기 키와 해당 기능이 잘못 연결된 것을 〈보기〉에서 모두 고르면?

───〈보기〉───

㉠ 〈Alt〉+〈F4〉 : 현재 문서를 닫는다.
㉡ 〈Ctrl〉+〈F4〉 : 워드(Word)를 닫는다.
㉢ 〈Shift〉+〈F4〉 : 마지막 찾기 또는 이동 작업을 반복한다.
㉣ 〈F4〉 : 가능한 경우 마지막으로 실행한 명령이나 작업을 반복한다.

① ㉠, ㉡   ② ㉠, ㉢
③ ㉡, ㉢   ④ ㉡, ㉣
⑤ ㉢, ㉣

48 다음은 직접비와 간접비에 대한 설명이다. 이를 참고할 때, 〈보기〉의 인건비와 성격이 유사한 것은?

어떤 활동이나 사업의 비용을 추정하거나 예산을 세울 때는 추정해야 할 많은 유형의 비용이 존재한다. 그 가운데 대표적인 것이 직접비와 간접비이다. 직접비는 간접비에 상대되는 것으로, 제품 생산 또는 서비스를 창출하기 위해 직접 소비된 것으로 여겨지는 비용을 말한다. 이와 반대로 간접비는 제품을 생산하거나 서비스를 창출하기 위해 소비된 비용 중에서 직접비를 제외한 비용으로, 제품 생산에 직접 관련되지 않은 비용을 말하는데, 이는 매우 다양하기 때문에 정확하게 예측하지 못해 어려움을 겪는 경우가 많다.

───〈보기〉───

인건비는 제품 생산 또는 서비스 창출을 위한 업무를 수행하는 사람들에게 지급되는 비용으로, 계약에 의해 고용된 외부 인력에 대한 비용도 인건비에 포함된다. 이러한 인건비는 일반적으로 전체 비용 중 가장 큰 비중을 차지한다.

① 통신비   ② 출장비
③ 광고비   ④ 보험료
⑤ 사무비품비

49 직장생활에서 나타나는 다음 대화 중 호칭에 대한 예절로 적절하지 않은 것은?

(A) 이부장 : 김대리, 내가 말한 기획서는 완성되었나?
김대리 : 네, 부장님. 아침회의 때 바로 보고드리겠습니다.

(B) 김사원 : 과장님, 김대리가 이 자료를 전달하라고 했습니다.
이과장 : 그런가? 이리 갖고 와 보게.

(C) (김대리와 최대리는 동급자이다)
김대리 : 최대리, 다음 주에 회식 어때?
최대리 : 미안하지만 선약이 있어.

(D) 박대리 : 최○○씨, 제가 부탁한 자료 준비되었나요?
최사원 : 네, 대리님. 준비되었습니다.

(E) 김부장 : 다음으로 회장님 말씀이 있겠습니다.

① (A)   ② (B)
③ (C)   ④ (D)
⑤ (E)

50 다음 자료를 참고할 때, 효과적인 물적자원관리 과정에 대한 설명으로 적절하지 않은 것은?

물품의 효과적인 관리를 위해서는 적절한 과정을 거쳐야 한다. 물품을 마구잡이식으로 보관하게 되면 필요한 물품을 찾기 어렵고, 물품의 훼손이나 분실의 우려가 있다. 따라서 다음과 같은 과정을 거쳐 물품을 구분하여 보관하고 관리하는 것이 효과적이다.

과정	고려사항
사용 물품과 보관 물품의 구분	• 반복 작업 방지 • 물품 활용의 편리성
↓	
적절한 기준에 따른 물품 분류	• 동일성의 원칙 • 유사성의 원칙
↓	
물품 특성에 맞는 보관 장소 선정	• 물품의 형상 • 물품의 소재

① 물품의 특성을 고려해 보관 장소를 선정해야 한다.

② 특성이나 종류가 유사한 물품은 인접한 장소에 보관해야 한다.

③ 사용 물품과 달리 보관 물품은 엄격하게 구분하여 관리하지 않는다.

④ 물품을 계속해서 사용할 것인지의 여부를 고려해 보관해야 한다.

⑤ 유리 제품을 효과적으로 관리하기 위해서는 따로 보관하는 것이 좋다.

51 다음 〈보기〉는 도덕적 해이와 역선택에 대한 사례이다. 역선택의 사례에 해당하는 것을 모두 고르면?

〈보기〉

㉠ A사장으로부터 능력을 인정받아 대리인으로 고용된 B씨는 A사장이 운영에 대해 세밀히 보고를 받지 않는다는 것을 알게 되었고, 이후 보고서에 올려야 하는 중요한 사업만 신경을 쓰고 나머지 회사 업무는 신경을 쓰지 않았다.

㉡ C회사가 모든 사원에게 평균적으로 책정한 임금을 지급하기로 결정하자, 회사의 임금 정책에 만족하지 못한 우수 사원들이 퇴사하게 되었다. 결국 능력이 뛰어나지 않은 사람들만 C회사에 지원하게 되었고, 실제로 고용된 사원들은 우수 사원이 될 가능성이 낮았다.

㉢ 중고차를 구입하는 D업체는 판매되는 중고차의 상태를 확신할 수 없다고 판단하여 획일화된 가격으로 차를 구입하기로 하였다. 그러자 상태가 좋은 중고차를 가진 사람은 D업체에 차를 팔지 않게 되었고, 결국 D업체는 상태가 좋지 않은 중고차만 구입하게 되었다.

㉣ 공동생산체제의 E농장에서는 여러 명의 대리인이 함께 일하고, 그 성과를 나누어 갖는다. E농장의 주인은 최종 결과물에만 관심을 갖고, 대리인 개개인이 얼마나 노력하였는지는 관심을 갖지 않았다. 시간이 지나자 열심히 일하지 않는 대리인이 나타났고, 그는 최종 성과물의 분배에만 참여하기 시작하였다.

① ㉠　　　　　　　　　　　　　　　② ㉡
③ ㉠, ㉣　　　　　　　　　　　　　④ ㉡, ㉢
⑤ ㉢, ㉣

52 다음 글에서 〈보기〉의 문장이 들어갈 위치로 가장 적절한 곳은?

기억이 착오를 일으키는 프로세스는 인상적인 사물을 받아들이는 단계부터 이미 시작된다. (가) 감각적인 지각의 대부분은 무의식중에 기록되고 오래 유지되지 않는다. (나) 대개는 수 시간 안에 사라져 버리며, 약간의 본질만이 남아 장기 기억이 된다. 무엇이 남을지는 선택에 의해서 그 사람의 견해에 따라서도 달라진다. (다) 분주하고 정신이 없는 장면을 보여 주고, 나중에 그 모습에 대해서 이야기하게 해 보자. (라) 어느 부분에 주목하고, 또 어떻게 그것을 해석했는지에 따라 즐겁기도 하고 무섭기도 하다. (마) 단순히 정신 사나운 장면으로만 보이는 경우도 있다. 기억이란 원래 일어난 일을 단순하게 기록하는 것이 아니다.

〈보기〉

일어난 일에 대한 묘사는 본 사람이 무엇을 중요하게 판단하고, 무엇에 흥미를 가졌느냐에 따라 크게 다르다.

① (가)　　　　　　　　　　　　　　② (나)
③ (다)　　　　　　　　　　　　　　④ (라)
⑤ (마)

53 다음은 신입사원을 대상으로 실시하는 교육에서 B대리가 신입사원들에게 해 줄 조언을 적은 메모이다. 자아인식 단계에서의 성찰에 대한 조언으로 적절하지 않은 것은?

〈업무상 실수를 했다면, 반드시 그 실수에 대해 성찰하는 시간을 가져야 한다.〉

• 성찰의 필요성
 – 노하우 축적
 – 지속적 성장 기회 제공
 – 신뢰감 형성
 – 창의적 사고 개발
• 성찰 연습 방법
 – 성찰노트 작성
 – 성찰과 관련된 질문

---

① 앞으로 다른 일을 해결해 나가는 노하우를 축적할 수 있게 된다.
② 세운 목표에 따라 매일 노력하게 된다면 지속적으로 성장할 수 있는 기회가 된다.
③ 같은 실수를 반복하지 않음으로써 다른 사람에게 신뢰감을 줄 수 있다.
④ 성찰을 통해 창의적인 사고 개발이 가능하다.
⑤ 성찰노트 작성은 한 번의 성찰을 통해 같은 실수를 반복하지 않도록 도와준다.

54 다음 글의 뒤에 이어질 내용으로 가장 적절한 것은?

"모든 사람이 건강보험 혜택을 받아야 한다." 네덜란드 법에 명시된 '건강권' 조항의 내용이다. 취약계층을 비롯한 모든 국민이 차별 없이 건강 보호를 받아야 하고, 단순히 질병 치료만이 아니라 건강증진과 재활 등의 영역에 이르기까지 충분한 보건의료 서비스를 보장받아야 한다는 취지다.

GGD는 네덜란드 국민의 건강 형평성을 위해 설립된 기관으로, 네덜란드 모든 지역에 공공보건서비스를 제공하기 위해 GGD를 설립하여 운영하고 있다. 네덜란드 국민이라면 생애 한 번 이상은 GGD를 방문한다. 임신한 여성은 산부인과 병원이 아닌 GGD를 찾아 임신부 관리를 받고, 어린 자녀를 키우는 부모는 정기적으로 GGD 어린이 건강 센터를 찾아 아이의 성장과 건강을 확인한다. 열대 지방을 여행하고 돌아온 사람은 GGD의 여행 클리닉에서 예방 접종을 받으며, 바퀴벌레나 쥐 때문에 골치 아픈 시민이라면 GGD에 해충 방제 서비스를 요청해 문제를 해결한다. 또한 성병에 걸렸거나 알코올중독·마약중독으로 고통을 겪는 환자도 GGD에서 검사와 치료를 받을 수 있으며, 가정폭력 피해자의 상담과 치료도 이곳에서 지원한다. 예방프로그램 제공, 의료환경 개선, 아동보건의료 제공, 전염성질환 관리가 모두 GGD에서 이뤄진다. 특히 경제적 취약계층을 위한 보건의료서비스를 GGD가 책임진다.

GGD는 한국의 보건의료원과 비슷한 역할을 하지만 그보다 지원 대상과 영역이 방대하고, 더 적극적으로 지원 대상을 발굴한다. 특히 전체 인력 중 의료진이 절반 이상으로, 전문성을 갖췄다. GGD 암스테르담에 근무하는 약 1,100명의 직원 가운데 의사와 간호사는 600명이 넘는다. 이 가운데 의사는 100여 명으로, 감염, 법의학, 정신질환 등을 담당한다. 500여 명의 간호사는 의사들과 팀을 이뤄 활동하고 있다. 이곳의 의사는 모두 GGD 소속 공무원이다. 반면, 한국의 보건소, 보건지소, 보건의료원 의사 대부분은 병역의무를 대신해 3년만 근무하는 공중보건의다. 하지만 공중보건의도 최근 7년 사이 1,500명 이상 줄어들면서 공공의료 공백에 대한 우려도 있다.

'평등한 건강권'은 최근 국내에서 개헌 논의가 시작되면서 본격적으로 논의되기 시작한 개념이다. 기존 헌법에 '모든 국민은 보건에 관하여 국가의 보호를 받는다.'는 조항이 포함되어 있지만, 아직 건강권의 보장 범위가 협소하고 애매하다. 한국은 건강 불평등 격차가 큰 나라 중 하나이다. 국제구호개발기구가 2013년에 발표한 전 세계 176개국의 '건강 불평등 격차'에서 우리나라는 33위를 차지했다. 건강 불평등 격차는 보건서비스에 접근이 쉬운 사람과 그렇지 않은 사람 사이의 격차가 얼마나 큰지 나타내는 지수로, 격차가 클수록 가난한 사람들의 보건 교육, 예방, 치료 등이 보장되지 않음을 의미한다.

① 네덜란드의 보험 제도 또한 많은 문제점을 지니고 있다.

② 네덜란드의 보험 제도를 참고하여 우리나라의 건강 불평등 해소 방향을 생각해 볼 수 있다.

③ 한국의 건강보험공단은 네덜란드의 보험 제도 개혁에 있어 많은 도움을 줄 수 있을 것이다.

④ 우리나라의 건강 불평등 격차를 줄이기 위해서는 무엇보다도 개헌이 시급하다.

⑤ 우리나라 보건의료원의 수준은 네덜란드 GGD와 비교하였을 때 결코 뒤처지지 않는다.

55 다음은 P공사 직원들의 주말 당직 일정표이다. 오전 9시부터 오후 4시까지 반드시 1명 이상이 사무실에 당직을 서야 하며, 토요일과 일요일에 연속하여 당직을 설 수는 없다. 또한, 월 2회 이상, 월 최대 10시간 미만으로 당직을 서야 한다. 이때 당직 일정을 수정해야 하는 직원은 누구인가?(단, 점심시간인 12 ~ 13시는 당직시간에서 제외한다)

〈주말 당직 일정표〉

당직일	당직자	당직일	당직자
첫째 주 토요일	• 유지선 9 ~ 14시 • 이윤미 12 ~ 16시	첫째 주 일요일	• 임유리 9 ~ 16시 • 정지수 13 ~ 16시 • 이준혁 10 ~ 14시
둘째 주 토요일	• 정지수 9 ~ 13시 • 이윤미 12 ~ 16시 • 길민성 12 ~ 15시	둘째 주 일요일	• 이선옥 9 ~ 12시 • 최기태 10 ~ 16시 • 김재욱 13 ~ 16시
셋째 주 토요일	• 최기태 9 ~ 12시 • 김재욱 13 ~ 16시	셋째 주 일요일	• 유지선 9 ~ 12시 • 서유진 14 ~ 16시
넷째 주 토요일	• 이윤미 9 ~ 13시 • 임유리 10 ~ 16시 • 서유진 9 ~ 16시	넷째 주 일요일	• 이선옥 9 ~ 12시 • 길민성 9 ~ 14시 • 이준혁 10 ~ 16시

① 유지선
② 이준혁
③ 임유리
④ 서유진
⑤ 길민성

56 다음 설명을 참고할 때, 증가율을 나타내기에 가장 적절한 그래프는 무엇인가?

읽기능력이란 문자 텍스트에만 국한된 것이 아니라 통계표, 도표(그래프), 그림이나 사진 등 다양한 형태의 텍스트가 나왔을 때 이를 읽어낼 수 있는 능력을 포함한다. 주로 복잡한 통계 자료를 나타낼 때는 이를 정리해서 간단한 숫자의 표로 정리하기도 하는데, 이를 더 보기 쉽도록 그림으로 나타내기도 한다. 이렇게 그림으로 나타낸 것을 도표, 즉 그래프라고 부른다.

① 막대그래프
② 꺾은선 그래프
③ 원그래프
④ 띠그래프
⑤ 그림그래프

57 다음 문단을 논리적 순서대로 바르게 나열한 것은?

> (가) 이 방식을 활용하면 공정의 흐름에 따라 제품이 생산되므로 자재의 운반 거리를 최소화할 수 있어 전체 공정 관리가 쉽다.
>
> (나) 그러나 기계 고장과 같은 문제가 발생하면 전체 공정이 지연될 수 있고, 규격화된 제품 생산에 최적화된 설비 및 배치 방식을 사용하기 때문에 제품의 규격이나 디자인이 변경되면 설비 배치 방식을 재조정해야 한다는 문제가 있다.
>
> (다) 제품을 효율적으로 생산하기 위해서는 생산 설비의 효율적인 배치가 중요하다. 설비의 효율적인 배치란 자재의 불필요한 운반을 최소화하고, 공간을 최대한 활용하면서 적은 노력으로 빠른 시간에 목적하는 제품을 생산할 수 있도록 설비를 배치하는 것이다.
>
> (라) 그중에서도 제품별 배치(Product Layout) 방식은 생산하려는 제품의 종류는 적지만 생산량이 많은 경우에 주로 사용된다. 제품별로 완성품이 될 때까지의 공정 순서에 따라 설비를 배열해 부품 및 자재의 흐름을 단순화하는 것이 핵심이다.

① (가) – (다) – (나) – (라) 　　② (다) – (가) – (라) – (나)

③ (다) – (라) – (가) – (나) 　　④ (라) – (나) – (다) – (가)

⑤ (라) – (다) – (나) – (가)

58 P사에서 근무하는 A사원은 수출계약 건으로 한국에 방문하는 바이어를 맞이하기 위해 인천공항에 가야 한다. 미국 뉴욕에서 오는 바이어는 현지 시각으로 21일 오전 8시 30분에 한국행 비행기에 탑승할 예정이며, 비행시간은 17시간이다. P사에서 인천공항까지는 1시간 30분이 걸리고, 바이어의 도착 예정 시각보다는 30분 일찍 도착하여 대기하려고 할 때, A사원이 적어도 회사에서 출발해야 하는 시각은?(단, 뉴욕은 한국보다 13시간이 느리다)

① 21일 10시 30분 　　② 21일 12시 30분

③ 22일 12시 　　④ 22일 12시 30분

⑤ 22일 14시 30분

<1 ~ 8월 지출 내역>

종류	내역
신용카드	2,500,000원
체크카드	3,500,000원
현금영수증	–

※ 연봉의 25%를 초과한 금액에 한해 신용카드 15% 및 현금영수증·체크카드 30% 공제
※ 공제는 초과한 금액에 대해 공제율이 높은 종류를 우선 적용

❙ 문제해결능력

59 H씨의 연봉 예상 금액이 35,000,000원일 때, 연말정산에 대비하기 위한 전략 또는 위 표에 대한 설명으로 적절하지 않은 것은?

① 신용카드와 체크카드 사용금액이 연봉의 25%를 넘어야 공제가 가능하다.

② 소득공제는 2,750,000원 이상 더 사용해야 가능하다.

③ 만약 체크카드를 5,000,000원 더 사용한다면, 2,250,000원이 소득공제금액에 포함되고, 공제액은 675,000원이다.

④ 만약 체크카드를 5,750,000원 더 사용한다면, 3,000,000원이 소득공제금액에 포함되고, 공제액은 900,000원이다.

⑤ 신용카드 사용금액이 더 적기 때문에 체크카드보다 신용카드를 많이 사용하는 것이 공제에 유리하다.

❙ 문제해결능력

60 H씨는 8월 이후로 신용카드를 4,000,000원 더 사용했고, 현금영수증 금액을 확인해 보니 5,000,000원이었다. 또한 연봉이 40,000,000원으로 상승하였다. 아래의 세율표를 적용하여 신용카드, 현금영수증 등 소득공제금액에 대한 세금을 구하면 얼마인가?

<세율표>

과표	세율
연봉 1,200만 원 이하	6%
연봉 1,200만 원 초과 4,600만 원 이하	15%
연봉 4,600만 원 초과 8,800만 원 이하	24%
연봉 8,800만 원 초과 15,000만 원 이하	35%
연봉 15,000만 원 초과	38%

① 90,000원   ② 225,000원

③ 247,500원   ④ 450,000원

⑤ 1,500,000원

61 왼쪽 워크시트의 성명 데이터를 오른쪽 워크시트와 같이 성과 이름, 두 개의 열로 분리하기 위해 [텍스트 나누기] 기능을 사용하고자 한다. 다음 중 [텍스트 나누기]의 분리 방법으로 가장 적절한 것은?

◢	A
1	김철수
2	박선영
3	최영희
4	한국인

◢	A	B
1	김	철수
2	박	선영
3	최	영희
4	한	국인

① 열 구분선을 기준으로 내용 나누기
② 구분 기호를 기준으로 내용 나누기
③ 공백을 기준으로 내용 나누기
④ 탭을 기준으로 내용 나누기
⑤ 행 구분선을 기준으로 내용 나누기

62 다음 인적자원 배치 방법 중 균형주의에 해당하는 사례로 가장 적절한 것은?

① A기업은 직원들의 성격에 따라 부서에 배치해 직원이 각 부서에서 능력을 더 발휘할 수 있도록 하였다.
② B기업은 각 직원이 가진 능력에 맞는 업무를 배분해 그 능력을 더 발휘할 수 있도록 하며, 이로 인한 실적에 대해서 확실한 보상을 제공하였다.
③ C기업은 근무기간과 관계없이 근무 역량과 리더십이 있는 직원의 경우 진급을 결정하여 팀 전체 직원들의 사기와 의식을 높였다.
④ D기업은 높은 직위에 있더라도 낮은 직위에 직원들과 서로 예의를 지키기를 강조하며, 직위에 상관없이 해당 업무의 공헌도에 따라 그에 맞는 보상을 제공한다.
⑤ E기업은 코로나19 사태로 경영이 위태로워져 정리해고를 고려해야 하는 상황이지만, 직원 전체 회의를 통해 근무시간 단축과 급여 인하를 결정해 직원들의 불안을 해소했다.

※ P공사에서 근무하는 J사원은 4대강 주변 자전거 종주길에 대한 개선안을 마련하기 위하여 관련 자료를 정리하여 상사에게 보고하고자 한다. 다음 자료를 보고 이어지는 질문에 답하시오. [63~64]

〈4대강 주변 자전거 종주길에 대한 관광객 평가 결과〉

(단위 : 점/100점 만점)

구분	한강	금강	낙동강	영산강
자연경관	70	60	60	80
편의시설	70	50	60	50
하천수질	60	70	50	80
접근성	70	60	50	50
종주길 규모	60	80	60	80
이용가능시간	70	50	60	50

〈자전거 종주 여행시 고려 조건(인터넷 설문조사)〉

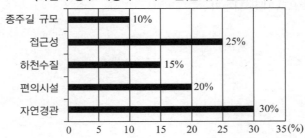

〈업체별 4대강 유역 토사 운송 비용 및 거리〉

업체	목표 운송량(톤)	보유 트럭 최대 적재량 현황		트럭 1대당 운송비(원/km)	거리
		1.5톤	2.5톤		
A	20.5	5대	4대	• 1.5톤 트럭 : 50,000	50km
B	19.5	6대	2대	• 2.5톤 트럭 : 80,000	45km
C	23	2대	6대		40km

63 다음 〈보기〉 중 자료들을 토대로 J사원이 정리한 내용으로 옳은 것을 모두 고르면?

───────〈보기〉───────
ㄱ. 모든 보유 트럭의 최대 적재량 합이 가장 큰 시공 업체는 C이다.
ㄴ. 관광객 평가 결과에서 가장 높은 점수를 받은 자전거 종주길은 한강이다.
ㄷ. 인터넷 설문 조사의 5개 항목만을 고려한 관광객 평가 결과의 합이 가장 높은 자전거 종주길은 낙동강이다.
ㄹ. 인터넷 설문 조사 결과 상위 2개 항목만을 고려한 관광객 평가 결과의 합이 가장 높은 자전거 종주길은 영산강이다.

① ㄱ, ㄴ   ② ㄱ, ㄷ
③ ㄴ, ㄷ   ④ ㄴ, ㄹ
⑤ ㄷ, ㄹ

64 다음은 자료를 검토한 Y상사가 J사원에게 준 피드백 내용이다. 이를 참고하여 4대강 자전거 종주길과 최종 점수가 바르게 연결된 것은?

J씨, 4대강 자전거 종주길에 실제로 방문한 관광객들의 평가만큼이나 전 국민을 대상으로 한 인터넷 설문조사도 매우 중요해요. 그러니까 인터넷 조사 결과의 응답 비중이 높은 순서대로 순위를 매겨서 1 ~ 5위까지 6, 5, 4, 3, 2점의 가중치를 부여하고, 이 가중치를 관광객 평가 점수와 곱해서 4대강 자전거 종주길들 간의 점수를 산출하도록 해 줘요. '이용가능시간'은 인터넷 조사에 해당하지 않으니까 가중치를 1로 부여하면 될 것 같아요.

① 한강 – 1,400점   ② 금강 – 1,280점
③ 낙동강 – 1,380점   ④ 영산강 – 1,180점
⑤ 영산강 – 1,310점

65 다음 중 엑셀의 기능에서 틀 고정에 대한 설명으로 옳지 않은 것은?

① 고정하고자 하는 행의 위 또는 열의 왼쪽에 셀 포인터를 위치시킨 후 [보기] – [틀 고정]을 선택한다.

② 틀을 고정하면 셀 포인터의 이동에 상관없이 고정된 행이나 열이 표시된다.

③ 문서의 내용이 많은 경우 셀 포인터를 이동하면 문서의 제목 등이 안 보이므로 틀 고정을 사용한다.

④ 인쇄할 때는 틀 고정을 해놓은 것이 적용이 안되므로 인쇄를 하려면 설정을 바꿔줘야 한다.

⑤ 틀 고정을 취소할 때에는 셀 포인터의 위치는 상관없이 [보기] – [틀 고정 취소]를 클릭한다.

66 다음 대화에서 업무수행 성과를 높이기 위한 행동전략을 잘못 사용하고 있는 사람은?

A사원 : 저는 해야 할 일이 생기면 미루지 않고, 그 즉시 바로 처리하려고 노력합니다.
B사원 : 저는 여러 가지 일이 생기면 비슷한 업무끼리 묶어서 한 번에 처리하곤 합니다.
C대리 : 저는 다른 사람이 일하는 방식과 다른 방식으로 생각하여 더 좋은 해결책을 발견하기도 합니다.
D대리 : 저도 C대리의 의견과 비슷합니다. 저는 저희 팀의 업무 지침이 마음에 들지 않아 저만의 방식을 찾고자 합니다.
E인턴 : 저는 저희 팀에서 가장 일을 잘한다고 평가받는 김부장님을 제 역할모델로 삼았습니다.

① A사원　　　　　　　　② B사원
③ C대리　　　　　　　　④ D대리
⑤ E인턴

67 다음은 데이터베이스에 대한 설명이다. 데이터베이스의 특징으로 적절하지 않은 것은?

데이터베이스는 대량의 자료를 관리하고 내용을 구조화해 검색이나 자료 관리 작업을 효과적으로 실행하는 프로그램으로, 삽입·삭제·수정·갱신 등을 통해 항상 최신의 데이터를 유동적으로 유지할 수 있으며, 이와 같은 대량의 데이터는 사용자의 질의에 대한 신속한 응답 처리를 가능하게 한다. 또한 이러한 데이터를 여러 명의 사용자가 동시에 공유가 가능하고, 각 데이터를 참조할 때는 사용자가 요구하는 내용에 따라 참조가 가능함은 물론, 응용프로그램과 데이터베이스를 독립시킴으로써 데이터가 변경되더라도 응용프로그램은 변경되지 않는다.

① 동시 공유
② 실시간 접근성
③ 계속적인 진화
④ 내용에 의한 참조
⑤ 데이터 논리적 의존성

68 다음 시트에서 [E2:E7] 영역처럼 표시하려고 할 때, [E2] 셀에 입력할 수식으로 옳은 것은?

	A	B	C	D	E
1	순번	이름	주민등록번호	생년월일	백넘버
2	1	박민석 11	831121-1092823	831121	11
3	2	최성영 20	890213-1928432	890213	20
4	3	이형범 21	911219-1223457	911219	21
5	4	임정호 26	870211-1098432	870211	26
6	5	박준영 28	850923-1212121	850923	28
7	6	김민욱 44	880429-1984323	880429	44

① =MID(B2,5,2)
② =LEFT(B2,2)
③ =RIGHT(B2,5,2)
④ =MID(B2,5)
⑤ =LEFT(B2,5,2)

69 다음 자료를 참고할 때 기술경영자에게 요구되는 능력으로 적절하지 않은 것은?

> 기술경영자에게는 리더십, 기술적인 능력, 행정 능력 외에도 다양한 도전을 해결하기 위한 여러 능력들이 요구된다. 기술개발이 결과 지향적으로 수행되도록 유도하는 능력, 기술개발 과제의 세부 사항까지도 파악할 수 있는 능력, 기술개발 과제의 전 과정을 전체적으로 조망할 수 있는 능력 등이 그것이다. 또한 기술개발은 기계적인 관리보다는 조직 및 인간 행동상의 요인들이 더 중요하게 작용되는 사람 중심의 진행이기 때문에 이 밖에도 기술의 성격 및 이와 관련된 동향, 사업 환경 등을 이해할 수 있는 능력과 기술적인 전문성을 갖춰 팀원들의 대화를 효과적으로 이끌어낼 수 있는 능력 등 다양한 능력을 필요로 한다. 이와는 달리 중간급 매니저라 할 수 있는 기술관리자에게는 기술경영자와는 조금 다른 능력이 필요한데, 기술적 능력에 대한 것과 계획서 작성, 인력 관리, 예산 관리, 일정 관리 등 행정 능력과 관련한 것이다.

① 시스템적인 관점에서 인식하는 능력
② 기술을 효과적으로 평가할 수 있는 능력
③ 조직 내의 기술 이용을 수행할 수 있는 능력
④ 새로운 제품 개발 시간을 단축할 수 있는 능력
⑤ 기술을 기업의 전반적인 전략 목표에 통합시키는 능력

70 다음은 고령취업자 현황을 나타낸 자료이다. 이에 대한 설명으로 옳지 않은 것은?

〈고령취업자 현황〉

(단위 : 천 명, %)

구분	고령취업자 수	고령취업자 비율				
		전체	성별		직종	
			남	여	농가	비농가
2017년	1,688	11.3	10.8	12.0	24.3	6.8
2018년	2,455	13.6	13.1	14.3	35.9	8.3
2019년	3,069	15.0	14.4	16.0	46.5	10.1
2020년	3,229	15.5	15.0	16.2	48.2	10.7
2021년	3,465	16.3	15.9	17.1	50.2	11.6
2022년	3,273	16.4	15.9	17.0	52.0	10.9
2023년	3,251	16.5	15.8	17.5	53.0	11.4
전년 대비 (22/23)	−22	0.1%p	−0.1%p	0.5%p	1.0%p	0.5%p

※ [고령취업자 비율(%)]=[(고령취업자 수)÷(전체 취업자 수)]×100
※ [항목별 고령취업자 비율(%)]=[(해당 항목의 고령취업자 수)÷(해당 항목의 전체 취업자 수)]×100

① 2023년 고령취업자 중 농가취업자의 비율은 53%로, 농가에서 취업자 두 사람 중 한 명은 고령자이다.
② 2023년 고령취업자의 비율은 비농가보다 농가가 높다.
③ 2017년 이후 남녀 고령취업자 비율을 비교하면 여성이 남성보다 높다.
④ 2023년 고령취업자 중 농가취업자 수가 전체의 약 82%를 차지한다.
⑤ 2019 ~ 2023년 고령취업자 중 농가취업자의 비율은 매년 증가한다.

6권

피듈형 NCS 집중학습

정답 및 해설

온라인 모의고사 무료쿠폰

쿠폰번호	피듈형 모의고사 2회분	ASWN-00000-6A1DD

[쿠폰 사용 안내]

1. **시대에듀 합격시대 홈페이지**(www.sdedu.co.kr/pass_sidae_new)에 접속합니다.
2. 상단 배너 '쿠폰 입력하고 모의고사 받자'를 클릭하고, 쿠폰번호를 등록합니다.
3. 내강의실 > 모의고사 > 합격시대 모의고사를 클릭하면 모의고사 응시가 가능합니다.
※ 본 쿠폰은 등록 후 30일간 이용 가능합니다.
※ iOS / macOS 운영체제에서는 서비스되지 않습니다.

무료NCS특강 쿠폰

쿠폰번호   JBX-58451-18160

[쿠폰 사용 안내]

1. **시대에듀 홈페이지**(www.sdedu.co.kr)에 접속합니다.
2. 상단 카테고리 「회원혜택」을 클릭합니다.
3. 「이벤트존」 > 「NCS 도서구매 특별혜택 이벤트」를 클릭한 후 쿠폰번호를 등록합니다.
4. 내강의실 > 무료강의를 클릭하면 무료강의 수강이 가능합니다.
※ 해당 강의는 본 도서를 기반으로 하지 않습니다.

끝까지 책임진다! 시대에듀!

QR코드를 통해 도서 출간 이후 발견된 오류나 개정법령, 변경된 시험 정보, 최신기출문제, 도서 업데이트 자료 등이 있는지 확인해 보세요! **시대에듀 합격 스마트 앱**을 통해서도 알려 드리고 있으니 구글 플레이나 앱 스토어에서 다운받아 사용하세요. 또한, 파본 도서인 경우에는 구입하신 곳에서 교환해 드립니다.

2024 ~ 2023년 피듈형 NCS 기출복원 모의고사 정답 및 해설

01	02	03	04	05	06	07	08	09	10
⑤	③	④	⑤	③	③	②	③	⑤	②
11	12	13	14	15	16	17	18	19	20
③	①	③	④	③	③	②	④	④	①
21	22	23	24	25	26	27	28	29	30
④	②	④	③	③	③	①	⑤	④	⑤
31	32	33	34	35	36	37	38	39	40
④	④	③	④	②	①	④	③	④	①
41	42	43	44	45	46	47	48	49	50
③	②	③	④	②	②	②	④	②	④
51	52	53	54	55	56	57	58	59	60
③	②	④	②	④	②	③	③	④	③
61	62	63	64	65	66	67	68	69	70
②	②	⑤	④	③	①	⑤	③	①	④

01 모듈형

01
정답 ⑤

'말로는 친한 듯 하나 속으로는 해칠 생각이 있음'을 뜻하는 한자성어는 '口蜜腹劍(구밀복검)'이다.

• 刻舟求劍(각주구검) : 융통성 없이 현실에 맞지 않는 낡은 생각을 고집하는 어리석음

오답분석
① 水魚之交(수어지교) : 아주 친밀하여 떨어질 수 없는 사이
② 結草報恩(결초보은) : 죽은 뒤에라도 은혜를 잊지 않고 갚음
③ 靑出於藍(청출어람) : 제자나 후배가 스승이나 선배보다 나음
④ 指鹿爲馬(지록위마) : 윗사람을 농락하여 권세를 마음대로 함

02
정답 ③

한자어에서 'ㄹ' 받침 뒤에 연결되는 'ㄷ, ㅅ, ㅈ'은 된소리로 발음되므로 [몰쌍식]으로 발음해야 한다.

오답분석
① · ④ 받침 'ㄴ'은 'ㄹ'의 앞이나 뒤에서 [ㄹ]로 발음하지만, 결단력, 공권력, 상견례 등에서는 [ㄴ]으로 발음한다.

② 받침 'ㄱ(ㄲ, ㅋ, ㄳ, ㄺ), ㄷ(ㅅ, ㅆ, ㅈ, ㅊ, ㅌ, ㅎ), ㅂ(ㅍ, ㄼ, ㄿ, ㅄ)'은 'ㄴ, ㅁ' 앞에서 [ㅇ, ㄴ, ㅁ]으로 발음한다.
⑤ 받침 'ㄷ, ㅌ(ㄾ)'이 조사나 접미사의 모음 'ㅣ'와 결합되는 경우에는 [ㅈ, ㅊ]으로 바꾸어서 뒤 음절 첫소리로 옮겨 발음한다.

03
정답 ④

나열된 수의 규칙은 (첫 번째 수)×[(두 번째 수)−(세 번째 수)]=(네 번째 수)이다.
따라서 빈칸에 들어갈 수는 9×(16−9)=63이다.

04
정답 ⑤

A는 B의 부정적인 의견들을 구조화하여 B가 그러한 논리를 가지게 된 궁극적 원인인 경쟁력 부족을 찾아내었고, 이러한 원인을 해소할 수 있는 방법을 찾아 자신의 계획을 재구축하여 B에게 설명하였다. 따라서 제시문에서 나타난 논리적 사고의 구성요소는 상대 논리의 구조화이다.

오답분석
① 설득 : 논증을 통해 나의 생각을 다른 사람에게 이해·공감시키고, 타인이 내가 원하는 행동을 하도록 하는 것이다.
② 구체적인 생각 : 상대가 말하는 것을 잘 알 수 없을 때, 이미지를 떠올리거나 숫자를 활용하는 등 구체적인 방법을 활용하여 생각하는 것이다.
③ 생각하는 습관 : 논리적 사고를 개발하기 위해 일상적인 모든 것에서 의문점을 가지고 원인을 생각해 보는 습관이다.
④ 타인에 대한 이해 : 나와 상대의 주장이 서로 반대될 때, 상대의 주장 전부를 부정하지 않고 상대의 인격을 존중하는 것이다.

05
정답 ③

갈등의 과정 단계
1. 의견 불일치 : 서로 생각이나 신념, 가치관, 성격이 다르므로 다른 사람들과 의견의 불일치를 가져온다. 의견 불일치는 상대방의 생각과 동기를 설명하는 기회를 주고 대화를 나누다 보면 오해가 사라지고 더 좋은 관계로 발전할 수 있지만, 그냥 내버려 두면 심각한 갈등으로 발전하게 된다.

2. 대결 국면 : 의견 불일치가 해소되지 않아 발생하며, 단순한 해결방안은 없고 다른 새로운 해결점을 찾아야 한다. 대결 국면에 이르게 되면 감정이 개입되어 상대방의 주장에 대한 문제점을 찾기 시작하고, 자신의 입장에 대해서는 그럴듯한 변명으로 옹호하면서 양보를 완강히 거부하는 상태에 이르는 등 상대방의 입장은 부정하면서 자기주장만 하려고 한다. 서로의 입장을 고수하려는 강도가 높아지면 긴장은 높아지고 감정적인 대응이 더욱 격화된다.

3. 격화 국면 : 상대방에 대하여 더욱 적대적으로 변하며, 설득을 통해 문제를 해결하기보다 감압적, 위협적인 방법을 쓰려고 하며, 극단적인 경우 언어폭력이나 신체적 폭행으로 번지기도 한다. 상대방에 대한 불신과 좌절, 부정적인 인식이 확산되면서 갈등 요인이 다른 요인으로 번지기도 한다. 격화 국면에서는 상대방의 생각이나 의견, 제안을 부정하고, 상대방은 그에 대한 반격을 함으로써 자신들의 반격을 정당하게 생각한다.

4. 진정 국면 : 계속되는 논쟁과 긴장이 시간과 에너지를 낭비하고 있음을 깨달으며, 갈등상태가 무한정 유지될 수 없다는 것을 느끼고 흥분과 불안이 가라앉으면서 이성과 이해의 원상태로 돌아가려한다. 이후 협상이 시작된다. 협상과정을 통해 쟁점이 되는 주제를 논의하고 새로운 제안을 하고 대안을 모색하게 된다. 진정 국면에서는 중개자, 조정자 등의 제3자가 개입함으로써 갈등 당사자 간에 신뢰를 쌓고 문제를 해결하는 데 도움이 되기도 한다.

5. 갈등의 해소 : 진정 국면에 들어서면 갈등 당사자들은 문제를 해결하지 않고는 자신들의 목표를 달성하기 어렵다는 것을 알게 된다. 모두가 만족할 수 없는 경우도 있지만, 불일치한 서로간의 의견을 일치하려고 한다. 갈등의 해소는 회피형, 지배 또는 강압형, 타협형, 순응형, 통합 또는 협력형 등의 방법으로 이루어진다.

06
정답 ③

팔로워십의 유형

구분	자아상	동료 / 리더의 시각	조직에 대한 자신의 느낌
소외형	• 자립적인 사람 • 일부러 반대의견 제시 • 조직의 양심	• 냉소적 • 부정적 • 고집이 셈	• 자신을 인정해 주지 않음 • 적절한 보상이 없음 • 불공정하고 문제가 있음
순응형	• 기쁜 마음으로 과업 수행 • 팀플레이를 함 • 리더나 조직을 믿고 헌신함	• 아이디어가 없음 • 인기 없는 일은 하지 않음 • 조직을 위해 자신의 요구를 양보	• 기존 질서를 따르는 것이 중요 • 리더의 의견을 거스르지 못함 • 획일적인 태도와 행동에 익숙함
실무형	• 조직의 운영방침에 민감 • 사건을 균형 잡힌 시각으로 봄 • 규정과 규칙에 따라 행동함	• 개인의 이익을 극대화하기 위한 흥정에 능함 • 적당한 열의와 수완으로 업무 진행	• 규정 준수를 강조 • 명령과 계획의 빈번한 변경 • 리더와 부하 간의 비인간적 풍토
수동형	• 판단, 사고를 리더에 의존 • 지시가 있어야 행동	• 하는 일이 없음 • 제 몫을 하지 못함 • 업무 수행에는 감독이 필요	• 조직이 나의 아이디어를 원치 않음 • 노력과 공헌을 해도 소용이 없음 • 리더는 항상 자기 마음대로 함

07
정답 ②

대인관계 유형별 특징

구분	특징
지배형	• 대인관계에 자신이 있으며 자기주장이 강하고 타인에 대해 주도권을 행사함 • 지도력과 추진력이 있어서 집단적인 일을 잘 지휘함 • 강압적이고 독단적, 논쟁적이어서 타인과 잦은 마찰을 빚음 • 윗사람의 지시에 순종적이지 못하고 거만하게 보일 수 있음
실리형	• 대인관계에서 이해관계에 예민하고 치밀하며 성취 지향적임 • 자기중심적이고 경쟁적이며 자신의 이익을 우선적으로 생각하기 때문에 타인에 대한 관심과 배려가 부족함 • 타인을 신뢰하지 못하고 불공평한 대우에 예민하며 자신에게 피해를 입힌 사람에게는 보복하는 경향성 보임
냉담형	• 이성적이고 냉철하며 의지력이 강하고 타인과 거리를 두며 대인관계를 맺는 경향이 있음 • 타인의 감정에 무관심하고 상처 주기 쉬움 • 따뜻하고 긍정적인 감정을 표현하기 어렵고 오랜 기간 깊게 사귀지 못함
고립형	• 혼자 있거나, 혼자 일하는 것을 좋아하며 감정을 잘 드러내지 않음 • 타인을 두려워하고 사회적 상황을 회피하며 자신의 감정을 지나치게 억제함 • 침울한 기분이 지속되고 우유부단하며 사회적으로 고립될 가능성 있음
복종형	• 대인관계에서 수동적이고 의존적이며 타인의 의견을 잘 따르고 주어진 일을 순종적으로 잘함 • 자신감이 없고 타인의 주목을 받는 일을 피함 • 자신이 원하는 바를 타인에게 잘 전달하지 못함 • 자신의 의견과 태도를 확고하게 지니지 못하며 상급자의 위치에서 일하는 것을 부담스러워 함

순박형	• 단순하고 솔직하며 대인관계에서 너그럽고 겸손한 경향이 있음 • 타인에게 잘 설득당해 주관 없이 타인에게 너무 끌려다닐 수 있으며 잘 속거나 이용당할 가능성 높음 • 원치 않는 타인의 의견에 반대하지 못하고 화가 나도 타인에게 알리기 어려움
친화형	• 따뜻하고 인정이 많으며 대인관계에서 타인을 잘 배려하여 도와주고 자기희생적인 태도를 취함 • 타인을 즐겁게 해주려고 지나치게 노력하며 타인의 고통과 불행을 보면 도와주려고 과도하게 나서는 경향이 있음 • 타인의 요구를 잘 거절하지 못하고 타인의 필요를 자신의 것보다 앞세우는 경향성이 있음
사교형	• 외향적이고 쾌활하며 타인과 함께 대화하기를 좋아하고 타인으로부터 인정받고자 하는 욕구가 강함 • 혼자서 시간 보내는 것을 어려워하며 타인의 활동에 관심이 많아 간섭하며 나서는 경향이 있음 • 흥분을 잘하고 충동적인 성향이 있으며 타인의 시선을 끄는 행동을 많이 하거나 자신의 개인적인 일을 타인에게 너무 많이 이야기하는 경향이 있음

08
정답 ③

직장 내 괴롭힘이 성립하려면 다음의 행위요건이 성립해야 한다.
• 직장에서의 지위 또는 관계 등의 우위를 이용할 것
• 업무상 적정 범위를 넘는 행위일 것
• 신체적·정신적 고통을 주거나 근무환경을 악화시키는 행위일 것
A팀장이 지위를 이용하여 B사원에게 수차례 업무를 지시했지만 이는 업무상 필요성이 있는 정당한 지시이며, 완수해야 하는 적정 업무에 해당하므로 직장 내 괴롭힘으로 보기 어렵다.

오답분석

① 업무 이외에 개인적인 용무를 자주 지시하는 것은 업무상 적정 범위를 넘은 행위이다.
② 업무배제는 업무상 적정 범위를 넘은 행위로, 직장 내 괴롭힘의 주요 사례이다.
④ A대리는 동기인 B대리보다 지위상의 우위는 없으나, 다른 직원과 함께 수적 우위를 이용하여 괴롭혔으므로 직장 내 괴롭힘에 해당한다.
⑤ 지시나 주의, 명령행위의 모습이 폭행이나 과도한 폭언을 수반하는 등 사회 통념상 상당성을 결여하였다면 업무상 적정 범위를 넘었다고 볼 수 있으므로 직장 내 괴롭힘에 해당한다.

09
정답 ⑤

A는 자신의 일이 능력과 적성에 맞는다 여기고 발전을 위해 열성을 가지고 성실히 노력하고 있다. 따라서 가장 적절한 직업윤리 의식은 천직의식이다.

직업윤리 의식
• 소명의식 : 자신이 맡은 일은 하늘에 의해 맡겨진 일이라고 생각하는 태도
• 천직의식 : 자신의 일이 자신의 능력과 적성에 꼭 맞는다 여기고 그 일에 열성을 가지고 성실히 임하는 태도
• 직분의식 : 자신이 하고 있는 일이 사회나 기업을 위해 중요한 역할을 하고 있다고 믿고 자신의 활동을 수행하는 태도
• 책임의식 : 직업에 대한 사회적 역할과 책무를 충실히 수행하고 책임을 다하는 태도
• 전문가의식 : 자신의 일이 누구나 할 수 있는 것이 아니라 해당 분야의 지식과 교육을 밑바탕으로 성실히 수행해야만 가능한 것이라 믿고 수행하는 태도
• 봉사의식 : 직업 활동을 통해 다른 사람과 공동체에 대하여 봉사하는 정신을 갖추고 실천하는 태도

10
정답 ②

경력개발의 단계별 이해
1. 직업 선택(0 ~ 25세)
  - 최대한 여러 직업의 정보를 수집하여 탐색한 후 나에게 적합한 최초의 직업 선택
  - 관련 학과 외부 교육 등 필요한 교육 이수
2. 조직 입사(18 ~ 25세)
  - 원하는 조직에서 일자리 얻음
  - 정확한 정보를 토대로 적성에 맞는 적합한 직무 선택
3. 경력 초기(25 ~ 40세)
  - 조직의 규칙과 규범에 대해 배움
  - 직업과 조직에 적응해 감
  - 역량(지식, 기술, 태도)을 증대시키고 꿈을 추구해 나감
4. 경력 중기(40 ~ 55세)
  - 경력 초기를 재평가하고 좀 더 업그레이드 된 꿈으로 수정함
  - 성인 중기에 적합한 선택을 하고 지속적으로 열심히 일함
5. 경력 말기(55세 ~ 퇴직)
  - 지속적으로 열심히 일함
  - 자존심 유지
  - 퇴직준비의 자세한 계획(경력 중기부터 준비하는 것이 바람직)

11
정답 ③

오답분석

ㄱ. 삼단논법에 근거한 논리적인 추론을 한 사례이다.
ㄹ. 햄버거를 먹는 것과 주말에 늦잠을 자는 것은 서로 관련이 없으므로 논점 일탈의 오류를 범한 사례이다.

12
정답 ①

'밤에만 볼 수 있는 동물은 야행성 동물이다.'라는 명제에서 '고양이는 야행성 동물이다.'라는 명제를 통해 대전제의 후건을 긍정하여 '고양이는 밤에만 볼 수 있는 동물이다.'라는 결론을 내린 것은 후건긍정의 오류를 범한 것이다.

13
정답 ③

'우회수송'은 사고 등의 이유로 직통이 아닌 다른 경로로 우회하여 수송한다는 뜻이기 때문에 '우측 선로로의 변경'은 순화로 적절하지 않다.

오답분석

① '열차시격'에서 '시격'이란 '사이에 뜬 시간'이라는 뜻의 한자어로, 열차와 열차 사이의 간격, 즉 '배차간격'으로 순화할 수 있다.
② '전차선'이란 철로를 의미하고, '단전'은 전기의 공급이 중단됨을 말한다. 따라서 바르게 순화되었다.
④ '핸드레일(Handrail)'은 난간을 뜻하는 영어 단어로, 우리말로는 '안전손잡이'로 순화할 수 있다.
⑤ '키스 앤 라이드(Kiss and Ride)'는 헤어질 때 키스를 하는 영미권 문화에서 비롯된 용어로, '환승정차구역'을 지칭한다.

14
정답 ②

• 소프트웨어적 요소
 − 스타일(Style) : 조직 구성원을 이끌어 나가는 관리자의 경영방식
 − 구성원(Staff) : 조직 내 인적 자원의 능력, 전문성, 동기 등
 − 스킬(Skills) : 조직 구성원이 가지고 있는 핵심 역량
 − 공유가치(Shared Values) : 조직의 이념, 비전 등 조직 구성원이 함께 공유하는 가치관
• 하드웨어적 요소
 − 전략(Strategy) : 시장에서의 경쟁우위를 위해 회사가 개발한 계획
 − 구조(Structure) : 조직별 역할, 권한, 책임을 명시한 조직도
 − 시스템(Systems) : 조직의 관리체계, 운영절차, 제도 등 전략을 실행하기 위한 프로세스

15
정답 ③

인간관계의 성격적 특성은 크게 대인동기, 대인신념, 대인기술로 구분되며, 대인관계는 각기 다른 성격적 특성을 가진 개인의 상호작용으로 이루어진다.

㉠ 대인동기 : 인간관계를 지향하게 하고 사회적 행동을 유발하는 동기로, 내용에 따라 생리적 동기, 심리적 동기로 나뉘며 발생원인에 따라 선천적 동기(유전), 후천적 동기(학습)로 나뉜다.
㉡ 대인신념 : 개인이 인간과 인간관계에 대해 가지고 있는 지적인 이해나 믿음으로, 대인관계에 대한 지속적이고 안정적인 사고 내용이다. 따라서 대인관계 상황에서 개인의 행동을 결정하는 주요한 요인이 된다.

㉢ 대인기술 : 인간관계를 성공적으로 이끌어 갈 수 있는 사교적 능력으로, 성장과정에서 후천적 경험을 통해 의식적 / 무의식적으로 배워 습득하는 언어적 / 비언어적 행동능력이다.

16
정답 ③

도덕적 해이의 특징
• 직무를 충실히 수행하지 않는 행위에 한정되며, 법률 위반과는 차이가 있다. 따라서 적발과 입증이 어려운 측면이 있다.
• 도덕적 일탈행위와도 차이가 있어 사적 영역에서 도덕적 의무를 다하지 않는 행위는 제외된다.
• 조직의 큰 틀에 어긋나는 의도적 · 적극적인 자신의 이익실현 행위가 포함된다.
• 사익을 추구하지 않더라도 효율적 운영을 위해 최선을 다하지 않는 방만한 경영 행태가 포함된다.
• 위험이 따르지만 실적이 기대되는 신규업무에 관심을 갖지 않는 소극적 행위의 특징이 있다.
• 결정을 내리고 책임지기보다는 상급기관에 결정을 미루고 기계적으로 따라하는 행동방식을 취한다.

17
정답 ②

S사원은 충분히 업무를 수행할 능력은 있으나 A과장으로부터 문책을 당한 경험으로 인해 과제를 완수하고 목표를 달성할 수 있는 능력 차원에서의 자아존중감이 부족한 상태이다.

오답분석

① 자기관리 : 자신을 이해하고, 목표를 성취하기 위해 자신의 행동 및 업무수행을 관리하고 조정하는 것이다.
③ 경력개발 : 자신과 자신의 환경 상황을 인식하고 분석하여 합당한 경력 관련 목표를 설정하는 과정이다.
④ 강인성 : 개인이 세상을 대하는 기본적 태도로서 헌신, 통제 및 도전적 성향을 가지는 것이다.
⑤ 낙관주의 : 아직 현실화되지 않은 앞으로의 일을 좋은 방향으로 생각하는 태도이다.

> **자아존중감**
> 개인의 가치에 대한 주관적인 평가와 판단을 통해 자기결정에 도달하는 과정이며, 스스로에 대한 긍정적 또는 부정적 평가를 통해 가치를 결정짓는 것이다.
> • 가치 차원 : 다른 사람들이 자신을 가치 있게 여기며 좋아한다고 생각하는 정도를 말한다.
> • 능력 차원 : 과제를 완수하고 목표를 달성할 수 있다는 신념을 말한다.
> • 통제감 차원 : 자신이 세상에서 경험하는 일들과 거기에 영향을 미칠 수 있다고 느끼는 정도를 말한다.

18 정답 ④

목표 달성을 위한 SMART 기법

- 구체적(Specify) : 목표는 지나치게 모호하거나 광범위하게 설정하지 않고 구체적으로 설정하여야 한다.
- 측정 가능(Measurable) : 목표는 수치화할 수 있는 데이터 등의 객관적 지표로 평가할 수 있어야 한다.
- 달성 가능(Achievable) : 목표는 능력 내에서 현실적으로 실현할 수 있어야 한다.
- 관련성(Relevant) : 목표는 시간의 경과에 따른 궁극적 목표와 서로 연결되어 있어야 한다.
- 시간 제약(Time – Bound) : 목표는 기한을 두어 목표 달성을 위한 의욕 고취, 효율적인 자원 배분 등의 노력을 해야 한다.

19 정답 ④

무대 설치, 무대 설치 인력, 초대 가수 섭외, 외부 발전차 임대, 행사용 폭죽은 불꽃놀이 행사에 직접적으로 필요한 사안이므로 해당 비용은 직접비용에 해당한다. 반면에 행사 광고비는 부수적으로 필요한 간접비용에 해당한다.

20 정답 ①

전학생이 오기 전 50m 달리기 기록의 중앙값은 학생 수가 9명으로 홀수이므로 다섯 번째 기록인 8.8초이다.

전학생이 온 후 50m 달리기 기록의 중앙값은 학생 수가 10명으로 짝수이므로 다섯 번째 기록과 여섯 번째 기록의 평균인 $\dfrac{8.8+8.9}{2}$ =8.85초이다.

21 정답 ④

오답분석

㉠ · ㉢ 유기적 조직에 대한 설명이다.

기계적 조직과 유기적 조직
- 기계적 조직
  - 구성원의 업무가 분명하게 규정되어 있다.
  - 많은 규칙과 규제가 있다.
  - 상하 간 의사소통이 공식적인 경로를 통해 이루어진다.
  - 엄격한 위계질서가 존재한다.
  - 대표적으로 군대, 정부, 공공기관 등이 있다.
- 유기적 조직
  - 의사결정권한이 조직의 하부 구성원들에게 많이 위임되어 있다.
  - 업무가 고정되지 않아 업무 공유가 가능하다.
  - 비공식적인 상호 의사소통이 원활하게 이루어진다.
  - 규제나 통제의 정도가 낮아 변화에 맞춰 쉽게 변할 수 있다.
  - 대표적으로 권한위임을 받아 독자적으로 활동하는 사내 벤처팀, 특정한 과제 수행을 위해 조직된 프로젝트팀이 있다.

22 정답 ②

글로벌화가 이루어지면 조직은 해외에 직접 투자할 수 있고, 원자재를 보다 싼 가격에 수입할 수 있으며, 수송비가 절감되고, 무역장벽이 낮아져 시장이 확대되는 경제적 이익을 얻을 수 있다. 반면에 그만큼 세계적인 수준으로 경쟁이 치열해지기 때문에 국제적인 감각을 가지고 세계화 대응 전략을 마련해야 한다.

23 정답 ④

사람들이 집단에 머물고, 계속 남아 있기를 원하게 만드는 힘은 응집력이다. 팀워크는 단순히 사람들이 모여 있는 것이 아니라 목표달성의 의지를 가지고 성과를 내는 것이다.

팀워크와 응집력
- 팀워크 : 팀 구성원이 공동의 목적을 달성하기 위해 상호관계성을 가지고 서로 협력하여 일을 해 나가는 것
- 응집력 : 사람들로 하여금 집단에 머물도록 만들고, 그 집단의 멤버로서 계속 남아 있기를 원하게 만드는 힘

24 정답 ③

서로가 받아들일 수 있는 결정을 하기 위하여 중간지점에서 타협하여 입장을 주고받는 것은 타협형 갈등 해결방법이다. Win – Win 전략은 통합형(협력형) 갈등 해결방안으로, 모두의 목표를 달성할 수 있는 해법을 찾는 것이다.

Win – Win 전략에 의거한 갈등 해결 단계
1. 충실한 사전 준비
   - 비판적인 패러다임 전환
   - 자신의 위치와 관심사 확인
   - 상대방의 입장과 상대방이 드러내지 않은 관심사 연구
2. 긍정적인 접근 방식
   - 상대방이 필요로 하는 것에 대해 생각해 보았다는 점을 인정
   - 자신의 Win – Win 의도 명시
   - Win – Win 절차, 즉 협동적인 절차에 임할 자세가 되어 있는지 알아보기
3. 서로의 입장 명확히 하기
   - 동의하는 부분 인정하기
   - 기본적으로 다른 부분 인정하기
   - 자신이 이해한 바 점검하기
4. Win – Win에 기초한 기준에 동의하기
   - 상대방에게 중요한 기준을 명확히 하기
   - 자신에게 어떠한 기준이 중요한지 말하기
5. 몇 가지 해결책 생각해 내기
6. 몇 가지 해결책 평가하기
7. 최종 해결책을 선택하고, 실행에 동의하기

25

정답 ③

직업의 윤리성은 비윤리적인 영리 행위나 반사회적인 활동을 통한 경제적 이윤 추구는 직업 활동으로 인정되지 않음을 의미한다. 노력이 전제되지 않는 자연발생적인 이득의 수취나 우연하게 발생하는 경제적 과실에 전적으로 의존하는 활동을 직업으로 인정하지 않는 것은 경제성에 해당한다.

26

정답 ③

오답분석

ⓒ 명함을 받았을 때는 곧바로 집어넣지 말고 상세히 확인한 다음 명함에 대해 간단한 대화를 건네는 것이 올바른 직장예절이다.

27

정답 ①

담화의 의미는 고정되어 있지 않으며 다양한 맥락에 따라 다른 의미로 전달된다.

28

정답 ⑤

사원 4명의 평균나이는 $\dfrac{a+b+c+d}{4}$=32세이므로

사원 4명의 나이의 합은 32×4=128세이다.

신입사원 1명의 나이를 x세라고 할 때,

사원 5명의 나이의 평균은 $\dfrac{a+b+c+d+x}{5}$=31세이므로

$a+b+c+d+x$=155

→ x=155-($a+b+c+d$)=155-128=27

따라서 신입사원의 나이는 27세이다.

29

정답 ④

맥킨지 매트릭스는 기업의 포트폴리오를 시장매력도와 시장 지위를 3단계로 나누어 평가하는 분석법으로, 상황별로 비즈니스의 전략적 선택을 제시하는 것을 목적으로 한다. 맥킨지 매트릭스의 주요 내용을 정리하면 다음과 같다.

시장매력도		낮음	중간	높음
	높음	선택적 투자	투자	유지·방어
	중간	제한적 확장	선택적 투자	투자
	낮음	전환·철수	선택적 방어	유지·사업 초점 조정
		낮음	중간	높음
			시장 지위	

오답분석

ⓔ 맥킨지 매트릭스는 사업 단위 및 부문 간의 상호작용은 반영되지 않는다는 한계점을 가진다.

30

정답 ⑤

ⓒ 세휘는 갈등상황에 대한 답을 도출하기보다 피하려고 하는 회피형 갈등해결 방식을 보이고 있다.

ⓔ 지윤은 상대의 의견을 받아 들여 논쟁을 해결하려는 수용형 갈등해결 방식을 보이고 있다.

오답분석

⊙ 목표가 아니라 방법에 대한 갈등상황이 제시되어 있다.

ⓛ 마케팅 실행을 위해 필요하며, 해결 가능한 갈등상황에 해당된다.

02 PSAT형

31 　　　　　　　　　　　　　　　　　정답 ④

네 번째 문단에서 백성들이 적지 않고, 토산품이 구비되어 있지만 이로운 물건이 세상에 나오지 않고, 그렇게 하는 방법을 모르기 때문에 경제를 윤택하게 하는 것 자체를 모른다고 하였다. 따라서 조선의 경제가 윤택하지 못한 이유를 부족한 생산량이 아니라 유통의 부재로 보고 있다.

오답분석

① 세 번째 문단에서 쓸모없는 물건을 사용하여 유용한 물건을 유통하고 거래하지 않는다면 유용한 물건들이 대부분 한 곳에 묶여서 고갈될 것이라고 하며 유통이 원활하지 않은 현실을 비판하고 있다.
② 세 번째 문단에서 옛날의 성인과 제왕은 유통의 중요성을 알고 있었기 때문에 주옥과 화폐 등의 물건을 조성하여 재물이 원활하게 유통될 수 있도록 노력했다고 하며 재물 유통을 위한 성현들의 노력을 제시하고 있다.
③ 여섯 번째 문단에서 재물을 우물에 비유하여 설명하고 있다. 재물의 소비를 하지 않으면 물을 길어내지 않는 우물처럼 말라버릴 것이며, 소비를 한다면 물을 퍼내는 우물처럼 물이 가득할 것이라며 재물에 대한 소비가 경제의 규모를 늘릴 것이라고 강조하고 있다.
⑤ 여섯 번째 문단에서 비단옷을 입지 않으면 비단을 짜는 사람과 베를 짜는 여인 등 관련 산업 자체가 황폐해질 것이라고 하고 있다. 따라서 산업의 발전을 위한 적당한 사치(소비)가 있어야 함을 제시하고 있다.

32 　　　　　　　　　　　　　　　　　정답 ④

3월의 경우 K톨게이트를 통과한 영업용 승합차 수는 229천 대이고, 영업용 대형차 수는 139천 대이다. 139×2=278>229이므로 3월의 영업용 승합차 수는 영업용 대형차 수의 2배 미만이다. 따라서 모든 달에서 영업용 승합차 수는 영업용 대형차 수의 2배 이상이 아니므로 옳지 않은 설명이다.

오답분석

① 월별 전체 승용차 수와 전체 승합차 수의 합은 다음과 같다.
　• 1월 : 3,807+3,125=6,932천 대
　• 2월 : 3,555+2,708=6,263천 대
　• 3월 : 4,063+2,973=7,036천 대
　• 4월 : 4,017+3,308=7,325천 대
　• 5월 : 4,228+2,670=6,898천 대
　• 6월 : 4,053+2,893=6,946천 대
　• 7월 : 3,908+2,958=6,866천 대
　• 8월 : 4,193+3,123=7,316천 대
　• 9월 : 4,245+3,170=7,415천 대
　• 10월 : 3,977+3,073=7,050천 대
　• 11월 : 3,953+2,993=6,946천 대
　• 12월 : 3,877+3,040=6,917천 대

따라서 전체 승용차 수와 승합차 수의 합이 가장 많은 달은 9월이고, 가장 적은 달은 2월이다.
② 4월을 제외하고 K톨게이트를 통과한 비영업용 승합차 수는 월별 3,000천 대(=300만 대)를 넘지 않는다.
③ 모든 달에서 (영업용 대형차 수)×10≥(전체 대형차 수)이므로 영업용 대형차 수의 비율은 모든 달에서 전체 대형차 수의 10% 이상이다.
⑤ 승용차가 가장 많이 통과한 달은 9월이고, 이때 영업용 승용차 수의 비율은 9월 전체 승용차 수의 $\frac{140}{4,245} \times 100 ≒ 3.3\%$로 3% 이상이다.

33 　　　　　　　　　　　　　　　　　정답 ③

첫 번째 조건에 따라 ①, ②는 70대 이상에서 도시의 여가생활 만족도(1.7점)가 같은 연령대의 농촌(ㄹ) 만족도(3.5점)보다 낮으므로 제외되고, 두 번째 조건에 따라 도시에서 10대의 여가생활 만족도는 농촌에서 10대(1.8점)의 2배보다 높으므로 1.8×2=3.6점을 초과해야 하나 ④는 도시에서 10대(ㄱ)의 여가생활 만족도가 3.5점이므로 제외된다. 또한, 세 번째 조건에 따라 ⑤는 도시에서 여가생활 만족도가 가장 높은 연령대인 40대(3.9점)보다 30대(ㄴ)가 4.0점으로 높으므로 제외된다. 따라서 마지막 조건까지 만족하는 것은 ③이다.

34 　　　　　　　　　　　　　　　　　정답 ②

A반과 B반 모두 두 번의 경기를 거쳐 결승에 만나는 경우는 다음과 같다.

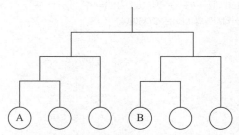

이때 남은 네 반을 배치할 때마다 모두 다른 경기가 진행되므로 구하고자 하는 경우의 수는 4!=24가지이다.

35 　　　　　　　　　　　　　　　　　정답 ①

마지막 조건에 따라 C는 항상 두 번째에 도착하게 되고, 첫 번째 조건에 따라 A-B가 순서대로 도착했으므로 A, B는 첫 번째로 도착할 수 없다. 또한 두 번째 조건에 따라 D는 E보다 늦게 도착하므로 가능한 경우를 정리하면 다음과 같다.

구분	첫 번째	두 번째	세 번째	네 번째	다섯 번째
경우 1	E	C	A	B	D
경우 2	E	C	D	A	B

따라서 E는 항상 가장 먼저 도착한다.

36 정답 ①

A과장과 팀원 1명은 7시 30분까지 사전 회의를 해야 하므로 8시에 출발하는 KTX만 이용 가능하다. 남은 팀원 3명은 11시 30분까지 부산역에 도착해야 하므로 10시 30분에 도착하는 KTX, 11시 5분에 도착하는 ITX-청춘, 11시에 도착하는 ITX-마음을 이용할 수 있다. 이 중 가장 저렴한 열차를 이용하므로 ITX-마음을 선택한다. 따라서 KTX 2인, ITX-마음 3인의 요금은 (59,800×2)+(42,600×3)=119,600+127,800=247,400원이다.

37 정답 ②

제시된 열차의 부산역 도착시간을 계산하면 다음과 같다.
- KTX : 8:00(서울역 출발) → 10:30(부산역 도착)
- ITX-청춘 : 7:20(서울역 출발) → 8:00(대전역 도착) → 8:15(대전역 출발) → 11:05(부산역 도착)
- ITX-마음 : 6:40(서울역 출발) → 7:20(대전역 도착) → 7:35(대전역 출발) → 8:15(울산역 도착) → 8:30(울산역 출발) → 11:00(부산역 도착)
- 새마을호 : 6:30(서울역 출발) → 7:30(대전역 도착) → 7:40(ITX-마음 출발 대기) → 7:55(대전역 출발) → 8:55(울산역 도착) → 9:10(울산역 출발) → 10:10(동대구역 도착) → 10:25(동대구역 출발) → 11:55(부산역 도착)
- 무궁화호 : 5:30(서울역 출발) → 6:50(대전역 도착) → 7:05(대전역 출발) → 8:25(울산역 도착) → 8:35(ITX-마음 출발 대기) → 8:50(울산역 출발) → 10:10(동대구역 도착) → 10:30(새마을호 출발 대기) → 10:45(동대구역 출발) → 12:25(부산역 도착)
따라서 가장 늦게 도착하는 열차는 무궁화호로, 12시 25분에 부산역에 도착한다.

오답분석
① ITX-청춘은 11시 5분에 부산역에 도착하고, ITX-마음은 11시에 부산역에 도착한다.
③ ITX-마음은 정차역인 대전역과 울산역에서 다른 열차와 시간이 겹치지 않는다.
④ 부산역에 가장 빨리 도착하는 열차는 KTX로, 10시 30분에 도착한다.
⑤ 무궁화호는 울산역에서 8시 15분에 도착한 ITX-마음으로 인해 8시 35분까지 대기하며, 동대구역에서 10시 10분에 도착한 새마을호로 인해 10시 30분까지 대기한다.

38 정답 ③

제시문은 뇌경색이 발생하는 원인과 발생했을 때 치료 방법을 소개하고 있다. 따라서 글의 주제로 가장 적절한 것은 '뇌경색의 발병 원인과 치료 방법'이다.

오답분석
① 뇌경색의 주요 증상에 대해서는 제시문에서 언급하지 않았다.
② 뇌경색 환자는 기전에 따라 항혈소판제나 항응고제 약물 치료를 한다고 하였지만, 글의 전체 내용을 담는 주제는 아니다.

④ 뇌경색이 발생했을 때의 조치 사항은 제시문에서 언급하고 있지 않다.

39 정답 ④

제시문의 첫 번째 문단은 아토피 피부염의 정의를 나타내므로 이어서 연결될 수 있는 문단은 아토피 피부염의 원인을 설명하는 (라) 문단이다. 또한 (가) 문단의 앞부분 내용이 (라) 문단의 뒷부분과 연계되므로 (가) 문단이 다음에 오는 것이 적절하다. 그리고 (나) 문단의 첫 번째 문장에서 앞의 약물치료와 더불어 일상생활에서의 예방법을 말하고 있으므로 (나) 문단의 앞에는 아토피 피부염의 약물치료 방법인 (다) 문단이 오는 것이 가장 자연스럽다. 따라서 (라) - (가) - (다) - (나)의 순서로 나열해야 한다.

40 정답 ①

K공단에서 위촉한 자문 약사는 다제약물 관리사업 대상자가 먹고 있는 약물의 복용상태, 부작용, 중복 등을 종합적으로 검토하고 그 결과를 바탕으로 상담, 교육 및 처방조정 안내를 실시한다. 또한 우리나라는 2000년에 시행된 의약 분업의 결과, 일부 예외사항을 제외하면 약사는 환자에게 약물의 처방을 할 수 없다. 따라서 약사는 환자의 약물점검 결과를 의사에게 전달하여 처방에 반영될 수 있도록 할 뿐 직접적인 처방을 할 수는 없다.

오답분석
② 다제약물 관리사업으로 인해 중복되는 약물을 파악하고 조치할 수 있다. 실제로 세 번째 문단의 다제약물 관리사업 평가에서 효능이 유사한 약물을 중복해서 복용하는 환자가 40.2% 감소되는 등의 효과가 확인되었다.
③ 다제약물 관리사업은 10종 이상의 약을 복용하는 만성질환자를 대상으로 약물관리 서비스를 제공하는 사업이다.
④ 병원의 경우 입원 및 외래환자를 대상으로 의사, 약사 등으로 구성된 다학제팀이 약물관리 서비스를 제공하는 반면, 지역사회에서는 다학제 협업 시스템이 미흡하다는 의견이 나오고 있다. 이에 K공단은 도봉구 의사회와 약사회, 전문가로 구성된 지역협의체를 구성하여 의·약사 협업 모형을 개발하였다.

41 정답 ③

2021년의 건강보험료 부과 금액은 전년 대비 69,480-63,120=6,360십억 원 증가하였다. 이는 2020년 건강보험료 부과 금액의 10%인 63,120×0.1=6,312십억 원보다 크므로 2021년의 건강보험료 부과 금액은 전년 대비 10% 이상 증가하였음을 알 수 있다. 2022년 또한 76,775-69,480=7,295십억 원 > 69,480×0.1=6,948십억 원이므로 건강보험료 부과 금액은 전년 대비 10% 이상 증가하였다.

① 제시된 자료를 통해 확인할 수 있다.
② 연도별 전년 대비 1인당 건강보험 급여비 증가액을 구하면 다음과 같다.
   - 2020년 : 1,400,000−1,300,000=100,000원
   - 2021년 : 1,550,000−1,400,000=150,000원
   - 2022년 : 1,700,000−1,550,000=150,000원
   - 2023년 : 1,900,000−1,700,000=200,000원
   따라서 1인당 건강보험 급여비가 전년 대비 가장 크게 증가한 해는 2023년이다.
④ 2019년 대비 2023년의 1인당 건강보험 급여비 증가율은 $\frac{1,900,000-1,300,000}{1,300,000}\times100≒46\%$이므로 40% 이상 증가하였다.

42 정답 ②
- A : 초청 목적이 6개월가량의 외국인 환자의 간병이므로 G−1−10 비자를 발급받아야 한다.
- B : 초청 목적이 국내 취업조건을 모두 갖춘 자의 제조업체 취업이므로 E−9−1 비자를 발급받아야 한다.
- C : 초청 목적이 K대학교 교환학생이므로 D−2−6 비자를 발급받아야 한다.
- D : 초청 목적이 국제기구 정상회의 참석이므로 A−2 비자를 발급받아야 한다.

43 정답 ③
모든 1과 사원은 가장 실적이 많은 2과 사원보다 실적이 많고, 3과 사원 중 일부는 가장 실적이 많은 2과 사원보다 실적이 적다. 따라서 3과 사원 중 일부는 모든 1과 사원보다 실적이 적다.

44 정답 ④
'풀을 먹는 동물'을 P, '몸집이 크다.'를 Q, '사막에서 산다.'를 R, '물속에서 산다.'를 S라 하면, 첫 번째 명제는 P → Q, 두 번째 명제는 R → ~S, 네 번째 명제는 S → Q이다. 네 번째 명제가 참이 되려면 두 번째 명제와 대우 관계인 S → ~R에 의해 ~R → P인 명제 또는 이와 대우 관계인 ~P → R인 명제가 필요하다.

① Q → S로 네 번째 명제의 역이지만, 어떤 명제가 참이라고 해서 그 역이 반드시 참이 될 수는 없다.
② 제시된 모든 명제와 관련이 없는 명제이다.
③ R → Q이므로 네 번째 명제가 참임을 판단할 수 없다.

45 정답 ②
'잎이 넓다.'를 P, '키가 크다.'를 Q, '더운 지방에서 자란다.'를 R, '열매가 많이 맺힌다.'를 S 하면, 첫 번째 명제는 P → Q, 두 번째 명제는 ~P → ~R, 네 번째 명제는 R → S이다. 두 번째 명제의 대우인 R → P와 첫 번째 명제인 P → Q에 따라 R → P → Q이므로 네 번째 명제가 참이 되려면 Q → S인 명제 또는 이와 대우 관계인 ~S → ~Q인 명제가 필요하다.

① ~P → S이므로 네 번째 명제가 참임을 판단할 수 없다.
③ '벌레가 많은 지역'은 네 번째 명제와 관련이 없다.
④ R → Q와 대우 관계인 명제로, 네 번째 명제가 참임을 판단할 수 없다.

46 정답 ②
제시문에서 헤겔은 정, 반, 합의 3단계 과정을 거치면서 발전한다고 하였으며, '합'에서 끝나는 것이 아니라 '합'은 다시 '정'이 되어 다시금 정, 반, 합 3단계 과정을 되풀이하며 발전해 간다고 하였다. 따라서 개인과 사회는 정반합의 과정을 계속하면서 이전보다 더 발전하게 된다는 내용이 빈칸에 들어가기에 가장 적절하다.

47 정답 ②
ㄱ. 헤겔의 정반합 이론상 '정'에 대립되는 주장을 '반'이라고 했으므로 '정'과 '반'은 항상 대립하는 관계이다.
ㄷ. '정'과 '반'의 우위를 가리는 것이 아닌 두 명제 사이의 모순을 해결하면서 더 발전적인 결과인 '합'을 도출해 내야 한다.

ㄴ. 마지막 문단에서 정반합의 단계를 되풀이하면서 계속하여 발전해 간다고 하였으므로 '합'이 더 발전된 개념임을 알 수 있다.
ㄹ. 헤겔의 정반합 이론이란 정, 반, 합 3단계 과정 전체를 말하는 것이므로 적절한 설명이다.

48 정답 ④
육아기 단축근로제도는 일과 가정의 양립을 지원하기 위한 제도로, 해당 제도의 적용을 받을 수 있는 기간이 늘어나면 일과 가정 모두를 유지하기 수월해질 것이다. 따라서 자녀의 대상연령은 확대하고, 제도의 이용기간을 늘렸다는 내용이 빈칸에 들어가기에 가장 적절하다.

49 정답 ②
2023년 국내 합계출산율은 0.72명으로, 이는 한 부부 사이에서 태어나는 아이의 수가 평균 1명이 되지 않는다는 것을 뜻한다. 또한 앞 순위인 스페인은 1.19명으로, 한 부부 사이에서 태어난 아이의 수가 2명이 되지 않아 스페인 역시 인구감소 현상이 나타남을 예측할 수 있다.

① 두 번째 문단에서 2020년부터 사망자 수가 출생아 수보다 많다고 했으므로 전체 인구수는 감소하고 있음을 알 수 있다.
③ 두 번째 문단에서 정부가 현 상황, 즉 저출산 문제를 해결하고자 일가정 양립, 양육, 주거를 중심으로 지원하겠다고 한 내용을 통해 알 수 있다.
④ 마지막 문단에서 제도는 변경되었지만, 이에 대한 법적 강제화는 없고 일부 직종에 대해서는 이전과 같이 배제된다고 하였으므로 수혜 대상은 이전과 유사할 것임을 알 수 있다.

50 정답 ④
A씨와 B씨가 만날 때 A씨의 이동거리와 B씨의 이동거리의 합은 산책로의 둘레 길이와 같으며, 두 번째 만났을 때 A씨의 이동거리와 B씨의 이동거리의 합은 산책로의 둘레 길이의 2배이다. 이때 A씨가 출발 후 x시간이 지났다면 다음 식이 성립한다.

$$3x + 7\left(x - \frac{1}{2}\right) = 4$$
$$\rightarrow 3x + 7x - \frac{7}{2} = 4$$
$$\therefore x = \frac{15}{20}$$

그러므로 $\frac{15}{20}$ 시간, 즉 45분이 지났음을 알 수 있다. 따라서 A씨와 B씨가 두 번째로 만나게 되는 시각은 오후 5시 45분이다.

51 정답 ③
아파트에 사는 사람을 A, 강아지를 키우는 어떤 사람을 B라고 하면 전제 1에 의해 다음과 같은 관계가 성립한다.

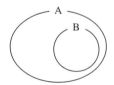

식물을 키우는 사람을 C, 빨간색 옷을 입는 사람을 D라고 할 때, 전제 3에 의해 B → D, C → D이고, 결론에 의해 A → D이므로 ~B → C이어야 한다. 따라서 빈칸에 들어갈 명제는 '아파트에 사는 강아지를 키우지 않는 모든 사람은 식물을 키운다.'이다.

52 정답 ②
마지막 조건에 따라 3층에 사는 신입사원은 없다.
• A, B가 2층에 살 경우 : 세 번째 조건에 따라 C는 1층에 살고, 다섯 번째 조건에 따라 E는 4층, F는 5층에 살지만, G가 홀로 살 수 있는 층이 없으므로 여섯 번째 조건에 위배된다.
• A, B가 4층에 살 경우 : 다섯 번째 조건에 따라 E는 1층, F는 2층에 살고, 여섯 번째 조건에 따라 G는 5층에 산다. C는 세 번째 조건에 따라 1층 또는 2층에 살지만 네 번째 조건에 따라 D, E는 서로 다른 층에 살아야 하므로 C는 1층, D는 2층에 산다.

• A, B가 5층에 살 경우 : 다섯 번째 조건에 따라 E는 1층, F는 2층에 살고, 여섯 번째 조건에 따라 G는 4층에 살 수 있다. C는 세 번째 조건에 따라 1층 또는 2층에 살지만 네 번째 조건에 따라 D, E는 서로 다른 층에 살아야 하므로 C는 1층, D는 2층에 산다.
이를 정리하면 다음과 같다.

5층	G		5층	A, B
4층	A, B		4층	G
3층	(복지 공간)		3층	(복지 공간)
2층	D, F		2층	D, F
1층	C, E		1층	C, E

따라서 바르게 연결한 것은 ②이다.

① 1층에 사는 신입사원은 C, E이다.
③ 4층에 사는 신입사원은 A, B 또는 G이다.
④ 5층에 사는 신입사원은 G 또는 A, B이다.

53 정답 ④
지정된 자릿수 이하의 수를 버림하는 함수는 「=ROUNDDOWN (버림할 수, 버림할 자릿수)」이다. 따라서 입력해야 할 함수는 「=ROUNDDOWN((AVERAGE(B2:B16)), −2)」이다.

① LEFT 함수는 왼쪽에서 지정된 차례까지의 텍스트 또는 인수를 출력한다. 따라서 「=LEFT((AVERAGE(B2:B16)), 2)」를 입력하면 '65'가 출력된다.
② RIGHT 함수는 오른쪽에서 지정된 차례까지의 텍스트나 인수를 출력한다. 따라서 「=RIGHT((AVERAGE(B2:B16)), 2)」를 입력하면 '33'이 출력된다.
③ ROUNDUP 함수는 지정된 자릿수 이하의 수를 올림한다. 따라서 「=ROUNDUP((AVERAGE(B2:B16)), −2)」를 입력하면 '65,400'이 출력된다.

54 정답 ②
제시된 조건이 포함되는 셀의 수를 구하는 조건부 함수를 사용해야 한다. 따라서 「=COUNTIF(B2:B16,">50000")」를 입력해야 한다.

55 정답 ②
행정학은 사회과학 분야에 가장 가까운 분야이므로 내용분류기호의 범위는 300 ~ 399이다.

56
정답 ①

ISBN	9	7	9	1	1	2	5	4	8	3	3	6
가중치	1	3	1	3	1	3	1	3	1	3	1	3

$9 \times 1 + 7 \times 3 + 9 \times 1 + 1 \times 3 + 1 \times 1 + 2 \times 3 + 5 \times 1 + 4 \times 3 + 8 \times 1 + 3 \times 3 + 3 \times 1 + 6 \times 3 = 104$이므로 104를 10으로 나눈 나머지는 4이다. 따라서 ○$=10-4=6$이므로 '9791125483360' 도서의 체크기호는 '6'이다.

57
정답 ③

중학교 교육용 도서와 고등학생 교육용 도서 모두 부가기호의 앞자리 숫자는 '5'로 같다.

오답분석

① 다섯 번째 자리 숫자는 0 이외의 숫자가 올 수 없다.
② 독자대상이 아동이므로 독자대상기호는 '7'이고, 발행형태가 만화, 단행본이므로 발행형태기호가 가장 큰 '7'을 부여한다.
④ 국제표준도서번호의 접두부는 2013년 3월 6일 이후로 '979'를 부여하므로 이전에 부여한 도서의 국제표준도서번호는 '978'을 부여하였다.
⑤ 2013년 3월 6일 이후 국내도서의 국제표준도서번호의 접두부 세 자리 숫자는 '979'이고, 국별번호는 '11'을 부여한다.

58
정답 ③

(상품수지)=(수출)−(수입)이므로 2023년 8월의 수입을 계산하면 $53,668.9-5,201.4=48,467.5$백만 달러이고, 2023년 12월의 수출은 $8,037.4+50,966.5=59,003.9$백만 달러이다.

59
정답 ④

2023년 8~12월의 전월 대비 상품수지 증가폭은 다음과 같다.
• 2023년 8월 : $5,201.4-4,427.5=773.9$백만 달러
• 2023년 9월 : $7,486.3-5,201.4=2,284.9$백만 달러
• 2023년 10월 : $5,433.3-7,486.3=-2,053$백만 달러
• 2023년 11월 : $6,878.2-5,433.3=1,444.9$백만 달러
• 2023년 12월 : $8,037.4-6,878.2=1,159.2$백만 달러
따라서 서비스수지가 가장 큰 적자를 기록한 2023년 9월의 상품수지 증가폭이 가장 크다.

오답분석

① 2023년 11월의 본원소득수지는 음수이므로 적자를 기록했다.
② 2023년 11월의 경상수지는 가장 낮았지만, 양수이므로 흑자를 기록했다.
③ 상품수지가 가장 높은 달은 2023년 12월이지만, 경상수지가 가장 높은 달은 2023년 10월이다.
⑤ 2023년 8~12월의 전월 대비 경상수지 증가폭은 다음과 같다.
 • 2023년 8월 : $5,412.7-4,113.9=1,298.8$백만 달러
 • 2023년 9월 : $6,072.7-5,412.7=660$백만 달러
 • 2023년 10월 : $7,437.8-6,072.7=1,365.1$백만 달러

• 2023년 11월 : $3,890.7-7,437.8=-3,547.1$백만 달러
• 2023년 12월 : $7,414.6-3,890.7=3,523.9$백만 달러
따라서 전월 대비 경상수지 증가폭이 가장 작은 달은 2023년 9월이지만, 상품수지 증가폭이 가장 작은 달은 2023년 8월이다.

60
정답 ③

오전 10시부터 오후 12시까지 근무를 할 수 있는 사람은 B뿐이고, 오후 6시부터 오후 8시까지 근무를 할 수 있는 사람은 D뿐이다. A와 C가 남은 오후 12시부터 오후 6시까지 나누어 근무해야 하지만, A는 오후 5시까지 근무할 수 있고 모든 직원의 최소 근무시간은 2시간이므로 A가 오후 12시부터 4시까지 근무하고, C가 오후 4시부터 오후 6시까지 근무할 때 인건비가 최소이다.
각 직원의 근무시간과 인건비를 정리하면 다음과 같다.

	근무시간	인건비
A	10:00 ~ 12:00	$10,500 \times 1.5 \times 2 = 31,500$원
B	12:00 ~ 16:00	$10,000 \times 1.5 \times 4 = 60,000$원
C	16:00 ~ 18:00	$10,500 \times 1.5 \times 2 = 31,500$원
D	18:00 ~ 20:00	$11,000 \times 1.5 \times 2 = 33,000$원

따라서 가장 적은 인건비는 $31,500+60,000+31,500+33,000 = 156,000$원이다.

61
정답 ②

「COUNTIF(셀의 범위,"조건")」 함수는 어떤 범위에서 제시되는 조건이 포함되는 셀의 수를 구하는 함수이다. 판매량이 30개 이상인 과일의 수를 구해야 하므로 [C9] 셀에 들어갈 함수식은 「=COUNTIF(C2:C8,">=30")」이다.

오답분석

① MID : 지정한 셀의 텍스트의 일부를 추출한다.
③ MEDIAN : 지정한 셀의 범위의 중간값을 구한다.
④ AVERAGEIF : 어떤 범위에 포함되는 셀의 평균을 구한다.
⑤ MIN : 지정한 셀의 범위의 최솟값을 구한다.

62
정답 ②

A지점에서부터 최단거리로 이동하여 B지점에 도착하기까지 가능한 경로의 수를 구하면 다음과 같다.

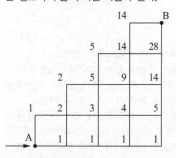

따라서 구하고자 하는 경우의 수는 $14+28=42$가지이다.

63
정답 ⑤

2020 ~ 2023년 동안 전년 대비 전체 설비 발전량 증감량과 신재생 설비 발전 증가량은 다음과 같다.

- 2020년
  전체 설비 발전량 : $563,040-570,647=-7,607$GWh
  신재생 설비 발전량 : $33,500-28,070=5,430$GWh
- 2021년
  전체 설비 발전량 : $552,162-563,040=-10,878$GWh
  신재생 설비 발전량 : $38,224-33,500=4,724$GWh
- 2022년
  전체 설비 발전량 : $576,810-552,162=24,648$GWh
  신재생 설비 발전량 : $41,886-38,224=3,662$GWh
- 2023년
  전체 설비 발전량 : $594,400-576,810=17,590$GWh
  신재생 설비 발전량 : $49,285-41,886=7,399$GWh

따라서 전체 설비 발전량 증가량이 가장 많은 해는 2022년이고, 신재생 설비 발전량 증가량이 가장 적은 해 또한 2022년이다.

오답분석

① 2020 ~ 2023년 기력 설비 발전량의 전년 대비 증감 추이는 '감소 - 감소 - 증가 - 감소'이지만, 전체 설비 발전량의 전년 대비 증감 추이는 '감소 - 감소 - 증가 - 증가'이다.

② 2019 ~ 2023년 전체 설비 발전량의 1%와 수력 설비 발전량을 비교하면 다음과 같다.
- 2019년 : $7,270 > 570,647 \times 0.01 ≒ 5,706$GWh
- 2020년 : $6,247 > 563,040 \times 0.01 ≒ 5,630$GWh
- 2021년 : $7,148 > 552,162 \times 0.01 ≒ 5,522$GWh
- 2022년 : $6,737 > 576,810 \times 0.01 ≒ 5,768$GWh
- 2023년 : $7,256 > 594,400 \times 0.01 ≒ 5,944$GWh

따라서 2019 ~ 2023년 동안 수력 설비 발전량은 항상 전체 설비 발전량의 1% 이상이다.

③ 2019 ~ 2023년 전체 설비 발전량의 5%와 신재생 설비 발전량을 비교하면 다음과 같다.
- 2019년 : $28,070 < 570,647 \times 0.05 ≒ 28,532$GWh
- 2020년 : $33,500 > 563,040 \times 0.05 ≒ 28,152$GWh
- 2021년 : $38,224 > 552,162 \times 0.05 ≒ 27,608$GWh
- 2022년 : $41,886 > 576,810 \times 0.05 ≒ 28,841$GWh
- 2023년 : $49,285 > 594,400 \times 0.05 ≒ 29,720$GWh

따라서 2019년 신재생 설비 발전량은 전체 설비 발전량의 5% 미만이고, 그 외에는 5% 이상이다.

④ 신재생 설비 발전량은 꾸준히 증가하였지만 원자력 설비 발전량은 2022년에 전년 대비 감소하였다.

64
정답 ④

제시문의 두 번째 문단에 따르면 CCTV는 열차 종류에 따라 운전실에서 실시간으로 상황을 파악할 수 있는 네트워크 방식과 각 객실에서의 영상을 저장하는 개별 독립 방식으로 설치된다고 하였다. 따라서 개별 독립 방식으로 설치된 일부 열차에서는 각 객실의 상황을 실시간으로 파악하지 못할 수 있다.

오답분석

① 첫 번째 문단에 따르면 2023년까지 현재 운행하고 있는 열차의 모든 객실에 CCTV를 설치하겠다는 내용으로 보아, 현재 모든 열차의 모든 객실에 CCTV가 설치되지 않았음을 유추할 수 있다.

② 첫 번째 문단에 따르면 2023년까지 모든 열차 승무원에게 바디 캠을 지급하겠다고 하였다. 이에 따라 승객이 승무원을 폭행하는 등의 범죄 발생 시 해당 상황을 녹화한 바디 캠 영상이 있어 수사의 증거자료로 사용할 수 있게 되었다.

③ 두 번째 문단에 따르면 CCTV는 사각지대 없이 설치되며 일부는 휴대 물품 보관대 주변에도 설치된다고 하였다. 따라서 인적 피해와 물적 피해 모두 예방할 수 있게 되었다.

⑤ 세 번째 문단에 따르면 CCTV 품평회와 시험을 통해 제품의 형태와 색상, 재질, 진동과 충격 등에 대한 적합성을 고려한다고 하였다.

65
정답 ③

노인맞춤돌봄서비스는 만 65세 이상의 기초생활수급자, 차상위계층, 기초연금수급자의 경우 신청이 가능하다. F와 H는 소득수준이 기준에 해당하지 않으므로 제외되며, J는 만 64세이므로 제외된다. 또한 E, G, K는 유사 중복사업의 지원을 받고 있으므로 제외된다. 따라서 E, F, G, H, J, K 6명은 노인맞춤돌봄서비스 신청이 불가능하다.

오답분석

A와 I의 경우 만 65세 이하이지만 자살, 고독사 위험이 높은 우울형 집단에 속하고, 만 60세 이상이므로 신청이 가능하다.

66
정답 ①

ㄱ. 1m³당 섞여 있는 수증기량이 가장 적은 날은 5월 3일이다.
ㄷ. 4월 19일 공기와 4월 26일 공기의 기온은 같고 수증기량은 4월 19일이 더 적으므로 이슬점은 4월 19일이 더 낮다. 따라서 4월 19일 공기는 4월 26일 공기보다 더 높은 곳에서 응결된다.

오답분석

ㄴ. 4월 5일 공기와 4월 26일 공기의 수증기량은 같고 기온은 4월 5일이 더 높으므로 이슬점과의 차이는 4월 5일이 더 높다. 따라서 4월 5일 공기는 4월 26일 공기보다 더 높은 곳에서 응결된다.
ㄹ. 기온이 높을수록 포화 수증기량이 많으므로 포화 수증기량이 가장 많은 날은 기온이 가장 높은 5월 3일이다.

67
정답 ⑤

작업경로별 기대 추정시간을 제시된 식을 통해 구하면 다음과 같다.

- A → B → E : $\dfrac{15}{6} + \dfrac{51}{6} = \dfrac{66}{6} = 11$일

- A → B → D → E : $\dfrac{15}{6} + \dfrac{18}{6} + \dfrac{27}{6} = \dfrac{60}{6} = 10$일

- A → C → E : $\dfrac{24}{6} + \dfrac{36}{6} = \dfrac{60}{6} = 10$일

따라서 신규 프로젝트 완료에 필요한 시간은 11일이다.

68
정답 ③

모니터의 전원을 끈 상태에서도 잔상이 남아 있으면 고장신고를 해야 한다.

69
정답 ①

모니터 드라이버를 설치하는 것은 'UNKNOWN DEVICE' 문구가 뜰 때이다.

70
정답 ④

오답분석

① Im#S367 : 비밀번호가 7자이므로 8자 이상 설정하라는 규칙에 어긋난다.

② asDf#3689! : 'asDf'는 쿼티 키보드에서 연속된 배열로 규칙에 어긋난다.

③ C8&hOUse100%ck : 'hOUse'는 특정 단어가 성립되므로 규칙에 어긋난다.

제1회 모의고사 정답 및 해설

01	02	03	04	05	06	07	08	09	10
④	③	①	①	②	②	②	④	④	③
11	12	13	14	15	16	17	18	19	20
④	①	③	④	⑤	④	③	③	③	④
21	22	23	24	25	26	27	28	29	30
②	②	①	③	④	④	④	③	①	②
31	32	33	34	35	36	37	38	39	40
④	④	②	①	④	④	④	③	④	④
41	42	43	44	45	46	47	48	49	50
②	②	①	③	④	③	④	③	⑤	④
51	52	53	54	55	56	57	58	59	60
①	③	①	⑤	①	③	②	④	③	②
61	62	63	64	65	66	67	68	69	70
③	①	④	③	②	④	⑤	③	②	②

01 　　　　　　　　　　　　　　　　정답 ④

제시문의 두 번째 문단에서 마이크로비드는 '면역체계 교란, 중추신경계 손상 등의 원인이 되는 잔류성유기오염물질을 흡착한다.'라고 설명하고 있다.

02 　　　　　　　　　　　　　　　　정답 ③

빈칸의 앞 문장의 '정상적인 기능을 할 수 없는 상태'와 대조를 이루는 표현이면서, 마지막 문장의 '자기 조절과 방어 시스템이 작동하는 과정인 것'이라는 내용에 어울리는 표현인 ③이 빈칸에 들어갈 내용으로 가장 적절하다.

03 　　　　　　　　　　　　　　　　정답 ①

문제해결방법에 대한 체계적인 교육을 통해 창조적인 문제해결능력을 향상시킬 수 있다. 따라서 문제해결을 위해서 개인은 체계적인 교육훈련을 통해 문제해결을 위한 기본 지식과 스킬을 습득해야 한다.

04 　　　　　　　　　　　　　　　　정답 ①

조건에 따라 소괄호 안에 있는 부분을 순서대로 풀이하면 다음과 같다.

'1 A 5'에서 A는 좌우의 두 수를 더하는 것이지만, 더한 값이 10 미만이면 좌우에 있는 두 수를 곱해야 한다. 1+5=6으로 10 미만이므로 두 수를 곱하여 5가 된다.

'3 C 4'에서 C는 좌우의 두 수를 곱하는 것이지만 곱한 값이 10 미만일 경우 좌우에 있는 두 수를 더한다. 이 경우 3×4=12로 10 이상이므로 12가 된다.

중괄호를 풀어보면 '5 B 12'이다. B는 좌우에 있는 두 수 가운데 큰 수에서 작은 수를 빼는 것이지만, 두 수가 같거나 뺀 값이 10 미만이면 두 수를 곱한다. 12−5=7로 10 미만이므로 두 수를 곱해야 한다. 따라서 60이 된다.

'60 D 6'에서 D는 좌우에 있는 두 수 가운데 큰 수를 작은 수로 나누는 것이지만, 두 수가 같거나 나눈 값이 10 미만이면 두 수를 곱해야 한다. 이 경우 나눈 값이 10이 되므로 답은 10이다.

05 　　　　　　　　　　　　　　　　정답 ②

주어진 조건을 고려하면 C − K − A − B 또는 K − C − A − B 순서로 대기하고 있다는 것을 알 수 있다. 이때 K − C − A − B의 경우에는 마지막 조건을 만족시킬 수 없으므로 대기자 5명은 C − K − A − B − D 순서로 대기하고 있다. 따라서 K씨는 두 번째로 진찰을 받을 수 있다.

06 　　　　　　　　　　　　　　　　정답 ②

• 2018년 전체 관람객 : 6,688+3,355=10,043명
• 2018년 전체 관람객 중 외국인 관람객이 차지하는 비중
  : $\frac{1,877}{10,043} \times 100 = 18.69\%$
• 2024년 전체 관람객 : 7,456+6,259=13,715명
• 2024년 전체 관람객 중 외국인 관람객이 차지하는 비중
  : $\frac{3,849}{13,715} \times 100 = 28.06\%$
→ 2018년과 2024년의 전체 관람객 중 외국인 관람객이 차지하는 비중의 차 : 28.06−18.69=9.37%p

따라서 2024년의 전체 관람객 수에서 외국인 관람객이 차지한 비중은 2018년에 비해 15%p 미만으로 증가했다.

① 2018년 외국인 관광객 수는 1,877명이고, 2024년 외국인 관광객 수는 3,849명이다. 따라서 2018년 대비 2024년 외국인 관광객 수의 증가율은 $\frac{3,849-1,877}{1,877} \times 100 ≒ 105.06\%$이다.

③ 2023년을 제외한 나머지 해의 경우 유료관람객 수가 무료관람객 수보다 많음을 확인할 수 있다.

④ 제시된 자료를 통해 알 수 있다.

⑤ 제시된 자료에 의하여 무료관람객 수는 지속적으로 증가하는 것을 알 수 있다. 또한, 2019 ~ 2024년 무료관람객 수의 전년 대비 증가폭을 구하면 다음과 같다.
- 2019년 : 3,619－3,355＝264명
- 2020년 : 4,146－3,619＝527명
- 2021년 : 4,379－4,146＝233명
- 2022년 : 5,539－4,379＝1,160명
- 2023년 : 6,199－5,539＝660명
- 2024년 : 6,259－6,199＝60명

따라서 2022년의 무료관람객 수는 전년 대비 가장 많이 증가했고, 2024년의 무료관람객 수는 전년 대비 가장 적게 증가했다.

07   정답 ②
제시문은 검무의 정의와 기원, 검무의 변천 과정과 구성, 검무의 문화적 가치를 설명하는 글이다.

08   정답 ④
발행형태가 4로 전집이기 때문에 한 권으로만 출판된 것이 아님을 알 수 있다.

① 국가번호가 05(미국)로, 미국에서 출판되었다.

② 서명식별번호가 1011로, 1011번째로 발행되었다. 441은 발행자의 번호로, 이 책을 발행한 출판사의 발행자번호가 441이라는 것을 의미한다.

③ 발행자번호는 441로, 세 자리로 이루어져 있다.

⑤ 도서의 내용이 710(한국어)이지만 도서가 한국어로 되어 있는지는 알 수 없다.

09   정답 ④
'(밀도)$=\frac{(질량)}{(부피)}$'의 공식에서 '(질량)＝(밀도)×(부피)'임을 알 수 있다. A액체의 밀도인 0.2kg/L를 공식에 대입하여 질량을 구하면 0.2×12＝2.4kg이다. 세 액체의 질량은 동일하다고 했으므로 B, C액체의 밀도를 구하면 다음과 같다.
- B액체 : (밀도)$=\frac{(질량)}{(부피)}=\frac{2.4}{10}=0.24$kg/L
- C액체 : (밀도)$=\frac{2.4}{15}=0.16$kg/L

'(부피)$=\frac{(질량)}{(밀도)}$'에 피규어의 질량 300g(＝0.3kg)과 B, C액체의 밀도를 대입해 넘친 액체의 부피를 구하면 다음과 같다.
- B액체 : (부피)$=\frac{(질량)}{(밀도)}=\frac{0.3}{0.24}=1.25$L
- C액체 : (부피)$=\frac{(질량)}{(밀도)}=\frac{0.3}{0.16}=1.875$L

따라서 B, C액체가 들어있는 통에서 넘친 액체의 부피의 합은 1.25＋1.875＝3.125L이다.

10   정답 ③
영희는 방수액의 유무와 상관없이 재충전 횟수가 200회 이상이면 충분하다고 하였으므로 100회 이상 300회 미만 충전이 가능한 리튬이온배터리를 구매한다. 또한, 방수액을 바르지 않은 것이 더 저렴하므로 영희가 가장 저렴하게 구매하는 가격은 5,000원이다.

① • 철수가 가장 저렴하게 구매하는 가격 : 20,000원
   • 영희가 가장 저렴하게 구매하는 가격 : 5,000원
   • 상수가 가장 저렴하게 구매하는 가격 : 5,000원
   따라서 철수, 영희, 상수가 리튬이온배터리를 가장 저렴하게 구매하는 가격의 총합은 20,000＋5,000＋5,000＝30,000원이다.

② • 철수가 가장 비싸게 구매하는 가격 : 50,000원
   • 영희가 가장 비싸게 구매하는 가격 : 10,000원
   • 상수가 가장 비싸게 구매하는 가격 : 50,000원
   따라서 철수, 영희, 상수가 리튬이온배터리를 가장 비싸게 구매하는 가격의 총합은 50,000＋10,000＋50,000＝110,000원이다.

④ 영희가 가장 비싸게 구매하는 가격은 10,000원, 상수가 가장 비싸게 구매하는 가격은 50,000원이다. 두 가격의 차이는 40,000원으로, 30,000원 이상이다.

⑤ 상수가 가장 비싸게 구매하는 가격은 50,000원, 가장 저렴하게 구매하는 가격은 5,000원이므로 두 가격의 차이는 45,000원이다.

11   정답 ④
업무 일정 기간 및 순서를 표로 나타내면 다음과 같다.

1일	2일	3일	4일	5일	6일	7일	8일	9일	10일	11일
A	A	A	B	D	D	D	D	D		
			E	E	E	E	E			
C	C	C	C	C	C	F	F	F		

선결업무와 묶어서 생각해야 한다. D업무는 A업무와 B업무를 끝마친 후 실시해야 하므로 A(3일)＋B(1일)＋D(7일)＝11일이 걸린다. E업무는 A업무 다음으로 실시해야 하므로 A(3일)＋E(5일)＝8일이 걸린다. F업무는 B, C업무를 끝낸 후 시작해야 하지만 B, C업무는 연결된 업무가 아니므로 두 업무 중 기간이 더 걸리는 C업무가 끝난 후 시작하면 C(6일)＋F(3일)＝9일이 걸린다. 따라

서 가장 오래 걸리는 업무 기간이 모든 업무를 완료하는 최소 소요 기간이므로 최소 소요 기간은 11일이 된다.

12　　　　　　　　　　　　　　　　　　　　정답 ①

ㄱ B업무의 소요 기간이 4일로 연장된다면 3일이 늘어난 것이므로 D업무를 마칠 때까지 3+4+7=14일이 소요된다.
ㄴ D업무의 선결업무가 없다면 가장 마지막에 마치는 업무는 F가 되고 모든 업무를 마치는 데 최소 9일이 소요된다.

오답분석

ㄷ E업무의 선결업무에 C업무가 추가된다면 최소 소요 기간은 6+5=11일이 된다(A, C는 동시에 진행해도 된다).
ㄹ C업무의 소요 기간이 2일 연장되면 C(8일)+F(3일)=11일이 소요되므로 최소 소요 기간은 변하지 않는다.

13　　　　　　　　　　　　　　　　　　　　정답 ③

두 번째 문단에서 부조화를 감소시키는 행동은 비합리적인 면이 있는데, 그러한 행동들이 자신들의 문제에 대해 실제적인 해결책을 찾지 못하도록 할 수 있다고 하였다.

오답분석

① 인지부조화는 불편함을 유발하기 때문에 사람들은 이것을 감소시키려고 한다.
② 제시문에는 부조화를 감소시키는 행동의 합리적인 면이 나타나 있지 않다.
④ 제시문에서 부조화를 감소시키려는 자기방어적인 행동은 부정적인 결과를 초래한다고 하였다.
⑤ 부조화를 감소시키는 행동으로 사람들은 자신의 긍정적인 측면의 이미지를 유지하게 되는데, 이를 통해 부정적인 이미지를 감소시키는지는 알 수 없다.

14　　　　　　　　　　　　　　　　　　　　정답 ④

제시문에 따르면 인지부조화 이론에서 '사람들은 현명한 사람을 자기 편, 우매한 사람을 다른 편이라 생각할 때 마음이 편안해질 것이다.'라고 하였다. 따라서 자신의 의견과 동일한 주장을 하는 글은 논리적인 글을 기억하고, 자신의 의견과 반대되는 주장을 하는 형편없는 글을 기억할 것이라 예측할 수 있다.

15　　　　　　　　　　　　　　　　　　　　정답 ⑤

문서적인 의사소통은 언어적인 의사소통에 비해 권위감이 있고, 정확성과 전달성이 높고, 보존성도 크다. 반면 언어적인 의사소통은 상대방의 반응이나 감정을 살필 수 있고, 그때그때 상대방을 설득시킬 수 있으므로 유동성이 있다.

16　　　　　　　　　　　　　　　　　　　　정답 ④

공정별 순서는
$$A \rightarrow B$$
$$C \rightarrow F$$ 이다. C공정을 시작하기 전
$$D \rightarrow E$$

에 B공정과 E공정이 선행되어야 하는데, B공정이 끝나려면 4시간이 소요되고 E공정이 끝나려면 3시간이 소요되므로 C공정을 진행하기 위해서는 최소 4시간이 걸린다. 따라서 완제품 생산까지 걸리는 소요 시간은 9시간이다.

17　　　　　　　　　　　　　　　　　　　　정답 ③

지하철의 이동거리를 x km라 하자. 이상이 생겼을 때 지하철의 속력은 $60 \times 0.4 = 24$ km/h이다. 이때 평소보다 45분 늦게 도착하였으므로 다음 식이 성립한다.

$$\frac{x}{24} - \frac{x}{60} = \frac{45}{60}$$

$$\rightarrow 5x - 2x = 90$$
$$\rightarrow 3x = 90$$
$$\therefore x = 30$$

18　　　　　　　　　　　　　　　　　　　　정답 ④

제시문의 경우 '미국의 양적완화로 인한 경제가치의 변화와 그에 따른 우리경제의 변화요인'이 핵심 내용이고, 선택지의 주된 내용은 우리나라의 변화 추이이므로 이에 따른 명제를 설정하면, '미국이 양적완화를 중단하면 미국금리가 상승한다.'에 따른 우리나라의 변동 사항, 즉 '우리나라 금리가 상승하고 가계부채 문제가 심화되며 국내소비는 감소한다.'이다. 또한, '우리나라 경제는 대외의존도가 높기 때문에 경제의 주요지표들이 개선되기 위해서는 수출이 감소하면 안 된다.'를 전제로 도출한 명제인 '수출이 증가하지 않으면 지표들이 개선되지 않는다.'와 '우리나라의 달러 환율이 하락하면 우리나라의 수출이 감소한다.'를 종합하면 '달러 환율이 하락하면 지표들이 개선되지 않는다.'가 되기 때문에 이의 대우인 '우리나라 경제의 주요지표들이 개선되었다면 우리나라의 달러 환율이 하락하지 않았을 것이다.'는 반드시 참이 된다.

오답분석

① 제시문의 '우리나라의 달러 환율이 하락하면 우리나라의 수출이 감소한다.'와 상반되므로 참이 아니다.
② 제시문을 통해 도출한 명제인 '미국이 양적완화를 중단하면 가계부채 문제가 심화된다.'의 역이므로 반드시 참이라고 할 수 없다.
③ 금리가 상승하면 외국인 투자가 증가하고 경제 전망이 어두워지지만, 외국인 투자와 우리나라 경제 전망의 직접적인 상관관계는 알 수 없다.
⑤ 금리가 상승하면 국내소비가 감소하고 외국인 투자가 증가하지만, 둘의 상관관계는 알 수 없다.

19
정답 ③

① A지원자 : 9월에 복학 예정이기 때문에 인턴 기간이 연장될 경우 근무할 수 없으므로 부적합하다.
② B지원자 : 경력 사항이 없으므로 부적합하다.
④ D지원자 : 근무 시간(9 ~ 18시) 이후에 업무가 불가능하므로 부적합하다.
⑤ E지원자 : 포토샵을 활용할 수 없으므로 부적합하다.

20
정답 ④

과거에는 의사소통을 기계적인 정보의 전달만으로 이해하였다. 그러나 의사소통은 정보 전달 이상의 것으로, 일방적인 언어나 문서를 통해 의사를 전달하는 것은 의사소통이라고 할 수 없다. 의사소통은 상대방에게 메시지를 전달하는 과정이 아니라 상대방과의 상호작용을 통해 메시지를 다루는 과정이다. 따라서 성공적인 의사소통을 위해서는 상대방이 어떻게 받아들일 것인가에 대한 고려를 바탕으로 메시지를 구성하여야 한다.

21
정답 ②

각 점포의 일일매출액을 a, b, c, d, e만 원이라고 하면, 주어진 조건을 다음과 같이 나타낼 수 있다.
• $a=b-30 \cdots \bigcirc$
• $b=d \div 5 \cdots \bigcirc$
• $d+e+2,450=c \cdots \bigcirc$
• $2c-12d=3,500 \cdots \bigcirc$
• $30e=9,000 \cdots \bigcirc \rightarrow e=300$

e를 ⓒ에 대입하면 $c-d=2,750$이고, 이를 ⓔ과 연립하면 $d=200$, $c=2,950$이다. 또한, ⓛ에서 $b=40$, ⑤에서 $a=10$임을 알 수 있다. 따라서 총매출액은 $10+40+2,950+200+300=3,500$만 원이다.

22
정답 ②

제시문은 '시장집중률은 시장 내 일정 수의 상위 기업들이 차지하는 비중을 나타내 주는 수치, 즉 일정 수의 상위 기업의 시장점유율을 합한 값이다.'라고 시장집중률의 개념을 설명하고 있다. 그리고 이를 통해 시장 구조를 구분하여 설명하고, 시장 내의 공급이 기업에 집중되는 양상을 파악할 수 있다는 의의를 밝히고 있다. 따라서 제시문의 중심 화제로 가장 적절한 것은 ②이다.

23
정답 ①

• 시차는 런던을 기준으로 계산되어 있다. 가장 빠른 모스크바 시간을 중심으로 계산하면 밴쿠버는 모스크바보다 11시간, 뉴욕은 8시간이 늦고, 밴쿠버는 뉴욕보다 3시간이 늦다. A대리가 모스크바에서 8월 19일 오후 2시에 보고서 작성을 시작해 B대리에게 전송했으며, B대리는 밴쿠버 시간으로 8월 19일 오전 6시에

메일 도착 시간을 확인했다. 메일은 밴쿠버 시간으로 오전 6시에 도착한 것이므로 모스크바에서는 6시+11시간=17시, 즉 8월 19일 오후 5시에 보낸 것이다. 따라서 A대리의 보고서 작성시간은 3시간이다.
• B대리는 오전 9시부터 보고서 작성을 시작하여 뉴욕에 있는 C대리에게 메일로 전송했으며, C대리가 메일을 받은 시간은 8월 19일 오후 4시이다. 밴쿠버는 뉴욕보다 3시간 느리므로 B대리가 밴쿠버에서 보고서를 끝내고 메일을 보낸 시간은 오후 1시이다. B대리는 오전 9시부터 오후 1시까지 보고서를 작성했으므로 4시간 동안 작성하였다.
• C대리는 메일로 자료를 받아 1시간 동안 검토하고 제출했으므로 세 명이 프로젝트 보고서를 작성하는 데 걸린 시간은 총 3+4+1=8시간이다.

24
정답 ③

제시된 조건을 표로 정리하면 다음과 같다.

증인	A	B	C	D	E	F	G
1	×	×					×
2					×	×	×
3		○					
4			○	○			
5			○	○			

따라서 주동자는 C, D이다.

25
정답 ④

위험 한 단위당 기대수익률은 '기대수익률÷표준편차'로 구할 수 있다. E는 8÷4=2이며, F는 6÷3=2이다. 따라서 E와 F는 위험 한 단위당 기대수익률이 같다.

① 지배원리에 의해 동일한 기대수익률이면 최소의 위험을 선택하여야 하므로, 동일한 기대수익률인 A와 E, C와 F는 표준편차를 기준으로 우열을 가릴 수 있다.
② 위험 한 단위당 기대수익률이 높은 투자 대안을 선호한다고 하였으므로 A, B, C, D 중에서 D가 가장 낮다고 평가할 수 있다.
③ G가 기대수익률이 가장 높지만 표준편차도 가장 높기 때문에 가장 바람직한 대안이라고 볼 수 없다.
⑤ E는 B와 G에 비해 표준편차는 낮지만, 기대수익률 역시 낮으므로 우월하다고 볼 수 없다.

26
정답 ④

팀장 한 명과 회계 담당 2명을 뽑는 경우의 수는 각각 다음과 같다.
• 팀장 한 명을 뽑는 경우의 수 : $_{10}C_1=10$가지
• 회계 담당 2명을 뽑는 경우의 수 : $_9C_2=\dfrac{9 \times 8}{2!}=36$가지

따라서 $10 \times 36=360$가지이다.

27
정답 ④

모바일을 활용한 마케팅은 텍스트를 줄이고, 재미와 즐거움을 줌으로써 고객을 사로잡아야 한다. 이런 부분에서 모든 것을 한 화면 안에서 보여주고, 시각과 청각을 자극하여 정보를 효과적으로 전달하는 비디오 콘텐츠를 활용한 ㉠이 가장 효과적인 마케팅이다.

28
정답 ③

P사의 전 직원을 x명이라고 할 때, 찬성한 직원은 $0.8x$명이고, 그중 남직원은 $0.8x \times 0.7 = 0.56x$명이다.

(단위 : 명)

구분	찬성	반대	합계
남자	$0.56x$	$0.04x$	$0.6x$
여자	$0.24x$	$0.16x$	$0.4x$
합계	$0.8x$	$0.2x$	x

따라서 여직원 한 명을 뽑았을 때, 유연근무제에 찬성한 사람일 확률은 $\dfrac{0.24x}{0.4x} = \dfrac{3}{5}$ 이다.

29
정답 ①

A ~ E직원 가운데 C는 E의 성과급이 늘었다고 말했고, D는 E의 성과급이 줄었다고 말했으므로 C와 D 중 한 명은 거짓말을 하고 있다.
• C가 거짓말을 하고 있는 경우 : B, A, D 순으로 성과급이 늘었고, E와 C는 성과급이 줄어들었으나, C와 E의 성과급 순위는 알 수 없다.
• D가 거짓말을 하고 있는 경우 : B, A, D 순으로 성과급이 늘었고, C와 E도 성과급이 늘었지만, 모든 순위는 알 수 없다.
따라서 어떤 경우이든 직원 E의 성과급 순위는 알 수 없다.

30
정답 ②

주어진 자료를 토대로 모델별 향후 1년 동안의 광고효과를 계산하면 다음과 같다.

(단위 : 백만 원, 회)

모델	1년 광고비	1년 광고횟수	1회당 광고효과	총 광고효과
A	$180-120$ $=60$	$60 \div 2.5$ $=24$	$140+130$ $=270$	24×270 $=6,480$
B	$180-80$ $=100$	$100 \div 2.5$ $=40$	$80+110$ $=190$	40×190 $=7,600$
C	$180-100$ $=80$	$80 \div 2.5$ $=32$	$100+120$ $=220$	32×220 $=7,040$
D	$180-90$ $=90$	$90 \div 2.5$ $=36$	$80+90$ $=170$	36×170 $=6,120$
E	$180-70$ $=110$	$110 \div 2.5$ $=44$	$60+80$ $=140$	44×140 $=6,160$

따라서 광고효과가 가장 클 것으로 예상되는 모델은 B이다.

31
정답 ④

• 5% 설탕물 600g에 들어있는 설탕의 양 : $\dfrac{5}{100} \times 600 = 30g$
• 10분 동안 가열한 후 남은 설탕물의 양 : $600 - (10 \times 10) = 500g$
• 가열 후 남은 설탕물의 농도 : $\dfrac{30}{500} \times 100 = 6\%$

여기에 더 넣은 설탕물 200g의 농도를 $x\%$라 하면,
$$\left(\dfrac{6}{100} \times 500 \right) + \left(\dfrac{x}{100} \times 200 \right) = \dfrac{10}{100} \times 700$$
$$\rightarrow 2x + 30 = 70$$
$$\therefore x = 20$$
따라서 더 넣은 설탕물 200g의 농도는 20%이다.

32
정답 ④

• C강사 : 셋째 주 화요일 오전, 목요일, 금요일 오전에 스케줄이 비어 있으므로 목요일과 금요일에 이틀간 강의가 가능하다.
• E강사 : 첫째, 셋째 주 화 ~ 목요일 오전에 스케줄이 있으므로 수요일과 목요일 오후에 강의가 가능하다.

오답분석
• A강사 : 매주 수 ~ 목요일에 스케줄이 있으므로 화요일과 금요일 오전에 강의가 가능하지만 강의가 연속 이틀에 걸쳐 진행되어야 한다는 조건에 부합하지 않는다.
• B강사 : 화요일과 목요일에 스케줄이 있으므로 수요일 오후와 금요일 오전에 강의가 가능하지만 강의가 연속 이틀에 걸쳐 진행되어야 한다는 조건에 부합하지 않는다.
• D강사 : 수요일 오후와 금요일 오전에 스케줄이 있으므로 화요일 오전과 목요일에 강의가 가능하지만 강의가 연속 이틀에 걸쳐 진행되어야 한다는 조건에 부합하지 않는다.

33
정답 ②

제시문은 인공 신경망에 대해 설명하는 글이므로 이를 읽고 '인공 신경망을 활용할 수 있는 분야가 무엇일까?'라는 질문을 할 수 있다.

오답분석
① 퍼셉트론이 0 아니면 1의 출력값을 도출하는 방식은 두 번째 문단에 제시되어 있다.
③ 인공 신경망의 기본 단위는 퍼셉트론이라고 첫 번째 문단에 제시되어 있다.

④ 네 번째 문단에 따르면 인공 신경망이 사과를 구분하기 위해 학습을 하는 과정에서 사과 사진과 사과의 색깔, 형태 등에 대한 학습 데이터가 필요했다.

⑤ 퍼셉트론을 층으로 배치하여 복잡한 판단을 내릴 수 있다고 세 번째 문단에 제시되어 있다.

34 정답 ①

제시문에 따르면 기존의 경제학에서는 인간을 철저하게 합리적이고 이기적인 존재로 보았지만, 행동경제학에서는 인간을 제한적으로 합리적이고 감성적인 존재로 보았다. 따라서 제시문의 흐름상 ㉠에는 '다른'이 적절하다.

35 정답 ③

가장 무거운 추의 무게를 구해야 하므로 먼저 다섯 개의 추들의 대소 관계를 알아야 한다. 제시된 식 중에서 두 개의 같은 추가 들어있는 식의 차를 구하면 다음과 같다.

1) A+B

$(A+B+C)-(A+B+D)=46-37 \rightarrow C-D=9$ C>D

$(A+B+C)-(A+B+E)=46-39 \rightarrow C-E=2$ C>E

$(A+B+D)-(A+B+E)=37-39 \rightarrow D-E=-2$ E>D

$\therefore C>E>D$

2) B+C

$(A+B+C)-(B+C+D)=46-41 \rightarrow A-D=5$ A>D

$(A+B+C)-(B+C+E)=46-43 \rightarrow A-E=3$ A>E

$(B+C+D)-(B+C+E)=41-43 \rightarrow D-E=-2$ E>D

$\therefore A>E>D$

3) D+E

$(B+D+E)-(A+D+E)=34-22 \rightarrow B-A=12$ B>A

$(B+D+E)-(C+D+E)=34-26 \rightarrow B-C=8$ B>C

$(A+D+E)-(C+D+E)=22-26 \rightarrow A-C=-4$ C>A

$\therefore B>C>A$

따라서 추의 무게 순서는 B>C>A>E>D이며, 가장 무거운 추는 B임을 알 수 있다. 3)의 B−A=12와 B−C=8을 이용하여 A=B−12, C=B−8을 도출할 수 있다. 이를 A+B+C=46kg에 각각 대입하면 다음과 같다.

$A+B+C=46kg \rightarrow (B-12)+B+(B-8)=46kg$

$\rightarrow 3B-20=46kg$

$\therefore B=\dfrac{66}{3}=22kg$

36 정답 ④

• A직원 : 문제점을 제대로 파악하지 못한 채, 무계획적이고 과도하게 자료를 수집하였다. 이러한 경우 수집된 자료 역시 제대로 파악하기 어렵다.

• B직원 : 일반적인 고정관념에 얽매여 새로운 가능성을 무시하고 있다.

• C직원 : 누구나 쉽게 떠오르는 단순한 생각을 말하고 있다. 이는 문제를 해결하지 못하게 할 뿐 아니라 오류를 범할 가능성이 높다.

37 정답 ④

사냥개의 한 걸음의 길이를 a, 토끼의 한 걸음의 길이를 b, 사냥개와 토끼의 속력을 각각 c, d라고 하자.

사냥개의 두 걸음의 길이와 토끼의 세 걸음의 길이가 같으므로

$2a=3b \rightarrow a=\dfrac{3}{2}b$

사냥개가 세 걸음 달리는 시간과 토끼가 네 걸음 달리는 시간이 같으므로

$\dfrac{3a}{c}=\dfrac{4b}{d} \rightarrow \dfrac{9}{2}bd=4bc \rightarrow 8c=9d$

사냥개가 9m 뛸 동안 토끼는 8m 뛰므로 사냥개가 9m를 뛰어야 토끼와의 간격이 1m 줄어든다. 따라서 사냥개가 10m 앞선 토끼를 잡으려면 사냥개는 90m를 더 달려야 한다.

38 정답 ②

강제연상법은 각종 힌트에서 강제로 연결 지어 발상하는 방법으로, 해당 힌트를 통해 사고의 방향을 미리 정해서 아이디어를 도출하는 방식이다. 이러한 강제연상법의 대표적인 방법으로 체크리스트법이 있는데, 이는 어떤 주제에 아이디어를 찾고자 할 때 이에 대한 질문 항목을 표로 만들어 정리하고 하나씩 점검해 가며 아이디어를 생각해 내는 것이다. 이처럼 모든 항목에 대해 하나씩 점검하기 때문에 누락될 염려도 없을 뿐만 아니라 반복적인 작업에서는 보다 편리한 작업을 가능하게 한다. 따라서 강제연상법에 해당하는 것은 ⑩, ⒜이다.

오답분석

• 자유연상법 : 어떤 생각에서 다른 생각을 계속해서 떠올리는 작용을 통해 어떤 주제에서 생각나는 것을 계속해서 열거해 나가는 발산적 사고 중 하나의 방법으로, 대표적으로 브레인스토밍이 있다. 보기에서 자유연상법에 해당하는 것은 ⓝ, ⓗ이다.

• 비교발상법 : 주제와 본질적으로 닮은 것을 힌트로 하여 새로운 아이디어를 얻는 방법으로, 이때 주제와 본질적으로 닮았다는 것은 단순히 겉만을 의미하는 것이 아니라 힌트와 주제가 제시한 개별 아이디어 자체의 의미를 잃지 않는 수준에서 닮았다는 것을 의미한다. 이에 해당하는 방법으로는 대상과 비슷한 것을 찾아내 그것을 힌트로 하여 새로운 아이디어를 도출하는 NM법과 서로 관련이 없어 보이는 요소들을 결합하여 새로운 아이디어를 도출하는 시네틱스(Synectics)법이 있다. 보기에서 비교연상법에 해당하는 것은 ㉠, ⓒ, ⓔ이다.

39 정답 ④

• (가)=723−(76+551)=96

• (나)=824−(145+579)=100

• (다)=887−(131+137)=619

- (라)=114+146+688=948
- ∴ (가)+(나)+(다)+(라)=96+100+619+948=1,763

40 정답 ④

(라)는 기존의 문제 해결 방안이 지니는 문제점을 지적하고 있다.

41 정답 ②

전체 1인 가구 중 서울·인천·경기의 1인 가구가 차지하는 비율은 $\dfrac{1,012+254+1,045}{5,279} \times 100 ≒ 43.78\%$이므로 옳은 설명이다.

오답분석

① 강원도의 1인 가구 비율은 $\dfrac{202}{616} \times 100 ≒ 32.79\%$이고, 충청북도의 1인 가구 비율은 $\dfrac{201}{632} \times 100 ≒ 31.80\%$이므로 강원도가 더 높다.

③ 도 지역의 가구 수의 총합은 4,396+616+632+866+709+722+1,090+1,262+203=10,496가구이고, 서울특별시 및 광역시의 가구 수는 19,017−10,496=8,521가구이므로 도 지역 가구 수의 총합이 더 크다.

④ 경기도를 제외한 도 지역 중 1인 가구 수가 가장 많은 지역은 경상북도이지만, 전체 가구 수가 가장 많은 지역은 경상남도이다.

⑤ 전라북도와 전라남도의 1인 가구 수 합의 2배는 (222+242)×2=928가구이므로 경기도의 1인 가구 수보다 적다.

42 정답 ②

호실별 환자 배치와 회진 순서는 다음과 같다.

101호 A, F환자	102호 C환자	103호 E환자	104호
105호	106호 D환자	107호 B환자	108호

병실 이동 시 소요되는 행동 수치가 가장 적은 순서는 '101호 − 102호 − 103호 − 107호 − 106호'이다. 또한, 환자 회진 순서는 A(09:40∼09:50) → F(09:50∼10:00) → C(10:00∼10:10) → E(10:30∼10:40) → B(10:40∼10:50) → D(11:00∼11:10)이다. 회진 규칙에 따라 101호부터 회진을 시작하고, 같은 방에 있는 환자는 연속으로 회진하기 때문에 A환자와 F환자를 회진한다. 따라서 회진할 때 세 번째로 회진하는 환자는 C환자이다.

43 정답 ①

회진 순서는 A → F → C → E → B → D이므로 E환자를 B환자보다 먼저 진료한다.

오답분석

② 네 번째 진료 환자는 E이다.
③ 마지막 진료 환자는 D이다.
④ 회진은 11시 10분에 마칠 수 있다.
⑤ 10시부터 회진을 해도 마지막으로 진료하는 환자는 바뀌지 않는다.

44 정답 ③

(가) 허수아비 공격의 오류 : 상대가 의도하지 않은 것을 강조하거나 허점을 비판하여 자신의 주장을 내세운다.

(나) 성급한 일반화의 오류 : 적절한 증거가 부족함에도 불구하고 몇몇 사례만을 토대로 성급하게 결론을 내린다.

(다) 대중에 호소하는 오류 : 타당한 논거를 제시하지 않고 많은 사람들이 그렇게 생각하거나 행동한다는 것을 논거로 제시한다.

오답분석

- 인신공격의 오류 : 주장이 아닌 상대방을 공격하여 논박한다.
- 애매성의 오류 : 여러 가지 의미로 해석될 수 있는 용어를 사용하여 혼란을 일으킨다.
- 무지의 오류 : 상대가 자신의 주장을 입증하지 못함을 근거로 상대를 반박한다.

45 정답 ④

흡연자 A씨가 금연프로그램에 참여하면서 진료 및 상담 비용과 금연보조제(니코틴패치) 구매에 지불해야 하는 부담금은 지원금을 제외한 나머지 금액이다. 따라서 A씨가 부담해야 하는 금액은 총 {(30,000×0.1)×6}+{(12,000×0.25)×3}=27,000원이다.

46 정답 ③

제시된 자료와 조건을 이용해 갑∼무의 출장 여비를 구하면 다음과 같다.

- 갑의 출장 여비
  - 숙박비 : 145×3=$435(∵ 실비 지급)
  - 식비 : 72×4=$288(∵ 마일리지 미사용)
  - ∴ 갑의 출장 여비 : 435+288=$723
- 을의 출장 여비
  - 숙박비 : 170×3×0.8=$408(∵ 정액 지급)
  - 식비 : 72×4×1.2=$345.6(∵ 마일리지 사용)
  - ∴ 을의 출장 여비 : 408+345.6=$753.6
- 병의 출장 여비
  - 숙박비 : 110×3=$330(∵ 실비 지급)
  - 식비 : 60×5×1.2=$360(∵ 마일리지 사용)
  - ∴ 병의 출장 여비 : 330+360=$690

- 정의 출장 여비
  - 숙박비 : 100×4×0.8=$320(∵ 정액 지급)
  - 식비 : 45×6=$270(∵ 마일리지 미사용)
  ∴ 정의 출장 여비 : 320+270=$590
- 무의 출장 여비
  - 숙박비 : 75×5=$375(∵ 실비 지급)
  - 식비 : 35×6×1.2=$252(∵ 마일리지 사용)
  ∴ 무의 출장 여비 : 375+252=$627

따라서 출장 여비를 가장 많이 지급받는 출장자부터 순서대로 나열하면 '을 – 갑 – 병 – 무 – 정'이다.

47 정답 ②

㉠ 작성 주체에 의한 구분 : 문서는 작성 주체에 따라 공문서와 사문서로 구분한다.
  - 공문서 : 행정기관에서 공무상 작성하거나 시행하는 문서와 행정기관이 접수한 모든 문서
  - 사문서 : 개인이 사적인 목적을 위하여 작성한 문서
㉡ 유통 대상에 의한 구분 : 외부로 유통되지 않는 내부결재문서와 외부로 유통되는 문서인 대내문서, 대외문서 등으로 구분한다.
  - 외부로 유통되지 않는 문서 : 행정기관이 내부적으로 계획 수립, 결정, 보고 등을 하기 위하여 결재를 받는 내부결재문서
  - 외부 유통 문서 : 기관 내부에서 보조기관 상호 간 협조를 위하여 수신·발신하는 대내문서, 다른 행정기관에 수신·발신하는 대외문서, 발신자와 수신자 명의가 다른 문서
㉢ 문서의 성질에 의한 분류 : 성질에 따라 법규문서, 지시문서, 공고문서, 비치문서, 민원문서, 일반문서로 구분한다.
  - 법규문서 : 법규사항을 규정하는 문서
  - 지시문서 : 행정기관이 하급기관이나 소속 공무원에 대하여 일정한 사항을 지시하는 문서
  - 공고문서 : 고시·공고 등 행정기관이 일정한 사항을 일반에게 알리기 위한 문서
  - 비치문서 : 행정기관 내부에 비치하면서 업무에 활용하는 문서
  - 민원문서 : 민원인이 행정기관에 특정한 행위를 요구하는 문서와 그에 대한 처리문서
  - 일반문서 : 위의 각 문서에 속하지 않는 모든 문서

48 정답 ④

1년 동안 A회사원이 내는 월 임대료는 650,000×12=7,800,000원이고, 이 금액에서 최대 58%까지 보증금으로 전환 가능하므로 7,800,000×0.58=4,524,000원을 보증금으로 전환할 수 있다. 보증금에 전환이율 6.24%를 적용하여 환산한 환산보증금은 4,524,000÷0.0624=72,500,000원이 된다. 즉, 월세를 최대로 낮췄을 때의 월세는 650,000×(1-0.58)=273,000원이며, 보증금은 기존 보증금에 환산보증금을 추가하여 70,000,000+72,500,000=1억 4,250만 원이 된다.

49 정답 ⑤

유사 물품 역시 동일 물품과 마찬가지로 인접한 장소에 보관해야 정확한 위치를 모르더라도 대략의 위치를 알 수 있게 되어 사용 시에 물품을 찾는 시간을 단축할 수 있다.

오답분석

① 물품은 일괄적으로 같은 장소에 보관하는 것이 아닌 물품의 재질 등의 특성을 고려하여 보관하여야 파손의 위험으로부터 대비할 수 있다.
② 동일 물품은 같은 물품은 같은 장소에 보관한다는 동일성의 원칙에 따라 보관함으로써 사용 시에 물품을 찾는 시간을 단축할 수 있다.
③·④ 사용 물품과 보관 물품에 대한 설명으로, 물품을 정리하고 보관하고자 할 때 해당 물품을 앞으로 계속 사용할 것인지, 그렇지 않은지를 구분하는 것이 먼저 이루어져야 한다. 그렇지 않을 경우 가까운 시일 내에 활용하게 될 물품을 창고나 박스 등에 넣어두었다가 다시 꺼내야 하는 경우가 발생하게 된다.

50 정답 ④

7월 20~21일은 주중이며 출장 혹은 연수 일정이 없고 부서이동 전에 해당되므로 K대리가 B시 본부의 정기 점검을 진행할 수 있는 일정이다.

오답분석

① 6~7일은 K대리의 연수 참석 기간이므로 정기 점검을 진행할 수 없다.
② 11~12일은 주말인 11일을 포함하고 있다.
③ 14~15일 중 15일은 목요일로, K대리가 C시 본부로 출장을 가는 날짜이다.
⑤ 27~28일은 K대리가 부서를 이동한 이후이므로, K대리가 아니라 후임자가 B시 본부의 정기 점검을 간다.

51 정답 ①

미를 도덕이나 목적론과 연관시킨 톨스토이나 마르크스와 달리 칸트는 미에 대한 자율적 견해를 지녔다. 즉, 미적 가치를 도덕 등 다른 가치들과 관계없는 독자적인 것으로 본 것이다. 따라서 문학 작품을 감상할 때 다른 외부적 요소는 고려하지 않고 작품 자체에만 주목하여 감상해야 한다는 절대주의적 관점이 이러한 칸트의 견해와 유사함을 추론할 수 있다.

52 정답 ③

P유통업체는 바코드(Bar Code)를 사용하여 물품을 관리하고 있다. 물품의 수명기간 동안 무선으로 물품을 추적 관리할 수 있는 것은 바코드가 아닌 RFID 물품관리 시스템으로, 물품에 전자태그(RFID)를 부착하여 물품을 관리한다.

53　정답 ①

제시문에서는 대형마트와 백화점 중 판매되는 곳에 따라 나타나는 상품에 대한 구매 선호도의 차이를 이야기하고 있다. 따라서 제시문과 관련 있는 한자성어로는 '회남의 귤을 회북에 옮겨 심으면 탱자가 된다.'는 뜻으로, '환경에 따라 사람이나 사물의 성질이 변함'을 의미하는 '귤화위지(橘化爲枳)'가 가장 적절하다.

오답분석

② 좌불안석(坐不安席) : '앉아도 자리가 편안하지 않다.'는 뜻으로, 마음이 불안하거나 걱정스러워서 한 군데에 가만히 앉아 있지 못하고 안절부절못하는 모양을 이르는 말이다.

③ 불문가지(不問可知) : '묻지 아니하여도 알 수 있음'을 뜻하는 말이다.

④ 전화위복(轉禍爲福) : '재앙과 근심, 걱정이 바뀌어 오히려 복이 됨'을 뜻하는 말이다.

⑤ 일망타진(一網打盡) : '한 번 그물을 쳐서 고기를 다 잡는다.'는 뜻으로, 어떤 무리를 한꺼번에 모조리 다 잡음을 이르는 말이다.

54　정답 ⑤

달걀 난각 표시 개정안에 따르면 달걀의 산란 일자 4자리와 생산자 고유번호 5자리, 그리고 사육환경번호 1자리를 차례로 달걀 껍질에 표기해야 한다. 맨 뒤의 사육환경번호는 사육방식에 따라 방사 사육의 경우 1, 축사 내 평사 사육은 2, 개선된 케이지 사육은 3, 기존 케이지 사육은 4로 표시되므로 10월 7일, 'AB38E'의 고유번호를 지닌 농장에서 방사 사육(1)된 닭이 낳은 달걀에는 ⑤와 같이 표기해야 한다.

55　정답 ①

W사원이 영국 출장 중에 받는 해외여비는 50×5=250파운드이고, 스페인 출장 중에 받는 해외여비는 60×4=240유로이다. 항공권은 편도 금액이므로 왕복으로 계산하면 영국은 380×2=760파운드, 스페인은 870×2=1,740유로이며, 영국과 스페인의 비행시간 추가 비용은 각각 20×(12−10)×2=80파운드, 15×(14−10)×2=120유로이다. 따라서 영국 출장 시 드는 비용은 250+760+80=1,090파운드, 스페인 출장 시 드는 비용은 240+1,740+120=2,100유로이다. 은행별 환율을 이용하여 출장비를 원화로 계산하면 다음과 같다.

구분	영국	스페인	총비용
A은행	1,090×1,470 =1,602,300원	2,100×1,320 =2,772,000원	4,374,300원
B은행	1,090×1,450 =1,580,500원	2,100×1,330 =2,793,000원	4,373,500원
C은행	1,090×1,460 =1,591,400원	2,100×1,310 =2,751,000원	4,342,400원

따라서 A은행의 비용이 가장 많이 들고, C은행의 비용이 가장 적게 드므로 두 은행의 총비용 차이는 4,374,300−4,342,400=31,900원이다.

56　정답 ②

시간이 지날수록 훼손・변형되는 문제점은 디지털 지적도가 아닌 종이 지적도에 해당하는 내용이다.

57　정답 ④

첫 번째 조건에서 A는 경부선 전체 졸음쉼터 개수의 12.5%를 차지한다고 했으므로 (12+12)×0.125=3이다. 두 번째 조건에서는 다섯 노선의 주차면수가 10개 이상 20개 미만인 졸음쉼터 총개수를 알 수 없으므로 D를 먼저 구해야 한다. 네 번째 조건에서 D는 서해안선에 있는 주차면수가 10개 미만인 졸음쉼터 개수의 6.25%이므로 16×0.0625=1임을 알 수 있다. 또한 C는 D보다 2만큼 크므로 1+2=3이 되고, C는 B보다 5만큼 작으므로 B는 3+5=8이 된다. 따라서 A, B, C, D에 들어갈 수는 '3, 8, 3, 1'이다.

58　정답 ②

ㄱ. LNG 구매력이 우수하다는 강점을 이용해 북아시아 가스관 사업이라는 기회를 활용하는 것은 SO전략에 해당된다.

ㄷ. 수소 자원 개발이 고도화되고 있는 기회를 이용하여 높은 공급단가라는 약점을 보완하는 것은 WO전략에 해당된다.

오답분석

ㄴ. 북아시아 가스관 사업은 강점이 아닌 기회에 해당되므로 ST전략에 해당된다고 볼 수 없다.

ㄹ. 높은 LNG 확보 능력이라는 강점을 이용해 높은 가스 공급단가라는 약점을 보완하려는 것은 WT전략에 해당된다고 볼 수 없다.

59　정답 ③

ㄱ. • 검수대상 : 1,000×0.1=100건(∵ 검수율 10%)
　• 모조품의 적발개수 : 100×0.01=1건
　• 평균 벌금 : 1,000만 원×1=1,000만 원
　• 인건비 : 30만 원×10=300만 원
　∴ (평균 수입)=1,000만 원−300만 원=700만 원

ㄴ. • 전수조사 시 검수율 : 100%
　• 조사인력 : 10+(20×9)=190명
　• 인건비 : 30만 원×190=5,700만 원
　• 모조품의 적발개수 : 1,000×0.01=10건
　• 벌금 : 1,000만 원×10=1억 원
　• 수입 : 1억 원−5,700만 원=4,300만 원
　따라서 전수조사를 할 때 수입보다 인건비가 더 크다.

ㄹ. • 검수율을 30%로 하는 방안
　　− 조사인력 : 10+(20×2)=50명
　　− 인건비 : 30만 원×50=1,500만 원
　　− 검수대상 : 1,000×0.3=300건
　　− 모조품의 적발개수 : 300×0.01=3건
　　− 벌금 : 1,000만 원×3=3,000만 원
　　− 수입 : 3,000만 원−1,500만 원=1,500만 원

- 검수율을 10%로 유지한 채 벌금을 2배 인상하는 방안
  - 검수대상 : $1,000\times0.1=100$건
  - 모조품의 적발개수 : $100\times0.01=1$건
  - 벌금(2배) : 1,000만 원$\times2\times1=2,000$만 원
  - 인건비 : 30만 원$\times10=300$만 원
  - 수입 : 2,000만 원-300만 원$=1,700$만 원
  따라서 벌금을 인상하는 방안의 1일 평균 수입이 더 크다.

오답분석
ㄷ. 검수율이 40%일 때
- 조사인력 : $10+(20\times3)=70$명
- 인건비 : 30만 원$\times70=2,100$만 원
- 검수대상 : $1,000\times0.4=400$건
- 모조품의 적발개수 : $400\times0.01=4$건
- 벌금 : 1,000만 원$\times4=4,000$만 원
- 수입 : 4,000만 원$-2,100$만 원$=1,900$만 원
현재 1일 평균 수입은 700만 원이므로 검수율이 40%일 때 1일 평균 수입은 현재의 $1,900\div700\fallingdotseq2.71$배이다.

60　　　　　　　　　　　　　　　　　　정답 ①
네 번째 조건에 따라 K팀장은 토마토 파스타, S대리는 크림 리소토를 주문한다. 이때, L과장은 다섯 번째 조건에 따라 토마토 리소토나 크림 리소토를 주문할 수 있는데, 만약 L과장이 토마토 리소토를 주문한다면, 두 번째 조건에 따라 M대리는 토마토 파스타를 주문해야 하고, 사원들은 둘 다 크림소스가 들어간 메뉴를 주문할 수밖에 없으므로 조건과 모순이 된다. 따라서 L과장은 크림 리소토를 주문했음을 알 수 있다. 다음으로 사원 2명 중 1명은 크림 파스타, 다른 한 명은 토마토 파스타나 토마토 리소토를 주문해야 하는데, H사원이 파스타면을 싫어하므로 J사원이 크림 파스타, H사원이 토마토 리소토, M대리가 토마토 파스타를 주문했다. 다음으로 일곱 번째 조건에 따라 J사원이 사이다를 주문하였고, H사원은 J사원과 다른 음료를 주문해야 하지만 여덟 번째 조건에 따라 주스를 함께 주문하지 않으므로 콜라를 주문했다. 또한 여덟 번째 조건에 따라 주스를 주문한 사람은 모두 크림소스가 들어간 메뉴를 주문한 사람이어야 하므로 S대리와 L과장이 주스를 주문했다. 마지막으로 여섯 번째 조건에 따라 M대리는 사이다를 주문하고, K팀장은 콜라를 주문했다. 이를 표로 정리하면 다음과 같다.

구분	K팀장	L과장	S대리	M대리	H사원	J사원
토마토 파스타	○			○		
토마토 리소토					○	
크림 파스타						○
크림 리소토		○	○			
콜라	○				○	
사이다				○		○
주스		○	○			

따라서 사원들 중 주스를 주문한 사람은 없다.

61　　　　　　　　　　　　　　　　　　정답 ③
60번의 표에 따르면 S대리와 L과장은 모두 주스와 크림 리소토를 주문했다.

62　　　　　　　　　　　　　　　　　　정답 ①
1~3순위 품목들을 20세트 구매할 경우 배송비를 제외한 총금액은 다음과 같다.
- 1순위 : 소고기, $62,000\times20\times0.9=1,116,000$원
- 2순위 : 참치, $31,000\times20\times0.9=558,000$원
- 3순위 : 돼지고기, $37,000\times20=740,000$원
2순위인 참치 세트 총금액이 1순위인 소고기 세트보다 $1,116,000-558,000=558,000$원 저렴하므로 세 번째 조건에 따라 차순위인 참치 세트를 준비한다. 또한, 마지막 조건에 따라 배송비를 제외한 총금액이 50만 원 이상이므로 6순위인 김 세트는 준비하지 않는다. 따라서 P공사에서 추석 선물로 구매할 물품은 B업체의 참치이다.

63　　　　　　　　　　　　　　　　　　정답 ④
증발하기 전 농도가 15%인 소금물의 양을 xg이라고 하자. 이 소금물의 소금의 양은 $0.15x$이고, 5% 증발했으므로 증발한 후의 소금물의 양은 $0.95xg$이다. 또한, 농도가 30%인 소금물의 소금의 양은 $200\times0.3=60g$이다.

$$\frac{0.15x+60}{0.95x+200}=0.2$$
$$\rightarrow 0.15x+60=0.2(0.95x+200)$$
$$\rightarrow 0.15x+60=0.19x+40$$
$$\rightarrow 0.04x=20$$
$$\therefore x=500$$

따라서 증발 전 농도가 15%인 소금물의 양은 500g이다.

64　　　　　　　　　　　　　　　　　　정답 ③
대표적인 직접비용으로는 재료비, 원료와 장비비, 시설비, 여행(출장)비와 잡비, 인건비가 있다. 반면, 간접비용으로는 보험료, 건물관리비, 광고비, 통신비, 사무비품비, 각종 공과금이 있다. 따라서 잡비는 직접비용에 해당한다.

오답분석
①・②・④・⑤ 간접비용에 해당한다.

65　　　　　　　　　　　　　　　　　　정답 ②
원 중심에서 멀어질수록 점수가 높아지는데, B국의 경우 수비보다 미드필드가 원 중심에서 먼 곳에 표시가 되어 있으므로 B국은 수비보다 미드필드에서의 능력이 뛰어남을 알 수 있다.

66

A, B, C의 청소 주기 6, 8, 9일의 최소공배수는 $2 \times 3 \times 4 \times 3 = 72$ 이다. 9월은 30일, 10월은 31일까지 있으므로 9월 10일에 청소를 하고 72일 이후인 11월 21일에 세 사람이 같이 청소하게 된다.

67
정답 ⑤

제시문은 철학에서의 '부조리'에 대한 개념을 설명하는 글이다. 부조리의 개념을 소개하는 (나) 문단이 가장 먼저 나오고, 부조리라는 개념을 도입하고 설명한 알베르 카뮈에 대해 설명하고 있는 (라) 문단이 나오는 것이 적절하다. 다음으로 앞 문단에서 제시된 연극의 비유에 관해 설명하고 있는 (가) 문단이 오고, 이에 대한 결론을 제시하는 (다) 문단 순서로 나열하는 것이 가장 적절하다.

68
정답 ③

물건의 부실한 관리는 물건의 훼손·멸실 등을 초래함으로써 물적자원을 낭비하는 요인에 해당한다.

오답분석

① 과도한 선물은 필요 이상으로 예산자원을 낭비하는 것에 해당한다.
② 과도한 수면은 시간자원을 낭비하는 것에 해당한다.
④ 주변 사람들에 대한 무관심은 인적자원을 낭비하는 것에 해당한다.
⑤ 필요하지 않은 물건의 구입은 예산자원을 낭비하는 것에 해당한다.

69
정답 ②

조건에 따르면 P박물관 실태조사는 전국의 박물관 관장들을 대상으로 하고, 민감한 내용이 포함되어 있다. 집단조사는 다수가 한자리에 모여야 하고, 인터넷조사는 보안이 문제가 될 수 있으며, 전화조사 민감한 주제에 대한 답을 듣기가 어렵다. 또한, 면접조사는 시간이 오래 걸리기 때문에 짧은 기간 안에 전수조사를 완료하기 어렵다. 따라서 우편조사가 가장 적절하다.

70
정답 ②

A과장은 직접적인 대화보다 눈치를 중요시하고 있으므로 '말하지 않아도 아는 문화'에 안주하고 있다. 따라서 A과장은 의사소통에 대한 잘못된 선입견을 가지고 있다고 볼 수 있다.

의사소통을 저해하는 요소
- '일방적으로 말하고', '일방적으로 듣는' 무책임한 마음 → 의사소통 과정에서의 상호작용 부족
- '그래서 하고 싶은 말이 정확히 뭐야?' 분명하지 않은 메시지 → 복잡한 메시지, 경쟁적인 메시지
- '말하지 않아도 아는 문화'에 안주하는 마음 → 의사소통에 대한 잘못된 선입견, 고정관념

제2회 모의고사 정답 및 해설

01	02	03	04	05	06	07	08	09	10
④	②	④	③	⑤	③	④	②	②	④
11	12	13	14	15	16	17	18	19	20
④	③	③	③	④	④	②	⑤	④	④
21	22	23	24	25	26	27	28	29	30
②	③	③	④	①	①	②	④	⑤	①
31	32	33	34	35	36	37	38	39	40
⑤	⑤	②	①	③	③	①	④	①	②
41	42	43	44	45	46	47	48	49	50
②	②	④	④	④	②	④	①	①	④
51	52	53	54	55	56	57	58	59	60
③	④	④	①	⑤	③	①	③	④	③
61	62	63	64	65	66	67	68	69	70
④	①	①	②	⑤	④	③	④	①	④

01
정답 ④

고객 맞춤형 서비스 실행방안에 대한 개선 방향을 제안해야 하므로 고객유형별 전문 상담사를 사전 배정할 수 있도록 하는 ④가 가장 적절한 방안이다.

오답분석

① 직원에게 전용 휴대폰을 지급하는 것은 고객 맞춤형 서비스로 보기 어렵다.
②·③·⑤ 고객지원센터의 운영을 보완하는 것은 고객지원의 편의성을 높이는 것일 뿐 고객 맞춤형 서비스로 보기 어렵다.

02
정답 ②

500mL 물과 2L 음료수의 개수를 각각 x개, y개라 하면, $x+y$ =330이고, 500mL 물은 1인당 1개, 2L 음료수는 5인당 1개가 지급되므로 $y=\dfrac{1}{5}x$이다.

$\dfrac{6}{5}x=330$

$\rightarrow 6x=1,650$

$\therefore\ x=275$

500mL 물은 1인당 1개 지급하므로 직원의 인원수와 같다. 따라서 야유회에 참가한 직원은 275명이다.

03
정답 ④

대리와 이사장은 2급 이상 차이 나기 때문에 A대리는 이사장과 같은 호텔 등급의 객실에서 묵을 수 있다.

오답분석

① 비행기 요금은 실비이기 때문에 총비용은 변동이 있을 수 있다.
② 숙박비 5만 원, 교통비 2만 원, 일비 6만 원, 식비 4만 원으로 C차장의 출장비는 17만 원이다.
③ 같은 조건이라면 이사장과 이사는 출장비가 같다.
⑤ 부장과 차장은 출장비가 다르기 때문에 부장이 더 많이 받는다.

04
정답 ③

• K부장의 숙박비 : 80,000×9=720,000원
• P차장의 숙박비 : 50,000×9=450,000원

따라서 P차장의 호텔을 한 단계 업그레이드했을 때, 720,000− 450,000=270,000원 이득이다.

05
정답 ⑤

단순히 젊은 세대의 문화만을 존중하거나, 또는 기존 세대의 문화만을 따르는 것이 아닌 두 문화가 어우러질 수 있도록 기업 차원에서 분위기를 만드는 것이 문제의 본질적인 해결법으로 가장 적절하다.

오답분석

① 급여 받은 만큼만 일하게 되는 악순환이 반복될 것이므로 글에서 언급된 문제를 해결하는 기업 차원의 방법으로는 적절하지 않다.
② 기업의 전반적인 생산성 향상을 이룰 수 없으므로 기업 차원의 방법으로 적절하지 않다.
③ 젊은 세대의 채용을 기피하는 분위기가 생길 수 있으므로 적절하지 않다.
④ 젊은 세대의 특성을 받아들이기만 하면, 전반적인 생산성 향상과 같은 기업의 이득은 배제하게 되는 문제점이 발생한다.

06
정답 ③

• 경민 : 기준중위소득 50% 이하는 의료비가 160만 원 초과 시 의료비를 지원받을 수 있다.
• 정미 : 뇌혈관은 중증질환에 해당되고 소득수준도 조건에 해당되기 때문에 의료비를 지원받을 수 있다.

- 민기 : 중증질환이 아닌 통원 치료는 대상 질환에 해당하지 않는다.
- 미현 : 기준중위소득 200%는 연소득 대비 의료비부담비율을 고려해 개별심사 후 지원받을 수 있다. 이때 재산 과표 5.4억 원을 초과하는 고액재산보유자는 지원이 제외되는데, 미현의 어머니는 재산이 5.4억 원이므로 심사의 대상이 될 수 있다.

07 정답 ④

서류 합격자의 비율을 x%라고 하면 최종 합격자를 구하는 식은 아래와 같다.

$7,750 \times x \times 30\% = 93$이므로

$7,750 \times x = 310 \rightarrow x = 4$

따라서 서류 합격자 비율은 4%이다.

08 정답 ②

(나)에서 브라질 정부가 아마존 내 환경보호구역 축소를 추진한다는 내용으로 시작하여 (가)에서 환경보호를 위해 많은 기부금을 낸 노르웨이가 그에 대해 반대하고 있다. (다) 독일 또한 마찬가지로 반대하고 있다는 입장을 전하면서, 아마존 열대우림 파괴의 실상을 보여 주며 글을 마무리 하고 있다. 따라서 (나) - (가) - (다) 순으로 나열해야 한다.

09 정답 ②

성과급 지급 기준에 따라 영업팀의 성과를 평가하면 다음과 같다.

구분	성과평가 점수	성과평가 등급	성과급 지급액
1/4분기	$(8 \times 0.4) + (8 \times 0.4)$ $+ (6 \times 0.2) = 7.6$	C	80만 원
2/4분기	$(8 \times 0.4) + (6 \times 0.4)$ $+ (8 \times 0.2) = 7.2$	C	80만 원
3/4분기	$(10 \times 0.4) + (8 \times 0.4)$ $+ (10 \times 0.2) = 9.2$	A	$100 + 10$ $= 110$만 원
4/4분기	$(8 \times 0.4) + (8 \times 0.4)$ $+ (8 \times 0.2) = 8.0$	B	90만 원

따라서 영업팀에게 1년간 지급된 성과급의 총액은 $80 + 80 + 110 + 90 = 360$만 원이다.

10 정답 ④

- ㉠ A는 패스트푸드점이 가까운 거리에 있음에도 불구하고 배달료를 지불해야 하는 배달 앱을 통해 음식을 주문하고 있으므로 편리성을 추구하는 (나)에 해당한다.
- ㉡ B는 의자 제작에 필요한 재료들인 물적자원만 고려하고 시간은 고려하지 않았으므로 시간이라는 자원에 대한 인식 부재인 (다)에 해당한다.
- ㉢ C는 자원관리의 중요성을 인식하고 프로젝트를 완성하기 위해 나름의 계획을 세워 수행하였지만, 경험이 부족하여 계획한 대로 진행하지 못하였으므로 노하우 부족인 (라)에 해당한다.
- ㉣ D는 홈쇼핑 시청 중 충동적으로 계획에 없던 여행 상품을 구매하였으므로 비계획적 행동인 (가)에 해당한다.

11 정답 ④

P공사는 자유경쟁 시장 질서의 문제점을 지적하는 것이 아니라 자유경쟁의 시장 질서를 존중한다.

12 정답 ③

가장 필요한 정책의 비율에 대한 순위를 살펴보면 남성과 여성의 경우 1 ~ 4위까지는 정책이 같다. 하지만 5위를 볼 때 여성의 경우 '경찰의 신속한 수사'를, 남성의 경우 '접근이 쉬운 곳에서 가정폭력 예방교육 실시'가 필요하다고 봄으로써 순위가 서로 다름을 알 수 있다.

① 가해자의 교정치료 프로그램 제공은 2.8%인 반면, 가해자에 대한 법적 조치 강화 정책이 필요하다고 보는 비율은 13.6%로 더 높음을 볼 때, 옳은 판단임을 알 수 있다.
② 폭력 허용적 사회문화의 개선 정책에 대해 여성은 24.2%, 남성은 25.7%로 다른 정책들보다 가장 필요하다고 보고 있다.
④ 상담, 교육 등 가해자의 교정치료 프로그램 제공 정책이 필요하다고 보는 비율은 전체의 2.8%로, 기타 항목을 제외하고 가장 낮음을 알 수 있다.
⑤ 가정폭력 관련 법 및 지원서비스 홍보 정책은 전체 비율로 보면 15.5%로, 두 번째로 높음을 알 수 있다.

13 정답 ③

제시된 사례에 나타난 의사표현에 영향을 미치는 요소는 연단공포증이다. 연단공포증은 90% 이상의 사람들이 호소하는 불안이므로, 이러한 심리현상을 잘 통제하면서 구두표현을 한다면 청자는 그것을 더 인간다운 것으로 생각하게 될 것이다. 이러한 공포증은 본질적인 것이기 때문에 완전히 치유할 수는 없으나, 노력에 의해서 심리적 불안을 얼마간 유화시킬 수 있다. 따라서 완전히 치유할 수 있다는 ③은 적절하지 않다.

14 정답 ③

우편물을 가장 적게 보냈던 2023년의 1인당 우편 이용 물량은 96통 정도이므로 $365 \div 96 = 3.800$이다. 즉, 3.80일에 1통을 보냈다는 뜻이므로 4일에 한 통 이상은 보냈다고 볼 수 있다.

① 1인당 우편 이용 물량은 증가와 감소를 반복한다.
② 1인당 우편 이용 물량은 2015년에 가장 높았으나, 2023년에 가장 낮았다. 꺾은선 그래프와 혼동하지 않도록 유의해야 한다.

④ 접수 우편 물량은 2022 ~ 2023년 사이에 증가했다.

⑤ 접수 우편 물량이 가장 많은 해는 약 5,500백만 통인 2015년이고, 가장 적은 해는 약 4,750백만 통인 2018년이다. 따라서 그 차이는 약 750백만 통 정도이다.

15 정답 ④

돈을 모으는 생활 습관을 만들기 위해서는 '이번 주에 4번 배달음식을 먹었다면, 3번으로 줄이는 등 실천할 수 있도록 조정해 가는 것이 필요합니다.'라고 하였으므로 행동을 완전히 바꾸는 것보다는 실천할 수 있는 방법으로 점진적인 개선이 도움이 된다.

오답분석

① 습관을 만들기 위해서는 잘 하는 것보다 매일 하는 것이 중요하다고 하였으므로 꾸준히 하는 것이 중요하다고 볼 수 있다.
② 보상심리로 스트레스를 돈을 쓰면서 해소하는 금액의 한도를 정해 줄여 나가라고 하였으므로 적절하다.
③ 소액 적금으로 적은 돈이라도 저축하는 습관을 들이고 규모를 점차 늘리라고 하였다.
⑤ 사려고 하는 물품을 장바구니에 담아 두고 다음날 아침에 다시 생각해 보는 등의 습관이 필요하다고 하였다.

16 정답 ④

첫 시작점에 있는 나무는 제외하고 6m 간격으로 옮겨 심을 때, 256m 도로에는 $\frac{256\text{m}}{6\text{m}} \fallingdotseq 42$그루를 심어야 한다. 그 가운데 옮기지 않아도 되는 나무들은 4m와 6m의 최소공배수인 12m 간격으로 심은 나무들이다. $\frac{256\text{m}}{12\text{m}} \fallingdotseq 21$그루가 12m 간격으로 심어져 있어 나무 21그루는 첫 시작점의 나무와 같이 그대로 두면 된다. 따라서 옮겨 심어야 하는 나무는 $42-21=21$그루임을 알 수 있다.

17 정답 ②

전체 쓰레기의 양을 xg이라 하면, 젖은 쓰레기의 양은 $\frac{1}{3}x$g이므로 젖지 않은 쓰레기의 양은 $x-\frac{1}{3}x=\frac{2}{3}x$g이다. 포인트를 지급할 때 젖은 쓰레기의 양은 50%를 감량해 적용하므로

$2\left(\frac{1}{2} \times \frac{1}{3}x + \frac{2}{3}x\right)=950 \rightarrow \frac{1}{3}x + \frac{4}{3}x=950 \rightarrow \frac{5}{3}x=950$

$\therefore x=570$

따라서 젖지 않은 쓰레기의 양은 $\frac{2}{3}x=\frac{2}{3} \times 570=380$g이다.

18 정답 ⑤

제시문은 지방에 대해 사실과 다르게 알려진 내용을 지적하고 건강에 유익한 지방도 있음을 설명하고 있다. 따라서 제시문의 서술상 특징으로 가장 적절한 것은 ⑤이다.

19 정답 ④

'왜 애초에 오른손이 먹는 일에, 그리고 왼손이 배변 처리에 사용되었는지 설명해 주지 못한다.'에서 적절하지 않은 추론임을 알 수 있다.

오답분석

① 제시문에서 배변 처리를 왜 왼손으로 하게 되었는지에 대한 추론을 막연히 할 뿐 그 문헌적 근거는 언급되어 있지 않다.
② 개념적·논리적 사고 같은 좌반구 기능이 오른손잡이를 낳게 되었으므로 타당한 추론이다.
③ '사람이 오른손을 즐겨 쓰듯 다른 동물들도 앞발 중에 더 선호하는 쪽이 있는데, 포유류에 속하는 동물들은 대개 왼발을 즐겨 쓰는 것으로 나타났다.'에서 추론 가능하다.
⑤ '왜 애초에 오른손이 먹는 일에, 그리고 왼손이 배변 처리에 사용되었는지 설명해 주지 못한다.'에서 추론 가능하다.

20 정답 ④

읽기와 쓰기, 개념적·논리적 사고 같은 좌반구 기능이 무시된 인류의 성패 사실이 있다면 제시문의 핵심 논점인 '뇌의 좌반구가 인간의 행동을 지배하는 권력을 갖게 되었기 때문에 오른손 선호에 이르렀다.'는 주장을 정면으로 반박할 수 있다.

오답분석

① 오스트랄로피테쿠스가 어느 손을 즐겨 썼는지에 대한 통계는 인간의 손의 사용 빈도의 보충자료이므로 관계가 없다.
② '왼쪽'에 대한 반감의 정도와 오른손잡이의 상관관계가 이미 밝혀졌으므로 타당한 논거가 아니다.
③ 뇌의 해부학적 구조에서 유의미한 차이를 보이지 않는다는 사실이 오른손잡이가 80% 이상을 차지한다는 사실을 뒤집을 수 있는 논거가 되지 못한다.
⑤ 왼손에 대한 반감이 문제가 아니라 왜 오른손잡이가 80% 이상을 차지하느냐이므로 내용과 상관이 없다.

21 정답 ②

ㄱ. 한류의 영향으로 한국 제품을 선호하므로 한류 배우를 모델로 하여 적극적인 홍보 전략을 추진한다.
ㄷ. 빠른 제품 개발 시스템이 있기 때문에 소비자 기호를 빠르게 분석하여 제품 생산에 반영한다.

오답분석

ㄴ. 인건비 상승과 외국산 저가 제품 공세 강화로 인해 적절한 대응이라고 볼 수 없다.
ㄹ. 선진국은 기술 보호주의를 강화하고 있으므로 적절한 대응이라고 볼 수 없다.

22 정답 ③

제시된 규칙에 따라 준 먹이의 양을 날짜별로 나열하면 '1일 차=$3x$ → 2일 차=$3x+1$ → 3일 차=$3x-1$ → 4일 차=$3x$ → 5일 차=$3x-2$ → 6일 차=$3x-1$ → 7일 차=$3x-3$'이다. 이때 홀

수 날짜를 보면 1일 차=$3x$, 3일 차=$3x-1$, 5일 차=$3x-2$……로 -1씩 계산되어 13일 차에는 $(3x-6)$개의 먹이를 준다. 문제에서 13일 차에 준 먹이의 양이 '0'된다고 했기 때문에 $3x-6=0 \rightarrow x=2$이다. 두 항씩 묶어서 계산하면, (1일 차)+(2일 차)=$6x+1$이고, (3일 차)+(4일 차)=$6x-1$……이므로 첫 번째 항이 $6x+1$이고, 공차가 -2인 등차수열임을 알 수 있다. 12일 차까지는 6개의 항이 되며, 각 항을 모두 더하면 $6 \times 6x+(1-1-3-5-7-9)=36x-24$이다. 따라서 13일 차까지 어항에 준 먹이의 총합은 $36 \times 2-24=48$개이다.

23 정답 ③

마지막 문단의 '이러한 점을 반영하여 유네스코에서는 한글을 문화유산으로 등록함은 물론, 세계적으로 문맹 퇴치에 이바지한 사람에게 '세종대왕'의 이름을 붙인 상을 주고 있다.'라는 문장을 통해 추론할 수 있다.

오답분석

① 문자와 모양의 의미를 외워야 하는 것은 문자 하나하나가 의미를 나타내는 표의문자인 '한자'에 해당한다.
② 한글이 표음문자인 것은 맞지만, 기본적으로 24개의 문자를 익혀야 학습할 수 있다.
④ '세종이 만든 28자는 세계에서 가장 훌륭한 알파벳'이라고 평가한 사람은 미국의 다이아몬드(J. Diamond) 교수이다.
⑤ 한글이 세계 언어학계에 본격적으로 알려진 것은 1960년대이다.

24 정답 ④

ㄴ. 질병감염아동특별지원서비스의 이용 대상은 장애 아동이 아닌 법정 전염성 및 유행성 질병에 감염되어 사회복지시설, 유치원, 보육시설 등을 이용하고 있는 만 12세 이하의 아동이다. 장애 아동과 관련된 내용은 제시문에 나타나 있지 않다.
ㄹ. 아동돌봄서비스는 취업 부모의 일·가정 양립을 위해 야간·주말 등 틈새시간의 '일시 돌봄' 및 '영아 종일 돌봄' 등을 제공한다.

오답분석

ㄱ. 아이돌봄서비스는 만 12세 이하 아동을 둔 맞벌이 가정의 아동을 돌봐주는 서비스이므로 만 13세 이상의 아동은 이용 대상이 될 수 없다.
ㄷ. 기관연계돌봄서비스의 이용 대상은 만 0~12세 아동에 대한 돌봄 서비스가 필요한 사회복지시설이나 학교·유치원·보육시설 등이다.

25 정답 ①

• B씨 가족이 주간권을 구매할 경우의 할인금액
$(54,000 \times 0.4)+\{(54,000+46,000+43,000) \times 0.1\}=35,900$원

• B씨 가족이 야간권을 구매할 경우의 할인금액
$(45,000 \times 0.4)+\{(45,000+39,000+36,000) \times 0.1\}=30,000$원
따라서 할인금액의 차이는 $35,900-30,000=5,900$원이다.

26 정답 ①

농도를 구하는 식은 $\dfrac{(용질)}{(용액)}=\dfrac{(녹차 \ 가루의 \ 양)}{(녹차 \ 가루)+(물)}$이므로, B사원이 마시는 녹차의 농도에 대하여 식을 세우면 다음과 같다.
$\dfrac{(50-35)}{(200-65)+(50-35)} \times 100=\dfrac{15}{135+15} \times 100=10\%$
따라서 B사원이 마시는 녹차의 농도는 10%이다.

27 정답 ②

7개의 팀을 두 팀씩 3개 조로 나누고, 한 팀은 부전승으로 둔다. 부전승 조가 될 수 있는 경우의 수는 7가지이고, 남은 6팀을 두 팀씩 3조로 나눌 수 있는 방법은 ${}_6C_2 \times {}_4C_2 \times {}_2C_2 \times \dfrac{1}{3!}=\dfrac{6 \times 5}{2} \times \dfrac{4 \times 3}{2} \times 1 \times \dfrac{1}{3 \times 2}=15$가지이다.
3개의 조로 나눈 다음 한 개의 조가 경기 후 부전승 팀과 시합을 하는 경우를 구하면 3가지가 나온다. 따라서 7개의 팀이 토너먼트로 경기를 할 수 있는 경우의 수는 $7 \times 15 \times 3=315$가지이다.

28 정답 ④

㉠ 한 가지의 사안은 한 장의 용지에 작성하는 것이 원칙이다.
㉡ 첨부자료는 반드시 필요한 내용만 첨부하여 산만하지 않게 하여야 한다.
㉣ 금액, 수량, 일자의 경우 정확하게 기재하여야 한다.

29 정답 ⑤

2022년 대비 2023년 지진발생 횟수의 증가율이 가장 큰 지역은 6배 증가한 광주·전남이다. 지진발생 횟수가 전년 대비 증가한 지역만 보면, 전북은 2배, 북한은 $\dfrac{25}{23} \fallingdotseq 1.09$배, 서해는 $\dfrac{19}{6} \fallingdotseq 3.17$배, 남해는 $\dfrac{18}{11} \fallingdotseq 1.64$배, 동해는 $\dfrac{20}{16}=1.25$배 증가하였다.
따라서 전년 대비 2023년 지진발생 횟수의 증가율이 광주·전남 다음으로 두 번째로 높은 지역은 서해이다.

오답분석

① 연도별로 전체 지진발생 횟수 중 가장 많은 비중을 차지하는 지역은 해당연도에 지진발생 횟수가 가장 많은 지역이다. 지진발생 횟수가 가장 많은 지역은 2021년은 남해, 2022년과 2023년은 대구·경북으로 서로 다르다.

② 전체 지진발생 횟수 중 북한의 지진횟수가 차지하는 비중은 2022년에 $\frac{23}{252} \times 100 = 9.1\%$, 2023년에 $\frac{25}{223} \times 100 ≒ 11.2\%$ 이다. 따라서 11.2−9.1=2.1%p로, 5%p 미만 증가하였다.

③ 2021년 전체 지진발생 횟수 중 대전·충남·세종이 차지하는 비중은 $\frac{2}{44} \times 100 ≒ 4.5\%$로, 2022년 전체 지진발생 횟수 중 동해가 차지하는 비중인 $\frac{16}{252} \times 100 ≒ 6.3\%$보다 작다.

④ 전체 지진발생 횟수 중 수도권에서의 지진발생 횟수가 차지하는 비중을 분수로 나타내면 2021년에 $\frac{1}{44}$, 2022년에 $\frac{1}{252}$, 2023년에 $\frac{1}{223}$로 분자는 1로 동일하면서 분모는 2022년에 전년 대비 증가하였다가 2023년에는 전년 대비 감소하였다. 따라서 2022년에는 비중이 전년 대비 감소하고, 2023년에는 비중이 전년 대비 증가했다.

30　정답 ①

TRIZ 이론(창의적 문제해결 이론)은 문제가 발생된 근본 모순을 찾아내 해결하는 방법을 모색하는 것으로, 발견은 해당되지 않는다.

오답분석

② 회전에 제약이 없는 구형 타이어는 TRIZ 40가지 이론 중 곡선화에 해당된다.

③ 자동으로 신발 끈이 조여지는 운동화는 TRIZ 40가지 이론 중 셀프서비스에 해당된다.

④ 줄 없이 운동할 수 있는 줄 없는 줄넘기는 TRIZ 40가지 이론 중 기계 시스템의 대체에 해당된다.

⑤ 자전거 헬멧을 여러 구간으로 납작하게 접을 수 있는 접이식 헬멧은 TRIZ 40가지 이론 중 분할에 해당된다.

31　정답 ⑤

첫 번째 이벤트에서 같은 조였던 사람은 두 번째 이벤트에서 같은 조가 될 수 없다고 하였으므로 조건에 주어진 각 조의 조원들은 첫 번째 이벤트에서 모두 다른 조일 수밖에 없다. 그러므로 첫 번째 이벤트의 각 조에서 두 조원씩은 이미 1, 4조에 배정되었고 나머지 두 조원씩 8명을 2, 3조에 배정해야 한다. 두 번째 이벤트의 2, 3조 역시 첫 번째 이벤트에서 같은 조였던 사람은 두 번째 이벤트에서 같은 조가 될 수 없으므로 각 조에서 한 명씩을 뽑아 배정해야 한다. 한 조를 정하고 나면 나머지 한 조는 자동으로 정해지므로 나머지 두 개의 조로 가능한 경우의 수는 $16(= {}_2C_1 \times {}_2C_1 \times {}_2C_1 \times {}_2C_1)$가지이다.

32　정답 ⑤

조건에서 a, b, c의 나이를 식으로 표현하면 $a \times b \times c = 2,450$, $a+b+c=46$이다. 세 명의 곱을 소인수분해하면 $a \times b \times c = 2,450 = 2 \times 5^2 \times 7^2$이다. 2,450의 약수 중에서 19~34세 나이를 구하면 25세이므로 甲의 동생 a는 25세가 된다. 그러므로 아들과 딸 나이의 합은 $b+c=21$이다. 甲과 乙 나이의 합은 $21 \times 4 = 84$가 되며, 甲은 乙보다 연상이거나 동갑이라고 했으므로 乙의 나이는 42세 이하이다.

33　정답 ②

대화 내용에서 각자 연차 및 교육 일정을 정리하면 다음과 같다.

10월 달력						
일요일	월요일	화요일	수요일	목요일	금요일	토요일
		1	2 E사원 연차	3 개천절	4	5	6
7	8	9 한글날	10 A과장 연차	11 D대리 교육	12 D대리 교육	13
14	15 C사원 연차	16	17 D대리 연차	18 B대리 교육	19 B대리 교육	20
21	22	23	24 B대리 연차	25	26	27
28	29 워크샵	30 워크샵	31			

달력에서 바로 확인 가능한 사실은 세 번째 주에 3명의 직원이 연차 및 교육을 신청했다는 것이다. 그러나 B대리와 C사원이 먼저 신청했으므로 D대리가 옳지 않음을 알 수 있고, B대리의 말에서 자신이 교육받는 주에 다른 사람 2명 신청 가능할 것 같다고 한 것은 네 번째 조건에 어긋난다. 따라서 옳지 않은 말을 한 직원은 B대리와 D대리임을 알 수 있다.

34　정답 ①

0~14세 인구의 구성비는 2026년에 12.4%이고, 2028년에 12.2%로, 2026년이 더 높다.

오답분석

ㄴ. 남자 중위연령은 항상 여자 평균연령보다 더 낮은 수치를 보인다.

ㄷ. 2029년 15~64세 인구는 35,756,863명이고, 65세 이상 인구의 3배는 10,507,986×3=31,523,958명이므로 3배 이상이다.

ㄹ. 2027년 중위연령의 전년 대비 증가율은 $\frac{45.1-44.6}{44.6}\times100$

≒1.12%로, 평균연령의 전년 대비 증가율인 $\frac{43.9-43.5}{43.5}\times$

100≒0.92%보다 높다.

35 정답 ③

월요일에는 늦지 않게만 도착하면 되므로, 서울역에서 8시에 출발하는 KTX를 이용한다. 수요일에는 최대한 빨리 와야 하므로, 사천공항에서 19시에 출발하는 비행기를 이용한다.
따라서 소요되는 교통비는 65,200(∵ '서울-사천' KTX 비용)+22,200(∵ '사천역-사천연수원' 택시비)+21,500(∵ '사천연수원-사천공항' 택시비)+[93,200(∵ '사천-서울' 비행기 비용)×0.9]=192,780원이다.

36 정답 ③

• P공사의 10개월 동안의 복사지 한 달 사용량 : 20,000장÷10개월=2,000장/개월
• P공사의 현재부터의 복사지 한 달 사용량 : 2,000장×2=4,000장
따라서 4,000장×4=16,000장이므로 4개월 후에 연락해야 한다.

37 정답 ①

㉠ 단순한 인과관계 : 원인과 결과를 분명하게 구분할 수 있는 경우이다.
㉡ 닭과 계란의 인과관계 : 원인과 결과를 구분하기 어려운 경우이다.
㉢ 복잡한 인과관계 : 단순한 인과관계와 닭과 계란의 인과관계의 두 유형이 복잡하게 서로 얽혀 있는 경우이다.

38 정답 ④

상대방의 이야기를 들으면서 앞으로의 내용을 추측해 보는 것은 지양할 태도가 아니다. 특히 시간 여유가 있을 때, 상대방이 무엇을 말할 것인가 추측하는 것은 그동안 들었던 내용을 정리하고 대화에 집중하는 데 도움이 된다.

39 정답 ①

먼저 16진법으로 표현된 수를 10진법으로 변환하여야 한다.
43=4×16+3=67
41=4×16+1=65
54=5×16+4=84
변환된 수를 아스키 코드표를 이용하여 해독하면 67=C, 65=A, 84=T임을 확인할 수 있다. 따라서 철수가 장미에게 보낸 문자의 의미는 CAT이다.

40 정답 ②

한글맞춤법 규정에 따라 '사실이나 비밀·입장 등을 명확하게 한다'는 뜻의 '밝히기 위한'으로 수정하는 것이 적절하다.

오답분석
① 의존 명사는 띄어 쓰는 것이 원칙이므로 '정하는 바에 의하여'가 올바른 표기이다.
③ ㉢의 '-하다'는 앞의 명사와 붙여 써야 하는 접미사이므로 '등록하거나'가 올바른 표기이다.
④ '주가 되는 것에 달리거나 딸리다'는 의미의 '붙는'이 적절한 표기이다.
⑤ 맥락상 '관리하는'이 적절한 표기이다.

41 정답 ②

2회 차 토익점수를 x점, 5회 차 토익점수를 y점이라 하면 평균점수가 750점이므로 다음 식이 성립한다.
$$\frac{620+x+720+840+y+880}{6}=750$$
$$\to x+y=1,440$$
$$\therefore x=1,440-y$$
x값의 범위가 $620\le x\le700$이므로
$$620\le1,440-y\le700$$
$$\to -820\le-y\le-740$$
$$\therefore 740\le y\le820$$
따라서 ㉡에 들어갈 수 있는 최소점수는 740점이다.

42 정답 ②

도색이 벗겨진 차선과 지워지기 직전의 흐릿한 차선은 현재 직면하고 있으면서 바로 해결방법을 찾아야 하는 문제이므로 눈에 보이는 발생형 문제에 해당한다. 발생형 문제는 기준을 이탈함으로써 발생하는 이탈 문제와 기준에 미달하여 생기는 미달 문제로 나누어 볼 수 있는데, 기사에서는 정해진 규격 기준에 미달하는 불량 도료를 사용하여 문제가 발생하였다고 하였으므로 이를 미달 문제로 분류할 수 있다. 따라서 기사에 나타난 문제는 발생형 문제로, 미달 문제에 해당한다.

43 정답 ④

작년 교통비를 x원, 숙박비를 y원이라 하자.
• $1.15x+1.24y=1.2(x+y)\cdots$ ㉠
• $x+y=36\cdots$ ㉡
㉠과 ㉡을 연립하면 $x=16$, $y=20$이다.
따라서 올해 숙박비는 $20\times1.24=24.8$만 원이다.

44
정답 ④

마지막 조건에 따라 C항공사는 가장 앞 번호인 1번 부스에 위치하며, 세 번째 조건에 따라 G면세점과 H면세점은 양쪽 끝에 위치한다. 이때 네 번째 조건에서 H면세점 반대편에는 E여행사가 위치한다고 하였으므로 5번 부스에는 H면세점이 위치할 수 없다. 따라서 5번 부스에는 G면세점이 위치한다. 또한 첫 번째 조건에 따라 같은 종류의 업체는 같은 라인에 위치할 수 없으므로 H면세점은 G면세점과 다른 라인인 4번 부스에 위치하고, 네 번째 조건에 따라 4번 부스 반대편인 8번 부스에는 E여행사가, 4번 부스 바로 옆인 3번 부스에는 F여행사가 위치한다. 나머지 조건에 따라 부스의 위치를 정리하면 다음과 같다.

• 경우 1

C항공사	A호텔	F여행사	H면세점
복도			
G면세점	B호텔	D항공사	E여행사

• 경우 2

C항공사	B호텔	F여행사	H면세점
복도			
G면세점	A호텔	D항공사	E여행사

따라서 항상 참이 되는 것은 ④이다.

45
정답 ②

1) K기사가 거쳐야 할 경로는 'A도시 → E도시 → C도시 → A도시'이다. A도시에서 E도시로 바로 갈 수 없으므로 다른 도시를 거쳐야 하는데, 가장 짧은 시간 내에 A도시에서 E도시로 갈 수 있는 경로는 B도시를 경유하는 것이다. 따라서 K기사의 운송경로는 'A도시 → B도시 → E도시 → C도시 → A도시'이며, 이동시간은 1.0+0.5+2.5+0.5=4.5시간이다.
2) S기사는 A도시에서 출발하여 모든 도시를 한 번씩 거친 뒤 다시 A도시로 돌아와야 한다. 해당 조건이 성립하는 운송경로의 경우는 다음과 같다.
   • A도시 → B도시 → D도시 → E도시 → C도시 → A도시
   − 이동시간 : 1.0+1.0+0.5+2.5+0.5=5.5시간
   • A도시 → C도시 → B도시 → E도시 → D도시 → A도시
   − 이동시간 : 0.5+2.0+0.5+0.5+1.5=5시간
   따라서 S기사가 운행할 최소 이동시간은 5시간이다.

46
정답 ②

ㄱ. B의 마지막 발언에 따르면 중생대에 우리나라 바다에서 퇴적된 해성층이 있었을 가능성이 있으므로 거짓이다.
ㄴ. B의 견해에 따르면 공룡 화석은 중생대에만 한정되어 생존하였다고 말하고 있다. 따라서 공룡 화석이 암모나이트 화석과 같은 중생대 표준화석이 아니라고 말할 수 없으므로 거짓이다.
ㅂ. 공룡 화석이 나왔으므로 경상도 지역에는 중생대 지층이 없다는 판단은 거짓이다.

오답분석

ㄷ. B의 마지막 발언에 따르면, 우리나라에서도 우리나라 바다에서 퇴적된 해성층이 있었을 가능성이 있으므로 당연히 암모나이트 화석이 발견될 가능성이 있다.
ㄹ. 육지의 표준화석인 공룡 화석과 바다의 표준화석인 암모나이트 화석이 같이 발견되었으므로 타당한 판단이다.
ㅁ. 일본 북해도에서 암모나이트가 발견되었으므로 바다에서 퇴적된 해성층이 분포되어 있다고 말할 수 있다.

47
정답 ④

ⓛ B사가 지점총괄부를 지점인사관리실과 지점재정관리실로 분리한 것은 조직 전체 차원의 자원관리시스템을 부문별로 분할한 것이므로 전사적 자원관리의 사례로 볼 수 없다.
ⓔ D사가 신규 직원 채용에 있어 인사 직무와 회계 직무를 구분하여 채용하는 것은 인적자원을 부문별로 구분하여 관리하려는 것으로 볼 수 있다. 그러나 채용에서의 구분만으로는 사내 자원관리 방식을 추론하기 어려우므로 전사적 자원관리의 사례로 볼 수 없다.

오답분석

ⓒ 총무부 내 재무회계팀과 생산관리부 내 물량계획팀의 통합은 재무와 생산 부문을 통합하여 사내 자원을 효율적으로 관리하기 위한 것이므로 전사적 자원관리에 해당한다.
ⓒ 국내 생산 공장의 물류 포털과 본사의 재무관리 포털의 흡수·통합은 생산과 재무 부문을 통합하여 자원을 효율적으로 관리하기 위한 것이므로 전사적 자원관리에 해당한다.

48
정답 ①

P부장은 자신감이 있고 지도력이 있으나, 논쟁적이고 독단이 강하여 대인 갈등을 겪을 수 있는 지배형에 해당한다. P부장에게는 타인의 의견을 경청하고 수용하는 자세가 필요하다.

오답분석

② 냉담형 : 이성적인 의지력이 강하고 타인의 감정에 무관심하고 피상적인 대인관계를 유지하므로, 타인의 감정 상태에 관심을 가지고 긍정적 감정을 표현하는 것이 필요하다.
③ 고립형 : 혼자 있는 것을 선호하고 사회적 상황을 회피하며 지나치게 자신의 감정을 억제하므로, 대인관계의 중요성을 인식하고 타인에 대한 비현실적인 두려움의 근원을 성찰해 볼 필요가 있다.
④ 복종형 : 수동적이고 의존적이며 자신감이 없으므로, 적극적인 자기표현과 주장이 필요하다.
⑤ 친화형 : 따뜻하고 인정이 많고 자기희생적이나 타인의 요구를 거절하지 못하므로, 타인과의 정서적인 거리를 유지하는 노력이 필요하다.

49　　　　　　　　　　　　　　　　정답 ①

가격이 25,000원인 제품의 경우 30,000원 미만에만 속한다고 볼 수 있다. 이처럼 홈쇼핑 이용 과정에서 하나의 제품을 기준으로 가격, 할부 / 일시불, 구매 결제 방법, 배송의 경우 세부적인 과업 중 하나의 행위에만 적용되므로 'OR'에 해당한다고 볼 수 있다. 반면 타깃층의 경우 하나의 제품에 대해 다양한 연령대의 타깃층이 존재할 수 있으므로 'AND'가 적절하다.

50　　　　　　　　　　　　　　　　정답 ④

A ~ E씨의 진료 날짜를 2024년 1월 이후를 기준으로 구분한 후, 현행 본인부담금 제도와 개선된 본인부담금 제도를 적용하여 본인부담금을 계산하면
- A씨 : 17,000×0.3(∵ 현행)=5,100원
- B씨 : 1,500원(∵ 진료비 1만 5천 원 이하)
- C씨 : 23,000×0.2(∵ 개선)=4,600원
- D씨 : 24,000×0.3(∵ 현행)=7,200원
- E씨 : 27,000×0.3(∵ 개선)=8,100원

따라서 A ~ E씨의 본인부담금의 합은 5,100+1,500+4,600+7,200+8,100=26,500원이다.

51　　　　　　　　　　　　　　　　정답 ③

(다) 문단에서 보건복지부와 국립암센터에서 국민 암 예방 수칙의 하나를 '하루 한두 잔의 소량 음주도 피하기'로 개정하였으며, 뉴질랜드 연구진의 연구에 따르면 '소량에서 적당량의 알코올 섭취도 몸에 상당한 부담으로 작용한다.'라고 하였으므로 가벼운 음주라도 몸에 위험하다는 결과를 끌어낼 수 있다. 따라서 가벼운 음주가 대사 촉진에 도움이 된다는 말은 적절하지 않다.

52　　　　　　　　　　　　　　　　정답 ④

입원제비용, 수술비를 제외한 입원비용 중 실손보험 병실의료비를 제외하고 실제로 부담하게 되는 금액을 구해야 하므로, 병실사용비용 중 실질부담금을 산출하면 된다. 건강보험 적용 후 실손보험 적용 전, K대리가 부담해야 하는 병실료는 비급여인 1인실이므로 전액 본인이 부담하게 된다(8일×160,000원=1,280,000원).
이 가운데 실손 보험을 통해 지급받는 8일 동안의 입원의료비를 산출하면 [70,000원+{(160,000원-70,000원)×50%}]×8일=920,000원이지만, 1일 10만 원 한도이므로 80만 원이 지급된다.
따라서 K대리가 실제로 부담해야 하는 병실의료비는 1,280,000-800,000=480,000원이다.

53　　　　　　　　　　　　　　　　정답 ④

네 번째 조건을 제외한 모든 조건과 그 대우를 논리식으로 표현하면 다음과 같다.
- $\sim(D\lor G) \rightarrow F$ / $\sim F \rightarrow (D\land G)$
- $F \rightarrow \sim E$ / $E \rightarrow \sim F$
- $\sim(B\lor E) \rightarrow \sim A$ / $A \rightarrow (B\land E)$

마지막 조건에 따라 A가 투표를 하였으므로, 세 번째 조건의 대우에 의해 B와 E 모두 투표를 하였다. 또한 E가 투표를 하였으므로, 두 번째 조건의 대우에 따라 F는 투표하지 않았으며, F가 투표하지 않았으므로 첫 번째 조건의 대우에 따라 D와 G는 모두 투표하였다. A, B, D, E, G 5명이 모두 투표하였으므로 마지막 조건에 따라 C는 투표하지 않았다. 따라서 투표를 하지 않은 사람은 C와 F이다.

54　　　　　　　　　　　　　　　　정답 ①

G상품의 판매 이익을 높이려면 재료비, 생산비, 광고비, A/S 부담 비용, A/S 비율을 낮추어야 한다. 선택지 ①~⑤에 따라 감소되는 비용을 계산하면 다음과 같다.
① 2,500×0.25=625원
② 4,000×0.1=400원
③ 1,000×0.5=500원
④ 3,000×0.2=600원
⑤ 무료 A/S 비율을 감소시키는 것은 A/S 부담 비용을 감소시키는 것과 같으므로 3,000×0.05=150원만큼 비용이 감소한다.

따라서 G상품의 판매 이익을 가장 많이 높일 수 있는 방법은 비용이 가장 많이 감소되는 ①이다.

55　　　　　　　　　　　　　　　　정답 ⑤

ⅰ) A의 말이 거짓인 경우

구분	A (원료 분류)	B (제품 성형)	C (제품 색칠)	D (포장)
실수	○		×	○

실수는 한 곳에서만 발생했으므로 A의 말은 진실이다.

ⅱ) B의 말이 거짓인 경우

구분	A (원료 분류)	B (제품 성형)	C (제품 색칠)	D (포장)
실수	× / ○		×	×

A와 D 두 사람의 말이 모두 진실일 때 모순이 발생하므로 B의 말은 진실이다.

ⅲ) C의 말이 거짓인 경우

구분	A (원료 분류)	B (제품 성형)	C (제품 색칠)	D (포장)
실수	× / ○		○	○

A와 D 두 사람의 말이 모두 진실일 때 모순이 발생하므로 C의 말은 진실이다.

ⅳ) D의 말이 거짓인 경우

구분	A (원료 분류)	B (제품 성형)	C (제품 색칠)	D (포장)
실수	×		×	○

D가 거짓을 말했을 때 모든 조건이 성립한다.
따라서 거짓을 말한 사람은 D직원이며, 실수가 발생한 단계는 포장 단계이다.

56
정답 ③

주어진 조건을 정리하면 다음과 같다.

구분	월	화	수	목	금	토	일
첫째	○	×		×	○		
둘째						○	
셋째							○
넷째			○				

- 첫째는 화요일과 목요일에 병간호를 할 수 없고, 수, 토, 일요일은 다른 형제들이 병간호를 하므로 월요일과 금요일에 병간호를 한다.
- 둘째와 셋째에게 남은 요일은 화요일과 목요일이지만, 둘 중 누가 화요일에 병간호를 하고 목요일에 병간호를 할지는 알 수 없다.

57
정답 ①

평가지표 결과와 지표별 가중치를 이용하여 지원자들의 최종 점수를 계산하면 다음과 같다.
- A지원자 : $3 \times 3 + 3 \times 3 + 5 \times 5 + 4 \times 4 + 4 \times 5 + 5 = 84$점
- B지원자 : $5 \times 3 + 5 \times 3 + 2 \times 5 + 3 \times 4 + 4 \times 5 + 5 = 77$점
- C지원자 : $5 \times 3 + 3 \times 3 + 3 \times 5 + 3 \times 4 + 5 \times 5 = 76$점
- D지원자 : $4 \times 3 + 3 \times 3 + 3 \times 5 + 5 \times 4 + 4 \times 5 + 5 = 81$점
- E지원자 : $4 \times 3 + 4 \times 3 + 2 \times 5 + 5 \times 4 + 5 \times 5 = 79$점

따라서 P공사에서 올해 채용할 지원자는 A, D지원자이다.

58
정답 ③

프로젝트에 소요되는 비용은 인건비와 작업장 사용료로 구성된다. 인건비의 경우 각 작업의 필요 인원은 증원 또는 감원될 수 없으므로, 조절이 불가능하다. 다만, 작업장 사용료는 작업기간이 감소하면 비용이 줄어들 수 있다. 따라서 최단기간으로 프로젝트를 완료하는 데 드는 비용을 산출하면 다음과 같다.

프로젝트	인건비	작업장 사용료
A작업	(10만 원×5명)×10일 =500만 원	
B작업	(10만 원×3명)×18일 =540만 원	
C작업	(10만 원×5명)×50일 =2,500만 원	50만 원×50일 =2,500만 원
D작업	(10만 원×2명)×18일 =360만 원	
E작업	(10만 원×4명)×16일 =640만 원	
합계	4,540만 원	2,500만 원

따라서 프로젝트를 완료하는 데 소요되는 최소비용은 7,040만 원이므로 6천만 원 이상이다.

① 각 작업에서 필요한 인원을 증원하거나 감원할 수 없다. 그러므로 주어진 자료와 같이 각 작업에 필요한 인원만큼만 투입된다. 따라서 가장 많은 인원이 투입되는 A작업과 C작업의 필요 인원이 5명이므로 해당 프로젝트를 완료하는 데 필요한 최소 인력은 5명이다.
② 프로젝트를 최단기간으로 완료하기 위해서는 각 작업을 동시에 진행해야 한다. 다만, B작업은 A작업이 완료된 이후에 시작할 수 있고, E작업은 D작업이 완료된 이후에 시작할 수 있다는 점을 고려하여야 한다. C작업은 50일, A+B작업은 28일, D+E작업은 34일이 걸리므로, 프로젝트가 완료되는 최단기간은 50일이다.
④ 프로젝트를 완료할 수 있는 최단기간은 50일이다. C작업은 50일 내내 작업해야 하므로 반드시 5명이 필요하다. 그러나 나머지 작업은 50일을 안분하여 진행해도 된다. 먼저 A작업에 5명을 투입한다. 작업이 완료된 후 그들 중 3명은 B작업에, 2명은 D작업에 투입한다. 그리고 5명 중 4명만 E작업에 투입한다. 이 경우 작업기간은 10일(A)+18일(B와 D 동시진행)+16일(E)=44일이 걸린다. 따라서 프로젝트를 최단기간에 완료하는 데 투입되는 최소인력은 10명이다.
⑤ 프로젝트를 완료할 수 있는 최소인원은 5명이다. 먼저 5명이 A작업에 투입되면 10일 동안은 다른 작업을 진행할 수 없다. A작업이 완료되면 5명은 B작업과 D작업으로 나뉘어 투입된다. 그 다음으로 C작업과 E작업을 순차적으로 진행하면 총 10일(A)+18일(B와 D 동시진행)+50일(C)+16일(E)=94일이 최단기간이 된다.

59
정답 ④

대리와 과장이 2박 3일간 부산 출장비로 받을 수 있는 금액은 다음과 같다.
- 일비 : $(30,000 \times 3) + (50,000 \times 3) = 240,000$원
- 교통비 : $(3,200 \times 2) + (121,800 \times 2) + 10,300 = 260,300$원
- 숙박비 : $(120,000 \times 2) + (150,000 \times 2) = 540,000$원
- 식비 : $(8,000 \times 3 \times 3) + (10,000 \times 3 \times 3) = 162,000$원

따라서 출장비는 총 $240,000 + 260,300 + 540,000 + 162,000 = 1,202,300$원이다.

60
정답 ③

사원 2명과 대리 1명이 1박 2일간 강릉 출장비로 받을 수 있는 금액은 다음과 같다.
- 일비 : $(20,000 \times 2 \times 2) + (30,000 \times 2) = 140,000$원
- 교통비 : 0원(자가용 이용)
- 숙박비 : $(80,000 \times 3) = 240,000$원
- 식비 : $(6,000 \times 3 \times 2 \times 2) + (8,000 \times 3 \times 2) = 120,000$원

따라서 출장비는 총 $140,000 + 240,000 + 120,000 = 500,000$원이다.

61
정답 ④

D역에서 A역까지는 1(역 수)×2분(3호선)+3분(환승)+2(역 수)×6분(1호선)=17분이 걸리고, B역에서 A역까지는 6(역 수)×2분(3호선)+3분(환승)+2(역 수)×6분(1호선)=27분이 걸리므로 D역에서 현지퇴근하는 것이 회사에서 퇴근하는 것보다 10분 덜 걸린다.

62
정답 ①

회사가 위치한 B역에서 D역까지 3호선을 타고 가면 최소 소요시간인 10분이 걸린다. 하지만 3호선이 아닌 다른 지하철을 통해 D역으로 갔으므로 20분이 걸리는 2호선을 이용한 것이다. 따라서 3호선이 B역에서 11분 이상 정차하기 때문에 2호선을 통해 D역으로 간 것을 알 수 있다.

63
정답 ①

현재 상태, 셔틀버스 1, 2를 이용하는 경우에 소요되는 시간을 구하면 다음과 같다.
• 현재 상태(1호선 – 3호선 환승) : (6×2)+3+(2×6)=27분
• 셔틀버스 1을 이용하는 경우(버스 – 3호선 환승)
  : 5+3+(7×2)=22분
• 셔틀버스 2를 이용하는 경우(버스 – 2호선 – 3호선 환승)
  : 8+3+(1×4)+3+(3×2)=24분
따라서 소요되는 시간은 '셔틀버스 1 – 셔틀버스 2 – 현재 상태' 순서로 짧다.

64
정답 ②

기본요금이 x원이고 추가요금이 y원이므로
• $x+19y=20,950 \cdots \bigcirc$
• $x+30y=21,390 \cdots \bigcirc$
$\bigcirc$과 $\bigcirc$을 연립하면 $11y=440 \rightarrow y=40$, $x=20,190$이다.
따라서 엄마의 통화요금은 $20,190+40\times40+(2\times40)\times1=21,870$원이다.

65
정답 ⑤

• 1 Set : 프랑스의 B와인이 반드시 포함된다(B와인 60,000원). 인지도와 풍미가 가장 높은 것은 영국 와인이지만 영국 와인은 65,000원이므로 포장비를 포함하면 135,000원이 되기 때문에 세트를 구성할 수 없다. 가격이 되는 한도에서 인지도와 풍미가 가장 높은 것은 이탈리아 와인이다.
• 2 Set : 이탈리아의 A와인이 반드시 포함된다(A와인 50,000원). 모든 와인이 가격 조건에 해당하고, 와인 중 당도가 가장 높은 것은 포르투갈 와인이다.

66
정답 ④

최근 대두되고 있는 '초연결사회'에 대해 언급하는 (나) 문단이 가장 먼저 오는 것이 적절하며, 그다음으로는 초연결사회에 대해 설명하는 (가) 문단이 적절하다. 그 뒤를 이어 초연결 네트워크를 통해 긴밀히 연결되는 초연결사회의 (라) 문단이, 마지막으로는 이러한 초연결사회가 가져올 변화에 대한 전망의 (다) 문단이 적절하다.

67
정답 ③

세 번째 조건과 마지막 조건을 기호로 나타내면 다음과 같다.
• D → ~E
• ~E → ~A
각각의 대우 E → ~D와 A → E에 따라 A → E → ~D가 성립하므로 A를 지방으로 발령한다면 E도 지방으로 발령하고, D는 지방으로 발령하지 않는다. 이때, 공사는 B와 D에 대하여 같은 결정을 하고, C와 E에 대하여는 다른 결정을 하므로 B와 C를 지방으로 발령하지 않는다. 따라서 A가 지방으로 발령된다면 지방으로 발령되지 않는 직원은 B, C, D 총 3명이다.

68
정답 ④

ⓔ의 앞에서 제시된 술탄 메흐메드 2세의 행적을 살펴보면 성소피아 대성당으로 가서 성당을 파괴하는 대신 이슬람 사원으로 개조하였고, 그리스 정교회 수사에게 총대주교직을 수여하는 등 '역대 비잔틴 황제들이 제정한 법을 그가 주도하고 있던 법제화의 모델로 이용하였던 것'을 보아 '단절을 추구하는 것'이 아닌 '연속성을 추구하는 것'으로 고치는 것이 가장 적절하다.

69
정답 ①

ⓐ 노숙자쉼터 봉사자는 800명으로, 이 가운데 30대는 118명이다. 따라서 노숙자쉼터 봉사자 중 30대가 차지하는 비율은 $\frac{118}{800}\times100=14.75\%$이다.
ⓒ 무료급식소 봉사자 중 40 ~ 50대는 274+381=655명으로, 전체 1,115명의 절반 이상이다.

오답분석

ⓑ 전체 봉사자 중 50대의 비율은 $\frac{1,600}{5,000}\times100=32\%$이고, 20대의 비율은 $\frac{650}{5,000}\times100=13\%$이다. 따라서 전체 봉사자 중 50대의 비율은 20대의 $\frac{32}{13}\fallingdotseq2.5$배이다.

ⓓ 전체 보육원 봉사자는 총 2,000명으로, 이 중 30대 이하 봉사자는 148+197+405=750명이다. 따라서 전체 보육원 봉사자 중 30대 이하가 차지하는 비율은 $\frac{750}{2,000}\times100=37.5\%$이다.

70

제시문에서는 일방적으로 자신의 말만 하고, 무책임한 마음으로 자신의 말이 '정확히 전달되었는지', '정확히 이해했는지'를 확인하지 않는 미숙한 의사소통 기법이 직장생활에서의 원만한 의사소통을 저해하고 있다.

제3회 모의고사 정답 및 해설

01	02	03	04	05	06	07	08	09	10
③	②	②	②	②	①	①	④	④	②
11	12	13	14	15	16	17	18	19	20
③	①	③	④	⑤	③	②	②	②	②
21	22	23	24	25	26	27	28	29	30
③	③	③	②	②	④	③	①	④	⑤
31	32	33	34	35	36	37	38	39	40
②	③	②	③	⑤	④	④	①	④	④
41	42	43	44	45	46	47	48	49	50
②	②	③	②	⑤	⑤	①	①	④	⑤
51	52	53	54	55	56	57	58	59	60
②	⑤	③	③	④	②	③	③	⑤	③
61	62	63	64	65	66	67	68	69	70
②	①	③	④	④	③	④	⑤	④	③

01
정답 ③

제시문은 총무부에서 주문서 메일을 보낼 때 꼼꼼히 확인하지 않아서 수정 전의 파일이 발송되었기 때문에 발생한 일이다.

02
정답 ②

최주임은 조직에 대해 명령과 계획이 빈번하게 변경되고, 리더와 부하 간에 비인간적인 풍토가 만연하다고 생각하는 실무형 멤버십 유형에 해당한다. 실무형 멤버십 유형은 조직의 운영방침에 민감하고, 규정과 규칙에 따라 행동한다. 또한, 동료 및 리더는 이러한 유형에 대해 개인의 이익을 극대화하기 위한 흥정에 능하며, 적당한 열의와 평범한 수완으로 업무를 수행한다고 평가한다. 업무 수행에 있어 감독이 필수적이라는 판단은 수동형 멤버십 유형에 대한 동료와 리더의 시각에 해당한다.

03
정답 ②

2020년부터 2023년까지 전년도 대비 시·도별 매년 합계출산율 증감 추이를 보면 '증가 – 증가 – 감소 – 감소'로 모두 같다. 따라서 빈칸 ⊙, ⓒ에 들어갈 수치로 옳은 것은 ②이다.

04
정답 ②

ㄱ. 자기개발에서 개발의 주체와 객체는 자기 자신이므로 자신이 자신의 능력, 적성, 특성 등을 이해하고, 목표성취를 위해 자신을 관리하며 개발해야 한다.
ㄷ. 자기개발은 개별적인 과정으로, 자기개발을 통해 지향하는 바와 선호하는 방법 등이 사람마다 다르므로 자신에게 알맞은 자기개발 전략이나 방법을 선정하여야 한다.

오답분석

ㄴ. 자기개발은 평생에 걸쳐서 이루어지는 과정이다. 우리를 둘러싸고 있는 환경은 끊임없이 변화하고 있으므로 환경에 적응하기 위해서는 지속적인 자기개발이 필요하다.
ㄹ. 자기개발은 생활 가운데 이루어져야 한다. 자신이 현재 하는 직무 혹은 지향하는 직업 세계와 관련하여 자신의 역할 및 능력을 점검하고 개발계획을 수립해야 한다.

05
정답 ②

각종 위원회 위원 위촉에 대한 전결규정은 없다. 단, 대표이사의 부재중에 부득이하게 위촉을 해야 하는 경우가 발생했다면 차하위자(전무)가 대결을 할 수는 있다.

06
정답 ①

ㄱ. 중요도 점수가 높은 영역부터 순서대로 나열하면 '교수활동 – 학생복지 – 교육환경 및 시설 – 교육지원 – 비교과 – 교과'로 매년 동일하다.
ㄴ. 제시된 자료를 통해 2023년 만족도 점수는 전년 대비 모든 영역에서 높음을 알 수 있다.

오답분석

ㄷ. 만족도 점수가 가장 높은 영역과 가장 낮은 영역의 만족도 점수 차이는 2022년이 $3.52-3.27=0.25$점으로 2021년 $3.73-3.39=0.34$점보다 작다.
ㄹ. 2023년 요구충족도가 가장 높은 영역은 $\frac{3.56}{3.64} \times 100 ≒ 97.8\%$ 인 비교과 영역이며, 교과 영역 요구충족도는 $\frac{3.45}{3.57} \times 100 ≒ 96.6\%$이다.

07 정답 ①

제시문은 주로 '한번 문이 열리면 다시 그 문을 닫기란 매우 어렵다.', '철학의 모험은 자주 거칠고 무한한 혼돈의 바다에 표류하는 작은 뗏목에 비유된다.' 등 비유적 표현을 활용하여 논의의 대상인 '철학의 특성(모험적 성격)'을 밝히고 있다.

08 정답 ④

글쓴이는 철학의 특성인 '모험성'과 '대가'를 알리기 위해 '동굴의 비유'를 인용하였다. 즉, '동굴 안'은 기존의 세계를, '동굴 밖'은 기존의 세계를 뛰어넘은 곳(진리의 세계)을, 동굴 안과 동굴 밖까지를 지나는 과정은 '모험'을 뜻한다고 볼 수 있다. 또한 동굴의 밖에 도달하여 과거 세계의 허구성을 아는 것을 '지식 획득'으로, 무지의 장막에 휩싸인 자들에게 받는 불신과 박해를 혹독한 '대가'라고 할 수 있다.

09 정답 ④

[E2:E7]은 평균 점수를 소수점 둘째 자리에서 반올림한 값이다. 따라서 [E2]에 「=ROUND(D2,1)」를 넣고 채우기 핸들 기능을 이용하면 이와 같은 값을 구할 수 있다.

오답분석

① INT : 정수 부분을 제외한 소수 부분을 모두 버림하는 함수이다.
② ABS : 절댓값을 구하는 함수이다.
③ TRUNC : 원하는 자릿수에서 버림하는 함수이다.
⑤ COUNTIF : 조건에 맞는 셀의 개수를 구하는 함수이다.

10 정답 ②

제시된 수열은 n을 자연수라고 할 때 $n \times 3 - 1$이 $(n+1)$항인 수열이다.
따라서 ( )$= 527 \times 3 - 1 = 1,580$이다.

11 정답 ③

(가) 부산에서 서울로 가는 버스터미널은 2개이므로 고객에게 바르게 안내해 주었다.
(다) 소요 시간을 고려하여 도착시간에 맞게 출발하는 버스 시간을 바르게 안내해 주었다.
(라) 도로 교통 상황에 따라 소요 시간에 차이가 있다는 사실을 바르게 안내해 주었다.

오답분석

(나) 고객의 집에서 부산 동부 터미널이 더 가깝다고 하였으므로 출발해야 되는 시간 등을 물어 부산 동부 터미널에 적당한 차량이 있는지 확인하고, 없을 경우 부산 터미널을 권유하는 것이 적절하다. 단지 배차가 많다는 이유만으로 부산 터미널을 이용하라고 안내하는 것은 적절하지 않다.

(마) 우등 운행 요금만 안내해 주었고, 일반 운행 요금에 대한 안내를 하지 않았다.

12 정답 ①

기업의 입장에서는 상품의 사회적 마모 기간이 짧은 게 유리하기 때문에 이를 위해 노력한다. 하지만 상품의 품질이 나빠지거나 전에 비해 발전하지 않은 것은 아니다.

13 정답 ③

㉠은 기업들이 더 많은 이익을 내기 위해 디자인의 향상에 몰두하는 것이 바람직하다는 것이다. 즉, 상품의 사회적 마모를 짧게 해서 소비를 계속 증가시키기 위한 방안인데, 이에 대한 반론을 제기하기 위해서는 ㉠의 주장이 지니고 있는 문제점을 비판하여야 한다. ㉠이 지니고 있는 가장 큰 문제점은 '과연 성능 향상 없는 디자인 변화가 소비를 촉진시킬 수 있는 것인가?'이다. 디자인 변화는 분명히 상품의 소비를 촉진시킬 수 있는 효과적 방법 중의 하나이지만 '성능이나 기능, 내구성'의 향상이 전제되지 않았을 때는 효과를 내기 힘들기 때문이다.

14 정답 ④

㉡은 자본주의 상품의 모순을 설명하고 있는 부분인데, '상품의 기능이나 성능, 내구성이 향상되었는데도 상품의 생명이 짧아지는 것'을 의미한다. 이에 대한 사례로는 ④와 같이 상품을 아직 충분히 쓸 수 있는데도 불구하고 새로운 상품을 구매하는 행위가 있다.

15 정답 ⑤

제시된 규정에 따라 사례금액의 상한액을 산출하면 다음과 같다.

강사	강의 시간	기타	사례금액 상한액
A국립대 M교수	1시간	–	20만 원
B언론사 K기자	2시간	–	250만 원
C병원 S병원장	2시간	–	100만 원
D사립대 J강사	1시간	원고료 10만 원 추가 요청	100만 원
합계			470만 원

B언론사 K기자와 C병원 S병원장은 1시간을 초과하여 강의를 하므로, 기본 1시간+상한금액의 1.5배에 해당하는 추가금액이 상한액이 된다. 따라서 전체 사례금액의 상한액은 470만 원이다.

16 정답 ③

어떠한 비난도 하지 않고 문제를 해결하는 것이 고객 불만에 대응하는 적절한 방법이다.

① 회사 규정을 말하며 변명을 하는 것은 오히려 화를 키울 수 있다.
② 먼저 사과를 하고 이야기를 듣는 것이 더 효과적이다.
④ 실현 가능한 최선의 대안을 제시해야 한다.
⑤ 내 잘못이 아니라는 것을 고객에게 알리는 것은 화를 더 키울 수 있다.

17 정답 ③

①・②・④・⑤는 전략 과제에서 도출할 수 있는 추진 방향이지만, 국제경쟁입찰의 과열 경쟁 심화와 컨소시엄 구성 시 민간기업과 업무 배분, 이윤 추구 성향 조율의 어려움 등은 문제점에 대한 내용이기 때문에 추진 방향으로 적절하지 않다.

18 정답 ②

Index 뒤의 문자 SHAWTY와 File 뒤의 문자 CRISPR에서 일치하는 알파벳의 개수를 확인하면, 'S' 1개만 일치하는 것을 알 수 있다. 따라서 판단 기준에 따라 Final Code는 Atur이다.

19 정답 ②

(나) 문단에서는 의료보장제도의 사회보험과 국민보건서비스 유형에 대해 먼저 설명하고, 건강보험제도의 운영 방식에 대해 이야기하고 있다. 따라서 (나) 문단의 주제로는 '건강보험제도의 유형'이 가장 적절하다.

20 정답 ②

A과장은 회사 직원이 아닌 지인들과 인근 식당에서 식사를 하였고, C팀장이 지적을 하자 거짓으로 둘러댄 것이 들키면서 징계를 받았다. 따라서 늘 정직하게 임하려는 태도가 가장 적절하다.

21 정답 ③

사회생활에 있어 신뢰가 기본이 되기 때문에 신뢰가 없으면 사회생활에 지장이 생긴다.

22 정답 ③

'언쟁하기'는 단지 논쟁을 위해서 상대방의 말에 귀를 기울이는 것으로, 상대방이 무슨 주제를 꺼내든지 설명은 하지 않고 자신의 생각만을 늘어놓는 행위이다. 그런데 D사원의 경우 A사원과 언쟁을 하기보다는 A사원의 말에 귀를 기울이며 동의하고 있다. 또한 A사원이 앞으로 취할 수 있는 행동에 대해 자신의 생각을 조언하고 있으므로 적절하지 않다.

① '짐작하기'는 상대방의 말을 듣고 받아들이기보다 자신의 생각에 들어맞는 단서들을 찾아 자신의 생각을 확인하는 것으로,

B사원은 A사원의 말을 듣고 받아들이기보다는 G부장이 매일일 점검한다는 것을 근거로 삼아 A사원에게 문제점이 있다고 짐작하고 있다.
② '판단하기'는 상대방에 대한 부정적인 선입견 때문에 또는 상대방을 비판하기 위해 상대방의 말을 듣지 않는 것을 말한다. C사원은 A사원이 예민하다는 선입견 때문에 G부장의 행동보다 A사원의 행동을 문제시하고 있다.
④ '비위 맞추기'는 상대방을 위로하기 위해 혹은 비위를 맞추기 위해 너무 빨리 동의하는 것을 말한다. E사원은 A사원을 지지하고 동의하는 데 너무 치중함으로써 A사원이 충분히 자신의 감정과 상황을 표현할 시간을 주지 못하고 있다.
⑤ '슬쩍 넘어가기'는 대화가 너무 사적이거나 위협적이면 주제를 바꾸거나 농담으로 넘기려 하는 것으로, 문제를 회피하려고 함으로써 상대방의 진정한 고민을 놓치는 것을 말한다. F사원의 경우 A사원의 부정적인 감정을 회피하기 위해 다른 주제로 대화 방향을 바꾸고 있다.

23 정답 ③

1회전과 3회전에서 을이 x점을 획득했다면, 갑은 $(x+2)$점이고, 2회전에서는 갑이 x점, 을은 $(x+2)$점이 된다. 갑의 최종 점수는 $(3x+4)$점이며, 을은 $(3x+2)$점임을 알 수 있다. 이에 대한 식을 세우면 다음과 같다.
$2(3x+4)=3x+2+15 \rightarrow 6x+8=3x+17 \rightarrow 3x=9$
$\therefore x=3$
따라서 1회전에서 갑이 획득한 점수는 $3+2=5$점이다.

24 정답 ②

대인관계능력이란 직장생활에서 협조적인 관계를 유지하고, 조직 구성원들에게 도움을 줄 수 있으며, 조직 내부 및 외부의 갈등을 원만히 해결하고 고객의 요구를 충족시켜 줄 수 있는 능력이다. B의 경우, 신입직원의 잘한 점을 칭찬하지 않고 못한 점만을 과장하여 지적한 것은 신입직원의 사기를 저하할 수 있고, 보이지 않는 벽이 생길 수 있으므로 좋은 대인관계능력이라고 할 수 없다. F의 경우, 인간관계를 형성할 때 가장 중요한 요소인 개인의 사람됨보다 무엇을 말하느냐, 어떻게 행동하느냐를 중시하였다. 만약 그 사람의 말이나 행동이 깊은 내면에서가 아니라 피상적인 인간관계 기법이나 테크닉에서 나온다면, 상대방도 곧 그 사람의 이중성을 감지하게 된다. 따라서 효과적인 상호의존성을 위해 필요한 상호 신뢰와 교감, 관계를 만들 수도 유지할 수도 없게 된다.

25 정답 ②

5명이 노란색 원피스 2벌, 파란색 원피스 2벌, 초록색 원피스 1벌 중 한 벌씩 선택하여 사는 경우의 수는 5명을 2명, 2명, 1명으로 이루어진 3개의 팀으로 나누는 방법과 동일하므로 ${}_5C_2 \times {}_3C_2 \times {}_1C_1 \times \frac{1}{2!} = \frac{5 \times 4}{2} \times 3 \times 1 \times \frac{1}{2} = 15$가지가 된다. 이때, 원피스 색깔 중 2벌인 색은 노란색과 파란색 2가지이므로 선택할 수 있는 경우의 수는 모두 $15 \times 2 = 30$가지이다.

26

ㄴ. 모든 사람이 윤리적 가치보다 자신의 이익을 우선하여 행동한다면, 사회질서가 파괴될 수 있다.
ㄹ. 윤리적 행동의 당위성은 육체적 안락이나 경제적 이득보다 삶의 본질적 가치와 도덕적 신념에 근거한다.

오답분석

ㄱ. 모든 사람이 윤리적으로 행동할 때 나 혼자 비윤리적으로 행동을 하면 큰 이익을 얻을 수 있음에도 윤리적 규범을 지켜야 하는 이유는 어떻게 살 것인가 하는 가치관의 문제와도 관련이 있기 때문이다.
ㄷ. 사람이 윤리적으로 살아야 하는 이유는 윤리적으로 살 때 개인의 행복과 모든 사람의 행복을 보장할 수 있기 때문이다.

27
정답 ③

C가 계획을 제대로 실천하지 못한 이유는 직장에 다니고 있기 때문에 개인 시간에 한계가 있는데 그에 비해 계획이 과했기 때문이다(⑤). 또한 다른 욕구를 이기지 못한 것도 원인이다. 몸이 아파서(내부), 회사 회식에 빠지기 어려워서(외부), 즉 쉬고 싶은 욕구와 다른 사람과 어울리고 싶은 욕구가 계획 실천 욕구보다 강했다(① · ④). 이때 C는 자신에게는 그럴 만한 이유가 있었다고 생각했을 것이다(②).
하지만 자기개발에 대한 구체적인 방법을 몰라서 계획을 실천하지 못한 것은 아니다. 업무와 관련한 자격증 강의 듣기, 체력 관리, 친목 다지기 등 계획 자체는 구체적으로 세웠기 때문이다.

28
정답 ①

한 사람당 받는 상여금을 a만 원, 대상 직원 수를 x명이라고 가정하자. 정보에 따라 방정식을 세우면 다음과 같다.
$x \times 2 \times (a-50) = 1.5 \times ax \rightarrow 2ax - 100x = 1.5ax$
$\rightarrow 0.5ax - 100x = 0 \rightarrow 0.5x(a-200) = 0 \cdots \bigcirc$
$(x-20) \times (a+100) = 0.75 \times ax$
$\rightarrow ax - 20a + 100x - 2,000 = 0.75ax$
$\rightarrow a(0.25x-20) + 100x - 2,000 = 0 \cdots \bigcirc$
$\bigcirc$에서 직원 수 $x=0$이 될 수 없으므로 $a=200$이다. 이를 $\bigcirc$에 대입하여 x를 구한다.
$a(0.25x-20) + 100x - 2,000 = 0$
$\rightarrow 200 \times (0.25x-20) + 100x - 2,000 = 0$
$\rightarrow 50x - 4,000 + 100x - 2,000 = 0$
$\rightarrow 150x = 6,000$
$\therefore x = 40$
따라서 상여금을 받는 직원 수는 40명이고, 한 사람당 받는 상여금은 200만 원이다.

29
정답 ④

연차 계산법에 따라 A씨의 연차를 구하면 다음과 같다.
• 기간제 : $(6 \times 365) \div 365$일 $\times 15 = 90$일
• 시간제 : $(8 \times 30 \times 6) \div 365 \fallingdotseq 4$일
따라서 $90 + 4 = 94$일이다.

30
정답 ⑤

언어의 친교적 기능이란 어떤 정보를 요구하거나 전달하기보다는 언어를 통해 사람들 간의 친밀한 관계를 확인하거나 유지하는 기능으로, 대부분의 인사말이 이에 속한다. ⑤의 '밥은 먹었니?', ⓒ의 '이따가 전화하자.', ⓜ의 '조만간 밥 한번 먹자.', ⓗ의 '너 요즘도 거기서 근무하니?' 등은 어떤 대답을 요구하거나 행동을 할 것을 요청하는 것이 아니라 특별한 의미 없이 친근함을 나타내고 있다.

오답분석

ⓛ과 ⓔ의 경우 A가 대답을 요구하는 질문을 하고 B는 그에 대한 정보를 전달하고 있으므로 친교적 기능이 드러난 대화로 보기 어렵다.

31
정답 ②

• A : 창의적 사고는 아무것도 없는 무에서 유를 만들어 내는 것이 아니라, 끊임없이 참신한 아이디어를 산출하는 힘이다.
• D : 필요한 물건을 싸게 사기 위해서 하는 많은 생각들도 창의적 사고에 해당한다. 즉, 위대한 창의적 사고에서부터 일상생활의 조그마한 창의적 사고까지 창의적 사고의 폭은 넓으며, 우리는 매일매일 창의적 사고를 하고 있다고 볼 수 있다.

32
정답 ③

ㄱ. 2차 구매 시 1차와 동일한 제품을 구매하는 사람들이 다른 어떤 제품을 구매하는 사람들보다 최소 1.5 ~ 2배 이상 높은 수치를 보이고 있다.
ㄷ. 1차에서 C를 구매한 사람들은 204명으로 가장 많았고, 2차에서 C를 구매한 사람들 역시 231명으로 가장 많았다.

오답분석

ㄴ. 1차에서 A를 구매한 뒤 2차에서 C를 구매한 사람들은 44명이고, 반대로 1차에서 C를 구매한 뒤 2차에서 A를 구매한 사람들은 17명이므로 전자의 경우가 더 많다.

33
정답 ②

제시된 그래프에서 선의 기울기가 가파른 구간은 2014 ~ 2015년, 2015 ~ 2016년, 2018 ~ 2019년이다. 이를 바탕으로 2015년, 2016년, 2019년 물이용부담금 총액의 전년 대비 증가폭을 구하면 다음과 같다.
• 2015년 : $6,631 - 6,166 = 465$억 원
• 2016년 : $7,171 - 6,631 = 540$억 원
• 2019년 : $8,108 - 7,563 = 545$억 원

따라서 물이용부담금 총액이 전년 대비 가장 많이 증가한 해는 2019년이다.

오답분석

㉠ 제시된 자료를 통해 확인할 수 있다.

㉢ 2023년 금강유역 물이용부담금 총액 : $8,661 \times 0.2 = 1,732.2$ 억 원

∴ 2023년 금강유역에서 사용한 물의 양 : 1,732.2억 원 ÷ 160 원/m^3 ≒ 10.83억m^3

㉣ 2023년 물이용부담금 총액의 전년 대비 증가율 : $\dfrac{8,661 - 8,377}{8,377}$ $\times 100 ≒ 3.39\%$

34   정답 ③

제시문을 통해 종합심사제에서 건설인력 고용 심사 항목의 배점이 확대되고 고용 개선 심사 항목이 신설되었음은 알 수 있으나, 특정 심사 항목이 삭제되었다는 내용은 확인할 수 없다.

오답분석

① P공단이 공개한 개정된 계약 기준은 4월 20일 이후 입찰 공고 하는 용역부터 적용한다.

② P공단의 개정된 계약 기준은 P공단 홈페이지와 전자조달시스템 사이트에서 확인할 수 있다.

④ 사망사고에 대한 신인도 감점 점수는 공사 분야에서 회당 −5 점, 용역 분야에서 9건당 −3점이다.

⑤ 용역 분야의 경력·실적 평가의 만점 기준이 각각 15년과 10 건으로 완화되었다.

35   정답 ④

혁신도시개발의 매출총이익의 크기는 법인세비용 차감 전 순이익의 $\dfrac{771}{903} \times 100 ≒ 85.4\%$이므로 75% 이상이다.

오답분석

① 주택관리사업의 판매비와 관리비는 공공주택사업의 판매비와 관리비의 $\dfrac{1,789}{2,764} \times 100 ≒ 64.7\%$이다.

② 금융원가가 가장 높은 사업은 주택관리사업이고, 기타수익이 가장 높은 사업은 일반사업이므로 순위는 동일하지 않다.

③ 행정중심복합도시의 영업이익이 2023년 전체 영업이익에서 차지하는 비율은 $\dfrac{2,976}{26,136} \times 100 ≒ 11.4\%$이다.

⑤ 산업단지개발의 매출원가는 일반사업의 매출원가의 $\dfrac{4,436}{56,828}$ $\times 100 ≒ 7.8\%$이다.

36   정답 ③

H의 자기개발을 방해하는 장애요인은 욕구와 감정이다. 이와 비슷한 사례는 회식과 과음으로 인해 자기개발을 못한 C이다.

자기개발을 방해하는 장애요인
- 욕구와 감정
- 제한적인 사고
- 문화적인 장애
- 자기개발 방법의 무지

37   정답 ④

K주임이 가장 먼저 해야 하는 일은 오늘 2시에 예정된 팀장 회의 일정을 G팀장에게 전달하는 것이다. 다음으로 내일 진행될 언론 홍보팀과의 회의 일정에 대한 답변을 오늘 내로 전달해달라는 요청을 받았으므로 먼저 익일 업무 일정을 확인한 후 회의 일정에 대한 답변을 전달해야 한다. 이후 메일을 통해 회의 전에 미리 숙지해야 할 자료를 확인하는 것이 적절하다.

38   정답 ①

문제란 발생한 상황 자체를 의미하는 것으로, 그 상황이 발생한 원인인 문제점과 구분된다. 따라서 보기에서 발생한 문제 상황은 '아이의 화상' 자체이다.

오답분석

②·③·④·⑤ 아이의 화상이라는 문제가 발생한 것에 대한 원인을 나타내는 것으로 문제점에 해당한다.

39   정답 ④

자기개발 계획을 수립할 때는 장기적인 목표와 단기적인 목표 모두 수립해야 한다. 보통 장기목표는 5 ~ 20년 뒤를 설계하며, 단기목표는 1 ~ 3년 정도의 목표를 설계한다. 장기목표는 자신의 욕구, 가치, 흥미, 적성 및 기대를 고려하여 수립하며, 직장에서의 일과 관련된 직무의 특성, 타인과의 관계 등을 고려해야 한다. 단기목표는 장기목표를 이룩하기 위한 기본단계가 되며, 필요한 직무 관련 경험, 개발해야 할 능력 혹은 자격증, 쌓아 두어야 할 인간관계 등을 고려하여 수립한다.

오답분석

① 개인은 가족, 친구, 직장동료, 부하직원, 상사, 고객 등 많은 인간관계를 맺고 살아가고 있으므로, 이러한 관계를 고려하지 않고 자기개발 계획을 수립한다면 계획을 실행하는 데 어려움을 겪게 된다.

② 직업인이라면 현재의 직무 상황과 이에 대한 만족도가 자기개발 계획을 수립하는 데 중요한 역할을 담당하게 된다. 따라서 현 직무를 담당하는 데 필요한 능력과 이에 대한 자신의 수준, 개발해야 될 능력, 관련된 적성 등을 고려해야 한다.

③ 자기개발을 애매모호한 방법으로 계획하게 되면 어떻게 계획을 수행해야 하는지 명확하게 알 수 없으므로, 계획을 중간 정도의 수준에서 적당히 수행하게 되거나 계획 수행 중 자신의 노력을 낭비하게 된다. 따라서 구체적인 방법으로 자기개발을 계획해야 한다.

⑤ 자신의 흥미, 장점 등과 같은 내부의 정보와 회사 내의 경력기회 및 직무 가능성, 다른 직업이나 회사 밖의 기회 등의 외부 정보를 충분히 알지 못할 경우, 자기개발 계획을 성공시키기 어렵다.

40
정답 ④

서울 지점의 B씨에게 배송할 제품과 경기남부 지점의 P씨에게 배송할 제품에 대한 기호를 정리하면 다음과 같다.

- B씨 : MS11EISS
  - 재료 : 연강(MS)
  - 판매량 : 1박스(11)
  - 지역 : 서울(E)
  - 윤활유 사용 : 윤활작용(I)
  - 용도 : 스프링(SS)
- P씨 : AHSS00SSST
  - 재료 : 초고강도강(AHSS)
  - 판매량 : 1세트(00)
  - 지역 : 경기남부(S)
  - 윤활유 사용 : 밀폐작용(S)
  - 용도 : 타이어코드(ST)

41
정답 ②

A, B, C 중 가해자가 1명, 2명, 3명인 경우를 각각 나누어 정리하면 다음과 같다.
i) 가해자가 1명인 경우
  - A 또는 C가 가해자인 경우 : 셋 중 두 명이 거짓말을 하고 있다는 B의 진술이 참이 되므로 성립하지 않는다.
  - B가 가해자인 경우 : B 혼자 거짓말을 하고 있으므로 한 명이 거짓말을 한다는 A, C의 진술이 성립한다.
ii) 가해자가 2명인 경우
  - A와 B가 가해자인 경우 : A, B 중 한 명이 거짓말을 한다는 C의 진술과 모순된다.
  - A와 C가 가해자인 경우 : 가해자인 C는 거짓만을 진술해야 하나, A, B 중 한 명이 거짓말을 한다는 C의 진술이 참이 되므로 성립하지 않는다.
  - B와 C가 가해자인 경우 : 셋 중 한 명이 거짓말을 한다는 A의 진술과 모순된다.
iii) 가해자가 3명인 경우
  A, B, C 모두 거짓말을 하고 있으므로 A, B, C 모두 가해자이다.
따라서 B가 가해자이거나 A, B, C 모두가 가해자이므로 확실히 가해자인 사람은 B이며, 확실히 가해자가 아닌 사람은 아무도 없다.

42
정답 ②

업무상으로 소개를 할 때는 직장 내에서의 서열과 나이를 고려한다. 이때 성별은 고려의 대상이 아니다.

43
정답 ③

민수가 부정행위를 했을 경우 ⓒ과 ⓒ에 따라 정태와 은수도 함께 부정행위를 하게 되므로 ⓣ에 부합하지 않는다. 따라서 민수는 부정행위를 하지 않았으며, ⓒ에 따라 정태도 부정행위를 하지 않았다. 태희가 부정행위를 했을 경우 ⓜ의 대우인 '태희가 부정행위를 했다면 경미도 부정행위를 했다.'와 ⓒ에 따라 경미와 은수가 함께 부정행위를 하게 되므로 ⓣ에 부합하지 않는다. 따라서 태희 역시 부정행위를 하지 않았다. 결국 민수, 정태, 태희를 제외한 은수와 경미가 시험 도중 부정행위를 했음을 알 수 있다.

44
정답 ②

대화를 통해 부하직원인 A씨 스스로 업무성과가 떨어지고 있고, 업무방법이 잘못되었음을 인식시켜서 이를 해결할 방법을 스스로 생각하도록 해야 한다. 이후 B팀장이 조언하며 A씨를 독려한다면, B팀장은 A씨의 자존감과 자기결정권을 침해하지 않으면서도 A씨 스스로 책임감을 느끼고 문제를 해결할 가능성이 높아지게 할 수 있다.

오답분석
① 징계를 통해 억지로 조언을 듣도록 하는 것은 자존감과 자기결정권을 중시하는 A씨에게 적절하지 않다.
③ 칭찬은 A씨로 하여금 자신의 잘못을 인식하지 못하도록 할 수 있어 적절하지 않다.
④ 자존감과 자기결정권을 중시하는 A씨에게 강한 질책은 효과적이지 못하다.
⑤ A씨가 자기 잘못을 인식하지 못한 상태로 시간만 흘러갈 수 있다.

45
정답 ⑤

10진법이란 0, 1, 2, …, 9의 10개의 숫자를 한 묶음으로 하여 1자리씩 올리는 방법으로, 1, 10, 100, 1,000, …과 같이 10배마다 새로운 자리로 옮겨가는 기수법이다. 이는 사람의 손가락 수에 의해 유래하였으며 현재 가장 널리 사용되고 있다.
같은 원리로 2진법이란 0, 1의 2개의 숫자를 한 묶음으로 하여 1자리씩 올리는 기수법인데, 2진법에서 10001을 10진법으로 변환하면 다음과 같다.
$$10001_{(2)} = (1×2^4)+(0×2^3)+(0×2^2)+(0×2^1)+(1×2^0)$$
$$=17$$

46
정답 ⑤

- 직접비용 : ㉠, ㉡, ㉤, ㉥
- 간접비용 : ㉢, ㉣

직접비용은 제품 또는 서비스를 창출하기 위해 직접 소비된 것으로 여겨지는 비용을 말하며, 재료비, 원료와 장비 구입비, 인건비, 출장비 등이 해당한다.
간접비용은 생산에 직접 관련되지 않은 비용을 말하며, 광고비, 보험료, 통신비 등이 해당한다.

47

정답 ①

R대리와 S과장은 경력개발의 이유로 환경변화를 이야기하고 있다. 환경변화에 따른 개발 요인에는 지식정보의 빠른 변화, 인력난 심화, 삶의 질 변화, 중견사원 이직 증가 등이 있다.

48

정답 ①

성희롱 문제는 개인의 문제뿐만 아니라 사회적 문제이기 때문에 제도적인 차원에서의 제재도 필요하다. 따라서 사전에 방지하고 효과적으로 처리하는 방안이 필요하다.

49

정답 ④

내려오는 경우, 구간별 트레킹 소요 시간은 50% 단축되므로 F지점에서 E지점으로 가는 데에는 1시간이 소요된다. 따라서 ④는 옳지 않은 설명이다.

오답분석

① A지점에서 B지점까지 가는 데 3시간이 소요되고, B지점에서 C지점을 거쳐 D지점까지 가는 데에도 3시간(=2+1)이 소요된다.
② F지점에서 G지점까지 가는 데 3시간이 소요되고, E지점에서 F지점까지 가는 데 2시간이 소요된다.
③ 내려오는 경우이므로 M지점에서 L지점까지 가는 데 1시간 30분 (=3×0.5)이 소요되고, K지점에서 J지점을 거쳐 I지점까지 가는 데에도 1시간 30분(=(2+1)×0.5)이 소요된다.
⑤ 3시간이 소요되는 구간은 'A → B', 'F → G', 'K → L', 'L → M' 구간으로 'A → B' 구간의 거리가 1,638−1,050= 588m로 가장 길다.

50

정답 ③

10월 3일에 트레킹을 시작한 총무부의 트레킹과 관련된 정보는 다음과 같다.

(단위 : m, 시간)

구분	이동 경로	이동 거리	소요 시간	해발고도
10월 3일	A → D	1,061	6	2,111
10월 4일	D → G	237	6	2,348
10월 5일	G → I	246	4	2,502
10월 6일	I → K	139	3	2,641
10월 7일	K → L	192	3	2,833
10월 8일	L → M	179	3	3,012
10월 9일	M → H	545	5.5	2,467
10월 10일	H → B	829	5.5	1,638
10월 11일	B → A	588	1.5	1,050

하루에 가능한 트레킹의 최장 시간은 6시간으로 셋째 날에 G지점에서 J지점까지 5시간이 소요되어 올라갈 수 있지만, 해발 2,500m를 통과한 순간부터 고산병 예방을 위해 수면고도를 전날 수면고도에 비해 200m 이상 높일 수 없으므로 셋째 날은 J지점이 아닌 I지점까지만 올라간다. 따라서 둘째 날의 트레킹 소요 시간은 6시간, 셋째 날에는 4시간이다.

51

정답 ②

50번의 표로부터 총무부가 모든 트레킹 일정을 완료한 날짜는 10월 11일임을 알 수 있음을 알 수 있다.

52

정답 ⑤

50번의 표로부터 총무부는 10월 9일에 도착한 비박지점인 H지점에 기념 깃발을 꽂아 두었음을 알 수 있다.

53

정답 ③

P사의 사례는 팀워크의 중요성과 주의할 점을 보여 주고, E병원의 사례는 공통된 비전으로 인한 팀워크의 성공을 보여 준다. 두 사례 모두 팀워크에 대한 내용이지만, 개인 간의 차이를 중시해야 한다는 것은 언급되지 않았다.

54

정답 ③

제시문을 벤다이어그램으로 나타내면 다음과 같다.

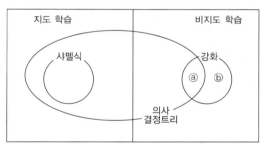

ⓐ 벤다이어그램에서 ⓐ는 의사결정트리 방식을 적용하면서 비지도 학습의 사례에 속하는 것이며, 제시문에서 의사결정트리 방식을 적용한 사례들 가운데 강화 학습을 활용하는 사례(ⓐ)가 존재한다고 하였으므로 ㉠은 거짓임을 알 수 있다.
ⓒ ⓐ는 샤펠식 과정의 적용 사례가 아니면서 의사결정트리 방식을 적용한 경우에 해당하는데, 제시문에서 ⓐ가 있다고 하였으므로 참임을 알 수 있다.

오답분석

ⓒ 강화 학습을 활용하는 머신러닝 사례들 중 의사결정트리 방식이 적용되지 않은 경우는 벤다이어그램에서 ⓑ 부분인데, 제시문에서 ⓑ와 관련한 내용이 없으므로 ㉢은 진위 여부를 판단할 수 없다.

55
정답 ④

자신에게 직접적인 도움을 줄 수 있는 사람들을 관리하는 것은 개인 차원에서의 인적자원관리인 인맥관리이다.

> **효율적이고 합리적인 인사관리 원칙**
> • 적재적소 배치의 원리 : 해당 직무 수행에 가장 적합한 인재를 배치해야 한다.
> • 공정 보상의 원칙 : 근로자의 인권을 존중하고, 공헌도에 따라 노동의 대가를 공정하게 지급해야 한다.
> • 공정 인사의 원칙 : 직무 배당, 승진, 상벌, 근무 성적의 평가, 임금 등을 공정하게 처리해야 한다.
> • 종업원 안정의 원칙 : 직장에서 신분이 보장되고 계속해서 근무할 수 있다는 믿음을 가지게 하여 근로자가 안정된 회사 생활을 할 수 있도록 해야 한다.
> • 창의력 계발의 원칙 : 근로자가 창의력을 발휘할 수 있도록 새로운 제안, 건의 등의 기회를 마련하고, 적절한 보상을 하여 인센티브를 제공해야 한다.
> • 단결의 원칙 : 직장 내에서 구성원들이 소외감을 갖지 않도록 배려하고, 서로 유대감을 가지고 협동·단결하는 체제를 이루도록 해야 한다.

56
정답 ④

공모방법에 따라 '건강iN 콘텐츠 아이디어 공모전 기획서', '건강iN 콘텐츠 아이디어 공모전 참가 서약서', '개인정보 수집·이용 동의서'를 이메일로 제출해야 한다.

오답분석
① P공단은 10월 27일(금)부터 11월 25일(토)까지 대략 한 달간 '건강iN 콘텐츠 아이디어 공모전'을 개최한다.
② 공단이 보유하고 있는 데이터 등을 융합한 신규 서비스는 건강iN의 웹과 앱 모두에서 제공할 수 있는 서비스여야 한다.
③ 공모전에는 개인 또는 팀의 형태로 누구나 참여 가능하며, 팀의 경우 별도의 인원 제한은 없다.
⑤ 공모 당선 결과는 건강iN 공지사항을 통해 게시되며, 개별적으로도 통보될 예정이다.

57
정답 ②

②는 간접적 벤치마킹의 단점이다. 간접적 벤치마킹은 인터넷, 문서자료 등 간접적인 형태로 조사·분석하게 됨으로써 대상의 본질보다는 겉으로 드러나 보이는 현상만을 결과로 얻을 수 있는 단점을 가진다.

58
정답 ①

[휴지통]에 들어 있는 자료는 언제든지 복원 가능하다. 단, [휴지통] 크기를 0%로 설정한 후, 파일을 삭제하면 복원이 불가능하다.

59
정답 ④

제시된 조건을 정리하면 다음과 같다.
• 최소비용으로 가능한 많은 인원 채용
• 급여는 희망 임금으로 지급
• 6개월 이상 근무하되, 주말 근무시간은 협의가능
• 지원자들은 주말 이틀 중 하루만 출근하길 원함
• 하루 1회 출근만 가능
위 조건을 모두 고려하여 근무스케줄을 작성하면 다음과 같다.

시간	토요일	일요일
11 ~ 12		박소다(9,500) 3시간
12 ~ 13		
13 ~ 14	최지홍(9,000) 3시간	
14 ~ 15		
15 ~ 16		우병지(9,000) 3시간
16 ~ 17		
17 ~ 18		
18 ~ 19		
19 ~ 20	한승희(9,500) 2시간	
20 ~ 21		김래원(10,000) 2시간
21 ~ 22		

김병우 지원자의 경우 희망근무기간이 4개월이므로 채용하지 못한다. 따라서 최소비용으로 채용할 수 있는 최대 인원은 5명이다.

60
정답 ③

안내문의 두 번째 항목에 의하여 식사 횟수는 6회이다(첫째 날 중식·석식, 둘째 날 조식·중식·석식, 셋째 날 조식).
첫째 날 출발하는 선발대 인원은 50−15=35명이고, 둘째 날 도착하는 후발대 인원 15명은 둘째 날 조식부터 가능하므로 첫째 날은 35명에 관한 예산을, 둘째 날부터 마지막 날까지는 50명에 관한 예산을 작성해야 한다.
• 첫째 날 중식(정식) 비용 : 9,000×35=315,000원
• 셋째 날 조식(일품) 비용 : 8,000×50=400,000원
이때 나머지 4번의 식사는 자유롭게 선택할 수 있으나 예산을 최대로 편성해야 하므로 정식과 일품을 제외한 나머지 중 가장 비싼 스파게티의 가격을 기준해 계산한다.
• 나머지 식사 비용 : 7,000×(35+50+50+50)=1,295,000원
따라서 작성해야 하는 예산금액은 315,000+400,000+1,295,000=2,010,000원이다.

61
정답 ②

비프음이 길게 1번, 짧게 1번 울릴 때는 메인보드의 오류이며, 해결방법은 A/S를 받아 메인보드를 교체한다.

62
정답 ①

복장이나 승강기, 이메일, 인사에 대한 내용은 나오지 않았다.

63
정답 ③

인적자원의 특성은 크게 능동성, 개발가능성, 전략적 중요성으로 나눌 수 있다.
- 능동성 : 인적자원으로부터의 성과는 인적자원의 욕구와 동기, 태도와 행동 그리고 만족감 여하에 따라 결정되므로 인적자원은 능동적이고 반응적인 성격을 지닌다.
- 개발가능성 : 인적자원은 자연적인 성장과 성숙은 물론, 오랜 기간 동안에 걸쳐서 개발될 수 있는 많은 잠재능력과 자질을 보유하고 있다.
- 전략적 중요성 : 조직의 성과는 인적자원, 물적자원 등을 효과적이고 능률적으로 활용하는 데 달려 있다. 이러한 자원을 활용하는 것이 바로 사람, 즉 인적자원이므로 다른 어느 자원보다도 전략적 중요성이 강조된다.

64
정답 ④

차별화 전략은 조직이 생산품이나 서비스를 차별화하여 고객에게 가치가 있고 독특하게 인식되도록 하는 전략으로, P사는 창의적인 발상을 통해 애니메이션을 차별화하고 관객에게 가치가 있고 독특하게 인식되도록 하였다.

① 윈윈 전략 : 한 기업과 경쟁기업 모두 이익을 얻고자 하는 경영전략이다.
② 관리 전략 : 관리조직, 정보시스템이나 인재 양성 같은 관리 면에서 경쟁의 우위에 서려고 하는 전략이다.
③ 집중화 전략 : 특정 시장이나 고객에게 한정된 전략으로, 원가 우위나 차별화 전략이 산업전체를 대상으로 하는 것과 달리 특정 산업을 대상으로 한다.
⑤ 원가우위 전략 : 원가 절감을 통해 해당 산업에서 우위를 점하는 전략이다.

65
정답 ④

- C사원 : 문서의 첨부 자료는 반드시 필요한 자료 외에는 첨부하지 않도록 해야 하므로 옳지 않다.
- D사원 : 문서를 작성한 후에는 다시 한 번 내용을 검토해야 하지만, 문장 표현은 작성자의 성의가 담기도록 경어나 단어 사용에 신경을 써야 하므로 낮춤말인 '해라체'로 고쳐 쓰는 것은 옳지 않다.

66
정답 ③

P사는 최근 1년간 자사 자동차를 구매한 고객들의 주문기종을 조사하여 조사결과를 향후 출시할 자동차 설계에 반영하고자 하므로, 이를 위한 정보는 조사 자료에 기반하여야 한다. 유가 변화에 따른 P사 판매지점 수에 대한 정보는 신규 출시 차종 개발이라는 목적에 맞게 자료를 가공하여 얻은 것이 아니므로 ⓛ에 들어갈 내용으로 적절하지 않다.

① 향후 출시할 자동차를 개발하기 위한 자료로서 적절한 자료이며, 객관적 실제의 반영이라는 자료의 정의에도 부합하는 내용이다.
② 구매대수 증가율이 높을수록 선호도가 빠르게 상승하고 있는 것이므로 신규 차종 개발 시 적절한 정보이다.
④ P사 자동차 구매 고객들이 연령별로 선호하는 디자인을 파악하는 것은 고객 연령대에 맞추어 신규 차종의 디자인을 설계할 때 도움이 되는 체계적 지식이다.
⑤ 최근 1년간 P사 자동차 구매 고객들이 선호하는 배기량을 파악하는 것은 신규 차종의 배기량을 설계할 때 도움이 되는 체계적 지식이다.

67
정답 ④

당직근무 배치가 원활하지 않아 일어난 사고는 배치의 불충분으로 일어난 산업재해의 경우로, 4M 중 Management(관리)에 해당된다고 볼 수 있다.

① 개인의 부주의에 따른 개인의 심리적 요인은 4M 중 Man에 해당된다.
② 작업 공간 불량은 4M 중 Media에 해당된다.
③ 점검, 정비의 결함은 4M 중 Machine에 해당된다.
⑤ 안전보건교육 부족은 4M 중 Management에 해당된다.

68
정답 ⑤

- (가) 사례의 경우 구명밧줄이나 공기 호흡기 등을 준비하지 않아 사고가 발생했음을 알 수 있다. 따라서 보호구 사용 부적절로 4M 중 Media(작업정보, 방법, 환경)의 사례로 적절하다.
- (나) 사례의 경우 안전장치가 제대로 작동하지 않았음을 볼 때, Machine(기계, 설비)의 사례로 적절하다.

69   정답 ④

'재해자는 전기 관련 자격이 없었으며, 복장은 일반 안전화, 면장갑, 패딩점퍼를 착용한 상태였다.'는 문장에서 불안전한 행동·상태, 작업 관리상 원인, 작업 준비 불충분이란 것을 확인할 수 있다. 그러나 기술적 원인은 제시문에서 찾을 수 없다.

오답분석
① 불안전한 행동 : 위험 장소 접근, 안전장치 기능 제거, 보호 장비의 미착용 및 잘못 사용, 운전 중인 기계의 속도 조작, 기계·기구의 잘못된 사용, 위험물 취급 부주의, 불안전한 상태 방치, 불안전한 자세와 동작, 감독 및 연락 잘못 등
② 불안전한 상태 : 시설물 자체 결함, 전기 시설물의 누전, 구조물의 불안정, 소방기구의 미확보, 안전 보호 장치 결함, 복장·보호구의 결함, 시설물의 배치 및 장소 불량, 작업 환경 결함, 생산 공정의 결함, 경계 표시 설비의 결함 등
③ 작업 관리상 원인 : 안전 관리 조직의 결함, 안전 수칙 미제정, 작업 준비 불충분, 인원 배치 및 작업 지시 부적당 등
⑤ 작업 준비 불충분 : 작업 관리상 원인의 하나이며, 재해자는 경첩의 높이가 높음에도 불구하고 작업 준비에 필요한 자재를 준비하지 않은 채 불안전한 자세로 일을 시작함

70   정답 ③

각각의 조건을 고려하여 공장입지마다의 총운송비를 산출한 후 이를 비교한다.
• A가 공장입지일 경우
 – 원재료 운송비 : (3톤×4km×20만/km·톤)+(2톤×8km ×50만/km·톤)=1,040만 원
 – 완제품 운송비 : 1톤×0km×20만/km·톤=0원
 ∴ 총운송비 : 1,040만+0=1,040만 원
• B가 공장입지일 경우
 – 원재료 운송비 : (3톤×0km×20만/km·톤)+(2톤×8km ×50만/km·톤)=800만 원
 – 완제품 운송비 : 1톤×4km×20만/km·톤=80만 원
 ∴ 총운송비 : 800만+80만=880만 원
• C가 공장입지일 경우
 – 원재료 운송비 : (3톤×8km×20만/km·톤)+(2톤×0km ×50만/km·톤)=480만 원
 – 완제품 운송비 : 1톤×8km×20만/km·톤=160만 원
 ∴ 총운송비 : 480만+160만=640만 원
• D가 공장입지일 경우
 – 원재료 운송비 : (3톤×4km×20만/km·톤)+(2톤×4km ×50만/km·톤)=640만 원
 – 완제품 운송비 : 1톤×6km×20만/km·톤=120만 원
 ∴ 총 운송비 : 640만+120만=760만 원
• E가 공장입지일 경우
 – 원재료 운송비 : (3톤×3km×20만/km·톤)+(2톤×6km ×50만/km·톤)=780만 원
 – 완제품 운송비 : 1톤×3km×20만/km·톤=60만 원
 ∴ 총운송비 : 780만+60만=840만 원
따라서 총운송비를 최소화할 수 있는 공장입지는 C이다.

제4회 모의고사 정답 및 해설

01	02	03	04	05	06	07	08	09	10
④	②	②	②	①	④	④	④	③	⑤
11	12	13	14	15	16	17	18	19	20
⑤	④	②	③	③	①	③	②	③	③
21	22	23	24	25	26	27	28	29	30
⑤	②	①	⑤	④	②	④	②	②	⑤
31	32	33	34	35	36	37	38	39	40
②	③	⑤	①	①	④	②	⑤	④	②
41	42	43	44	45	46	47	48	49	50
⑤	②	④	⑤	③	②	①	②	②	③
51	52	53	54	55	56	57	58	59	60
④	④	⑤	②	⑤	②	③	④	⑤	②
61	62	63	64	65	66	67	68	69	70
①	③	①	②	①	④	⑤	①	①	④

01
정답 ④

고전적 귀납주의에 따르면 여러 가설 사이에서 관련된 경험적 증거 전체를 고려하여 경험적 증거가 많은 가설을 선택할 수 있다. 즉, 가설에 부합하는 경험적 증거가 많을수록 가설의 신뢰도가 더 높아진다고 본 것이다. 따라서 이러한 주장에 대한 반박으로는 경험적 증거로 인해 높아지는 가설의 신뢰도를 정량적으로 판단할 수 없다는 ④가 가장 적절하다.

02
정답 ②

작년 비행기 왕복 요금을 x원, 작년 1박 숙박비를 y원이라 하면

$$-\frac{20}{100}x + \frac{15}{100}y = \frac{10}{100}(x+y) \cdots \text{㉠}$$

$$\left(1-\frac{20}{100}\right)x + \left(1+\frac{15}{100}\right)y = 308,000 \cdots \text{㉡}$$

㉠, ㉡을 정리하면

$y = 6x \cdots \text{㉠}'$

$16x + 23y = 6,160,000 \cdots \text{㉡}'$

㉢, ㉣을 연립하면

$16x + 138x = 6,160,000$

$\therefore x = 40,000, \quad y = 240,000$

따라서 올해의 비행기 왕복 요금은 $40,000 - 40,000 \times \frac{20}{100} = 32,000$원이다.

03
정답 ②

제시문은 기술혁신의 예측 어려움, 즉 불확실성에 대해 설명하고 있으므로 ②가 가장 적절하다.

오답분석

① 기술개발로부터 이로 인한 기술혁신의 가시적인 성과가 나타나기까지는 비교적 장시간이 필요하다.

③ 인간의 지식과 경험은 빠른 속도로 축적되고 학습되는 데 반해, 기술개발에 참가한 엔지니어의 지식은 문서화되기 어렵기 때문에 다른 사람들에게 쉽게 전파될 수 없어, 해당 엔지니어들이 그 기업을 떠나는 경우 기술과 지식의 손실이 크게 발생하여 기술개발을 지속할 수 없는 경우가 종종 발생하는데, 이는 기술혁신의 지식 집약적 활동이라는 특성 때문이다.

④ 기술혁신은 기업의 기존 조직 운영 절차나 제품구성, 생산방식, 나아가 조직의 권력구조 자체에도 새로운 변화를 야기함으로써 조직의 이해관계자 간의 갈등을 유발하는데 이는 기술혁신으로 인해 조직 내에서도 이익을 보는 집단과 손해를 보는 집단이 생기기 때문이다.

⑤ 기술혁신은 연구개발 부서 단독으로 수행될 수 없다. 예를 들어 새로운 제품에 관한 아이디어는 마케팅 부서를 통해 고객으로부터 수집되었을 것이며, 원재료나 설비는 구매 부서를 통해 얻어졌을 것이기 때문이다. 이처럼 기술혁신은 부서 간의 상호의존성을 갖고 있다.

04
정답 ②

②는 '해결할 수 있는 갈등'에 대한 설명이다. 해결할 수 있는 갈등은 목표와 욕망, 가치, 문제를 바라보는 시각과 이해하는 시각이 다를 경우에 일어날 수 있는 갈등이다.

05
정답 ①

공장의 연기 형태가 환상형을 이루는 때는 대기가 불안정하여 대류 혼합이 심할 때이다.

② 대기오염 물질은 기상이나 지형 조건에 의해 다른 지역으로 이동·확산되거나 한 지역에 농축된다.
③ 공장의 오염 물질은 연기 형태로 보이기 때문에 추적하기가 더 용이하다.
④ 마지막 문단에 따르면 굴뚝이 건물보다 높을 때와 높지 않을 때에 따라 이동 양상이 달라질 수 있다고 하였다.
⑤ 아래쪽이 차갑고 위쪽이 뜨거우면 공기의 대류가 발생하지 않아 오염 물질이 모여 스모그가 생기기 쉽다.

06 정답 ④
첫 번째 지원계획을 보면 지원금을 받는 모임의 구성원은 5명 이상 9명 미만이므로 E모임은 제외한다. 나머지 A, B, C, D모임의 총 지원금을 구하면 다음과 같다.
- A모임 : $(2,000+5×120)×1.3=3,380$천 원
- B모임 : $1,500+6×100=2,100$천 원
- C모임 : $(1,500+8×120)×1.3=3,198$천 원
- D모임 : $2,000+7×100=2,700$천 원
따라서 D모임이 세 번째로 많은 지원금을 받는다.

07 정답 ④
구거법은 '어떤 수를 9로 나눈 나머지는 그 수의 각 자리의 숫자의 합을 9로 나눈 나머지와 같다.'는 사실을 이용한 검산법으로, 검산을 할 때 각 수를 9로 나눈 나머지만 계산해서 좌변과 우변을 9로 나눈 나머지가 같은지 확인하는 방법이다. 이를 통해 역연산 방법보다 더 빠르게 계산할 수 있다.

① 역연산은 원래의 연산 순서를 거꾸로 계산하는 방법이므로 곱셈과 나눗셈보다 덧셈과 뺄셈을 먼저 계산하지만, 곱셈과 나눗셈의 정해진 우선순위는 없다.
② 역연산은 덧셈의 역연산은 뺄셈 연산이고, 곱셈의 역연산은 나눗셈을 이용한 연산이다.
③ 구거법과 역연산 방법 중 무엇이 더 간단한지는 알 수 없다.
⑤ 구거법으로 검사했을 때 정답과 오답의 나머지 차이가 9일 경우 검산을 해도 틀린 곳을 발견하지 못할 수도 있다.

08 정답 ④
벽걸이형 난방기구를 설치하기 위해서는 거치대를 먼저 벽에 고정시킨 뒤, 평행을 맞춰 제품을 거치대에 고정시키고, 거치대의 고정 나사를 단단히 조여 흔들리지 않도록 한다.

① 벽걸이용 거치대의 상단에 대한 내용은 설명서에 나타나 있지 않다.
② 스탠드는 벽걸이형이 아닌 스탠드형 설치에 필요한 제품이다.
③ 벽이 단단한 콘크리트나 타일일 경우 전동드릴로 구멍을 내어 거치대를 고정시킨다.

⑤ 스탠드가 아닌 거치대의 고정 나사를 조여 흔들리지 않도록 고정시킨다.

09 정답 ③
실내온도가 설정온도보다 약 2~3℃ 내려가면 히터가 다시 작동한다. 따라서 실내온도가 20℃라면 설정온도를 20℃보다 2~3℃ 이상으로 조절해야 히터가 작동한다.

10 정답 ⑤
작동되고 있는 히터를 손으로 만지는 것은 화상을 입을 수 있는 위험한 행동이지만, 난방기 고장의 원인으로 보기에는 거리가 멀다.

11 정답 ⑤
재산이 많은 사람은 약간의 세율 변동에도 큰 영향을 받는다. 그러므로 '영향이 크기 때문에'로 수정해야 한다.

12 정답 ④
시간계획이란 시간이라고 하는 자원을 최대한 활용하기 위하여 가장 많이 ⊙ 반복되는 일에 가장 많은 시간을 분배하고, ⓒ 최단시간에 최선의 목표를 달성하는 것을 의미한다. 자신의 시간을 잘 계획하면 할수록 일이나 개인적 측면에서 자신의 이상을 달성할 수 있는 시간을 ⓒ 창출할 수 있다.

13 정답 ②
C사원은 혁신성, 친화력, 책임감이 '상-상-중'으로 영업팀의 중요도에 적합하며, 창의성과 윤리성은 '하'이지만 영업팀에서 중요하게 생각하지 않는 역량이므로 영업팀으로의 부서배치가 적절하다.
E사원은 혁신성, 책임감, 윤리성이 '중-상-하'로 지원팀의 핵심역량가치에 부합하기에 지원팀으로의 부서배치가 적절하다.

14 정답 ③
직장인들이 지속적으로 현 분야 또는 새로운 분야에 대해 공부하는 것은 자기개발의 일환으로, 이는 회사의 목표가 아닌 자신이 달성하고자 하는 목표를 성취하기 위해 필요하다.

15 정답 ③
다른 사람의 의견을 듣는 과정에 관련된 장애 극복을 위한 전략
- 긴 어휘를 들으려고 노력하기보다는 요점, 즉 ⊙ 의미의 파악에 집중하라.
- 말하고 있는 바에 대한 생각과 사전 정보를 동원하여 말하는 데 몰입하라.

- 모든 이야기를 듣기 전에 ⓒ <u>결론</u>에 이르지 말고 전체 생각을 청취하라.
- 말하는 사람의 관점에서 그의 진술을 반복하여 ⓒ <u>피드백</u>해 주어라.
- 들은 내용을 ② <u>요약</u>하라.

16
정답 ①

DB(Data Base) 마케팅은 목표고객의 개념을 도입한 마케팅 기법이다. 이는 불특정 다수에서 우량고객을 골라내기 위한 방법으로, 잠재고객에 대한 각종 정보를 마케팅 수단으로 활용하는 것을 뜻하며, DB 마케팅의 도입을 이른바 '80 대 20'의 법칙에서 찾기도 한다. 상위 20%의 고객이 매출의 80%를 차지한다는 것이 '80 대 20'의 법칙으로, 기업 입장에선 소비자 1백 명을 대상으로 1백의 마케팅 노력을 기울이는 것보다 표적 고객 20명에게 80의 마케팅 노력을 하는 것이 효율적이라는 것이다.

오답분석

② PPL(Product Placement) 마케팅 : 특정 기업이 대가를 치르고 자사의 제품을 영화나 드라마에 노출하는 마케팅 전략이다.
③ 니치(Niche) 마케팅 : 다른 기업들이 이미 주목하고 있는 포화상태의 레드오션에 참여하지 않고, 기존 시장을 세분화하여 주목이 적은 블루오션을 공략하는 마케팅 기법이다.
④ 코즈(Cause) 마케팅 : 기업이 사회 구성원으로서 마땅히 해야 할 책임을 다함으로써 긍정적인 이미지를 구축하고, 이를 마케팅에 활용하는 전략이다.
⑤ 퍼포먼스(Performance) 마케팅 : 온라인에서 다양한 경로를 통해 노출시킨 광고를 통해 기업 웹사이트나 쇼핑몰에 유입된 고객들이 매출을 일으키는 과정을 체크하고 개선하는 일련의 마케팅 과정이다.

17
정답 ③

동남아 국제선의 도착 운항 1편당 도착 화물량은 $\frac{36,265.7}{16,713}$ ≒ 2.17톤이므로 옳은 설명이다.

오답분석

① 중국 국제선의 출발 여객 1명당 출발 화물량은 $\frac{31,315.8}{1,834,699}$ ≒ 0.017톤이며, 도착 여객 1명당 도착 화물량은 $\frac{25,217.6}{1,884,697}$ ≒ 0.013톤이므로 옳지 않은 설명이다.
② 미주 국제선의 전체 화물 중 도착 화물이 차지하는 비중은 $\frac{106.7}{125.1}$ ×100 ≒ 85.3%로 90%보다 작다.
④ 중국 국제선의 도착 운항편수(12,427편)는 일본 국제선의 도착 운항편수의 70%인 21,425×0.7 ≒ 14,997.5편 미만이다.
⑤ 각 국제선의 전체 화물 중 도착 화물이 차지하는 비중은 일본 국제선이 $\frac{49,302.6}{99,114.9}$ ×100 ≒ 49.7%이고, 동남아 국제선은

$\frac{36,265.7}{76,769.2}$ ×100 ≒ 47.2%이다. 따라서 동남아 국제선이 일본 국제선보다 비중이 낮다.

18
정답 ②

매몰비용은 이미 지불한 비용에 대한 노력을 계속하려는 경향이며, 거래커플링이 강할 때 높게 나타난다고 했다. ②는 이 두 가지 조건을 모두 만족하고 있다.

19
정답 ③

최대리의 경우 법과 규칙을 준수하는 준법의식과 함께 부패에 빠지지 않는 자세를 가질 필요가 있다. 주어진 상황에서 필요한 공동체 윤리는 준법의식 외에도 반부패, 법과 규칙 준수, 사회적 윤리의식 등이며, '서비스 정신'은 공동체 윤리에 해당하지 않는다.

20
정답 ③

김영란법에서 공무원이나 공공기관 임직원, 학교 교직원, 언론인 등이 일정 규모(식사대접 3만 원, 선물 5만 원, 경조사비 10만 원 상당의) 이상의 금품을 받으면 직무 관련성이 없더라도 처벌한다. 주어진 상황에서는 기자로 추정되는 인물들이 인당 3만 원이 넘는 식사대접을 받으려고 하기 때문에 김영란법에 직접적으로 저촉이 된다.

오답분석

① 국회의원을 포함한 선출직 공직자도 적용 대상이지만, 민원 고충을 들어주는 경우를 예외로 하는 조항이 있다.
② 김영란법의 정식 명칭은 '부정청탁 및 금품 등 수수의 금지에 관한 법률'이다.
④ 2012년 당시 국민권익위원회 위원장(김영란)이 공직사회 기강 확립을 위해 법안을 발의하여 일명 '김영란법'이라고도 한다.
⑤ 부정청탁 및 금품 등 수수의 금지에 관한 법률 제1조의 내용이다.

21
정답 ⑤

농도가 14%인 A설탕물 300g과 18%인 B설탕물 200g을 합친 후 100g의 물을 더 넣으면 600g의 설탕물이 되고, 이 설탕물에 용해된 설탕의 양은 (300×0.14)+(200×0.18)=78g이다. 여기에 C 설탕물을 합치면 600+150=750g의 설탕물이 되고, 이 설탕물에 용해된 설탕의 양은 78+(150×0.12)=96g이다. 따라서 합친 후 200g에 포함된 설탕의 질량은 $200×\frac{96}{750}$ =200×0.128= 25.6g이다.

22
정답 ②

시각, 청각, 후각, 촉각, 미각의 다섯 가지 감각을 통해 만들어진 감각 마케팅의 사례로, 개인화 마케팅의 사례로 보기 어렵다.

① 고객들의 개인적인 사연을 기반으로 광고 서비스를 제공함으로써 개인화 마케팅의 사례로 적절하다.
③ 고객들이 자신이 직접 사과를 받는 듯한 효과를 얻게 됨으로써 개인화 마케팅의 사례로 적절하다.
④ 댓글 작성자의 이름을 기반으로 이벤트를 진행함으로써 개인화 마케팅의 사례로 적절하다.
⑤ 고객의 이름을 불러서 서비스를 제공함으로써 개인화 마케팅의 사례로 적절하다.

23   정답 ①

ㄱ · ㄴ. 회전 반지름의 변화가 속도에 영향을 주었다.

오답분석

ㄷ. 회전체의 질량이 변한 것이 속도에 영향을 주었다.
ㄹ. 속도에 영향을 준 것은 회전체의 반지름이나 질량과는 상관없다.

24   정답 ⑤

경기남부의 가구 수가 경기북부의 가구 수의 2배라면, 가구 수의 비율은 남부가 $\frac{2}{3}$, 북부가 $\frac{1}{3}$이다.

따라서 경기지역에서 개별난방을 사용하는 가구 수의 비율은 가중 평균으로 구할 수 있다.

$$\left(26.2\% \times \frac{2}{3}\right) + \left(60.8\% \times \frac{1}{3}\right) = 37.7\%$$

오답분석

① 경기북부지역에서 도시가스를 사용하는 가구 수는 66.1%, 등유를 사용하는 가구 수는 3.0%이다. 따라서 66.1÷3≒22배이다.
② 서울과 인천지역에서 사용하는 비율이 가장 낮은 연료는 LPG이다.
③ 주어진 자료에서는 서울과 인천의 지역별 가구 수를 알 수 없으므로, 지역난방을 사용하는 가구 수도 알 수 없다.
④ 지역난방의 비율은 경기남부가 67.5%, 경기북부가 27.4%로 경기남부가 더 높다.

25   정답 ④

전혀 새로운 일을 탐색하더라도 현재의 직무상황과 이에 대한 만족도가 자기개발 계획을 수립하는 데 중요한 역할을 담당하므로, 현 직무를 담당하는 데 필요한 능력과 이에 대한 자신의 수준, 개발해야 할 능력, 관련된 적성 등을 고려해야 한다.

26   정답 ⑤

ⓒ에는 약점을 보완하여 위협에 대비하는 WT전략이 들어가야 한다. ⑤는 풍부한 자본, 경영상태라는 강점을 이용하여 위협에 대비하는 ST전략이다.

오답분석

① ㉠(WO전략) : 테크핀 기업과의 협업 기회를 통해 경영 방식을 배워 시중은행의 저조한 디지털 전환 적응력을 개선하려는 것이므로 적절하다.
② ㉠(WO전략) : 테크핀 기업과 협업을 하며, 이러한 혁신기업의 특성을 파악해 발굴하고 적극적으로 대출을 운영함으로써 전당포식의 소극적인 대출 운영이라는 약점을 보완할 수 있다는 것으로 적절하다.
③ ㉡(ST전략) : 오프라인 인프라가 풍부하다는 강점을 이용하여, 점유율을 높이고 있는 기업들에 대해 점유율 방어를 하고자 하는 전략이므로 적절하다.
④ ⓒ(WT전략) : 디지털 문화에 소극적인 문화를 혁신하여 디지털 전환 속도를 높임으로써 테크핀 및 핀테크 기업의 점유율 잠식으로부터 방어하려는 내용이므로 적절하다.

27   정답 ④

직원이 직접 방문하는 경우에는 방문하기 전 전화로 방문목적을 알리고 고객이 편리한 시간에 약속한 후 방문해야 한다.

28   정답 ③

고객이 전화하였을 경우, 문의사항은 가급적 처음 받는 직원이 답변하도록 되어 있으나 정확한 정보 안내를 위해 다른 직원에게 연결해야 할 때는 양해를 구한 후 담당직원의 소속, 성명 및 전화번호를 알려드린 뒤 연결해야 한다. 하지만 B사원은 고객이 직접 연결하도록 처리하였으므로 적절하지 않다.

29   정답 ②

ㄱ. • (2020년 전년 이월건수)=(2019년 처리대상건수)−(2019년 처리건수)=8,278−6,444=1,834건
   • (2020년 처리대상건수)=1,834+7,883=9,717건
   즉, 처리대상건수가 가장 적은 연도는 2023년이다.
   2023년의 처리율은 $\frac{6,628}{8,226} \times 100 = 80.57\%$로, 75% 이상이다.

ㄹ. • 2019년의 인용률 : $\frac{1,767}{346+4,214+1,767} \times 100 = 27.93\%$
   • 2021년의 인용률 : $\frac{1,440}{482+6,200+1,440} \times 100 = 17.73\%$
   따라서 2019년의 인용률이 2021년의 인용률보다 높다.

오답분석

ㄴ. 2020 ~ 2023년 취하건수와 기각건수의 전년 대비 증감 추이는 다음과 같다.
   • 취하건수의 증감 추이 : 증가 – 증가 – 증가 – 감소
   • 기각건수의 증감 추이 : 증가 – 증가 – 감소 – 감소
   따라서 2020 ~ 2023년 취하건수와 기각건수의 전년 대비 증감 추이는 같지 않다.

ㄷ. • 2020년 처리대상건수 : $9,717$건
　• 2020년 처리건수 : $7,314$건

$$\therefore \ 2020년 \ 처리율 : \frac{7,314}{9,717} \times 100 \fallingdotseq 75.27\%$$

30　　　　　　　　　　　　정답 ⑤

S사원이 자기개발을 하지 못하는 이유는 자기실현에 대한 욕구보다 인간의 기본적인 생리적 욕구를 더 우선적으로 여기기 때문이다.

31　　　　　　　　　　　　정답 ②

A씨는 두 딸이 오렌지를 왜 원하는지에 대한 갈등 원인을 확인하지 못해 협상에 실패한 것으로 볼 수 있다. 따라서 협상하기 전에는 반드시 이해당사자들이 가지는 갈등 원인을 파악해야 한다.

32　　　　　　　　　　　　정답 ③

대・중소기업 동반녹색성장의 추진절차에 따르면 사업 설명회는 참여기업이 확정되기 전에 개최된다. 즉, 사업 설명회를 통해 참여를 원하는 기업의 의견을 수렴한 뒤 참여기업을 확정한다.

33　　　　　　　　　　　　정답 ⑤

총무부서 직원은 총 $250 \times 0.16 = 40$명이다. 2022년과 2023년의 독감 예방접종 여부가 총무부서에 대한 자료라면, 총무부서 직원 중 2022년과 2023년의 예방접종자 수의 비율 차는 $56 - 38 = 18\%$p이다. 따라서 $40 \times 0.18 \fallingdotseq 7$명 증가하였다.

오답분석

① 2022년 독감 예방접종자 수는 $250 \times 0.38 = 95$명, 2023년 독감 예방접종자 수는 $250 \times 0.56 = 140$명이므로, 2022년에는 예방접종을 하지 않았지만, 2023년에는 예방접종을 한 직원은 총 $140 - 95 = 45$명이다.

② 2022년의 예방접종자 수는 95명이고, 2023년의 예방접종자 수는 140명이다. 따라서 $\frac{140 - 95}{95} \times 100 \fallingdotseq 47\%$ 증가했다.

③ 2022년의 예방접종을 하지 않은 직원들을 대상으로 2023년의 독감 예방접종 여부를 조사한 자료라고 하면, 2022년과 2023년 모두 예방접종을 하지 않은 직원은 총 $250 \times 0.62 \times 0.44 \fallingdotseq 68$명이다.

④ 제조부서를 제외한 직원은 $250 \times (1 - 0.44) = 140$명이고, 2023년 예방접종을 한 직원은 $250 \times 0.56 = 140$명이다. 따라서 제조부서 중 예방접종을 한 직원은 없다.

34　　　　　　　　　　　　정답 ①

A는 일에 대한 책임감이 결여되어 있고, 스스로 일에 열심히 참여하지 않는다. 즉, 팀장이 지시하지 않으면 임무를 수행하지 않기 때문에 수동형 유형이다.

반면, B는 앞장서지는 않지만 맡은 일은 잘 하며, 일에 불만을 가지고 있어도 이를 표현해서 대립하지 않는다. 또한, 지시한 일 이상을 할 수 있음에도 노력하지 않는 실무형 유형이다.

35　　　　　　　　　　　　정답 ①

30m 도로에 심어지는 나무의 개수는 $(30 \div 2) + 1 = 16$그루이고, 16개의 나무를 심는 데 1시간이 걸리므로 1개의 나무를 심는 데 $\frac{60}{16} = \frac{15}{4}$분이 소요된다.

20m 도로에 심어지는 울타리의 개수는 $20 \div 1 + 1 = 21$개이고, 21개의 울타리를 심는 데 30분이 걸리므로 1개의 울타리를 심는 데 $\frac{30}{21} = \frac{10}{7}$분이 소요된다.

ⅰ) 2m 간격으로 나무를 심는 경우
　• 100m에 심을 나무의 개수 : $100 \div 2 = 50$그루($\because$ 한쪽 모서리만 포함)
　• 40m에 심을 나무의 개수 : $40 \div 2 = 20$그루($\because$ 한쪽 모서리만 포함)
　→ 직사각형 모양의 땅의 둘레에 심을 나무의 개수
　　 : $2(50 + 20) = 140$그루
　• 작업 소요 시간 : $140 \times \frac{15}{4} = 525$분 $=$ 8시간 45분

ⅱ) 1m 간격으로 울타리를 심는 경우
　• 100m에 심을 울타리의 개수 : $100 \div 1 = 100$개($\because$ 한쪽 모서리만 포함)
　• 40m에 심을 울타리의 개수 : $40 \div 1 = 40$개($\because$ 한쪽 모서리만 포함)
　→ 직사각형 모양의 땅의 둘레에 심을 울타리의 개수
　　 : $2(100 + 40) = 280$개
　• 작업 소요 시간 : $280 \times \frac{10}{7} = 400$분 $=$ 6시간 40분

따라서 총 작업 소요 시간은 8시간 45분 $+$ 6시간 40분 $=$ 15시간 25분이다.

36　　　　　　　　　　　　정답 ④

표의 규칙을 파악하기 위해 전날 대비 차액을 구하면 다음과 같다.

2일	3일	4일	5일	6일
-85	-105	-125	-145	-165

차액은 첫 항이 -85이고, 공차가 -20인 등차수열임을 알 수 있다. 따라서 원자재가 소모되는 규칙은 계차수열을 따르며, 10일 후의 양은 $a_{10} = a_1 - \sum\limits_{n=1}^{9} [85 + 20(n-1)]$이다. $a_1 = 5,600$이므로 $a_{10} = 5,600 - \sum\limits_{n=1}^{9} [85 + 20(n-1)]$이고, 식을 풀면 $a_{10} = 5,600 - \sum\limits_{n=1}^{9} (20n + 65)$이다.

$\sum\limits_{n=1}^{9}(20n+65)$는 $20\sum\limits_{n=1}^{9}n+(65\times9)$가 되고,

$\sum\limits_{k=1}^{n}k=\dfrac{n(n+1)}{2}$을 이용하여 풀이하면

$20\sum\limits_{n=1}^{9}n+(65\times9)=20\times\dfrac{9\times10}{2}+(65\times9)=900+(65\times9)=$
$900+585=1,458$

따라서 10일 P공장에 남은 원자재량은 $5,600-1,485=4,115$개
이다.

37
정답 ②

정보에서 에코백 색깔의 순위를 1위부터 나열하면 '베이지색 - 검
정색 - 노란색 - 주황색 - 청록색'이다. 두 번째 정보에서 1위인
베이지색 에코백의 개수는 50개 중 40%이므로 $50\times0.4=20$개를
준비하고, 2위인 검정색은 전체 개수의 20% 이상 30% 이하이므
로 10개 이상 15개 이하로 준비한다.

그런데 마지막 정보에서 3위 이하로 노란색, 주황색, 청록색은 6
개 이상씩 준비해야 하기 때문에 검정색 에코백은 최대 $50-20-$
$(6\times3)=12$개를 준비할 수 있다. 따라서 검정색 개수에 따라 노란
색, 주황색, 청록색 에코백 개수를 정리하면 다음과 같다.

ⅰ) 검정색 에코백을 10개 준비할 경우 방법은 6가지이다.

(단위 : 개)

노란색	주황색	청록색
6	7	7
7	6	7
7	7	6
6	6	8
6	8	6
8	6	6

ⅱ) 검정색 에코백을 11개 준비할 경우 방법은 3가지이다.

(단위 : 개)

노란색	주황색	청록색
6	6	7
6	7	6
7	6	6

ⅲ) 검정색 에코백을 12개 준비할 경우 방법은 1가지이다.

(단위 : 개)

노란색	주황색	청록색
6	6	6

ㄴ. 검정색은 10개 이상 15개 이하 범위이지만 노란색, 주황색,
청록색을 각각 6개 이상씩 준비해야 하므로 12개까지 가능하
다. 따라서 베이지색은 20개, 검정색은 최대 12개로, 이 두
가지 색의 최대 개수의 합은 $20+12=32$개이다.
ㄹ. 오픈 행사로 준비하는 에코백의 경우의 수는 총 10가지이다.

오답분석

ㄱ. 검정색 에코백을 10개 준비했을 경우 가능한 경우의 수는 6가
지이다.
ㄷ. 3위부터 5위까지는 6개 이상씩 준비해야 하므로 최소 $6\times3=$
18개를 준비해야 한다.

38
정답 ⑤

현대의 상류층은 다른 상류층 사이에 있을 때는 경쟁적으로 사치
품을 소비하며 자신을 과시하고, 차별해야 할 아래 계층이 있을
때는 소비하지 않기를 통해 서민들처럼 소박한 생활을 한다는 것
을 과시함으로써 오히려 자신을 더 드러낸다.

오답분석

① 현대의 상류층은 서민들처럼 소박한 생활을 한다는 것을 과시
함으로써 서민들에게 친근감을 주지만, 사실 이는 극단적인 위
세의 형태로 이를 통해 오히려 자신을 한층 더 드러낸다.
② 겸손한 태도로 자신을 한층 더 드러내는 소비행태를 보이는 것
은 현대의 서민이 아닌 상류층이며, 서민들은 상류층을 따라
사치품을 소비한다.
③ 현대의 상류층은 차별화해야 할 아래 계층이 없거나 경쟁 상대
인 다른 상류층 사이에 있을 때 경쟁적으로 고가품을 소비하며
자신을 과시한다.
④ 위계질서를 드러내는 명품을 과시적으로 소비하는 것은 과거
의 소비행태로, 현대에 들어와서는 상류층이 오히려 소박한 생
활을 과시하는 새로운 소비행태가 나타났다.

39
정답 ④

제시된 일화는 민주 시민으로서 기본적으로 지켜야 하는 의무와
생활 자세인 '준법정신'에 대한 사례이다. 사회가 유지되기 위해서
는 준법정신이 필요한 것처럼 직장생활에서도 조직의 운영을 위해
준법정신이 필요하다.

오답분석

① 봉사(서비스)에 대한 설명이다.
② 근면에 대한 설명이다.
③ 책임에 대한 설명이다.
⑤ 정직과 신용에 대한 설명이다.

40
정답 ②

P기업은 기존에 수행하지 않던 해외 판매 업무가 추가될 것이므로
그것에 따른 해외영업팀 등의 조직 신설이 필요하다. 해외에 공장
등의 조직을 보유하게 되므로 이를 관리하는 해외 관리 조직이 필
요하며, 물품의 수출에 따른 통관 업무를 담당하는 통관물류팀,
외화 대금 수취 및 해외 조직으로부터의 자금 이동 관련 업무를
담당할 외환업무팀, 국제 거래상 발생하게 될 해외 거래 계약 실무
를 담당할 국제법무 조직 등이 필요하다. 그러나 기업회계팀은 P
기업의 해외 사업과 상관없이 기존 회계를 담당하는 조직이라고
볼 수 있다.

41

정답 ⑤

K과장이 이동할 거리는 총 12+18=30km이다. 렌트한 H차량은 연비가 10km/L이며, 1리터 단위로 주유가 가능하므로 3L를 주유해야 한다. 이때 H차량의 연료인 가솔린은 리터당 1.4달러이므로, 총 유류비는 3L×1.4달러=4.2달러이다.

42

정답 ②

K과장이 시속 60km로 이동하는 구간은 18+25=43km이고, 시속 40km로 이동하는 구간은 12km이다. 따라서 첫 번째 구간의 소요 시간은 $\frac{43\text{km}}{60\text{km/h}}$=43분이며, 두 번째 구간의 소요 시간은 $\frac{12\text{km}}{40\text{km/h}}$=18분이다. 따라서 총 이동시간은 43+18=61분, 즉 1시간 1분이다.

43

정답 ④

제시된 사례에서 K씨는 자신의 흥미·적성 등을 제대로 파악하지 못한 채 다른 사람을 따라 목표를 세웠고, 이를 달성하지 못하였다. 이처럼 자신의 흥미·적성 등을 제대로 파악하지 못하면 많은 노력을 하여도 성과로 연결되기가 쉽지 않다.

44

정답 ⑤

제시문은 과학적인 논리보다 동료나 사람들의 행동에 의해서 상대방을 설득하는 사회적 입증 전략의 사례로 가장 적절하다.

오답분석

① 상대방 이해 전략 : 상대방에 대한 이해를 바탕으로 갈등해결을 용이하게 하는 전략이다.
② 권위 전략 : 직위나 전문성, 외모 등을 활용하여 협상을 용이하게 하는 전략이다.
③ 희소성 해결 전략 : 인적·물적자원 등의 희소성을 해결함으로써 협상과정상의 갈등 해결을 용이하게 하는 전략이다.
④ 호혜 관계 형성 전략 : 서로에게 도움을 주고 받는 관계 형성을 통해 협상을 용이하게 하는 전략이다.

45

정답 ③

지수는 비영리조직이면서 대규모조직인 학교에서 5시간 있었다.
• 학교 : 공식조직, 비영리조직, 대규모조직
• 카페 : 공식조직, 영리조직, 대규모조직
• 스터디 : 비공식조직, 비영리조직, 소규모조직

오답분석

① 비공식적이면서 소규모조직인 스터디에서 2시간 있었다.
② 공식조직인 학교와 카페에서 8시간 있었다.
④ 영리조직인 카페에서 3시간 있었다.
⑤ 비공식적이면서 비영리조직인 스터디에서 2시간 있었다.

46

정답 ②

첫 번째 조건에 따르면 3종류의 과자를 2개 이상씩 구입했고, 두 번째 조건에 따르면 B과자를 A과자보다 많이 샀다. 또한 세 번째 조건까지 적용하면 과자를 구입한 개수는 'A<B≤C'임을 알 수 있다. 따라서 가장 적게 산 A과자를 2개 또는 3개 구입했을 때를 기준으로 정리하면 다음과 같다.

구분	A과자	B과자	C과자
경우 1	2개	4개	9개
경우 2	2개	5개	8개
경우 3	2개	6개	7개
경우 4	2개	7개	6개
경우 5	3개	6개	6개

경우 1은 마지막 조건을 만족시키지 못하므로 제외된다. 그리고 경우 4는 C과자 개수가 B과자보다 적으므로 세 번째 조건에 맞지 않아 제외된다. 그러므로 가능한 방법은 경우 2, 경우 3, 경우 5로 총 3가지이다. 따라서 하경이가 B과자를 살 수 있는 개수는 5개 또는 6개이므로 ⓒ은 항상 옳다.

오답분석

㉠ 경우 5에서 A과자는 3개 구입 가능하다.
ⓒ 경우 5에서 C과자는 6개 구입 가능하다.

47

정답 ①

㉠ 〈Ctrl〉+〈F4〉 : 현재 문서를 닫는다.
ⓛ 〈Alt〉+〈F4〉 : 워드(Word)를 닫는다.

48

정답 ②

인건비는 제품 생산에 직접적으로 소비된 것으로, 직접비에 해당한다. 출장비 역시 제품 생산 또는 서비스를 창출하기 위해 출장이나 다른 지역으로의 이동이 필요한 경우와 기타 과제 수행상에서 발생하는 다양한 비용을 포함하며, 이는 제품 생산을 위해 직접적으로 소비된 것에 해당한다.

오답분석

① 통신비 : 회사의 업무 용도로 개인 휴대폰을 이용했을 경우 지급되는 사용료로, 제품 생산을 위해 간접적으로 소비되는 간접비에 해당한다.
③ 광고비(광고선전비) : 광고 활동을 위해 사용되는 비용으로, 간접비에 해당한다.
④ 보험료 : 보험계약자가 보험계약에 의거하여 보험자에게 지급하는 요금으로, 간접비에 해당한다.
⑤ 사무비품비 : 사무실에서 사용하는 도구나 부속품에 사용되는 비용으로, 간접비에 해당한다.

49

정답 ②

표준 언어 예절에 따르면 직장에서는 압존법을 사용하지 않으므로 '과장님, 김대리님이 이 자료를 전달하라고 하셨습니다.'가 적절하다.

50
정답 ③

보관 물품의 경우에도 물품의 특성에 따른 효율적 구분이 필요하다. 보관 물품이 사용 물품으로 전환되는 경우 해당 물품을 찾기 위한 시간이 소요되기 때문이다.

오답분석

① 모든 물품을 같이 놓아두게 된다면 개별 물품의 훼손이 생길 수 있으므로 물품의 특성을 고려해 보관 장소를 선정해야 한다.
② 유사품을 인접한 장소에 보관하면 특정 물품의 정확한 위치를 모르더라도 대략적인 위치를 알고 있으므로 찾는 시간을 단축할 수 있다.
④ 사용 물품과 보관 물품을 구분하지 않을 경우 가까운 시일 내에 활용하게 될 물품을 보관했다가 다시 꺼내야 하는 경우가 발생할 수 있으므로 처음부터 물품의 사용 여부를 고려해 보관해야 한다.
⑤ 재질의 차이에 따라 보관 장소의 차이를 두는 것이 필요한데, 특히 유리의 경우 쉽게 파손될 우려가 있으므로 따로 보관하는 것이 좋다.

51
정답 ④

ⓛ·ⓒ 역선택은 시장에서 거래를 할 때 주체 간 정보 비대칭으로 인해 부족한 정보를 가지고 있는 쪽이 불리한 선택을 하게 되어 경제적 비효율이 발생하는 상황을 말한다.

오답분석

ⓐ·ⓔ 도덕적 해이와 관련된 사례이다. 도덕적 해이는 감추어진 행동이 문제가 되는 상황에서 정보를 가진 측이 정보를 가지지 못한 측의 이익에 반하는 행동을 취하는 경향을 말한다. 역선택이 거래 이전에 발생하는 문제라면, 도덕적 해이는 거래가 발생한 후 정보를 더 많이 가지고 있는 사람이 바람직하지 않은 행위를 하는 것을 말한다.

52
정답 ④

보기의 '묘사'는 '어떤 대상이나 현상 따위를 있는 그대로 언어로 서술하거나 그림으로 그려서 나타내는 것'이다. 따라서 보기의 앞에는 어떤 모습이나 장면이 나와야 하므로 (다) 다음의 '분주하고 정신없는 장면'이 와야 한다. 또한, 보기에서 묘사는 '본 사람이 무엇을 중요하게 판단하고, 무엇에 흥미를 가졌느냐에 따라 크게 다르다.'고 했으므로 보기 뒤에는 (라) 다음의 '어느 부분에 주목하고, 또 어떻게 그것을 해석했는지에 따라 즐겁기도 하고 무섭기도 하다.'는 구체적 내용이 이어져야 한다. 그러므로 보기의 문장은 (라)에 들어가는 것이 가장 적절하다.

53
정답 ⑤

성찰은 지속적인 연습을 통하여 보다 잘 할 수 있게 되므로, 성찰이 습관화되면 문제가 발생하였을 때 축적한 노하우를 발현하여 이를 해결할 수 있다. 이러한 성찰 연습 방법으로는 매일 자신이 잘한 일과 잘못한 일을 생각해 보고, 그 이유와 개선점 등을 생각

나는 대로 성찰노트에 적는 방법이 있다. 따라서 한 번의 성찰로 같은 실수를 반복하지 않도록 도와준다는 ⑤는 조언으로 적절하지 않다.

54
정답 ②

제시문에서는 건강 불평등 격차를 줄여 모든 국민의 건강권을 보장하고자 하는 네덜란드의 의료복지 정책에 대해 설명하며, 건강 불평등 격차가 큰 우리나라의 현재 상황을 제시하고 있다. 따라서 제시문의 뒤에 이어질 내용으로는 네덜란드의 보험 제도를 참고하여 우리나라의 건강 불평등 해소 방향을 생각해 볼 수 있다는 ②가 가장 적절하다.

55
정답 ③

임유리 직원은 첫째 주 일요일 6시간, 넷째 주 토요일 5시간으로 월 최대 10시간 미만인 당직 규정을 어긋나므로 당직 일정을 수정해야 한다.

56
정답 ②

꺾은선 그래프는 시간이 흐름에 따라 변해가는 모습을 나타내는 데 많이 쓰인다. 따라서 변화의 추이가 중요한 날씨 변화, 에너지 사용 증가율, 물가의 변화 등을 나타내는 데 가장 적절하다.

오답분석

① 막대그래프는 크거나 작거나, 많거나 적은 것을 한눈에 비교하여 읽는 데 적당하다.
③·④ 원그래프나 띠그래프는 전체를 100%로 놓고 그에 대한 부분의 비율을 나타내는 데 많이 쓰인다. 따라서 각각의 항목이 차지하는 비중이 어느 정도인지를 나타내거나 중요도나 우선순위를 고려해야 할 자료에 적합하다.
⑤ 그림그래프는 지역이나 위치에 따라 수량의 많고 적음을 한눈에 알 수 있도록 하기 때문에, 조사한 자료의 크기를 쉽게 비교할 필요성이 있는 자료에 적합하다.

57
정답 ③

제시문은 효율적 제품 생산을 위한 방법 중 제품별 배치 방법의 장단점에 대해 설명하는 글이다. 따라서 (다) 효율적 제품 생산을 위해 필요한 생산 설비의 효율적 배치 → (라) 효율적 배치의 한 방법인 제품별 배치 방식 → (가) 제품별 배치 방식의 장점 → (나) 제품별 배치 방식의 단점의 순서로 나열해야 한다.

58
정답 ④

• 한국 시각 기준 비행기 탑승 시각 : 21일 8시 30분+13시간= 21일 21시 30분
• 비행기 도착 시각 : 21일 21시 30분+17시간=22일 14시 30분
따라서 A사원이 출발해야 하는 시각은 22일 14시 30분-1시간 30분-30분=22일 12시 30분이다.

59

신용카드의 공제율은 15%이고, 체크카드의 공제율은 30%이기 때문에 공제받을 금액은 체크카드를 사용했을 때 더 유리하게 적용된다.

오답분석

① 신용카드와 체크카드 사용금액이 연봉의 25%를 넘어야 공제 가능하다.
② 연봉의 25%를 초과 사용한 범위가 공제대상에 해당된다. 연봉 35,000,000원의 25%는 8,750,000원이므로 현재까지의 사용금액인 6,000,000원에서 2,750,000원 이상 더 사용해야 초과한 금액을 공제받을 수 있다.
③ 사용한 금액 5,000,000원에서 더 사용해야 하는 금액 2,750,000원을 뺀 2,250,000원이 공제대상금액이 된다. 이는 체크카드 사용금액 내에 포함되므로, 공제율 30%를 적용한 소득공제금액은 675,000원이다.
④ 사용한 금액 5,750,000원에서 더 사용해야 하는 금액 2,750,000원을 뺀 3,000,000원이 공제대상금액이 된다. 이는 체크카드 사용금액 내에 포함되므로, 공제율 30%를 적용한 소득공제금액은 900,000원이다.

60

정답 ②

기존 1~8월 지출 내역에 8월 이후 지출 내역을 합산하여 지출 총액과 소득공제 대상금액을 계산하면 다음과 같다.
• 지출 총액 : 2,500,000+3,500,000+4,000,000+5,000,000 =15,000,000원
• 소득공제 대상금액 : 15,000,000−(40,000,000×0.25) =5,000,000원
이때, 소득공제 대상금액 5,000,000원은 현금영수증 사용금액 내에 포함되므로 공제율 30%를 적용하고, 세율표에 따른 세금을 적용하면 다음과 같다.
• 소득공제금액 : 5,000,000×0.3=1,500,000원
• 세금 : 1,500,000×0.15=225,000원
따라서 H씨의 소득공제금액에 대한 세금은 225,000원이다.

61

정답 ①

오른쪽 워크시트를 보면 데이터는 '김'과 '철수'로 구분이 되어 있다. 왼쪽 워크시트의 데이터는 '김'과 '철수' 사이에 기호나 탭, 공백 등이 없으므로 각 필드의 너비(열 구분선)를 지정하여 나눈 것이다.

62

정답 ③

균형주의는 모든 팀원에 대한 평등한 적재적소, 즉 팀 전체의 적재적소를 고려하는 것으로, 팀 전체의 능력 향상, 의식 개혁, 사기 고취 등을 도모하는 것이다. C기업의 사례에서는 직원들의 능력 향상이 팀 전체의 능력을 향상시킬 뿐만 아니라 시간의 경과가 아닌 열심히 할수록 진급할 수 있는 기회를 제공해 직원들의 의식을 개혁하고 사기를 높였다.

오답분석

① A기업은 팀원을 그의 능력이나 성격 등과 가장 적합한 위치에 배치하여 팀원 개개인의 능력을 최대로 발휘해 줄 것을 기대하는데, 이는 적재적소주의에 해당하는 사례이다.
② B기업은 개인에게 능력을 발휘할 수 있는 기회와 장소를 부여한 뒤, 그 성과를 바르게 평가하고 평가된 능력과 실적에 대해 상응하는 보상을 하는데, 이는 능력주의에 해당하는 사례이다.
④ D기업은 근로자의 인권을 존중하고 공헌도에 따라 노동의 대가를 공정하게 지급하는데, 이는 공정 보상의 원리에 해당하는 사례이다.
⑤ E기업은 근로자가 직장에서 신분이 보장되고 계속해서 근무할 수 있다는 믿음을 갖게 하여 근로자가 안정된 회사 생활을 할 수 있도록 하는데, 이는 종업원 안정의 원칙에 해당하는 사례이다.

63

정답 ①

ㄱ. • A : (1.5×5)+(2.5×4)=17.5톤
   • B : (1.5×6)+(2.5×2)=14톤
   • C : (1.5×2)+(2.5×6)=18톤
   따라서 모든 보유 트럭의 최대 적재량 합이 가장 큰 시공업체는 C이다.
ㄴ. • 한강 : 70+70+60+70+60+70=400점
   • 금강 : 60+50+70+60+80+50=370점
   • 낙동강 : 60+60+50+50+60+60=340점
   • 영산강 : 80+50+80+50+80+50=390점
   따라서 관광객 평가 결과에서 가장 높은 점수를 받은 자전거 종주길은 한강이다.

오답분석

ㄷ. • 한강 : 70+70+60+70+60=330점
   • 금강 : 60+50+70+60+80=320점
   • 낙동강 : 60+60+50+50+60=280점
   • 영산강 : 80+50+80+50+80=340점
   따라서 인터넷 설문 조사의 5개 항목만을 고려한 관광객 평가 결과의 합이 가장 높은 자전거 종주길은 영산강이다.
ㄹ. • 한강 : 70+70=140점
   • 금강 : 60+60=120점
   • 낙동강 : 60+50=110점
   • 영산강 : 80+50=130점
   따라서 인터넷 설문 조사 결과 상위 2개 항목만을 고려한 관광객 평가 결과의 합이 가장 높은 자전거 종주길은 한강이다.

55 / 56

제4회 정답 및 해설

64

피드백에 따라 최종 점수를 정리하면 다음과 같다.

(단위 : 점)

구분	한강	금강	낙동강	영산강
자연경관(6)	420	360	360	480
편의시설(4)	280	200	240	200
하천수질(3)	180	210	150	240
접근성(5)	350	300	250	250
종주길 규모(2)	120	160	120	160
이용가능시간(1)	70	50	60	50
합계	1,420	1,280	1,180	1,380

따라서 자전거 종주길과 최종 점수가 바르게 연결된 것은 ②이다.

65

정답 ①

고정하기를 원하는 행의 아래, 열의 오른쪽에 셀 포인터를 위치시킨 후 [보기] – [틀 고정]을 선택해야 한다.

66

정답 ④

회사와 팀의 업무 지침은 변화하는 환경 속에서 그 일의 전문가들에 의해 확립된 것이므로, 기본적으로 지켜야 할 것은 지키되 그 속에서 자신의 방식을 발견해야 한다. 따라서 본인이 속한 팀의 업무 지침이 마음에 들지 않는다는 이유로 이를 지키지 않고 본인만의 방식을 찾겠다는 D대리의 행동전략은 적절하지 않다.

67

정답 ⑤

제시문에서 '응용프로그램과 데이터베이스를 독립시킴으로써 데이터가 변경되더라도 응용프로그램은 변경되지 않는다.'고 하였다. 따라서 '데이터 논리적 의존성'이 아니라 '데이터 논리적 독립성'이 적절하다.

오답분석

① '여러 명의 사용자가 동시에 공유가 가능하고'라는 부분에서 동시 공유가 가능함을 알 수 있다.
② '대량의 데이터는 사용자의 질의에 대한 신속한 응답 처리를 가능하게 한다.'는 내용이 실시간 접근성에 해당한다.
③ '삽입·삭제·수정·갱신 등을 통해 항상 최신의 데이터를 유동적으로 유지할 수 있으며'라는 부분에서 데이터베이스는 그 내용을 변화시키면서 계속적인 진화를 하고 있음을 알 수 있다.
④ '각 데이터를 참조할 때는 사용자가 요구하는 내용에 따라 참조가 가능함'이라는 부분에서 내용에 의한 참조인 것을 알 수 있다.

68

정답 ①

「=MID(데이터를 참조할 셀 번호,왼쪽을 기준으로 시작할 기준 텍스트,기준점을 시작으로 가져올 자릿수)」로 표시되기 때문에 「=MID(B2,5,2)」가 옳다.

69

정답 ①

시스템적인 관점에서 인식하는 능력은 기술적 능력에 대한 것으로, 기술경영자보다는 기술관리자에게 요구되는 능력이다.

오답분석

②·③·④·⑤ 기술경영자의 능력이다.

기술경영자의 능력
• 기술을 기업의 전반적인 전략 목표에 통합시키는 능력
• 빠르고 효과적으로 새로운 기술을 습득하고 기존의 기술에서 탈피하는 능력
• 기술을 효과적으로 평가할 수 있는 능력
• 기술 이전을 효과적으로 할 수 있는 능력
• 새로운 제품 개발 시간을 단축할 수 있는 능력
• 크고 복잡하고 서로 다른 분야에 걸쳐 있는 프로젝트를 수행할 수 있는 능력
• 조직 내의 기술 이용을 수행할 수 있는 능력
• 기술 전문 인력을 운용할 수 있는 능력

70

정답 ④

2023년에 고령취업자 중 농가취업자의 비율이 53%이고 비농가취업자의 비율이 11.4%이므로 단순 비율계산을 통해 전체 고령취업자 중 농가취업자 수가 $\frac{53}{53+11.4} \times 100 ≒ 82\%$라고 생각하기 쉽지만, 이러한 계산은 전체 농가취업자 수와 전체 비농가취업자 수가 같을 때에만 성립하게 되므로 옳지 않다.

오답분석

① 2023년에 고령취업자 중 농가취업자의 비율은 53%로 절반이 넘어가므로 농가에서 취업자 두 사람 중 한 명은 고령자이다.
② 2023년에 고령취업자 중 농가취업자의 비율은 53%이고 비농가취업자의 비율은 11.4%이므로 고령취업률은 농가가 비농가보다 높다.
③ 표를 보면 고령취업자 비율은 매년 여성이 남성보다 높은 것을 알 수 있다.
⑤ 표를 보면 고령취업자 중 농가취업자의 비율은 매년 증가하고 있는 것을 알 수 있다.